自閉症學生的教育輔導：
理論與實務

王欣宜　主編

洪森豐、吳柱龍、于曉平、王欣宜、林巾凱、

黃金源、高宜芝、黃韻如、李玉錦、蕭紫晴、

林俊賢、劉萌容、關佩偉、張正芬　著

作者簡介

（依章節順序排列）

洪森豐（第一章）
學歷：中原大學心理學系研究所碩士班（臨床組）肄業
現職：中山醫學大學附設醫院復健治療科臨床心理教學組長

吳柱龍（第一、九、十三章）
學歷：國立成功大學醫學工程博士
現職：國立臺中教育大學特殊教育學系副教授

于曉平（第二、六、十二章）
學歷：國立臺灣師範大學特殊教育學系博士
現職：國立臺灣師範大學特殊教育學系副教授

王欣宜（主編，第三、十章）
學歷：國立臺灣師範大學特殊教育博士
現職：國立臺中教育大學特殊教育學系副教授兼特殊教育中心主任

林巾凱（第四章）
學歷：國立彰化師範大學特殊教育博士
現職：國立臺中教育大學幼兒教育學系教授

黃金源（第五章）
學歷：美國北科羅拉多大學特殊教育博士
曾任：國立臺中教育大學特殊教育學系副教授（已退休）

高宜芝（第七章）
學歷：國立彰化師範大學特殊教育博士班研究生
現職：臺中市篤行國民小學資源班專任教師

黃韻如（第七章）

學歷：美國威斯康辛大學麥迪遜校區哲學博士

現職：臺中市立漢口國中教師

國立臺中教育大學特殊教育學系兼任助理教授

李玉錦（第八章）

學歷：國立臺灣師範大學特殊教育博士

現職：臺北市立松山高級家事商業職業學校特教教師

經國管理暨健康學院幼兒保育系兼任助理教授

蕭紫晴（第九章）

學歷：國立臺中教育大學早期療育研究所碩士班研究生

現職：林新醫院復健科語言治療組長

林俊賢（第十章）

學歷：國立臺中教育大學特殊教育學系碩士

現職：臺中市西區忠孝國民小學

劉萌容（第十一章）

學歷：美國哥倫比亞大學哲學博士

現職：國立高雄師範大學特殊教育學系副教授

關佩偉（第十三章）

學歷：國立臺中教育大學早期療育研究所碩士

現職：臺安醫院雙十分院復健科學前特教教師

張正芬（第十四章）

學歷：日本國立筑波大學教育碩士

現職：國立臺灣師範大學特殊教育學系兼任教授

主編序

　　這本書的誕生，是許多因緣的促成。約在 2014 年 9 月，本書的前身《自閉症兒童的治療與教育》一書主編黃金源教授，因感時間的變遷，認為該書內容需要加以改寫，希望能重新出版此書；但黃教授自臺中教育大學退休後，身體健康一直不佳，故希望擔任特殊教育中心主任的我能接下此工作。當時，黃教授又表示雖有重新出版的期盼，但也不強求，而我個人也沒有十足的把握能重新出版此書。

　　承接了這份工作之後，找來了同事林巾凱教授、吳柱龍教授，以及當時仍任教於本校的于曉平教授，共同商議本書章節的調整及撰寫事宜。在決定章節名稱之後，由我們四人分別尋找相關的專家學者、實務工作者撰寫各章節內容，因此本書的作者包含了洪森豐心理師、高宜芝老師、黃韻如老師、李玉錦老師、蕭紫晴治療師、李俊賢老師、劉萌容教授、關佩偉園長、張正芬教授（按章節順序）。原本，黃金源教授覺得自己身體健康欠佳，謙稱不方便參與任何章節的撰寫，但為了讓黃教授在自閉症的研究成果保留在本書中，因此仍將其大作〈自閉兒的語言變異及矯治〉加以保留，而對於其他作者們的用心撰寫，在此深深表示敬意與謝意。

　　本書作者群平日皆非常忙碌，或是忙於自己的本業工作，或是教學、或是研究，因此本書大約經過了三年才完成收稿，期間于曉平教授也應聘前去臺灣師範大學服務。本書得以收稿完成，必須感謝臺中教育大學特殊教育中心黃郁茗助理的協助，她亦為黃金源教授之千金。此外，心理出版社林敬堯總編輯及相關編輯人員的大力協助，讓本書得以出版，在此一併致謝！

　　本書的撰寫方向兼重自閉症學生教育輔導的理論與實務，章節內容包括認識自閉症學生、鑑定與診斷、認知特徵與教學輔導、感覺變異、語言變異及矯治、心智理論、正向行為支持的運用、結構化教學、圖片兌換溝通系統、社會技巧、中重度自閉症學生的教學與輔導、優勢能力發展與輔導、自閉症光譜幼兒的早期療育等，涵蓋了幼兒到大專階段自閉症學生的相關議題，最後再由張正芬教授撰寫〈自閉症教育努力的方向〉一文，為

臺灣未來的自閉症教育揭示了精進努力的目標。

　　本書得以付梓，感恩所有特殊教育及相關領域夥伴們的努力與付出，若有未盡周詳之處，敬請各位先進能多加包涵，並不吝給予指導。衷心期盼本書的出版能為臺灣自閉症學生的教育與輔導貢獻一點小小的心力！

王欣宜

謹誌於臺中教育大學特殊教育學系

2017 年 7 月

● 目次 ●

第一章
泛自閉症學生之認識

洪森豐、吳柱龍

第一節　案例

壹、案例一

　　小魚，幼兒園中班女生，從小到目前為止都不講話，可以聽懂指令，但大部分的時間都不理人。很喜歡車子，可以盯著車子看一整天。小魚每天就像魚兒一樣悠游自在，總是在所在的空間裡四處走動，不管是在教室裡，還是在家裡，或是到醫院上課，小魚的視線總是看向遠方的樣子，偶爾才願意將視線停留在他人的臉上，即使是最親近的媽媽，當她有需求需要媽媽協助時，也只是主動地拉拉媽媽的手，在此刻才有視線的接觸，隨即又將眼神移向遠方，等著人家一樣一樣地詢問她要什麼。

　　1999年4月，第十次治療，小魚如同往常一樣，一進入遊戲室就先往放玩具的櫃子走去，走了兩圈之後，停在窗戶旁邊，踮著腳尖往外看；小魚的身高剛好切齊窗臺的高度，踮著腳尖雖能往外看，但只能看見天空。小魚轉頭看心理師，隨即又看別的地方，心理師沒有靠近，小魚又開始在遊戲室內繞圈圈走，最後還是停在窗邊，一樣踮著腳尖往外看，之後又轉頭看心理師。此時，心理師詢問：「需要幫忙嗎？」小魚發出聲音，心理師

將她抱起，讓她可以看見外面的停車場。15 秒之後，心理師將小魚放下，但小魚仍留在窗邊持續踮腳尖往外看，心理師再次詢問：「需要幫忙嗎？」小魚隨即離開，在遊戲室內繞圈圈走。幾圈之後，小魚又來到窗邊，心理師在小魚踮腳尖看外面時，又再次詢問是否需要幫忙，小魚發出聲音，心理師將她抱起，讓她可以看見外面的停車場……，今天的治療時間就在這樣的重複活動中結束。

隔週，在上幾次的互動中似乎可以讓小魚配合指令發出聲音，所以心理師的目標放在進入遊戲室之前要小魚發出聲音，讓心理師幫忙開門（遊戲室的門跟門框卡得比較緊，小魚無法推開）。當小魚無法進入遊戲室時，心理師詢問是否需要幫忙，但小魚不願意發出聲音；她在嘗試幾次之後，隨即放棄並離開遊戲室，去找媽媽。後來，小魚不願意再進入遊戲室，心理師與案母一邊晤談、一邊陪著小魚在院內走廊來回走動，直到下課時間到了。

小魚一直重複著這個悠游自在模式，雖然在改換制約步驟之後，可以讓小魚發出聲音來表示需要，但大多數的模式都是一開始被動地要求，同時出現抗拒的行為，在調整制約學習歷程後慢慢適應，最後小魚可以習慣地呈現該行為。這樣的進展很緩慢，小魚還是沒有口語表達，嘗試建立的溝通管道或方式都遇到阻礙或者是學習時期漫長，例如：使用溝通卡，在這之前要先建立小魚的卡片詞彙，然小魚學習吸收這些卡片的速度非常緩慢，就這樣看似沒有進展。同年 10 月，案母來電希望可以另外約一個時間諮詢，便帶著一個疑問過來。她問心理師有沒有聽過礦石療法，原來案母在治療改變進度緩慢的情況下，聽到有人可以治好自閉症，所以接受友人介紹前去了解。這個療法主要是利用各種水晶所具有的能量類型，來刺激案主的腦部，使各個部位可以因為這樣的刺激而活化，進而改善身體狀況……，但這個療程大約需要新臺幣一百萬元。

貳、案例二

2000 年秋季。小賢，幼兒園大班男生，有發展遲緩的情況，例如：1 歲

7個月才開始可以獨自走路，3歲開始才有口語仿說。3歲左右因為出現自傷行為，例如：打自己的頭、看到人就尖叫、語言落後等，所以家屬帶至醫院看診，結果診斷為輕度自閉症。之後，家屬帶到其他醫院接受診察，也是得到相同的診斷結果，並開始安排早期療育課程，而治療師也表示案主是典型的自閉症者。經由媽媽觀察與老師反映，小賢在學習上很沒有耐心，有時顯得抗拒學習；功課想寫就寫，不想寫怎麼引導就是不寫；拿到紙張就是畫圖，每次都只畫吊車，跟他說看起來不像，就會生氣，且還可以持續很久，或者是要教他畫吊車，他也不理會，只按照自己的方式；活動量很高，能安靜地坐著的時間不久，最長不到 10 分鐘；上課要有教師助理員或實習老師陪在旁邊協助或引導，不然會影響上課；不懂遊戲規則，跟他講話也不看人，會避開視線接觸；堅持他自己要做的事，例如：鞋子要放在固定的位置，他放的東西不可以移動；會突然抱住他人，初次見面打招呼也會抱人；會突然罵人。因這些行為困擾問題，經醫師轉介給心理師做評估與建議。

　　在測驗中，小賢無法配合測驗指導語來做反應，只做他自己想做的事。拿玩具跟小賢玩，他也是自顧自地做自己的，但是互動關係有因此而些微改善，最後僅依據臨床觀察、跟案母的晤談以及發展問卷來蒐集資料。資料整理後，結果顯示小賢的發展里程嚴重落後，發展年齡百分等級落在 1 以下，再將發展年齡換算成比例智商落在中度障礙的範圍之內。與案母說明測驗結果時，建議需要先建立小賢的合宜或良好的行為習慣，這樣可以讓他的學習吸收效率變得比較好，另一方面也將心理治療目標設定為促進其各項能力之發展。案母同意安排行為治療，並開始治療課程。

　　治療目標設定除了建立小賢配合環境要求或回應指令的良好行為之外，也考量日後小賢在就讀小學之情境中，所需要的行為習慣。剛開始，他一樣就是要自顧自地做自己的，不理會心理師提供的作業或活動，不順他的意就會鬧脾氣、哭鬧，甚至有攻擊行為。引導其理解到「用他自己的方式，得不到他要的」，「用心理師或媽媽提供的方式，可以得到他要的」。隨著制約的成功次數增加，小賢漸漸地可以配合指令要求，也漸漸地可以有比較合宜的口語表達，在座位上的時間拉長到 30 分鐘，配合指令

的行為漸漸增加，案母要帶他出門的困擾也相對減少，⋯⋯。時間流轉，到了小賢需要就讀小學的時間，因為上課時間以及案父母工作因素之影響，他無法繼續接受治療，結案建議家屬：案主仍需要持續的治療課程，案母表示仍會找晚上時間安排療育課程。

2006 年夏季。小賢五年級升六年級期間，案母帶著他到醫院安排評估。見面時，案母開頭就說：「心理師，我覺得我的孩子應該是注意力缺陷過動症的診斷，不是自閉症，希望可以藉由評估確認這件事。」案母表示小賢目前已經沒有之前的刻板行為，在學校上課時常常被老師說上課分心、話多、干擾他人上課，常和同學有爭執。在家裡，活動量高。寫作業拖拖拉拉地，需要一直監督才會快一點。交代事情常常忘記去做，需要隨時監督。常常會有插話的情況。

在心理衡鑑的過程中，小賢大都無法集中注意力，經常出現插話、起來走動去翻動心理室裡面的東西。在引導小賢配合測驗要求時，他願意配合作適當的反應，但變得更躁動不安。再次離開座位時，直接制止其行為，小賢則顯得特別興奮，情緒變得高亢、大笑。在測驗的行為上，紙筆方面的作業，小賢的視線經常沒有落在題目上就已經作答，而口語方面的問題則可以有恰當的反應，除了投射式圖畫測驗有完全作答之外，其他測驗都因為其注意力分散、過動等行為干擾，而僅可以完成部分的測驗。

心理衡鑑結果摘要：依據可以進行的測驗得分推估小賢的智力商數落點在 70 至 80 之間，屬於邊緣智力功能的程度範圍之內，排除其作答的行為問題之影響，例如：未看題目就作答的情況、部分題目抗拒回答，這些會使其得分降低，造成量表分數有可能會低估其真正的能力程度，所以可以推估小賢的智力商數有可能落在中下程度的範圍之內⋯⋯。對照案母所陳述的症狀與測驗中的行為觀察，例如：案母陳述小賢做事經常會粗心大意而犯錯，在測驗中，小賢經常只注意測驗工具中的每一細節或者是指導語的某一關鍵詞，而不理會心理師的說明，重複陳述指導語的關鍵詞或陳述他所注意的細節。案母陳述在遊戲或作業中經常有維持注意力的困難，但在測驗中，小賢在面對他有興趣的題目時，若超過時間限制要中止，仍堅持一定要完成，但是他沒有興趣的題目則很快回答，心理師請他多做說

明，小賢只是重複他前面所說的。案母陳述常常有插話、打斷他人的情況，在測驗中，小賢會未聽完題目就回答，但大都是針對某一詞彙做反應，有時答非所問，在重述題目後，他的回答也大都只是重複他想要講的事情。另外，讓小賢自由畫圖時，他只畫吊車，……。

案母將注意力重心放在小賢常會有插話、做事粗心大意、上課起來走動等與注意力缺陷過動症相關的症狀。但因為心理師有之前小賢的評估資料，將當下資料與之前資料對照，小賢之前存在的刻板興趣行為模式還是存在，只是症狀強度減輕了，例如：小賢喜歡畫吊車這件事，第一次看到小賢畫的吊車是旁人看不懂，只有小賢自己看得懂，需要請他描述才可以知道每個部位的名稱，而且也只是陳述部位名稱而已。現在小賢的吊車，不僅是旁人一看就懂，小賢還可以描述每個部位的功能，可以做假想式的討論，例如：現在吊車要負責哪些工作……。

小賢，在心理師的心中，依然是個自閉症者，但是也讓心理師問自己，如果沒有小賢之前的資料可以對照，心理師首先會考量的建議診斷會是自閉症嗎？對案母而言，孩子的進步是一種喜悅，這表示之前的努力有效，所以要繼續對症下藥，找出可以解釋目前症狀現象的原因，是一種對症下藥，因為當下的現象就是這樣。對心理師而言，正確診斷以及當下要解決的問題行為，是可以分開來看的，除非是問題行為與其診斷的心理病理機制有顯著的關聯……。

參、案例三

2007 年冬季。小豐，由案母陪同到心理室，主述小豐在就讀小學之後，行為問題不斷、人際關係不佳，希望可以安排心理治療，改善小豐的行為。

小豐在 2 歲的時候被診斷為自閉症者，並開始接受早期療育課程。在 2 歲 3 個月的時候因為還沒有語言表達的能力，所以帶他到 A 醫學中心接受診察，再轉到 B 區域醫院接受診察，結果診斷為中度自閉症者（目前診斷為輕度）。

小豐經常會突然間出現，然後摸一下他人的東西或抱人家一下等這樣的行為，而且只允許自己這樣碰他人，不允許他人對他做相同的事。之前，也很喜歡拿著糖果包裝紙和長長的東西，例如：吸管，現在看見吸管還是會很喜歡，但是不會堅持要帶在身上。就讀小學之後，原本已經減少的自我刺激行為又變多了，而且自我意見很多，案母有時也無法清楚知道他要表達的意思。人際互動能力很差，只跟特定的幾個小朋友玩，而玩遊戲的內容大都是肢體動作方面，例如：丟球，或者以小豐只是跟著做動作的方式，缺乏假裝式遊戲內容，對於需要角色扮演的遊戲都很抗拒。小豐的情緒表達很直接且強烈，喜歡的東西就會接受，不喜歡就直接把東西撥走，不管那個東西是不是他的。小豐經常忽略環境的訊息要求，上課會離開座位，起來走動，不理會老師的制止，有時還會頂嘴，反問老師為什麼不可以起來。平時話多且常打斷他人談話，做事拖拖拉拉，生活常規不佳，大都是不願意配合的情況。喜歡在原地旋轉，可以一問一答地談話互動，但無法描述事件的經過或說明細節。

　　在與家屬晤談期間，小豐無法靜坐等待，會四處走動，且一直去玩心理室的空氣門。案母表示，小豐以前可以自己玩手機，且在沒有教導的情況下，自己研究出各項功能，甚至自己研究學會發簡訊，但是其人際互動能力與配合社會規範的能力都很差。在測驗期間，小豐可以配合測驗要求做反應，但是顯得話多，會重複地問為什麼要問這個問題，為什麼心理師不可以解說，我要自己想。

　　小豐開始接受心理治療，在遊戲室中進行。當他進入遊戲室看見所有的球時，就將球蒐集放在身邊，不願意讓心理師拿來玩；當心理師表示要玩球，小豐就會鬧脾氣、大吼大叫，語無倫次地表達自己會不舒服，有時小豐還會用手搗著耳朵跑到角落或者是在遊戲室中四處走動。心理師告知拿到球不會拍，只會在地上滾，當他發現心理師的行為真的跟所說的一樣，才漸漸釋懷，讓心理師拿球來玩，不會搶心理師的球。心理師偶爾會讓球在滾動時撞到積木，球會因此彈高而掉落，小豐發現後，會告知心理師不要讓球跳起來；心理師說自己想這樣玩，小豐會強調不可以這樣，當心理師堅持這樣玩，小豐有時會過來搶走球，不再讓心理師玩。心理師問

小豐為什麼有時候玩球跳起來沒關係，有時候又不可以這樣玩，小豐表示球掉在地面的聲音不一樣……。

原來小豐覺得球每一次掉落地面的聲音應該要一樣，不一樣會讓他很不舒服，當環境不理會他時（小豐大都只重複告訴他人不要玩，沒有清楚表達自己的想法與感受），小豐只好自己想辦法，而最好的方式是將球收起來，沒有球可以玩，這樣就不會不舒服了。在了解小豐的行為動機之後，心理師邀請他一起研究為什麼球掉落地面的聲音會不一樣，例如：充氣的程度、掉落地面的高度、讓球掉落的力量等，就算是所有的條件都控制住了，球落在地面的時候還是有一種可能會有不同的聲音，那就是打氣孔的位置。當小豐漸漸理解這些因素的影響情況後，他抗拒心理師拿球來玩的情況就逐漸地減少。心理師也以系統減敏感的方式讓小豐親身體驗，在哪些情況下球掉落地面，小豐自己不會覺得不舒服，並協助小豐去發現當他將注意力放在別的地方時，其實他不會察覺心理師有將球丟到地面上。另外，也協助小豐對於突然的聲音變化（例如：心理師玩球時，突然比較用力地拍球），可以忍受並確認清楚聲音的源由，避免立即做反應的情緒表達方式。雖然小豐霸占球的行為有減少很多，但偶爾還是會去制止他人不可以玩球，甚至在他人要玩球之前會檢查球的充氣狀況，因為他覺得充氣不足的球是不可以拿來玩的。

2015 年初夏，案母再度帶小豐到醫院接受診察。案母表示，小豐在校的人際關係愈來愈差，讓她很困擾，例如：小豐被同學抱怨衛生習慣差，因為咳嗽或打噴嚏都只用手摀著；案母曾試著要他用衛生紙或手帕，可是小豐解釋用衛生紙很浪費（要環保），也不喜歡自己的口袋裡有東西的感覺，而且小豐觀察別的同學有跟他一樣的情況，同學就沒有說那位同學的衛生習慣差，為何要嫌棄他。小豐常常重複地講述同一件事，媽媽每次都要解釋或說明，也常不管當下的情境狀況，不管媽媽是否有其他的事要忙，就算引導他回想媽媽和他討論過的，小豐就是一定要重複地問或講述同一件事。案母的結論：他凡事就是要得到他想要的答案。

在討論中，案母也知道小豐打破砂鍋問到底的行為，從小就這樣，在接受醫療之後也了解這是一種臨床症狀，但是隨著小豐年齡的增長，這樣

的行為模式沒有改變，有時顯得變本加厲。有時案母覺得無法招架，例如：前述衛生習慣問題，小豐遇到問題後，會觀察同學們的行為，然後再對照之後，提出疑問，同樣是咳嗽用手摀住嘴巴，為何同一位同學會嫌自己髒、衛生習慣差，而不會嫌其他同學。小豐這樣的能力進展反而成為案母困擾的來源，有時在當下會覺得小豐的思考沒有問題，為何一味地要他改變，問題根源會不會是他人才對？

肆、案例四

2010 年冬季。小汶，由媽媽陪同到心理室，主述小汶的手冊即將到期需要更新，另外學校老師希望可以評估，以了解小汶的行為問題。

根據案母描述，小汶一直有人際互動的問題，幾乎天天都會和同學有衝突，甚至每天都會抱怨同學的不好，想要報復同學，等她長大想要報復對她不好的人。這些情緒反彈與管理問題經常會使小汶出現在課堂上不配合指令，或不遵守學校規範，甚至有時會有對立反抗的情況，案母也常因此被請到學校去。小汶的身體經常會有瘀青，老師也常抱怨小汶和同學有打架的情況。小汶講話常常會有憤世嫉俗或不耐煩的情況，感覺上像似生活中的人都對不起她。案母表示，自從小汶就讀小一之後，這些問題從不間斷，也因小汶在學校經常和同學發生衝突，而使得同學家長經常向學校抱怨，要求小汶一定要接受特殊教育或療育課程，這樣同學家長比較不會計較，案母也因此積極安排小汶接受治療課程。

小汶在幼兒園時期就有類似的行為問題，當時家屬就讓小汶接受早期療育；療育之後，其人際相處的問題行為有改善，但是在就讀小學之後，這些情況又漸漸地變嚴重，小汶甚至經常抱怨不想上學。

小汶在學齡前除了情緒管理的行為問題之外，也有類似的刻板興趣或行為模式，例如：出門一定要帶一個包包，或者是要穿有口袋的襯衫，且口袋要放筆；要求一定要繫皮帶，且皮帶繫很緊；要求一定要戴手錶出門，且手錶也要繫很緊等，家屬曾因此帶小汶到兩家醫學中心接受診察，同樣都診斷為自閉症疾患。現在的小汶經常會重複陳述過去生活中讓她感

受到不愉快的事件，這樣的情況也讓學校老師用來當作證據，告訴案母這樣重複同樣事情的情況是自閉症的明確因子。

與家屬會談時，小汶大多無法配合指令來等待，一直躁動不安，與其互動時，她的視線經常是看著地板，而態度顯得是有禮貌，尤其是讓小汶自己做決定的時候，她會主動說：「謝謝您讓我自己做決定。」在測驗中，給予訊息或指令小汶會馬上配合，雖然有時顯得注意力分散或者是衝動控制不佳（例如：講述生活中發生的事），但都還在可以配合環境要求的情況下。評估結束後，案母主動詢問安排心理治療事宜。

心理衡鑑結果摘要：以遊戲治療的方式進行。一開始與小汶接觸的時候，大多顯得安靜配合，可是一旦拿不到她想要的東西，她就會立刻動手去拿，如果遇到阻礙就會變成用搶的；或者是在遇到挫折的時候，就會立刻暴怒，一直罵人，甚至出現攻擊行為。小汶的互動型態大多可以主動地和心理師談話，且除了她帶在身上的東西以外，對其他物件的喜好顯得不高。小汶的視線接觸大多正常，不會有逃避視線接觸的情況，遊戲的時候大多會要求心理師陪她玩，並會主動講述生活中遇到的不舒服情況。在互動的過程中，要求小汶配合遊戲室的規則，一開始會有強烈的抗拒或脫逃反應，隨著這些情緒行為的逐次消除，她的強烈情緒表達之頻率也逐漸下降，且堅持要攜帶在身上的物品數量也開始漸漸減少，例如：從 14 個變成 10 個、8 個等。在治療過程中，小汶逐漸願意透露為何會有固執的行為，如堅持要攜帶固定的物品在身上，是因為生活中有權威的大人都會這樣，例如：在襯衫口袋放筆，是模仿醫院的醫療人員；手錶或腰帶要繫很緊，是因為在觀察中案父與幼兒園老師都會這樣；拿一個包包，裡面裝著必要的東西，如手機、膠水、膠帶，是模仿案母。這些都是其生活中大人的習慣或工作中所需要做的事，但小汶認為自己也要這樣做，才會變得像大人一樣。另外，小汶也有表示自己知道老師或媽媽告訴她要跟同學和平相處的事，只是她的困擾是同學不會改變自己，對待她的方式讓她不舒服，並表示自己可以忍耐且和顏悅色講述自己的感受，可是同學們都沒有相對地改變，那自己為何要做改變。

探詢小汶模仿的原因，發現家庭管教與人際互動中的增強會是主要相

關聯的因子，例如：家人管教方式都比較嚴厲，屬於比較傳統的打罵式教育，且家人有爭執的時候，會在孩子面前出現罵人的行為或其他屬於攻擊的行為，對孩子而言這些人都是權威者，不僅可以管小汶，也會教導別人（小汶的家屬有教育工作者）。小汶希望自己可以像這些大人一樣，可以是有能力的、厲害的（小汶隨身攜帶膠水與膠帶，就是認為她可以用這些東西修復所有被損壞的東西），當小汶發現自己無法做到這樣子的時候，就比較容易出現攻擊或生氣的行為（或者是說惱羞成怒）。

了解了小汶固執行為的原因之後，心理治療目標放在建構小汶可以了解其生活中不必要每件事都是以權威的方式來解決，還有其他的方式可以讓她解決問題，且有時候權威的方式並不能幫助她反而會造成她的困擾。並與家屬討論改變對其的管教方式，以及家人的互動習慣需要調整。在案父母的配合下，小汶的行為開始漸漸地改變，雖然有時還是會有情緒不佳而罵人的情況，但這些都是在小汶遇到無法解決所面臨的挫折時，用以處理事情的習慣，而不是莫名其妙鬧脾氣。雖然小汶鬧脾氣或與同學爭執的頻率下降很多，但只要發生衝突，老師都會要求案母到校討論……。

伍、案例五

2009 年春季轉夏季。小靖，由案母陪同到心理室，主述小靖即將就讀小學，擔心其人際互動技巧不佳與情緒管理問題會干擾到小靖的學校生活與學習，希望藉由心理處遇的方式來改善其問題行為。因為小靖在家裡常常會有鬧脾氣的行為，年初親戚到家裡與小靖互動之後建議帶到醫院接受診察。案母帶小靖到兩家醫學中心接受診察，結果診斷為自閉症，並開始接受療育。

前幾天小靖同學到家裡玩，案母發現小靖會聯合其他三個同學去欺負某個同學，且小靖還指揮大家要怎樣對付被欺負的同學，案母覺得很驚訝，不知小靖會這樣做且為何要這樣做，事後詢問知道該名同學平時會欺負他，小靖都隱忍不說，所以這一次有機會討回來的時候，他就這樣做了。小靖對這樣的行為並沒有後悔的情況（雖然有被處罰了），他的解釋

偏重在認知上覺得自己只是要一個公平的對待而已，不認為自己這樣要求公平的行為有何偏差。案母表示從這個事件開始回想，小靖的情緒反應常常都是很強烈，最近一次出現鬧脾氣的情況是到了半夜一、兩點還沒有睡覺，他表示自己在想事情，且不願意家人要求他睡覺，最後大發脾氣，甚至表示不讓他做自己的事，大家也不用睡覺了。

小靖常常會有「有事要說但卻不說」的行為情況，造成案母管教上的困擾，不知要如何回應他；回應錯了小靖會生氣，不回應又擔心小靖認為家人不關心他。小靖遇到挫折容易壓抑或逃避，經常等到一陣子之後才會說出來，常常造成處理的時機延宕。

在學校中，小靖的學習能力沒有顯著的問題，大都是與同學互動或者是行為習慣方面的問題，例如：比較需要督促、分心的情況需要提醒注意等。當同儕排斥小靖的手足之時，小靖也會跟著做，而這常常發生，小靖表示這是為了要跟同學在一起玩（同一國的），因為不同國的就不能一起玩，可能會跟他自己的手足一樣被排斥在團體外。

小靖告知臨床心理師，他聽過或知道有很多方式可以探知他人的內心，但他不想被人家知道他的內心感受或想法，卻常常會想要知道他人的內心感受或想法，這樣他才可以決定自己應該要怎樣應對才好。

2009年冬季，小靖提前30分鐘到達，心理師前一個個案（以下簡稱甲同學）剛好結束，在心理室外面，小靖主動與甲同學打招呼，原來他們互相認識，有一起參加同一個團體療育課程。隔週與甲同學見面討論評估結果時，甲同學即抗拒進入心理室，甲同學媽媽表示當他知道要過來這邊時，就變得很生氣。心理師說明今天見面的目的，也請甲同學告知他生氣的原因，心理師需要知道原因才能夠回答，以免猜測誤差造成對他的誤解，又讓他不高興。甲同學接受後，進入心理室立即質問心理師，為何將他在這邊玩的遊戲告訴小靖。原來，小靖在與甲同學一起共同上課的地方，跟甲同學說，我知道你在心理師那裡玩房屋組，甲同學當下立即問小靖是誰說的，小靖回答是心理師。心理師跟甲同學說明臨床心理工作的保密原則，並引導其思考有沒有可能心理師真的沒有告訴小靖，但是小靖可以猜測得到，例如：請甲同學想一想或觀察一下，心理室裡面的玩具有沒

有每次都不一樣，甲同學到遊戲室走一圈後表示玩具都沒有改變。之後，心理師請甲同學思考，我們回答問題的方式有沒有可能讓別人可以猜到我們是不是有玩什麼，……。

從甲同學那邊知道情況的小靖，有很好的邏輯思考能力，因為在遊戲室玩具沒有改變的情況下，只要一個一個詢問即可，而甲同學對於沒有玩過的玩具，他會很直接快速地回答沒有；遇到有玩的玩具，甲同學的口氣、情緒、態度轉變了，這樣讓小靖可以猜測到甲同學有玩了什麼。最後，小靖還挑起了甲同學對心理師的矛盾或衝突。雖然在引導甲同學了解他自己的反應可能會讓他人推測到自己的行為內容，因此對心理師的敵意緩解，但也從案母那裡得知，甲同學跟小靖的互動似乎不如以前熱絡。

第二節　前言（名詞緣由）

自閉症光譜（Autism Spectrum）被用來描述包括自閉症、亞斯伯格症候群、其他未註明之廣泛性發展障礙、兒童崩解症、雷特氏症、X 染色體脆折症（陳威勝、陳芝萍譯，2012），以及高功能自閉症（劉瓊瑛譯，2009）等。自閉症光譜一詞也被用來指稱一系列與自閉症有關的各種或輕或重的症狀（楊宗仁等人譯，2005）。自閉症類群障礙症（Autism Spectrum Disorder）（臺灣精神醫學會譯，2014），或被翻譯為「自閉症光譜障礙」、「泛自閉症」、「類自閉症徵候群」、「自閉症相關障礙症」等，本章配合本書各項主題以「泛自閉症／自閉症光譜」稱之。

自閉症（autism）這個名詞是在兒童精神醫學之父——美國兒童精神科醫師 Leo Kanner 於 1943 年所發表的〈情感接觸的自閉障礙〉（autistic disturbance of affective contact）論文中首次出現，文中描述 11 名兒童（8 男 3 女）的症狀，他們全都未滿 2 歲即發病 （梁培勇等人，2015）。1944 年，奧地利醫師 Hans Asperger 以德文發表了一篇名為「兒童期的自閉症人格障礙」之文章，文中描述了 4 名男孩，他們的人際社交能力極為貧乏，不懂如何與他人溝通互動。這篇論文的原始文章一直到 1991 年，才由 Uta Frithz 翻

譯成英文。不過在 1981 年，英國學者 Lorna Wing 依據他自己的臨床和研究經驗，引用或整合了 Hans Asperger 的文章，發表了一篇論文，文中提到 34 位患者，年齡從 5 至 35 歲，這群患者的臨床表徵比較接近 Hans Asperger 所描述的內容。Lorna Wing 則率先使用了「亞斯伯格症」一詞（梁培勇等人，2015；劉瓊瑛譯，2009）。

　　1940 年代可以說是泛自閉症開始被注意的時間點，分隔兩地且似乎沒有交換過這方面意見的兩位醫師，一開始都使用了「自閉症」這個名稱。Asperger（亞斯伯格症）這個名詞是一直到 Hans Asperger 醫師逝世後才出現（劉瓊瑛譯，2009）。然而，是從何時開始才有「自閉症」、「亞斯伯格症」的診斷標準呢？

　　Kanner 認為，這些兒童生來即缺少與他人建立情感接觸的能力，所以用「自閉」來描述這些兒童與他人接觸的情感淡漠現象。然而，「自閉」一詞原是 Bleuler 用來描述精神分裂症（臺灣現在更名為「思覺失調症」）患者的思考特徵，在 1950 至 1970 年代，仍然是延續 1930 年代以來對怪異行為兒童稱為兒童精神分裂症的概念（梁培勇等人，2015）。因此，可以理解到在當時有學者認為自閉症是精神分裂症的早期症狀，這是因為自閉症者不僅呈現出人際互動障礙、語言溝通障礙與固執行為之外，還可能表現出異常的焦慮和不正常的知覺經驗，儘管 Kanner 一直強調幼兒自閉症與兒童期精神分裂症之間的差異（梁培勇等人，2015）。

　　Kanner 於 1943 年的論文中給予這些兒童一個名稱——「早期嬰幼兒自閉症」（Early Infantile Autism），簡稱「幼兒自閉症」，並做了與診斷準則相似的整理。這些患者都是在 2 歲前即發病，且具有下列五項行為特徵：(1)極端的孤獨，缺乏和他人情感的接觸；(2)對環境事物有要求同一性（sameness）的強烈慾望；(3)對某些物品有特殊偏好，且以極好的精細動作操弄這些物品；(4)沒有語言，或者雖有語言但其語言似乎不具備人際溝通的功能；(5)隱藏智能，呈沉思外貌，並具有良好的認知潛能，有語言者常表現極佳的背誦記憶能力，而未具語言者則以良好的操作測驗表現其潛能（梁培勇等人，2015）。

　　Hans Asperger 當初的描述已經非常細膩，不過他並沒有提出清楚的診

斷標準。1988 年，倫敦舉辦了一場以亞斯伯格症為主題的小型國際性會議，與會的演講者都是長久投入探討這個新的自閉症類群之專家。這場討論會中的其中一個成果，是在 1989 年首次公布了診斷標準，並在 1991 年做了一次修訂。當時的診斷標準摘錄如下（劉瓊瑛譯，2009）（如表 1-1 所示）。

表 1-1　Gillberg（1991）醫師提出的亞斯伯格症診斷標準

1. 社會性缺損（極端的自我中心）（至少具有下面兩項症狀）：
a. 難以與同儕互動。
b. 不在乎與同儕的接觸。
c. 無法解讀社會性訊號，出現不適當的情緒及社會行為。
2. 興趣狹隘（至少具有下面兩項症狀）：
a. 拒絕其他活動。
b. 反覆執著於單一事物。
c. 偏向機械性記憶。
3. 遵照固定常規和興趣的強迫需求：
a. 影響到個人日常生活的每一部分。
b. 影響到他人。
4. 語言能力的獨特性（至少具有下面三項症狀）：
a. 語言發展遲緩。
b. 表面上看似完美的語言表達能力。
c. 學究風格的正式用語。
d. 奇特的腔調。
e. 理解能力缺損，包括錯誤解讀字面即隱含的意義。
5. 非語言方面的溝通問題（至少具有下面一項症狀）：
a. 能使用的手勢非常有限。
b. 肢體語言顯得笨拙或不適切。
c. 臉部表情極少。
d. 不恰當的臉部表情。
e. 呆板且怪異的眼神。
6. 動作笨拙：
a. 神經發展學的檢查結果顯示手眼協調不理想。

註：引自劉瓊瑛譯（2009）。

1960 年代，主軸觀念是認為自閉症是在精神分裂症（思覺失調症）的病程之中會出現之情況。美國精神醫學會（American Psychiatric Association，簡稱 APA）出版的《精神疾病診斷與統計手冊》（*Diagnostic and Statistical Manual of Mental Disorders*，簡稱 DSM）之第一版（DMS-I）（APA, 1952）和第二版（DSM-II）（APA, 1968），均將自閉症歸類為兒童期精神分裂症。世界衛生組織（World Health Organization，簡稱 WHO）在 1977 年出版的「國際疾病傷害及死因分類標準」（International Statistical Classification of Diseases and Related Health Problems，簡稱 ICD），亦將自閉症歸類為「源於兒童期之精神病」。故臺灣的全民健康保險亦將自閉症歸類為慢性精神病之重大傷病優待範圍（梁培勇等人，2015）。

1970 年代之後的研究資料，澄清了自閉症與精神分裂症是獨立的兩個診斷，其證據有自閉症與父母社經水準、人格特質，以及孩子的養育都沒有明顯關聯，這些資料使得 Rutter 和 Schopler 於 1978 年同時呼籲將自閉症的定義回歸到 Kanner 的概念。隨著新資料或證據的累積，在 APA 出版的 DSM-III（APA, 1980）中，將幼兒自閉症源自於兒童期之精神病改為廣泛性發展障礙（Pervasive Developmental Disorders，簡稱 PDD），以顯示自閉症是一種發展性障礙，而非精神疾病。由於自閉症的表現方式隨著成長而有所改變，且其缺陷會長期與持續地出現，並不只出現在嬰幼兒期，因此 DSM-III-R（APA,1987）將幼兒自閉症改稱為自閉症（Autistic Disorder），ICD-10（WHO, 2010）也將幼兒自閉症改稱為兒童期自閉症（Childhood Autism），並將之歸類在廣泛性發展障礙類別中。DSM-IV（APA, 1994）與 ICD-10（WHO, 2010）這兩個診斷系統，也第一次將「亞斯伯格症」（Asperger disorder）列入廣泛性發展障礙的類別當中。上述這兩個系統在診斷自閉症或亞斯伯格症的診斷要件上相類似（梁培勇等人，2015；劉瓊瑛譯，2009）。

從 1940 年代起，Leo Kanner 與 Hans Asperger 兩位醫師開始注意到「自閉症」這類群的兒童，一直到 1990 年代左右，將近五十年時間的資料累積，這兩位醫師的發現才各自變成獨立的診斷。1990 年代至 2010 年代，有愈來愈多的文獻使用「Autism Spectrum Disorder」（泛自閉症／自閉症光譜

／自閉症類群障礙症）的名稱。2013 年 5 月，APA 出版的 DSM-5 更是以「Autism Spectrum Disorder」（臺灣精神醫學會譯為自閉症類群障礙症）為診斷名稱，而將自閉症、亞斯伯格症、其他未註明之廣泛性發展障礙、兒童崩解症、雷特氏症等合併於一個診斷之中，並將之歸屬到「神經發展障礙症」（Neurodevelopmental Disorders）這個範疇之中。

從案例二小賢的情況來看，小賢的臨床症狀隨著成長，從非常典型的自閉症症狀到接近高功能自閉症的狀況。「泛自閉症／自閉症光譜」的概念不只是用來說明自閉症這個診斷的核心障礙上所呈現的程度不一之症狀，是不是也可以用來闡述同一位患者身上的症狀變化狀況？換言之，診斷的困境不只是在不同的人身上有或輕或重的症狀，在同一個患者身上可能也會有隨著時間或能力的增長而出現症狀變輕的情況（或症狀變重的狀況——對家屬管教困擾程度而言，例如：案例三的小豐，從僅可以一問一答且無法陳述當下情況的能力，進展到可以長時間觀察同學對同一件事的反應，進而提出疑問，堅持是別人的錯）。從筆者自己的臨床經驗中，如前述案例一至案例五，筆者認為「泛自閉症／自閉症光譜」（Autism Spectrum Disorder）這個概念，確實比較能夠說明這類群患者所呈現出來的實際表徵。

第三節　DSM 系統的診斷準則

臨床心理師在經過心理衡鑑的資料蒐集與解讀之後，假定患者真的被判斷有偏差行為，接下來的工作就是要給予此偏差行為一個診斷。要做好診斷的工作就必須先要有一套良好的分類系統，才能夠讓偏差行為在此分類系統上有一個恰當的位置。2006 年，Wicks-Nelson 與 Israel 指出，良好的分類系統必須符合以下的要求標準：(1)每種分類的定義要清楚，例如：以症狀來分類，則對於每一種症狀的描述必須清晰易懂；(2)是要「真實存在」，亦即每種類別都要在現象界中發現得到；(3)具有信度和效度，前者是指不同的人來做分類都可以得到相同的結果，後者則強調所有的偏差行

為都可以被分類到某個類別（完備性），而且類別之間必須互斥，亦即不可以將相同的症狀分類到不同的類別；(4)要有臨床功能，即是此分類有助於了解偏差行為的原因和處理（梁培勇等人，2015）。

臺灣的精神醫療或臨床心理訓練，主要採用的診斷系統是 APA 出版的 DSM 診斷準則，所以在這一節裡，僅就 DSM 診斷系統做討論。為了不斷改善 DSM 系統的問題，在 DSM-IV 正式出版五年後，APA 在 1999 年設立了 DSM 第五版的工作小組，歷經十四年的努力，終於在 2013 年出版了 DSM-5，除了代表第幾版的數字符號顯而易見地從羅馬數字改成和 ICD 系統一樣的阿拉伯數字外，當然也希望能夠提高 DSM-IV 的各種有效性（梁培勇等人，2015）。總結來說，DSM-5 做了很大幅度的調整，主要是因為依據實證資料的結論將信度或效度不好的部分做了調整，本節僅對「泛自閉症／自閉症光譜」這個部分的調整做討論。以下先看看 DSM-IV 和 DSM-5 中記載的診斷準則。

依據 DSM-IV-TR（孔繁鐘譯，2007；APA, 2000），有關自閉症（Autistic Disorder）之診斷，必須符合下列準則始考慮給予診斷（如表 1-2 所示）。

表 1-2 DSM-IV-TR 有關自閉症的診斷準則

A. 由 1、2 及 3 共有六項（或六項以上），至少二項來自 1，至少各一項來自 2 及 3：

  1. 社會性互動有質的障礙，表現下列各項至少兩項：

    a. 在使用多種非語言行為（例如：眼對眼凝視、面部表情、身體姿勢及手勢）來協助社會互動上有明顯障礙。

    b. 無法發展出與其發展水準相稱的同儕關係。

    c. 缺乏自發地尋求與他人分享快樂、興趣或成就（例如：對自己喜歡的東西不會炫耀、攜帶或指給他人看）。

    d. 缺乏社交或情緒相互作用（reciprocity）。

  2. 溝通上有質的障礙，表現下列各項至少一項：

    a. 口說語言的發展遲緩或完全缺乏（未伴隨企圖以另外的溝通方式如手勢或模仿來補償）。

    b. 語言能力足夠的個案，引發或維持與他人談話的能力有明顯障礙。

表 1-2　DSM-IV-TR 有關自閉症的診斷準則（續）

　　c.刻板及重複的使用語句，或使用特異的字句（idiosyncratic language）。

　　d.缺乏與其發展水準相稱的多樣而自發性的假扮遊戲或社會模仿遊戲。

　3.行為、興趣及活動的模式相當侷限、重複而刻板，表現下列各項至少一項：

　　a.包括一或多種刻板而侷限的興趣模式，興趣之強度或對象二者至少有一為異常。

　　b.明顯無彈性地固著於特定而不具功能性的常規或儀式行為（rituals）。

　　c.刻板而重複的運動性作態身體動作（mannerism）（例如：手掌或手指拍打或絞扭、或複雜的全身動作）。

　　d.持續專注於物體之一部分。

B.於 3 歲以前即初發，在下列各領域至少一種以上功能延遲或異常：(1)社會互動；(2)使用語言為社交溝通工具；或(3)象徵或想像的遊戲。

C.此障礙無法以 Rett 氏疾患或兒童期崩解性疾患做更佳解釋。

註：引自孔繁鐘譯（2007）；APA（2000）。

　　同樣在，依據 DSM-IV-TR（孔繁鐘譯，2007；APA, 2000），有關亞斯伯格症（Asperger's Disorder）之診斷，必須符合下列準則始考慮給予診斷（如表 1-3 所示）。

表 1-3　DSM-IV-TR 有關亞斯伯格症的診斷準則

A.社會性互動有質的障礙，表現下列各項至少兩項：

　1.在使用多種非語言行為（例如：眼對眼凝視、面部表情、身體姿勢及手勢）來協助社會互動上有明顯障礙。

　2.無法發展出與其發展水準相稱的同儕關係。

　3.缺乏自發地尋求與他人分享快樂、興趣或成就（例如：對自己喜歡的東西不會炫耀、攜帶或指給他人看）。

　4.缺乏社交或情緒相互作用（reciprocity）。

B.行為、興趣及活動的模式相當侷限、重複而刻板，表現下列各項至少一項：

　1.包括一或多種刻板而侷限的興趣模式，興趣之強度或對象二者至少有一為異常。

表 1-3　DSM-IV-TR 有關亞斯伯格症的診斷準則（續）

2. 明顯無彈性地固著於特定而不具功能性的常規或儀式行為（rituals）。

3. 刻板而重複的運動性作態身體動作（mannerism）（例如：手掌或手指拍打或絞扭、或複雜的全身動作）。

4. 持續專注於物體之一部分。

C. 此障礙造成社會、職業或其他重要領域的功能有臨床上重大損傷。

D. 並無臨床上明顯的一般性語言遲緩（例如：到 2 歲能使用單字、3 歲能使用溝通短句）。

E. 在認知發展或與年齡相稱的自我協助技能、適應性行為（有關社會互動則除外）及兒童期對環境的好奇心等發展，臨床上並無明顯遲緩。

F. 不符合其他特定的廣泛性發展疾患或精神分裂症的診斷準則。

註：引自孔繁鐘譯（2007）；APA（2000）。

　　而依據 DSM-5（臺灣精神醫學會譯，2014；APA, 2013）有關自閉症類群障礙症（Autism Spectrum Disorder）之診斷，必須符合下列準則始考慮給予診斷（如表 1-4 所示）。

表 1-4　DSM-5 有關自閉症類群障礙症的診斷準則

A. 在多重情境中持續有社交溝通及社會互動的缺損，於現在或過去曾有下列表徵（範例為闡明之用，非為詳盡範例）：

1. 社會－情緒相互性的缺損。包括範圍如：從異常的社交接觸及無法正常一來一往的會話交談，到興趣、情緒或情感分享的不足，到無法開啟或回應社交互動。

2. 用於社會互動的非語言溝通行為的缺損。包括範圍如：從語言及非語言溝通整合不良，到眼神接觸及肢體語言異常或理解及運用手勢的缺損，到完全缺乏臉部表情及非語言溝通。

3. 發展、維繫及了解關係的缺損。包括範圍如：從調整行為以符合不同社會情境的困難到分享想像遊戲或交友的困難，到對同儕沒興趣。

註明目前的嚴重度：

嚴重程度立基於社交溝通減損及侷限、重複的行為模式（如表 1-5 所示）。

B. 侷限、重複的行為、興趣或活動模式，於現在或過去至少有下列二種表徵（範例為闡明之用，非為詳盡範例）：

表 1-4　DSM-5 有關自閉症類群障礙症的診斷準則（續）

1. 刻板的（stereotyped）或重複的動作、使用物件或言語（例如：簡單的刻板動作、排列玩具或翻彈東西、仿說、奇異語詞）。
2. 堅持同一性、固著依循常規或語言及非語言行為的儀式化模式（例如：對微小的變化感覺極端困擾、在面臨情境轉換的調節上有困難、僵化的思考模式、問候／打招呼的儀式化行為、每天固定路徑或吃相同食物）。
3. 具有在強度或焦點上顯現到不尋常程度的高度侷限、固著的興趣（例如：強烈依戀或於不尋常的物件、過度侷限的或堅持的興趣）。
4. 對感官輸入訊息反應過強或過低或是對環境的感官刺激面有不尋常的興趣（例如：明顯對疼痛／溫度的反應淡漠、對特定的聲音或材質有不良反應、過度聞或觸摸物件、對光或動作的視覺刺激著迷）。

註明目前的嚴重度：
嚴重程度立基於社交溝通減損及侷限、重複的行為模式（如表 1-5 所示）。

C. 症狀必須在早期發展階段出現（但是缺損可能到社交溝通需求超過受限能力時才會完全顯現，或是可能被年長後習得的策略所掩飾）。

D. 症狀引起臨床上社交、職業或其他重要領域方面顯著功能減損。

E. 這些困擾無法以智能不足（智能發展障礙症）或整體發展遲緩做更好的解釋。智能不足與自閉症類群障礙症常並存；在做出智能不足與自閉症類群障礙症共病診斷時，社交溝通能力應低於一般發展程度所預期的水平。

註：經診斷為罹患 DSM-IV 中的自閉症、亞斯伯格症（Asperger's Disorder）或其他未註明的廣泛性發展障礙症者，皆應給予自閉症類群障礙症的診斷。有明顯的社交溝通缺陷，但症狀不符自閉症類群障礙症準則者，應進行社交（語用）溝通障礙症方面的評估。

特別註明：
- 有或無智能減損。
- 有或無語言減損。
- 有相關的某一已知身體或遺傳病況或環境因素（編碼註：利用另外的編碼來辨識相關的身體或遺傳病況）。
- 有相關的另一神經發展、精神或行為障礙症（編碼註：利用另外的編碼來辨識相關的神經發展、精神或行為障礙症）。
- 有僵直症（定義參照僵直症伴隨另一精神障礙症的準則）（編碼註：利用另外的編碼 293.89 [F06.1] 僵直症伴隨自閉症類群障礙症，表示存在僵直症的共病）。

註：引自臺灣精神醫學會譯（2014，頁 27-29）；APA（2013）。

表1-5　自閉症類群障礙症的嚴重程度

嚴重程度	社交溝通	侷限的、重複的行為
第3級 「需要非常大量的支援」	語言和非語言社交溝通技巧有嚴重缺損，造成功能嚴重減損，啟動社交互動極其有限，對別人的社交招呼反應微小，例如：某一僅有極少清晰言語者鮮少啟動互動，而當他啟動時，使用不尋常的方式去滿足需要，且只對直接的社交接觸方式有反應。	行為固執無彈性、極難因應變化，或有侷限的／重複的行為明顯阻礙所有層面的功能，對焦點或行動的改變感到非常苦惱／困難。
第2級 「需要大量的支援」	語言和非語言社交溝通技巧有顯著缺損，即使有支援，社交功能障礙仍很明顯。啟動社交互動有限，對別人的社交招呼反應減損或異常，例如：某一有簡單語句能力者的互動侷限於狹窄的特定興趣，且伴隨顯著古怪的非語言溝通。	行為固執無彈性、難以因應變化，或有顯而易見之侷限的／重複的行為經常出現，明顯阻礙不同情境的功能，對焦點或行動的改變感到非常苦惱及／或困難。
第1級 「需要支援」	在沒有支援之下，社交溝通缺損可見，造成功能減損。啟動社交互動有困難，對別人的社交招呼反應有清楚不典型或不尋常反應的例子。可能顯現對社交互動少有興趣，例如：某一有完整語句能力並能溝通者，無法與他人一來一往的會話交談，且其嘗試和別人交友的方式古怪，以致往往不成功。	行為固執無彈性造成明顯妨礙某一或更多情境的功能，活動間之轉換有困難；在組織和做計畫方面的問題，妨礙其獨立生活。

註：引自臺灣精神醫學會譯（2014，頁30）；APA（2013）。

記錄程序：對於併有某一相關的已知身體或遺傳病況或環境因素，或者另一神經發展、精神或行為障礙症自閉症類群障礙，記錄為自閉症類群障礙併有相

關（病況名稱、障礙症或因素）（例如：自閉症類群障礙併有雷特氏症）。嚴重程度需依表 1-5 中兩個精神病理領域各自所需的支援程度記錄（例如：社會溝通缺陷需要非常大量的支援，侷限的、重複的行為需要大量的支援）。接著記錄「伴隨智能減損」或「無伴隨智能減損」，隨後記錄語言減損之註明。有語言減損時，需記錄目前語言功能的程度（例如：「伴隨語言減損－無清晰語言」或「伴隨語言減損－片語程度」）。若僵直症存在，另外記錄「僵直症伴隨自閉症類群障礙」（臺灣精神醫學會譯，2014，頁 31）。

另外，依據 DSM-5（臺灣精神醫學會譯，2014；APA, 2013）給予診斷時，僅有社交溝通障礙而缺乏其他自閉症相關表徵者，應給予社交（語用）溝通障礙症之診斷。社交（語用）溝通障礙症〔Social（Pragmatic）Communication Disorder〕的診斷準則如表 1-6 所示。

表 1-6　DSM-5 有關社交（語用）溝通障礙症的診斷準則

A.在社交上使用語言及非語言溝通時持續有困難，而顯現下列所有徵候：
　1.在以溝通達到社交目的方面有缺損，例如：在符合社交情境下的適切的打招呼及分享資訊上。
　2.符合情境或聽者需求而調節溝通的能力減損，例如：於教室和操場說話的差異、對成人和兒童說話的差異，以及避免說過分正式的語詞等方面。
　3.在遵循說故事或會話的規則上有困難，例如：於會話時輪流說話、被誤解時的重新敘述，以及了解運用語言和非語言訊息來調節互動等方面。
　4.對非明確陳述（例如：推論）與非精確或具曖昧意思的語言（例如：成語、幽默言詞、隱喻、依情境解釋而具多重意思者）有困難的了解。
B.缺陷導致在有效溝通、社會參與、學術成就或是職場表現上單類或多類功能受限。
C.症狀在早期發展階段出現（但是缺陷不一定完全顯現，直到社交溝通需求超過受限的能力）。
D.這些症狀無法歸因於其他身體或神經病況或單字結構與文法能力低下，也無法以自閉症類群障礙症、智能不足（智能發展障礙症）、整體發展遲緩或其他精神障礙等做更好的解釋。

註：引自臺灣精神醫學會譯（2014，頁 26）；APA（2013）。

仔細對照條文內容，先看 DSM-IV-TR 裡面記載的自閉症與亞斯伯格症之診斷準則，都有「社會性互動有質的障礙」、「行為、興趣及活動的模式相當侷限、重複而刻板」的條文，且其內容幾乎相同；不同的地方是口語溝通表達能力之發展里程，以及初發病年齡的條件與內容。診斷準則相異的部分也大多是用來鑑別診斷自閉症與亞斯伯格症的主要依據，但是在自閉症者之中有一群高功能自閉症者，其口語溝通能力與亞斯伯格症者相似，所以有人認為高功能自閉症與亞斯伯格症應該是同一類群。然而，研究結果一直未能為每一個群組訂出清楚且一致的能力表現。Ehlers 等人（1997）發現，每個診斷群組中只有少數患者會出現明顯的認知表現特徵。美國耶魯大學的一個研究團隊（Klin et al., 1995）提到，亞斯伯格症與高功能自閉症兒童患者的神經心理功能表現，其實是有差異的；不過，也有別的研究者（Manjiviona & Prior, 1999; Miller & Ozonoff, 2000; Ozonoff & Miller, 2000）發現，兩組的神經心理測驗之結果並沒有顯著的差異。最近有人檢視了一些以「比較亞斯伯格症和高功能自閉症兒童的能力」為主題之研究報告（Howlin, 2000），其研究結果認為兩組在認知、社會、動作或神經心理方面的能力有差異的論文數，幾乎與認為兩組能力毫無差異的論文數相等（引自劉瓊瑛譯，2009）。

　　一些比較研究亦發現，當研究者未控制智商變項時，亞斯伯格症者的智商分數，尤其是語文智商部分，顯著高於高功能自閉症者，並且語文和作業智商分數的差距，顯著多於高功能自閉症者的分數差距（例如：Gilchrist et al., 2001; Miller & Ozonoff, 2000）；但當控制智商分數時，亞斯伯格症者和高功能自閉症者在多項功能和表現上，例如：語言、行為、動作、心智論（theory of mind）、執行功能（executive function）等無顯著差異（Klin, 2000; Mayes & Calhoun, 2001; Miller & Ozonoff, 2000; Ozonoff et al., 2000），兩者的比較詳見表 1-7（引自楊蕢芬，2005）。

表 1-7　亞斯伯格症與高功能自閉症之比較

比較項目		亞斯伯格症（AS）	高功能自閉症（HFA）
ICD-10 和 DSM-IV 臨床診斷標準		具社會互動障礙，行為、興趣和活動呈現重複固定的模式。3 歲前的語言發展正常，無遲緩現象，亦無智能障礙。	具社會互動障礙，行為、興趣和活動呈現重複固定的模式，語言發展遲緩或障礙；智商在 70 以上（Gilchrist et al., 2001; Howlin, 2003）。
盛行率		約萬分之二十六到萬分之七十一（Gillgerg, 2001）。	若自閉症盛行率以萬分之十計算，HFA（IQ > 70）約為萬分之三以上。
男女比		男性多於女性；約 5～10：1（Gillgerg, 2001）。	男性多於女性；約 4～5：1。
智商		大多數智能正常，且很多 AS 的語文智商高於作業智商。作業量表各分測驗，AS 和 HFA 無顯著差異；語文量表各分測驗，AS 分數顯著高於 HFA。AS 作業量表中以圖形設計分數最高，符號替代最低；語文量表以記憶廣度和類同最高，理解最低（Gilchrist et al., 2001）。AS 語文與作業智商的差距顯著多於 HFA 的差距（Miller & Ozonoff, 2000）。	作業智商屬於正常範圍，語文智商屬於正常到輕度智能障礙。自閉症者大多作業智商高於語文智商（Gilchrist et al., 2001），但有些研究發現 HFA 的語文智商高於作業智商（Ozonoff et al., 2000）。作業量表以圖形設計最高分，連環圖最低；語文量表以記憶廣度分數最高，理解最低（Gilchrist et al., 2001）。
自閉症症狀	幼兒期	AS 顯著比 HFA 在溝通、社會互動和固執行為方面的障礙程度輕（Gilchrist et al., 2001）。AS 顯著比 HFA 早開始說第一個字和詞（Howlin, 2003）。	HFA 顯著比 AS 在溝通、社會互動和固執行為方面的障礙程度重（Gilchrist et al., 2001）。HFA 顯著比 AS 晚開始說第一個字和詞（Howlin, 2003）。
	青少年	AS 和 HFA 三方面障礙無顯著差異（Gilchrist et al., 2001）。	HFA 和 AS 三方面障礙無顯著差異（Gilchrist et al., 2001）。
	成人	AS 和 HFA 三方面障礙無顯著差異（Howlin, 2003）。	HFA 和 AS 三方面障礙無顯著差異（Howlin, 2003）。

表 1-7　亞斯伯格症與高功能自閉症之比較（續）

比較項目	亞斯伯格症（AS）	高功能自閉症（HFA）
心智論	AS 顯著比正常人分數低，和 HFA 無顯著差異（Klin, 2000）。	HFA 顯著比正常人分數低，和 AS 無顯著差異（Klin, 2000）。
執行功能	當控制智商變項時，和 HFA 無顯著差異（Miller & Ozonoff, 2000）。	當控制智商變項時，和 AS 無顯著差異（Miller & Ozonoff, 2000）。
動作技能	比正常人較多動作協調問題；當控制智商變項時，和 HFA 無顯著差異（Ghaziuddin & Butler, 1998; Iwanaga et al., 2000; Miller & Ozonoff, 2000）。	比正常人較多動作協調問題；當控制智商變項時，和 AS 無顯著差異（Ghaziuddin & Butler, 1998; Iwanaga et al., 2000; Miller & Ozonoff, 2000）。

註：引自楊蕢芬（2005）。

　　Tony Attwood 認為，作為一位臨床工作者，這兩種障礙症的社會和行為能力表現既然這麼接近，而且治療方法也都一樣，那麼在學術上，其實不必硬要分成兩種不同的障礙來討論。遺憾的是，常常會有一個兩難的情況——是否該給予一個診斷名稱，以利於這些兒童或成人患者得以順利取得政府的服務及需要的津貼（引自劉瓊瑛譯，2009）。

　　對這樣的爭議，筆者倒是認為應試著去接受這兩種觀點，畢竟都有研究支持各自的論點，在實務工作中，不用去強調要二選一，而應該是回到能夠解決案主本身問題的病理或問題緣由來解釋。就如同筆者與案例三小豐、案例四小汶的工作經驗一樣，清楚了解了小豐對球的執著原因、小汶堅持模仿的行為背景。針對小豐應用了系統減敏感的策略，讓小豐漸漸地減少對球的執著；引導小汶了解模仿權威者並不會讓她變成權威者，而是要學習自己解決問題的技巧，漸漸地讓脾氣爆發的情況下降。

　　另外，針對這個爭議的另一個看法是要回歸診斷準則本身。畢竟診斷準則是在經過一群人多年努力之後所共同制定的一個多數人可以接受的參照標準（雖然每個診斷準則的版本發布之後都會有人提出異議的聲音），

對於一個還沒有定論的爭議，執著在爭議本身是很容易陷入惡性循環的情境中。所以，筆者認為有一個可以參照的標準，這樣才可以讓每個人的觀點有一個可以做比較的基準點，不然每個人若用不一樣的參照標準，這樣每個人所得的結果會變得沒有辦法比較，這樣只會增加混亂而已，對於解決問題本身並沒有幫助。前述回歸診斷準則本身，筆者認為是診斷準則裡沒有提到的名稱不應該作為診斷來使用，如果現有的診斷準則無法說明，確實應該提出異議來矯正不恰當的診斷準則，而這正是診斷準則需要一再地改版、修正的原因。在還沒有新的診斷準則可以使用的情況下，使用既有的最接近之診斷名稱，並不會對實際的臨床服務工作內容有太多的影響（除非是診斷名稱與患者所需要的社會福利或教育需求有關）。

從診斷名稱來看，DSM-5 似乎解決了鑑別診斷的爭議問題，不管是自閉症、亞斯伯格症、高功能自閉症、兒童崩解症、雷特氏症等，都以同一個名稱來給予診斷。比較 DSM-IV-TR 與 DSM-5 的條文內容，可以發現原本在 DSM-IV-TR 的自閉症診斷的三個範疇：社會互動、溝通品質、侷限、重複而刻板的行為模式，在 DSM-5 中被整併到兩個範疇之中：(1)在多重情境中持續有社交溝通及社會互動的缺損；(2)侷限、重複的行為、興趣或活動模式；且將兩個範疇的症狀嚴重程度分為三級，以說明每位「泛自閉症／自閉症光譜」的患者所需要的支援程度。其次，再對照 DSM-IV-TR 中亞斯伯格症與 DSM-5 自閉症類群障礙症的診斷條文內容，在兩大主要範疇上類似，只是 DSM-5 有列出了症狀嚴重度的分級。整體來看，DSM-5 的自閉症類群障礙症之診斷準則，是將過去與「自閉」這個概念相關聯的診斷類群，其相同的症狀表徵部分，列為主要的診斷準則，例如：侷限、重複的行為、興趣或活動模式。如同筆者所列的案例一小魚，每次在遊戲室裡的相同行為；案例二小賢，畫畫時只畫吊車；案例三小豐，重複地講述同一件事；案例四小汶，戴手錶的堅持。

對照 DSM-IV-TR 與 DSM-5 將與「自閉」這個概念相關聯的診斷類群所歸屬的類別，DSM-IV-TR 是將這些診斷歸屬在廣泛性發展遲緩障礙的大類之中，DSM-5 之自閉症類群障礙症的歸屬則屬於神經發展障礙症的大類。而 DSM-5 的診斷大類——神經發展障礙症則是新增加的診斷，在之前並沒

有這個大類別。除了新增加的診斷類別之外，DSM-5 也取消了原有之「通常初診斷於嬰兒、兒童和青少年的診斷類別」，在DSM-IV中，若是要對18歲之前的患者進行診斷時，應該要優先考慮這個「通常初診斷於嬰兒、兒童和青少年的診斷類別」，這個類別包括：

1. 智能障礙（Mental Retardation）。
2. 學習疾患（Learning Disorders），例如：閱讀障礙（Reading Disorder）、數學障礙（Mathematics Disorder）、文字表達疾患（Disorder of Written Expression）。
3. 運動技能疾患（Motor Skill Disorders）。
4. 溝通疾患（Communication Disorders），例如：語言表達疾患（Expressive Language Disorder）、音韻疾患（Phonological Disorder）、口吃（Stutering）。
5. 廣泛性發展障礙（Pervasive Developmental Disorders），例如：自閉症（Autistic Disorder）、亞斯伯格症（Asperger Syndrome）、雷特氏症（Rett's Disorder）、兒童崩解症（Childhood Disintegrative Disorder）。
6. 注意力缺陷及決裂性行為疾患（Attention Deficit and Disruptive Behavior Disorders），例如：注意力缺陷過動疾患（Attention-Deficit/Hyperactivity Disorder）、品行疾患（Conduct Disorder）、對立反抗疾患（Oppositional Defiant Disorder）。
7. 嬰兒期或兒童期之餵食及飲食疾患（Feeding and Eating Disorders of Infancy or Early Childhood），例如：亂食症（Pica）、反芻疾患（Rumination Disorders）。
8. 抽動疾患（Tic Disorders），例如：妥瑞氏症（Tourette Disorder）、慢性運動性或發生性抽動疾患（Chornic Motor or Vocal Tic Disorder）、暫時性抽動疾患（Transient Tic Disorder）。
9. 排泄疾患（Elimination Disorders），例如：遺糞症（Encopresis）、遺尿症（Enuresis）。
10. 嬰兒期、兒童期和青春期之其他疾患（Other Disorders of Infancy,

Childhood, or Adolescence），例如：分離焦慮疾患（Separation Anxiety Disorder）、選擇性緘默症（Selective Mutism）、嬰兒期或兒童期早期反應性依附疾患（Reactive Attachment Disorder of Infancy or Early Childhood）。

然而，這樣的診斷分類之方法所隱含的意義是，18 歲之前的診斷類別可能在隨著個體的年齡增長至滿 18 歲之後，是否要加以更動；抑或是 18 歲以上仍然會出現「通常初診斷於嬰兒、兒童和青少年的診斷類別」。若是前者，則代表診斷系統本身的不連續性，其意義是直接指出目前對於心理疾病的病程研究不足，例如：18 歲以前診斷為自閉症類群障礙症或注意力缺陷過動症，滿 18 歲以後仍是自閉症類群障礙症或注意力缺陷過動症，則其心理病理學方面的意義是否相同；若是後者，則代表 DSM-IV-TR 宣稱之「通常初診斷於嬰兒、兒童和青少年的診斷類別」根本不成立，因為不是只有 18 歲以前才出現此種心理疾病（梁培勇等人，2015）！

基於近年來關於心理病理學研究的發現，DSM-5 在安排診斷類別次序上，已經將發展（development）因素和全生涯（lifespan）考慮進來，亦即先說明在生命早期就容易出現的心理疾病，然後依序是青少年期、成年，最後是老年，於是將原來 DSM-IV 的第二章整個取消掉，亦即不分年齡，個體的診斷類別之診斷一開始就要考慮所有的診斷類別（梁培勇等人，2015）。

第四節　新診斷準則的使用適應

一個全新的制度、環境、事物等都會導致個體在面對時的適應問題，DSM-5 的出版正是這樣的情況，因為它大幅度地修正，使得很多臨床工作者需要重新適應。面對這樣的情況，筆者建議先回歸現象來思考，而不是急著要將所有舊有的觀念在很短的時間之內全部改變，換個角度來說，即是可以用循序漸進的方式來適應。

筆者認為的以回歸現象來思考，是指當一個新的診斷準則出現的時

候，被觀察的精神疾病或者是心理疾病，是否會因為這個診斷準則而發生了任何的本質改變，這個答案應該很確定是不會的。那為何會有診斷準則改變的情況？這應該是因為我們對被觀察的個體愈來愈了解，或者是說所累積的研究資料支持新的診斷準則，又或者是研究技術的進步、觀念的調整等，使得有必要使用新的診斷準則，如同前面所提到的在歷史背景因素的影響下，「泛自閉症／自閉症光譜」的患者是被放在兒童期精神分裂症的診斷之中，在經過將近五十年的資料累積後，於 1990 年代才被確定應該要獨立診斷，並正式在 DSM-IV 中出現（APA, 1994）。又經過將近二十年的研究資料累積，將自閉症、亞斯伯格症、兒童崩解症等整併到自閉症類群障礙症的一個診斷之中。診斷準則的修正或變動一方面可以說是為了要符合 2006 年 Wicks-Nelson 與 Israel 提出的，良好的分類系統必須符合的要求標準（請參閱前面說明），另一方面也可以說是採用新的研究資料來解決之前的爭議。

　　回歸現象與了解診斷準則的來龍去脈，對於我們在了解該類型的孩子時是會有所幫助的，接著就是從了解孩子的角度來看如何診斷孩子。筆者在學習診斷準則的時候有一個心得，可以提供給大家思考。目前的兩大診斷系統都希望臨床工作者在給予診斷的時候能夠謹慎（或者是說要注意信度和效度），所以都會提供在沒有辦法明確判斷時的診斷方式，例如：DSM 系統有兩種方式，一種是將診斷註明為未分類型，另一種是註記為暫時診斷，若真的沒有辦法給予診斷的時候，就只有將診斷擱置。不過，在案主的實際生活中，給予正確診斷的這件事不一定要當作第一順位，因為有時候並無法讓我們能夠慢慢地蒐集資料來確定診斷，而是需要快速地給予一個答案，以協助個案解決問題，例如：當診斷是關聯到個體的社會福利補助或者是特殊教育需求時。在此以具體一點的例子加以說明：甲學生的老師發現其在學習上面可能有困難，需要安排特殊教育課程，因此幫學生提出申請；由於時間緊迫，需要在截止日期前送出資料，但在醫療的臨床實務工作中發現，案主的臨床症狀需要在自閉症類群障礙症、選擇性緘默症、社交（語用）溝通障礙症三者之間做鑑別診斷，而這個歷程所需要花費的時間是來不及在截止日期前可以完成。因此，在這個學生的問題

中，就可以先依據前述所提到的兩項處理原則（用未分類型標示或使用暫時診斷），先告知案主有特殊教育需求以解決當下的困擾，至於正確診斷的時機，則可以在確實蒐集到足夠資料之後來完成。換言之，除非是在有必要立即給予診斷，以協助個體得到最好的社會支援或資源之情況下，否則不需要將診斷列為第一個思考要點。在實務工作中，如果面臨在必要給予診斷但無法確定診斷的情況時，其所得到的診斷有可能因為之後資料的補足而改變，這個需要臨床工作者自己記住還需要補足資料的情況，其實在臺灣的一些制度面已經可以幫忙做到這一點，例如：6 歲前孩童的發展遲緩狀況，現在的制度規定是每一年要重新追蹤評估一次。

以下就使用 DSM-5 重新來看看前面的五個案例，並比較 DSM-IV 與 DSM-5 在使用過程中的狀況。在筆者的臨床工作經驗中，有一個固定的情境與環境最能夠蒐集到行為模式的資料，例如：筆者在工作場域中固定使用一個遊戲室的空間；又如：學校的課堂安排至少每一個學期是固定的情境。在固定情境的好處是，我們可以在不同時間點，看看個體在相同的地點與環境中之行為表現是否有固定的模式，在筆者十幾年的工作經驗中累積的「泛自閉症／自閉症光譜」患者，在遊戲室中固定行為模式的情況很常見，例如：案例一小魚以及案例三小豐的情況。小魚是在遊戲室中走動有固定的模式；小豐則是先將球蒐集起來，在對球的恐懼下降之後，雖然進入遊戲室不會再有蒐集球的情況，且在自主可以決定的情況下，都是站在固定角落不主動玩遊戲，常常需要心理師想辦法跟他有所互動。也有其他患者是一進入遊戲室就馬上去拿積木，只要不做主動介入，泛自閉症／自閉症光譜患者大約有九成以上，在一進入遊戲室都是拿固定的玩具。所以當一位新見面的案主進入到遊戲室的時候，我們就可以先觀察案主喜歡哪些玩具或是活動，在每次給予自主決定玩遊戲的內容時，案主是否有固定只玩哪些玩具或活動的情況，這樣就累積了一項行為資料。

前述玩玩具的型態，在案例四小汶、案例五小靖的身上，則比較沒有這樣的情況，他們比較喜歡跟心理師聊天，會主動問心理師問題，而小汶九成的時間都是在跟心理師互動，小靖則一半一半。小汶常會主動要求心理師跟她玩，而小靖則很少主動要求心理師陪他玩。所以在小汶於遊戲室

的過程中比較少看到家屬所提到的刻板興趣行為模式，且家屬所提到的固執行為（例如：繫皮帶、戴手錶、上衣口袋一定要帶不同顏色的筆），在找到背景原因之後（例如：模仿權威者），依據案主需要的替代行為，建立解決問題的技巧，逐漸養成替代的行為習慣之後，小汶的刻板或固執行為就逐漸地消失，在其身上僅剩下莫名鬧脾氣的行為。從小汶在遊戲室中所蒐集到的資料，其刻板興趣行為模式似乎是與其生活事件相關聯的，只要壓力源去除之後，這些刻板行為也會跟著消失。小汶也沒有明顯發展遲緩的情況，在去除人際互動中的衝突情況之後，她的人際溝通能力也沒有顯著的困難。去除這些可能是後天生活所形成的症狀之後，小汶的臨床症狀就只剩下社會情緒表達方面的問題，在當時只能用 DSM-IV-TR 來做診斷參照的情況下，去除泛自閉症／自閉症光譜的診斷準則之後，只剩下一個陣發性暴怒疾患的診斷與其情緒表達類似，但是小汶鬧脾氣的嚴重程度並未達到陣發性暴怒疾患的嚴重程度，例如：導致破壞財物的情況，小汶大都只是口頭攻擊。

　　針對小汶的情況若改以 DSM-5 的準則來做診斷，似乎可以找到答案，例如：自閉症類群障礙症的診斷註記中提到，如果小汶的刻板興趣行為模式之臨床症狀未符合診斷準則，僅剩下社會溝通互動這方面的臨床表徵。在這樣的情況下，DSM-5 建議的診斷方式是先考慮「社交（語用）溝通障礙症」的診斷，對照這個診斷的內容，小汶確實在「使用語言及非語言溝通時持續有困難」，也有「符合情境或聽者需求而調節溝通的能力減損」，例如：對成人和同儕說話的差異、被誤解時的重新敘述之行為習慣缺乏，以及了解運用語言和非語言訊息來調節互動的能力不足。這些都導致其在有效溝通、社會參與、學術成就或是職場表現上單類或多類的功能受限。

　　雖然小汶的情況在 DSM-5 中可以用「社交（語用）溝通障礙症」的診斷來說明其能力狀況，但是在當時小汶的社會人際互動與溝通之衝突，需要予以一個診斷來讓學校可以安排特殊教育的介入，所以當只能用DSM-IV-TR 的情況下，需依據小汶過去病史的症狀表徵，給予自閉症或亞斯伯格症的診斷應該是當時最接近的診斷。接下來，心理師應思考的是：有沒有可能

在使用 DSM-5 的診斷準則來分析的時候更可以說明案主的診斷？

回頭來看案例二，小賢在幼兒園大班的時候，其行為表徵或臨床徵狀是典型的自閉症者，不管是在門診的診間醫師診察、職能治療師、物理治療師、語言治療師、臨床心理師等無不認為案主的診斷就是自閉症，就連家屬在接受相關衛教之後，也明確的認為小賢是位自閉症者。但是小賢的能力進展卻可以從 DSM-5 所列出的自閉症類群障礙症嚴重程度表中（表1-5），第 3 級「需要非常大量的支援」的情況下降到第 1 級「需要支援」的情況。從案例二小賢的例子，我們因為有之前的背景資料，所以可以推論小賢的臨床症狀之核心問題還是屬於自閉症這個範疇之內的情況；但是站在這類患者家屬的立場，一方面孩子的能力進步是值得欣慰的，因為孩子從中重度智能障礙變成中下程度的智力功能，可以想像這樣的進步是多大的鼓勵，讓家屬所投入的療癒有所回報；另一方面也因為孩子的進步，家屬擔心以前是不是介入處理的方向錯誤，如果從對症下藥的角度思考，以前方向就正確的話，孩子的進步是不是就會更多。然而，小賢仍然存在社會人際互動的問題行為，對於需要天天面對案主問題行為的人來說，心理師希望對於這些問題行為的核心原因不能因「進步」而加以忽略，或者是換一種說法，這樣很容易讓介入處遇要思考的方向產生偏頗，例如：小賢是因為堅持自己的意見而不去理會他人或者是環境的訊息時，將這樣的情況解釋為不專心可能是有問題的。以下用另外一個筆者在工作中遇到的情況來說明。

小英（化名），女性，自閉症者，6 歲。家屬抱怨她經常有抗拒學習的情況，曾接受過智力測驗，結果顯示有輕度智能障礙。筆者以身邊有的教具製作如圖 1-1 左圖的教案，預計進行找出哪裡不一樣以及數量概念的認知教學。一開始進行找出哪裡不一樣的教學時，第一次先僅給予口頭訊息「找出哪裡不一樣」，加上動作提示圖 1-1 的左右兩張圖。小英第一次就回答不一樣的地方是圖 1-1 的右圖粗箭頭部分，而非細箭頭的部分。心理師告知不是她所指出的部位（小英呈現疑惑的表情），第二次再加上舉例做示範說明（心理師指著兩個圖的最上面細箭頭之積木），並表示這裡不一樣。小英第二次還是回答粗箭頭的部分，心理師重複第二次的作法，小英

圖 1-1　教案樣本

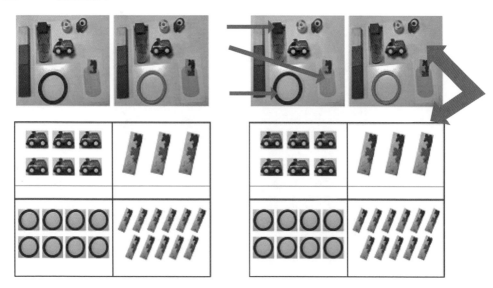

還是一直回答粗箭頭的部位。這時候如果以小英的智力問題、或者是對教學沒興趣、或者是專注力有問題來分析，可能會誤會小英的心理運作機轉。

　　心理師從小英的第一次回答中推估她應該理解心理師要她做什麼，可是在第二次之後還是做一樣的反應，所以心理師改從診斷類別中思考，例如：泛自閉症／自閉症光譜患者容易將字面上與自己直接經驗的部分做結合。換句話說，小英習慣從字面上的意義來思考，常常忽略名詞的內涵意義或者是該名詞在常態中大部分人會注意的焦點，據此，小英已經明白告訴心理師，她看到上下兩個部分的玩具不一樣（一個被遮住，一個沒有），故心理師推估其注意力焦點如圖 1-2 所示。所以，當心理師將下面要進行數量概念的圖遮掉後，小英立即可以指出圖 1-1 細箭頭所指的部位。

　　因此，心理師在跟案例二的小賢媽媽討論心理衡鑑結果時，需要在小賢身上找到有像小英這樣的具體例子來做說明，才能夠讓家屬能夠了解到泛自閉症／自閉症光譜患者的臨床症狀之延續性，當然也要讓家屬看見其所努力耕耘的結果，例如：小賢的能力進步，引導家屬可以看見正向的進

圖 1-2　小英看到的教案樣本

展，而不是專注在追尋她（小賢媽媽）自己想要的答案中（孩子不是「泛自閉症／自閉症光譜」患者）。但在當時，並沒有在小賢身上明確找到像小英在接受治療時的具體例子。

　　以下再提供一個筆者參加繼續教育工作坊所得知的真實例子來做補充。當時（2008 或 2009 年，筆者已經忘記確切時間）主辦單位邀請了身為泛自閉症／自閉症光譜患者 Stephen Shore 來臺灣演講，他有一本著作被翻譯為中文，名為《破牆而出：我與自閉症、亞斯伯格症共處的日子》（丁凡譯，2008）。與會中，有人提問為何跟 Shore 先生談話時，並沒有觀察到 Shore 先生有逃避視線接觸的情況。Shore 先生回答，他從以前到現在都是不喜歡看著他人的臉，因為這樣會讓他焦慮，可是很多人都告訴他，看著他人的臉講話是有禮貌的，這樣讓他一直很困擾，直到他自己發現，當他看著對方的鼻子時，他不會有焦慮感，所以每當他需要和他人談話互動時，他就盯著對方的鼻子看，這樣既可以讓自己的視線停留表現出所謂的有禮

貌的樣子，而且自己也不會有焦慮不安的感覺。

當時如果有這樣明確的例子，也許可以更有證據地來協助小賢媽媽了解，就算小賢是泛自閉症／自閉症光譜患者，只要其社會人際互動功能、社會溝通、認知或行為等各項能力可以發揮到像 Shore 先生一樣（其實這樣的例子，在臺灣已經漸漸地被提出，例如：記錄臺灣本土孩子的紀錄片「一閃一閃亮晶晶」，只是當時這些資料還沒有出現），當事人沒有清楚說明，很多時候旁人也是無法理解到案主本身是有何臨床診斷的。筆者始終認為，臨床服務工作就是要讓患者回歸社會，且獨立自主生活，當可以達到這樣的目的，案主本身是否有診斷、可能會造成的影響，應該已經很小了。

第五節　結語

在本章中，筆者以自己實際接觸的案例來呈現泛自閉症／自閉症光譜患者的樣貌，協助讀者可以了解到自閉症中所謂光譜的樣子，可以像案例一小魚一樣，功能障礙程度落在第 3 級且大都沒有變化；也有患者像案例二小賢一樣，可以從嚴重程度第 3 級變成嚴重程度第 1 級；不同患者的能力對照可以像案例一小魚與案例五小靖一樣，能力落差這樣大；也有像案例四小汶一樣，在當時的診斷準則可能無法明確表示案主的狀況，但必須以當下符合案主身心發展的最佳利益做考量，給予診斷名稱，以利學校安排相關專業入校；也有像案例三小豐一樣，其本身的能力有逐漸地進展，但症狀嚴重程度並沒有太大的變動（或者是說造成其社會、學習等生活功能的困擾持續存在）。

筆者認為，了解任何一位孩子應該是以廣泛的或全盤的認識為前提，而不是先以診斷名稱或者是僅以診斷名稱來考慮，就如同 DSM-5 強調以「全生涯」的發展觀點來思考每一位患者，且應該一開始就要考慮所有可能的問題成因（或稱為診斷類別），以各個向度的資料蒐集來了解患者。除了某一時間點的資料蒐集之外，還需要考量與患者長時間接觸下的行為

表徵或模式，這樣才能算是對一位患者的全面性了解。在臨床心理工作場域之中，可能會只有執行心理衡鑑工作的單點式資料蒐集方式，以及從心理治療層面的長時間互動中之資料蒐集方式，或者是兩者同時都有的情況；然而在其他場域之中，例如：學校的導師，常常是屬於長時間跟孩子相處的資料蒐集模式，只是老師要同時間面對二、三十位孩子，甚至更多，在這樣的情況下，常常是考驗老師的耐心、注意力廣度、面對問題時的處理速度等。在這樣容易心力耗竭的情況下，跨專業的合作會變得很有助益。從筆者在過往臨床工作中的診斷困境，DSM-5 可能對筆者的困難提供了解決之道，但也不能因為這樣就全盤接受，而沒有去思考新的診斷準則有沒有可能也引發了另一種困境，畢竟這還是需要實際使用以及進一步累積資料才能夠做回答。

參考文獻

中文部分

丁凡（譯）（2008）。破牆而出：我與自閉症、亞斯伯格症共處的日子。（原作者：S. Shore）。心靈工坊。（原著出版年：2003）

孔繁鐘（譯）（2007）。**DSM-IV-TR 精神疾病診斷準則手冊**（原作者：American Psychiatric Association [APA]）。合記。（原著出版年：2000）

梁培勇、張如穎、薛惠琪、李筱蓉、陳韻如、吳文娟、鄭欣宜、許美雲、劉美蓉（2015）。**兒童偏差行為**（第三版）。心理。

陳威勝、陳芝萍（譯）（2012）。**自閉症檢核手冊：家長與教師實用指南**（原作者：P. Kluth & J. Shouse）。心理。（原著出版年：2005）

楊宗仁、張雯婷、楊麗娟（譯）（2005）。**亞斯伯格症教育人員及家長指南**（原作者：B. S. Myles & R. L. Simpson）。心理。（原著出版年：2005）

楊蕢芬（2005）。**自閉症學生之教育**。心理。

臺灣精神醫學會（譯）（2014）。**DSM-5 精神疾病診斷準則手冊**（原作者：American Psychiatric Association [APA]）。合記。（原著出版年：2013）

劉瓊瑛（譯）（2009）。**亞斯伯格症進階完整版**（原作者：T. Attwood）。智園。（原著出版年：2007）

英文部分

American Psychiatric Association. [APA] (1952). *Diagnostic and statistical manual of mental disorders* (1st ed.) (DSM-I). Author.

American Psychiatric Association. [APA] (1968). *Diagnostic and statistical manual of mental disorders* (2nd ed.) (DSM-II). Author.

American Psychiatric Association. [APA] (1980). *Diagnostic and statistical manual of mental disorders* (3rd ed.) (DSM-III). Author.

American Psychiatric Association. [APA] (1987). *Diagnostic and statistical manual of mental disorders* (3rd ed., Revised) (DSM-III-R). Author.

American Psychiatric Association. [APA] (1994). *Diagnostic and statistical manual of mental disorders* (4th ed.) (DSM-IV). Author.

American Psychiatric Association. [APA] (2000). *Diagnostic and statistical manual of mental disorders* (4th ed., Text Revised) (DSM-IV-TR). Author.

American Psychiatric Association. [APA] (2013). *Diagnostic and statistical manual of mental disorders* (5th ed.) (DSM-5). Author.

World Health Organization. [WHO] (2010). *International statistical classification of diseases and related health problems* (10th Revision). Author. Retrieved from http://www.who.int/classifications/icd/en/

第二章
自閉症學生的鑑定與診斷

于曉平

第一節　自閉症學生的診斷標準與演變

壹、早期有關自閉症的定義與診斷標準

一、廣泛性發展障礙的由來

自閉症一詞，最早是在 Kanner（1943）的一篇觀察研究報告中提出，其使用「早期嬰幼兒自閉症」（Early Infantile Autism）描述一群缺乏與他人情感互動、語言發展遲緩或沒有語言、出現重複或刻板性的遊戲行為，且對環境要求維持同一性的孩子。隔年，Asperger 亦針對 4 名症狀不嚴重，並具有相當好語言能力的兒童進行探討，結果發現這類型兒童的社會互動困難症狀與 Kanner 的描述類似，而有「自閉心理病理」（Autistic Psychopathy）一說，即為目前所稱的亞斯伯格症（Asperger Syndrome）（Klinger et al., 2003）。由於自閉症兒童與一般兒童的主要差異來自於他們對外界事物缺乏興趣，甚至不太察覺到他人的存在，在人群中屬於極端孤獨的一群，故亦有使用孤獨症一詞形容之。

自閉症係指先天腦部受損所引發的發展障礙疾患，由於其在語言溝通、社會互動以及部分甚至出現認知能力方面的問題，因此被稱之為廣泛性發展障礙，即使如此，自閉症者所出現的行為特徵與認知表現卻有不小的差異。Wing 與 Gould（1979）針對其社會互動方面的反應，區分為隔離型、被動型與主動怪異型：隔離型的自閉症者在與他人接觸時會表現出強烈的負面情緒，沒有意願與他人互動，口語能力弱，缺乏或避免眼神接觸，無法與一般兒童發展出分享式注意力；被動型的自閉症者可以接受與他人的肢體接觸或親密行為，口語表現比隔離型的自閉症者佳，但會不斷表達重複的內容，也會模仿他人行為但自己無法展現適當的行為；主動怪異型的自閉症者會主動親近他人，但常出現較為怪異且重複的行為，語言發展或社會互動正常，但會出現說話聲調異常、動作協調性差的問題。

　　在診斷標準上，精神醫學界的兩大分類系統：世界衛生組織（WHO）所提出的「國際疾病傷害及死因分類標準」（The International Statistical Classification of Diseases and Related Health Problems，簡稱 ICD）與「國際健康功能與身心障礙分類系統」（International Classification of Functioning, Disability, and Health，簡稱 ICF），其中的 ICD 是以疾病分類為主，ICF 則以健康功能分類為主，另外加上美國精神醫學會（APA）所出版的《精神疾病診斷與統計手冊》（*Diagnostic and Statistical Manual of Mental Disorders*，簡稱 DSM），對相關的病症均加以定義。從以上的定義分析，其對自閉症診斷標準的界定已趨於一致，都認為自閉症是社會互動發展障礙、社會溝通障礙，以及重複且刻板行為障礙等三項症候群。在 DSM-IV（APA, 1994）中，自閉症、亞斯伯格症（Asperger's Disorders）、雷特氏症（Rett's Disorders）、兒童崩解症（Childhood Disintegrative Disorders），以及其他未註明之廣泛性發展障礙（Pervasive Developmental Disorders not Otherwise Specified，簡稱 PDDNOS），皆屬於廣泛性發展障礙（Pervasive Developmental Disorders，簡稱 PDD）的亞型。因此，自閉症、亞斯伯格症和 PDDNOS 等這幾種亞型被認為是一種「光譜或類群」（spectrum），統稱為自閉症光譜疾患或自閉症類群障礙症（Autism Spectrum Disorder，簡稱 ASD）。

二、DSM-IV 的診斷標準

從 DSM 診斷準則的脈絡分析，DSM-IV（APA, 1994）與 DSM-IV-TR
（APA, 2000）對自閉症的診斷標準相同，所列出的自閉症診斷標準包含具
有下列第 1、2 及 3 點中六個（或以上）項目，其中至少有二項來自於第 1
點，至少各一項來自於第 2 及 3 點：

1. 在社會性互動方面有質的缺陷，並至少具有下列兩項：
   (1) 非口語行為，如視線接觸、面部表情、身體姿勢，使用姿勢表徵
   社會互動的語言有顯著障礙。
   (2) 無法發展出符合其發展水準的同儕關係。
   (3) 缺乏主動尋求他人分享喜悅、興趣或活動行為（如很少拿自己感
   興趣的東西給他人看或指出來）。
   (4) 缺乏社交或情緒的相互作用。

2. 在溝通方面有質的缺陷，並至少具有下列一項：
   (1) 完全沒有口語或口語發展遲緩（未伴隨企圖以其他的溝通方式，
   如手勢或模仿來補償）。
   (2) 有語言能力者，引發或維持與他人談話的能力上有顯著的障礙。
   (3) 使用刻板的、重複的語言或特異的語言（idiosyncratic lan-
   guage）。
   (4) 缺乏符合其發展水準的多樣而自發性之假裝遊戲或社會化模仿遊
   戲。

3. 在行為、興趣、活動方面相當侷限、重複而刻板，至少具有下列一
   項：
   (1) 在興趣方面，有一種或一種以上的刻板而侷限的興趣模式，其強
   度與對象兩者之間至少有一項異於常人。
   (2) 明顯無彈性的固著於特定而不具功能性的常規或儀式行為。
   (3) 有刻板而重複的運動性作態身體動作（如晃動手或手指、拍手、
   擺動身體等）。
   (4) 經常沉迷於物體的某一部分。

而 DSM-IV（APA, 1994）中說明 2、3 歲以前即出現，下列領域中至少出現一種發展遲緩或功能上的異常，且此種障礙無法歸類於雷特氏症或兒童崩解症：(1)社會性互動；(2)社會性溝通時的語言使用；(3)象徵性或想像性的遊戲。

貳、DSM-5 對自閉症診斷之影響

　　根據 DSM-5 中有關自閉症光譜障礙（Autism Spectrum Disorders，統稱自閉症）或自閉症類群障礙症的說明，其出現的兩大行為表徵如下，且早期發展階段即出現，並形成其在社交、職業或其他領域的功能缺陷，且無法歸類於智能障礙或發展障礙的情形（APA, 2013）：

1. 在多重情境中持續有社交溝通及社交互動的缺損，於現在或過去出現以下情形：

    (1)缺乏社會與情緒互動困難。

    (2)在社會互動時有明顯的非語言溝通行為障礙。

    (3)缺乏發展、維繫與了解關係的行為表現。

2. 侷限、重複的行為、興趣或活動模式，於現在或過去出現至少以下兩項情形：

    (1)刻板或重複的行為。

    (2)堅持同一性、固執於常規或語言、非語言的儀式化行為。

    (3)不尋常、高度固著與侷限的興趣模式。

    (4)對感官刺激有反應過強、過低或對感官刺激有不尋常的興趣。

　　相關規範中亦註明須注意有無智能缺損、語言缺損，或是已知的身體、遺傳病況或環境因素等問題，或是另一種神經發展、精神疾病或行為障礙，或是僵直症者。

　　此外，與自閉症定義之一有關的社交溝通及社交互動問題之社交（語用）溝通障礙症則另有定義，其係指在社交上使用語言及非語言溝通時持續有困難，而顯現下列所有徵候：

1. 在以溝通達到社交目的方面有困難。

2. 符合情境或聽者需求而調整溝通的能力方面有問題。

3. 在遵循說故事或會話的規則上有困難。

4. 對非明顯陳述與曖昧意義的語言理解上有困難。

DSM-IV-TR 針對典型自閉症、亞斯伯格症、雷特氏症、兒童崩解症，以及其他未註明之廣泛性發展障礙方面都有詳細的診斷標準，而 DSM-5 已不再定義亞型而將其剔除，主要是因這些疾患間的區辨並不易，相關資料較不能支持自閉症次分類的可靠性，故 DSM-5 採用廣泛的自閉症定義，也就是自閉症光譜障礙（ASD）來涵蓋這類疾病。然而，這也代表 ASD 者有可能不再被診斷為患有自閉症，而被診斷為其他疾患，但相較之下，DSM-5 的診斷準則更為嚴謹且全面。然而，部分先前鑑定為亞斯伯格症（AS）、其他未註明之廣泛性發展障礙（PDDNOS）的患者及其家長因而抗議，擔心影響其接受特殊教育或相關服務的機會，所以 DSM-5 也特別註明，經 DSM-IV 診斷為自閉症、亞斯伯格症、其他未註明之廣泛性發展障礙者，應給予自閉症的新診斷，將病史過去呈現的症狀也包括在內，放寬診斷準則，不溯及既往；至於有明顯社交溝通障礙但症狀不符者，應進行社交（語用）溝通障礙評估，只是診斷準則比 DSM-IV 和 ICD-10 更為嚴格。

2022 年 DSM-5-TR 公布，延續 DSM-5 統稱為自閉症光譜障礙，增列了是否伴隨智力障礙、語言障礙、精神或行為問題等特徵，供醫師診斷其所需要的支持程度加以分級。

另外，也有不同學者提出看法，例如：Shore（2012）將廣泛性發展障礙分為自閉症疾患（Autistic Disorder）與非自閉症之廣泛性發展障礙（Non-Autistic PDD），後者包括亞斯伯格症、雷特氏症、兒童崩解症，以及其他未註明之廣泛性發展障礙。雖然此方式無法說明它們之間的關係，不過 Shore 認為應該重視自閉症者的需求，而不是將焦點放在標記與病名，其較重視自閉症的障礙程度及其表現的差異性。

參、自閉症的定義與診斷標準之演變

比較 DSM-III、DSM-IV 與 DSM-5 的定義可以發現（如表 2-1 所示），

表 2-1 DSM 各版本的比較

行為表現	DSM-III（1980） DSM-III-R（1987）	DSM-IV（1994） DSM-IV-R（2000）	DSM-5（2013） DSM-5-TR（2022）
社會互動	相互社會性互動有質的缺陷，至少出現兩項： 1. 缺乏對他人存在的認識。 2. 在壓力下不會尋求舒適之道。 3. 缺乏模仿能力。 4. 缺乏社交遊戲能力。 5. 與同輩交友的能力不足。	在社會互動中有質的缺陷，以下四項至少出現兩項： 1. 使用各種非口語行為有顯著的困難。 2. 無法發展符合其發展水準的同儕關係。 3. 缺乏自發性尋求與他人分享喜悅、興趣或成就。 4. 缺乏社會或情緒的互惠關係。	在多重情境中持續有社交溝通及社交互動的缺陷，於現在或過去出現以下情形： 1. 在社會情感互動有缺陷。 2. 社會互動時非語言的溝通行為有缺陷。 3. 對人際關係的發展、維持及理解有缺陷。
溝通	口語和非口語溝通方面有質的缺陷，至少出現一項： 1. 無口語或溝通行為。 2. 非口語溝通明顯異常。 3. 缺乏想像的活動。 4. 產出口語明顯異常。 5. 口語的內容明顯異常。 6. 開啟或維持對話有困難。	溝通方面有質的缺陷，以下四項至少出現一項： 1. 無口語或口語發展遲緩。 2. 有口語能力者在開啟或維持對話上有困難。 3. 使用刻板及重複的語言或隱喻式語言。 4. 缺乏符合其發展階段之富變化、自發性的假裝性遊戲或社會性模仿遊戲。	

表 2-1　DSM 各版本的比較（續）

行為表現	DSM-III（1980） DSM-III-R（1987）	DSM-IV（1994） DSM-IV-R（2000）	DSM-5（2013）
侷限而重複的興趣與行為	有限且重複的活動與興趣，至少出現一項： 1.刻板的肢體動作。 2.持續地專注在物體的某個部分。 3.對環境的改變感到壓力或苦惱。 4.對某些精確的細節有不合理的堅持。 5.侷限與窄化的興趣。	有限的重複與固著行為模式、興趣、活動，以下四項至少出現一項： 1.包含一個或更多的固著與有限的興趣模式。 2.執著於特定、非功能性的日常生活作息或儀式。 3.固著與重複動作姿勢。 4.持續專注於物體的某部件上。	侷限、重複的行為、興趣或活動模式，於現在或過去出現至少以下兩項情形： 1.刻板或重複的肢體動作、行為或口語。 2.堅持同一性、固執於常規或語言、非語言的儀式化行為。 3.不尋常、高度固著與侷限的興趣模式，或目標物異於常人。 4.對感官刺激有反應過強、過低或對感官刺激有不尋常的興趣。

註：引自 APA（1980, 1987, 1994, 2000, 2013）。

DSM-IV 較 DSM-III 更仔細地分類與描述其在社會互動、溝通與侷限而重複的興趣及行為等三方面的差異，到了 DSM-5 認為社會互動與溝通有極大的關聯，因而將其整併，僅就社會互動溝通與侷限而重複的興趣及行為等兩部分加以界定。1980 年以前，自閉症並無統一的診斷標準；而 1980 年出版的 DSM-III，對自閉症診斷過於嚴格，患者必須合乎所有病徵才做診斷，其中有關自閉症的診斷標準包括以下六個部分（鄭信雄譯，1992）：

1. 年齡 30 個月大以前發生。
2. 普遍缺乏對他人的反應。
3. 語言發展的重大缺陷。
4. 如語言出現，呈現特別語言的模式，例如：立即或延遲模仿語言、隱喻言語、代名詞倒置。

5. 對環境各方面的反應很奇特，例如：抗拒改變（玩具或傢俱等的原
   先安排），對有生命或無生命物體特別感興趣。

6. 沒有精神分裂症的妄想（迫害或關係等的錯誤信念）、幻覺和思考
   聯繫鬆弛且不連貫等現象。

1987 年出版的 DSM-III-R 做了些微修改，自閉症發病率大約 0.01 ％；
直到 1994 年出版 DSM-IV 做了大幅修改，自閉症人數也大幅增加。DSM-5-
TR 延續 DSM-5 以兩種行為表現（社會溝通困難、侷限而重複的興趣與行
為）為判斷依據，另增加四項特徵項目，用以作為支持需求強度之判斷：

1. 是否伴隨有智力障礙、是否伴隨有語言障礙。

2. 是否與已知的醫療、基因狀況或環境因素有關。

3. 是否與其他神經發展、精神或行為障礙有關。

4. 是否有僵直症（catatonia）。

「國際疾病傷害及死因分類標準」（ICD）將幼兒自閉症改稱為兒童期
自閉症（Childhood Autism），亦將其歸類於 PDD。ICD 與 DSM-IV 診斷自
閉症的要件雷同，顯示目前國際上對自閉症的診斷已形成共識。不過，自
閉症和其他精神疾病的共病現象（comorbidity）及 PDD 次分類的效度，是
自閉症診斷及分類學上待解決的二大問題。現在全世界通用的 ICD-10
（WHO, 2010），其自閉症診斷要同時滿足下列 1、2、3 的三準則：

1. 3 歲前出現下列三項中至少一項功能之發展異常或障礙：

   (1)社交溝通情境之理解性或表達性語言。

   (2)選擇性社交依附或交互社會互動。

   (3)功能性或象徵性遊戲（DSM-IV 則為象徵性或想像性遊戲）。

2. 下列(1)、(2)、(3)合計至少 6 項，其中(1)至少 2 項，(2)和(3)各至少一
   項：

   (1)交互社會互動之質的障礙：

   　　a. 不會適當使用注視、臉部表情、姿勢等肢體語言，以調整社
   　　　會互動。

   　　b. 未能發展和同儕分享喜好的事物、活動、情緒等有關的同儕
   　　　關係。

c. 缺乏社會情緒的交互關係，而表現出對他人情緒的不當反
應，或不會依社會情境而調整行為，或不能適當的整合社會、
情緒與溝通行為。

d. 缺乏分享他人的或與他人分享自己的快樂。

(2) 溝通方面質的障礙：

a. 語言發展遲滯或沒有口語，也沒有用非口語的姿勢表情來輔
助溝通之企圖。

b. 不會發動或維持一來一往的交換溝通訊息。

c. 以固定、反覆或特異的方式使用語言。

d. 缺乏自發性的裝扮遊戲或社會性的模仿遊戲。

(3) 狹窄、反覆、固定僵化的行為、興趣和活動：

a. 執著於反覆狹窄的興趣。

b. 強迫式的執著於非功能性之常規或儀式。

c. 常同性的動作。

d. 對物品的部分或玩具無功能的成分之執著。

3. 不是有續發社會情緒問題的接受性語言障礙、依附障礙、有情緒行
為問題的智能不足、精神分裂症、雷特氏症等。

　　而後，2018 年 5 月公布的 ICD-11 也反映了選擇將自閉症、亞斯伯格症
等納入自閉症光譜障礙的診斷中。另外，ICD-11 將自閉症者是否具智力障
礙加以區隔，將雷特氏症排除於自閉症光譜障礙而歸於發展遲緩，亦提出
現行的分類恐低估或掩蓋年長者及女性具自閉症的可能。由於對自閉症的
定義寬嚴不一，自閉症的盛行率也有很大差異。若以呈現第 2 點之三大類行
為特徵〔只要(1)、(2)、(3)各有一項就算〕為診斷要件，自閉症的盛行率達
萬分之十五至二十；若用比較嚴謹的定義（三大類總計要達若干小項以
上），則自閉症的盛行率約萬分之二至五。自閉症的盛行率，男明顯的高
於女（3～5：1）。早期的研究發現，盛行率在高社經地位家庭出現的比率
偏高，後來的社區研究發現自閉症平均分配於高中低的社經階層。我國第
二次全國特殊兒童普查發現，男女之比為 3 比 1，且平均分布於各社經階層
之家庭。

第二節　醫療系統的鑑定與診斷

依照最新公布之《身心障礙者鑑定作業辦法》（衛生福利部，2023），臺灣新制的身心障礙鑑定與需求評估制度於 2012 年轉換為「國際健康功能與身心障礙分類系統」（ICF），有關身心障礙證明的申請、各項福利與服務，將依據醫事、社工、特教等人員籌組專業團隊，在 ICF 分類架構下完成鑑定報告、需求評估結果，提供身障者適當的福利與服務。因此，依照《身心障礙者權益保障法》（衛生福利部，2021）第 5 條的規定：

> 「本法所稱身心障礙者，指下列各款身體系統構造或功能，有損傷或不全導致顯著偏離或喪失，影響其活動與參與社會生活，經醫事、社會工作、特殊教育與職業輔導評量等相關專業人員組成之專業團隊鑑定及評估，領有身心障礙證明者：
> 一、神經系統構造及精神、心智功能。
> 二、眼、耳及相關構造與感官功能及疼痛。
> 三、涉及聲音與言語構造及其功能。
> 四、循環、造血、免疫與呼吸系統構造及其功能。
> 五、消化、新陳代謝與內分泌系統相關構造及其功能。
> 六、泌尿與生殖系統相關構造及其功能。
> 七、神經、肌肉、骨骼之移動相關構造及其功能。
> 八、皮膚與相關構造及其功能。」

ICF 著重的是以功能及其所處環境來做區分，依照個人的身心功能與需求作為得到福利的依據。評估單位有醫療體系與社政體系，與以往只針對個人的疾病型態區分、不評估所獲福利是否符合身障者需求的鑑定方式，有很大的不同。ICF 的組成要素有身體功能、身體構造、活動與參與，以及環境因素，這四個要素的編碼分別為 b、s、d、e，再加上數字與限定值，就是所謂的 ICF 編碼；每一個編碼都代表一個項目，每個項目再分細項，以作為評估項目，如表 2-2 所示。

表 2-2　ICF 組成要素及細項

身體功能	身體構造	活動與參與	環境因素	個人因素
1.心智功能	1.神經系統構造	1.學習與應用知識	1.產品與科技	1.生活型態
2.感官功能與疼痛	2.眼、耳及有關構造	2.一般任務與需求	2.自然環境與環境中之人為改造	2.習慣
3.聲音與言語功能	3.涉及聲音與言語之構造	3.溝通		3.教育
4.心血管、造血、免疫與呼吸系統功能	4.心血管、免疫與呼吸系統構造	4.行動	3.支持與人際關係	4.種族與遺傳
		5.自我照顧		5.個人經歷
5.消化、新陳代謝與內分泌系統功能	5.消化、新陳代謝與內分泌系統有關構造	6.居家生活	4.態度	
		7.人際互動與關係	5.服務、制度與政策	
6.泌尿與生殖功能	6.泌尿與生殖有關構造	8.主要生活領域		
7.神經、肌肉、骨骼、與動作有關功能	7.動作有關構造	9.社區、社會和公民生活		
8.皮膚與有關構造之功能	8.皮膚與有關構造			

註：引自桃園市政府社會局（2017）。

　　有關自閉症在醫療系統所屬的身心障礙鑑定屬於第一類「神經系統構造及精神、心智功能」損傷，依照衛生福利部對於身心障礙等級的界定與區分，自閉症係指「合併有認知功能、語言功能及人際社會溝通等方面之特殊精神病理，以致罹患者之社會生活適應有顯著困難之廣泛性發展障礙」，其不同等級之區分，則依整體心理社會功能、心理動作功能與語言功能之得分高低程度加以區別（行政院衛生署，2021）。

　　至於自閉症的障礙等級與程度的劃分，依據新制身心障礙鑑定之規定，各類身心障礙類別之等級，是由類別內各向度之障礙程度整合判定

之。依據《身心障礙者鑑定作業辦法》（衛生福利部，2023）第8條所列之附表二甲「身體系統構造或功能之類別、鑑定向度、程度分級與基準」的規定：

一、等級判定原則

（一）綜合等級係以各類身心障礙類別之等級整合判定之；各類身心障礙類別之等級，則由類別內各鑑定向度之障礙程度整合判定之。

1. 如舊制身心障礙鑑定結果可明確判定其所對應之現制身心障礙類別，應納入身心障礙類別之等級整合判定；如無法明確判定其所對應之現制身心障礙類別者，則不應納入身心障礙類別之等級整合判定。

2. 同時具有二類或二類以上不同等級之身心障礙類別時，綜合等級以較重等級為準；同時具有二類或二類以上相同等級之身心障礙類別時，綜合等級應晉升1級，以1級為限。

3. 在同一身心障礙類別中同時具有二項或二項以上不同程度之鑑定向度時，以較重程度為準；而同時具有二項或二項以上相同程度之鑑定向度時，除第二類及第七類鑑定向度同時具有上肢及下肢之最高障礙程度相等之外，其餘身心障礙類別以此障礙程度為準。

4. 第二類身心障礙類別中，若評定鑑定向度係因不同感官功能或構造所致且最高障礙程度相同時，等級應晉升1級，但以1級為限。

5. 第七類身心障礙類別中，若評定鑑定向度同時具有上肢及下肢之最高障礙程度相等，等級應晉升1級，但以1級為限。

6. 障礙程度1亦即輕度；障礙程度2亦即中度；障礙程度3亦即重度；障礙程度4亦即極重度。

（二）經中央衛生主管機關認定因罕見疾病致身體系統構造或功能障礙者，若八大身心障礙類別無適當之鑑定向度但經評估其獨立自理生活、從事半技術性或簡單技術性工作，受到該疾病之影響者，其身體系統構造或功能，至少應以程度1級列等。

二、身心障礙鑑定基準：身體系統構造或功能

（一）下列身心障礙類別及鑑定向度說明：鑑定醫師應依其專業判定，決定適當之身心障礙類別及其鑑定向度，另經器官移植或裝置替代器材後，應依矯治後實際狀況進行重新鑑定。

（二）因創傷或罹患慢性精神、神經系統或內外科疾病，以致身體系統構造或功能損傷，且經積極治療，仍無法矯治使其脫離顯著失能狀態，或有足夠醫學證據推斷將造成長期（一年以上）顯著失能者，方適合接受身心障礙鑑定。惟鑑定向度另有規定者，從其所定。

（三）經中央衛生主管機關認定因罕見疾病致身體系統構造或功能障礙者或未滿6歲由早期療育醫院或中心之醫師評估後，具有認知發展、語言發展、動作發展及社會情緒發展等四項中二項（含）以上或具有全面性發展之發展遲緩並取得報告時，應於鑑定表欄位內勾選身心障礙類別；若與八大身心障礙類別同時具有相同類別之障礙時，該類障礙程度以八大身心障礙類別之程度為準；其餘判定基準同等級判定原則(一)第1點。

（四）鑑定向度 b110 意識功能，若每日持續有意識障礙導致無法進行生活自理、學習及工作（即障礙程度為 4），限診斷編碼 ICD-10-CM：R40.2 或 R40.3 者填寫，初次鑑定者重新鑑定效期至多為一年。

（五）癲癇患者，應經二種（含）以上抗癲癇藥物治療無效，始可進行鑑定向度 b110 意識功能鑑定。

（六）鑑定向度 b16701 閱讀功能及 b16711 書寫功能限評年滿8歲，且被診斷為發展性或腦傷導致者；應排除因視力、聽力、智能、動作、教育或社會文化等不利因素所導致者。

（七）鑑定向度 b440 呼吸功能，限評經積極治療6個月後，仍無法改

善者。

（八）鑑定向度 s810 皮膚區域構造之損傷定義：包含排汗功能喪失、肥厚性疤痕或經中央衛生主管機關認定因罕見疾病之皮膚病變。因燒燙傷，以致身體系統構造或功能損傷，有足夠醫學證據推斷將造成半年以上失能者，方適合接受身心障礙鑑定。

而附表二乙係針對活動參與及環境因素，區分為以下兩個部分。評估項目包含以下幾個領域是否有使用輔具、是否需別人協助、表現困難程度，以及生活情境下能力困難程度：

1. 18 歲以上或 15 歲以上未滿 18 歲有工作無學籍者：含上肢活動、下肢活動、認知、四處走動、生活自理、與他人相處、生活活動、工作／學習、社會參與、健康對個體和家庭的影響等評估。針對與自閉症者較有關聯的項目中，像是認知會檢核專心、記得、解決、學習、了解、交談等需要協助的程度；與他人相處會進一步了解其與陌生人、朋友、親近者、新朋友之間是否需要協助的程度；社會參與則會評估受評者對於社區活動、戶外運動、逛街購物、交通工具、公民活動、宗教活動等的需求程度。

2. 6 歲以上未滿 15 歲或 15 歲以上未滿 18 歲有學籍者：含上肢活動、下肢活動、居家生活參與、鄰里社區參與、學校生活參與、家庭社區參與。其中，學校生活參與會評估其參與課業、同學互動、學校移動、教材設備、學校溝通等需要協助的程度。

有關鑑定基準，以自閉症所屬的「神經系統構造及精神、心智功能」類而言，其鑑定向度包括：意識功能、智力功能、整體心理社會功能、注意力功能、記憶功能、心理動作功能、情緒功能、思想功能、高階認知功能、口語理解功能、口語表達功能、閱讀功能、書寫功能，而與自閉症相關的向度及其障礙程度的劃分如下（衛生福利部，2023）（如表 2-3 所示）。

表 2-3　自閉症之鑑定向度與程度分級

鑑定向度	障礙程度	基準
智力功能	0	未達下列基準。
	1	智商介於 69 至 55 或心智商數（mental quotient）介於 69 至 55，或於成年後心智年齡介於九歲至未滿十二歲之間或臨床失智評估等於 1。
	2	智商介於 54 至 40 或心智商數（mental quotient）介於 54 至 40，或於成年後心智年齡介於六歲至未滿九歲之間或臨床失智評估等於 2。
	3	智商介於 39 至 25 或心智商數（mental quotient）介於 39 至 25，或於成年後心智年齡介於三歲至未滿六歲之間或臨床失智評估等於 3。
	4	智商小於或等於 24 或心智商數（mental quotient）小於或等於 24，或於成年後心智年齡未滿三歲或臨床失智評估等於 3 且溝通能力完全喪失。
整體心理社會	0	未達下列基準。
	1	整體功能評估介於 41 至 50。
	2	整體功能評估介於 31 至 40。
	3	整體功能評估介於 21 至 30。
	4	整體功能評估小於 20（含）。
心理動作功能	0	未達下列基準。
	1	整體功能評估介於 41 至 50。
	2	整體功能評估介於 31 至 40。
	3	整體功能評估介於 21 至 30。
	4	整體功能評估小於 20（含）。
高階認知功能	0	未達下列基準。
	1	目標導向相關的執行功能有顯著困難，造成一般日常生活及學業、工作等功能方面有明顯持續適應困難或負二個標準差（不含）至負三個標準差（含）或臨床失智評估等於 1。

表 2-3　自閉症之鑑定向度與程度分級（續）

鑑定向度	障礙程度	基準
	2	目標導向相關的執行功能有嚴重程度困難，在一般日常生活及學業、工作等多方面之活動有嚴重適應困難或低於負三個標準差或臨床失智評估等於 2。
	3	因目標導向相關的執行功能困難，幾乎在所有的領域都無法獨立維持功能或臨床失智評估大於或等於 3。
口語理解功能	0	未達下列基準。
	1	可以聽懂簡單是非問題與指令，亦可理解部分簡單生活對話；對較複雜的語句則無法完全理解。
	2	經常需要協助，才能聽懂日常生活中的簡單對話、指令或與自身相關的簡單詞彙。
	3	完全無法理解口語訊息。
口語表達功能	0	未達下列基準。
	1	說話時經常因語句簡短不完整、詞不達意等問題，以致只有熟悉者才能了解其意思，對日常溝通造成明顯限制。
	2	口語表達有顯著困難，以致熟悉者也僅能了解其部分意思，常需大量協助才能達成簡單生活溝通。
	3	幾乎完全無法口語表達或所說的別人完全聽不懂。

註：引自衛生福利部（2023）。

　　有關自閉症者的鑑定方法、鑑定工具與鑑定人員之資格條件，依照《身心障礙者權益保障法》（衛生福利部，2021）第 6 條和第 7 條的規定：

　　　　「直轄市、縣（市）主管機關受理身心障礙者申請鑑定時，應交衛生主管機關指定相關機構或專業人員組成專業團隊，進行鑑定並完成身心障礙鑑定報告。

　　　　前項鑑定報告，至遲應於完成後十日內送達申請人戶籍所在地之衛生主管機關。衛生主管機關除核發鑑定費用外，

至遲應將該鑑定報告於十日內核轉直轄市、縣（市）主管機關辦理。

第一項身心障礙鑑定機構或專業人員之指定、鑑定人員之資格條件、身心障礙類別之程度分級、鑑定向度與基準、鑑定方法、工具、作業方式及其他應遵行事項之辦法，由中央衛生主管機關定之。

辦理有關身心障礙鑑定服務必要之診察、診斷或檢查等項目之費用，應由直轄市、縣（市）衛生主管機關編列預算支應，並由中央衛生主管機關協調直轄市、縣（市）衛生主管機關公告規範之。

前項身心障礙鑑定之項目符合全民健康保險法之規定給付者，應以該保險支應，不得重複申領前項費用。」（第6條）

「直轄市、縣（市）主管機關應於取得衛生主管機關所核轉之身心障礙鑑定報告後，籌組專業團隊進行需求評估。

前項需求評估，應依身心障礙者障礙類別、程度、家庭經濟情況、照顧服務需求、家庭生活需求、社會參與需求等因素為之。

直轄市、縣（市）主管機關對於設籍於轄區內依前項評估合於規定者，應核發身心障礙證明，據以提供所需之福利及服務。

第一項評估作業得併同前條鑑定作業辦理，有關評估作業與鑑定作業併同辦理事宜、評估專業團隊人員資格條件、評估工具、作業方式及其他應遵行事項之辦法，由中央主管機關會同中央衛生主管機關定之。」（第7條）

而依照《身心障礙者鑑定作業辦法》（衛生福利部，2023），有關身體功能及結構之鑑定方法、鑑定工具與鑑定人員之資格條件如表2-4所示，包括以下部分：

表 2-4 自閉症鑑定方法、鑑定工具與鑑定人員之資格條件

鑑定向度	鑑定人員資格條件	鑑定方法（身體診察／基本檢查）	鑑定工具
智力功能	下列專科醫師： 1. 精神科 2. 神經科 3. 曾參加神經相關專業訓練之兒科專科醫師，並取得前述專業訓練機構之證明書字號 4. 神經外科 5. 復健科	1. 病史／臨床評估 2. 理學 3. 神經學 4. 精神狀態檢查 5. 標準化智力量表評估 6. 標準化發展量表評估 7. 臨床失智評估量表評估	1. 標準化智力量表（如：幼兒、兒童及成人魏氏智力量表、斯比智力量表等） 2. 發展評估工具（如：嬰幼兒發展測驗、貝莉氏嬰兒發展量表等）中相關智力功能之項目 3. 臨床失智評估量表
整體心理社會功能	下列專科醫師： 1. 精神科 2. 神經科 3. 曾參加神經相關專業訓練之兒科專科醫師，並取得前述專業訓練機構之證明書字號 4. 神經外科 5. 復健科	1. 病史／臨床評估 2. 理學 3. 神經學 4. 精神狀態檢查 5. 社會互動功能評估 6. 整體功能評估	1. 社會互動（social reciprocity）功能相關評量工具〔如：發展量表中有關人際社會之分項、心理衡鑑中有關協同注意力（joint attention）、社會認知或判斷、或心智理論（theory of mind）檢測之工具、各種社交技巧量表或社會適應量表、自閉症相關之評估量表〕 2. 整體功能評估量表

表 2-4　自閉症鑑定方法、鑑定工具與鑑定人員之資格條件（續）

鑑定向度	鑑定人員資格條件	鑑定方法（身體診察／基本檢查）	鑑定工具
心理動作功能	下列專科醫師： 1. 精神科 2. 神經科 3. 曾參加神經相關專業訓練之兒科專科醫師，並取得前述專業訓練機構之證明書字號 4. 神經外科 5. 復健科	1. 病史／臨床評估 2. 理學 3. 神經學 4. 精神狀態檢查 5. 心理動作功能評估 6. 整體功能評估	1. 心理動作相關評量工具（如：班達測驗等有關心理動作之神經心理測驗；簡短精神症狀量表、正性及負性精神症狀量表、或其他適用於憂鬱症、躁症、強迫症、自閉症、注意力不足、過動症等評估量表中，有關心理動作功能評量之部分；職能作業評估中，有關心理動作功能評量之部分） 2. 整體功能評估量表
高階認知功能	下列專科醫師： 1. 精神科 2. 神經科 3. 曾參加神經相關專業訓練之兒科專科醫師，並取得前述專業訓練機構之證明書字號 4. 神經外科 5. 復健科	1. 病史／臨床評估 2. 理學 3. 神經學 4. 精神狀態檢查 5. 標準化之執行功能量表評估 6. 整體功能評估 7. 臨床失智評估量表評估	1. 執行功能相關評量工具：神經心理衡鑑中有關概念形成、歸類能力、認知靈活度、抽象和組織能力、思考轉換能力之檢測工具，如：Wisconsin Card Sorting Test、Category Test、Tower Tests、Maze tests、Fluency Tests、Stroop Test、Color Trail Test 等 2. 各種執行功能相關行為評量表 3. 臨床失智評估量表

表 2-4 自閉症鑑定方法、鑑定工具與鑑定人員之資格條件（續）

鑑定向度	鑑定人員資格條件	鑑定方法（身體診察／基本檢查）	鑑定工具
口語理解功能／口語表達功能	下列專科醫師： 1.精神科 2.神經科 3.曾參加神經相關專業訓練之兒科專科醫師，並取得前述專業訓練機構之證明書字號 4.神經外科 5.復健科	1.病史／臨床評估 2.理學 3.神經學 4.精神狀態檢查 5.口語理解評估／口語表達評估	1.口語理解評估工具／口語表達評估工具 2.運動言語障礙評量工具（Assessment of Intelligibility of Dysarthric Speech） 3.語言功能工具（Assessment of Language-Related Functional Activities, ALFA） 4.失語症評量工具（Boston Diagno- stic Aphasia Examination, BDAE-3) 5.表達性詞彙評量工具（Expressive One-Word Picture Vocabulary Test, EOWPVT） 6.成人溝通能力評估（Functional Assessment of Communication Skills for Adults, FACS 及 Porch Index of Communicative Ability, PICA）

註：引自衛生福利部（2023）。

1. 鑑定方法：主要是基本檢查，理學檢查部分採臨床評估，亦無特殊檢查。
2. 鑑定工具：包含智力功能、整體心理社會功能、高階認知功能、語言功能等部分。
3. 鑑定人員之資格條件：主要為精神科、神經科、曾參加神經相關專業訓練之兒科專科醫師、神經外科、復健科等專科醫師。

有關活動參與及環境因素之評估，則需透過「身心障礙鑑定功能量表」（兒童版、成人版），鑑定人員則包括：物理治療師、職能治療師、語言治療師、社會工作師、臨床心理師、諮商心理師、護理師、聽力師、特殊教育教師、職業輔導評量員等，前七項人員需有本國合格證照且具有一年以上臨床經驗者（具有身心障礙者相關臨床服務經驗者優先）；特殊教育教師需具有特殊教育教師之本國合格證照且從事特殊教育教學服務者，服務三年以上資歷；職業輔導評量員需具備職業輔導評量員資格者，且從事就業服務或職業重建個案管理相關工作三年以上。

　　相關研究指出，自閉症是幼兒及兒童期常見的廣泛性發展障礙，其不適切的溝通表達及社交互動行為，不僅會對其個人生活產生長期且顯著的影響，也對家人和整個社會的衝擊極大。這些典型的特徵及發展異常，包含其致病因子、篩檢治療方式、腦部神經機制、教育與輔導策略、對個人及家庭的影響、成人生活品質等長期追蹤，已經在歐美、日韓等國廣泛研究，成為近期醫學與教育研究上的重要趨勢。然而，因自閉症者的異質性高，且溝通與語言問題、社交互動障礙、感官知覺系統的差異，也增添研究的難度與解釋性。

第三節　特殊教育的鑑定與診斷

　　有關特殊教育之提供，依《特殊教育法》（教育部，2023b）第 19 條規定：「各級主管機關為實施特殊教育，應依鑑定基準辦理特殊教育學生及幼兒之鑑定。……」因此，有關自閉症的鑑定基準，限於最新之鑑定辦法尚未公布，仍依《身心障礙及資賦優異學生鑑定辦法》（教育部，2013）第 12 條的規定：

　　　　「本法第三條第十一款所稱自閉症，指因神經心理功能異常而顯現出溝通、社會互動、行為及興趣表現上有嚴重問

題，致在學習及生活適應上有顯著困難者。

前項所定自閉症，其鑑定基準依下列各款規定：

一、顯著社會互動及溝通困難。

二、表現出固定而有限之行為模式及興趣。」

根據以上的鑑定基準可發現，自閉症者的診斷在教育系統下是以其社會互動及溝通方面是否出現顯著的困難，以及在行為表現上是否有固定而有限之行為模式及興趣為標準。

有關自閉症學生之鑑定運作，基本上乃依照《特殊教育法》及相關子法的規定，例如：《特殊教育法》（教育部，2023b）第6條的規定：

「各級主管機關應設特殊教育學生鑑定及就學輔導會（以下簡稱鑑輔會），遴聘學者專家、教育行政人員、學校及幼兒園行政人員、同級教師及教保服務人員組織代表、特殊教育相關家長團體代表、身心障礙與資賦優異學生及幼兒家長代表、專業人員、同級衛生主管機關代表、相關機關（構）及團體代表，辦理特殊教育學生及幼兒鑑定、就學安置（以下簡稱安置）、輔導及支持服務等事宜；其實施方法、程序、期程、相關資源配置、運作方式與其他相關事項之辦法及自治法規，由各級主管機關定之。

中央主管機關鑑輔會辦理高級中等以上教育階段學校學生之鑑定、安置、輔導及支持服務事宜，得不予遴聘幼兒園行政人員、教保服務人員組織代表及身心障礙與資賦優異幼兒家長代表。

鑑輔會委員中，教育行政人員、學校及幼兒園行政人員、相關機關（構）代表人數合計不得超過委員總數二分之一；任一性別委員人數不得少於委員總數三分之一。鑑輔會委員名單，應予公告；鑑輔會每六個月至少應開會一次。

各級主管機關辦理身心障礙學生或幼兒鑑定及安置工作召開會議時，應通知學生本人、學生或幼兒法定代理人、實

際照顧者，參與該生或幼兒相關事項討論，該法定代理人或
實際照顧者並得邀請相關專業人員列席。

　　各級主管機關及鑑輔會對於學校或幼兒園提出之安置建
議及所需相關服務之評估報告內容，不予採納者，應說明理
由。」

　　因此，教育部與各縣市下皆需要成立鑑輔會，辦理特殊教育學生的鑑
定工作，且須有學生及家長參與，賦予家長參與權與學生的表意權。隨著
《特殊教育法》之新規定，各縣市之鑑輔會設置辦法也在近期修正中，以
建置完整的規範。

　　而依《特殊教育法》（教育部，2023b）第 20 條規定：

　　「幼兒園及各級學校應主動或依申請發掘具特殊教育需
求之幼兒及學生，經成年學生、學生或幼兒之法定代理人或
實際照顧者同意，並徵詢未成年學生意見後，依前條規定鑑
定後予以安置，並提供特殊教育及相關服務措施。

　　各級主管機關應每年重新評估前項安置及特殊教育相關
服務措施之適當性。

　　成年學生、學生或幼兒之法定代理人或實際照顧者不同
意進行鑑定安置程序時，幼兒園及高級中等以下學校應通報
主管機關。

　　主管機關為保障身心障礙學生及幼兒學習權益，必要時
得要求成年學生、學生或幼兒之法定代理人或實際照顧者配
合鑑定、安置及特殊教育相關服務。」

　　因此，有關身心障礙學生的鑑定，將影響其後續接受特殊教育服務的
機會，學校應主動發掘有特殊教育需求之學生，以保障身心障礙學生的受
教權。此外，鑑定與安置、教學息息相關，藉由嚴謹的鑑定過程，將特殊
教育學生安置於適宜的場所進行學習，或是提供其學習需求，更需謹慎為
之。

有關自閉症學生的鑑定工具與鑑定方式，依《身心障礙及資賦優異學生鑑定辦法》（教育部，2013）第2條的規定：

> 「身心障礙學生之鑑定，應採多元評量，依學生個別狀況採取標準化評量、直接觀察、晤談、醫學檢查等方式，或參考身心障礙手冊（證明）記載蒐集個案資料，綜合研判之。
>
> 資賦優異學生之鑑定，應以標準化評量工具，採多元及多階段評量，除一般智能及學術性向資賦優異學生之鑑定外，其他各類資賦優異學生之鑑定，均不得施以學科（領域）成就測驗。」

因此，自閉症學生之鑑定亦採多元評量的方式，一般所需之工具與鑑定方式說明如下。

壹、自閉症學生常用的鑑定工具

一、自閉症檢核表

（一）「克氏行為量表」

「克氏行為量表」（Clancy Behavior Scale，簡稱 CBS）最早由 Clancy 等人（1969）所編製，國內是由謝清芬等人（1983）依其版本加以修訂，適用於 2～15 歲的兒童與青少年。測驗內容包括 14 個題項，依其出現頻率區分為「從不」0 分、「偶爾」1 分與「經常」2 分，總分大於 14 分者，則有自閉症的傾向。其題項包括：

1. 不易與他人混在一起玩耍。
2. 聽而不聞，好像是聾子。
3. 強烈反抗學習，例如：拒絕模仿、說話或做動作。

4. 不顧危險。

5. 不能接受日常習慣的改變。

6. 以手勢表達需要。

7. 莫名其妙的笑。

8. 不喜歡被人擁抱。

9. 活動量過高。

10. 避免眼神的接觸。

11. 過度偏愛某些物品。

12. 喜歡旋轉東西。

13. 反覆怪異的動作或玩。

14. 對周遭漠不關心。

（二）「高功能自閉症／亞斯伯格症兒童行為檢核表」

　　張正芬等人（2009）提供國小學生使用的「高功能自閉症／亞斯伯格症兒童行為檢核表」，是目前自閉症篩選使用率較頻繁的檢核表，其先針對學生的認知與口語能力、單字詞與短句的出現年齡，以及是否兼有其他障礙或進行過的診斷鑑定進行調查，進而針對其是否於前半年出現包含社會、溝通、行為三個領域共 55 種行為表現之出現頻率（總是如此、經常如此、偶爾如此、從不如此）進行勾選，用以判斷是否為疑似高功能自閉症／亞斯柏格症的學生。另於 2009 年亦有提供給高中學生使用的檢核表。

（三）「自閉症兒童行為檢核表」（中、低年級適用）

　　張正芬等人（2001a，2001b）提供國小中、低年級學生使用的「自閉症兒童行為檢核表」，也是目前各縣市自閉症篩選使用率較頻繁的檢核表，其針對學生的口語能力、出生到 3 歲之間是否有明顯退步或退化的現象，以及是否兼有其他障礙進行調查，進而針對其是否於前半年出現包含社會、溝通、行為三個領域共 47 種行為表現之出現頻率（總是如此、經常如此、偶爾如此、從不如此）進行勾選，用以判斷是否為疑似自閉症的學

生。其中，較為特別的是針對較屬於自閉症的關鍵行為特徵加重計分，這是因為自閉症學生往往不會出現下列第 1～9 項且容易出現第 10～13 項行為表現，其中有關溝通領域會依口語能力表現而有不同，另外也有學前兒童的版本。其關鍵行為加重計分項目如下：

1. 會拿自己的東西（玩具）給別的孩子玩。（中、低年級）
2. 會和年齡差不多大的孩子玩在一起。（中、低年級）
3. 會主動要人跟他玩。（中、低年級）
4. 老師、同學或家人生病受傷時，他會表現出關心或擔心的行為。（中、低年級）
5. 會玩一些角色扮演（如家家酒）的遊戲。（中、低年級）
6. 會要人看他自己做好的事（如畫好的圖、做好的拼圖或作品等）。（低年級）
7. 玩的時候，玩法有變化。（低年級）
8. 對自己想要的東西會用嘴巴說出來。（低年級）
9. 會看別人或同學怎麼玩而跟著玩。（中年級）
10. 會重複不斷地做出同樣的動作、發出同樣的聲音或說同樣的話。（低年級）
11. 對童話故事或內容簡單的故事情節的理解有困難。（低年級）
12. 對故事情節的理解有困難。（中年級）
13. 在和別人說話的時候，會接續別人的話題往下說。（中年級）

二、認知能力評量

1. 非口語／圖形推理測驗：多數自閉症學生仍有智能或認知發展的缺陷，因此檢視其智能或認知發展狀況是自閉症鑑定過程中會進行的一項評量。因應其認知、語言或社會互動方面的問題，多數會選擇非口語、操作型的測驗，例如：「畢保德圖畫詞彙測驗」（PPVT）或「托尼非語文智力測驗」（TONI），學童可透過指認或操作作答，實施上較為容易。

2. 個別智力量表：有時為了了解智力正常的自閉症學生之各項認知能力發展情形，可用個別智力測驗，例如：「魏氏兒童智力量表」（WISC）、「綜合心理能力測驗」（CMAS），以了解自閉症學生在語文或作業方面的各項智力表現，並透過側面圖了解其優弱勢能力的分布情況。

三、溝通能力診斷

1. 語言障礙評量表：林寶貴等人（2008）編製的「修訂學前兒童語言障礙評量表」以及林寶貴等人（2009）編製的「修訂學齡兒童語言障礙評量表」，可用以評量自閉症學生的語言能力，適用於 3～6 歲及 6～12 歲 11 個月有口語能力的兒童，過程中可針對其發音、聽辨、語言理解，以及說話表達等方面加以評量。

2. 非正式語言與溝通技能觀察：為了了解自閉症學生的語言理解與表達能力，尤其是沒有口語能力的自閉症者，教師或評量者可透過其日常生活、親子互動與社會互動的錄音或錄影情形加以觀察與記錄，無論是誘發其口語表達或要求其模仿說話，甚至是給兒童看圖片、物體或動作的影片引導，重點是其能否理解他人所傳達的社會溝通訊息，也藉由功能性評量，用以了解個體是否會出現因解決其情緒或需求表達困難所造成的行為問題。

四、社交技能診斷

（一）「文蘭適應行為量表」

「文蘭適應行為量表」（Vineland Adaptive Behavior Scales，簡稱 VABS）可用以診斷自閉症學生在溝通與社交技巧等方面的適應行為，依照評量者對個案的了解與預估情形，包含這些行為是否可以直接觀察且出現頻率高低，分別在「觀察結果」或「預估表現」任一欄位上給分，適用於 3～12 歲的兒童。量表內容包括：

1. 溝通：接受與表達性語言、書寫能力。
2. 日常生活技巧：個人、家庭與社區生活技巧。
3. 社會化：人際關係、遊戲和休閒、應付進退技巧。
4. 動作技巧：粗大與精細動作。

（二）問題行為檢核表或觀察

若自閉症學生出現一些問題行為，教師為了了解學生的行為特性、心理狀態、生理狀況與對外界事物的想法與反應，可透過問題行為檢核表或是非正式的觀察或功能性評量，確認其出現的行為、行為背後的功能性原因或相關影響因素，進而透過正向行為支持、後效訓練、環境調整等方式進行相關輔導與訓練。

五、其他能力檢核與評量

其他有關知動或神經心理測量也是自閉症兒童常會被檢測的項目，例如：「簡明知覺—動作測驗」（QNST），其內涵包括：書寫技能、認知與仿畫圖形、認知手掌上的字形、追視技能、模仿聲音組型、用手指觸鼻尖、用手指接成圓圈、同時觸摸手和臉、迅速翻轉手掌動作、伸展四肢、腳跟緊靠腳尖行走、單腳站立、交換跳、辨別左右、異常行為等 15 項分測驗（周台傑，1996），對於了解部分自閉症兒童的知覺動作發展之情形有其需要性。

貳、自閉症學生的鑑定方式與流程

依《身心障礙及資賦優異學生鑑定辦法》（教育部，2013）第 21 條和第 22 條的規定：

「身心障礙學生及資賦優異學生之鑑定，應依轉介、申請或推薦，蒐集相關資料，實施初步類別研判、教育需求評

估及綜合研判後，完成包括教育安置建議及所需相關服務之評估報告。

前項鑑定，各級主管機關特殊教育學生鑑定及就學輔導會（以下簡稱鑑輔會）應於每學年度上、下學期至少召開一次會議辦理，必要時得召開臨時會議。……」（第 21 條）

「各類身心障礙學生之教育需求評估，應包括健康狀況、感官功能、知覺動作、生活自理、認知、溝通、情緒、社會行為、學科（領域）學習等。

各類資賦優異學生之教育需求評估，應包括健康狀況、認知、溝通、情緒、社會行為、學科（領域）學習、特殊才能、創造力等。

前二項教育需求評估，應依學生之需求選擇必要之評估項目，並於評估報告中註明優弱勢能力，所需之教育安置、評量、環境調整及轉銜輔導等建議。」（第 22 條）

因此有關自閉症學生的鑑定方式、鑑定程序，以及所需進行的教育需求評估皆有完整規範。以臺北市高中自閉症學生的鑑定申請（臺北市政府，2016a）為例，需繳交的資料除相關資料表件與同意書之外，主要還包括：

「1. 個別化教育計畫（IEP）或至少一學期以上的觀察輔導紀錄，其中應包含以下資料：
　　(1)醫療：醫療史、服藥紀錄及歷程等。
　　(2)發展：各教育階段發展歷程，如溝通行為及社會互動、侷限重複行為及興趣、粗大及精細動作等。
　　(3)教育：曾經接受過之特殊教育服務（直接、間接）等。
　　(4)近一年相關輔導紀錄。
2. 各縣市鑑輔會鑑定證明。（新個案免附）
3. 高功能自閉症／亞斯柏格症行為檢核表（國高中版）或自閉症兒童行為檢核表（低功能者）。

4. 適應功能評量〔（社會適應表現檢核表或適應行為評量系統第二版—兒童版（或成人版）〕紀錄本。

5. 取得校內特殊教育推行委員會疑似生之會議紀錄。（新個案須附）

6. 魏氏兒童（或成人）智力量表紀錄本封面（含行為觀察紀錄）或醫院提供之智力測驗資料正本。（二年內，新個案須附）

7. 醫療診斷證明書（近一年內；衛生福利部認定之醫學中心或新制教學醫院，新個案之疑似生須附）。（國中、高中職已取得鑑輔會鑑定證明或持有新制身心障礙證明且身心障礙證明之 ICD 診斷編碼為 299 者，得免附醫生診斷證明）

8. 相關專業服務資料。（無則免附）

9. 其他測驗資料。（無則免附）」

　　有關臺北市高中自閉症學生鑑定的流程，可參考圖 2-1 所示之臺北市高級中等學校身心障礙學生鑑定流程圖（臺北市政府，2016b），從有關特殊教育需求評估到鑑定、書面審查、現場報告、通知與申復，都有清楚的流程，至於跨障礙類別的鑑定作業流程，亦有相關的規定。

　　此外，依《身心障礙及資賦優異學生鑑定辦法》（教育部，2013）第 23 條的規定：

　　　　「經鑑輔會鑑定安置之身心障礙學生或資賦優異學生，遇障礙情形改變、優弱勢能力改變、適應不良或其他特殊需求時，得由教師、家長或學生本人向學校或主管機關提出重新評估之申請；其鑑定程序，依第二十一條第一項規定辦理。主管機關並得視需要主動辦理重新評估。

　　　　前項重新評估，應註明重新評估之原因；身心障礙學生應檢附個別化教育（支持）計畫，資賦優異學生應檢附個別輔導計畫。」

圖 2-1 臺北市高級中等學校身心障礙學生鑑定流程圖

第一學期			第二學期	
項目	預定期程		預定期程	項目
準備工作	8月至次年1月	**高中職老師進行特殊教育需求評估** 1. 學校輔導室與特教組共同合作對學生進行施測、輔導（轉介前介入）、觀察及蒐集學生相關資料。 2. 申請智能障礙、情緒行為障礙、學習障礙及自閉症等障礙類別鑑定者，須經 1 學期以上觀察與輔導。 3. 疑似生與新個案請學校老師於通報網建檔。（通報網已有資料者則免）	2月至7月	準備工作
鑑定申請	10月至11月	**鑑定資料收件** 1. 學校依規定在通報網提報區間選擇該次鑑定申請學生進行線上提報。 2. 彙整後於規定期限內將學生鑑定資料親送至臺北市立啟智學校 1 樓活動中心各障礙類別承辦單位。 3. 北區資源中心：智能障礙、情緒行為障礙、學習障礙、多重障礙、自閉症及聯合鑑定。 4. 視障資源中心：視覺障礙。 5. 聽障資源中心：聽覺障礙、語言障礙。 6. 市立大直高中：肢體障礙、腦性麻痺及身體病弱。	4月至5月	鑑定申請
鑑定	11月至12月	**書面審查** 召集鑑定工作小組進行鑑定資料書面審查 資料有疑義或需現場說明者 **現場報告** 請學校依公文邀請相關人員出席，並發放鑑定會議通知書給予學生家長。 通過	5月至6月	鑑定
鑑定結果通知	12月	不通過　　通過 **通知鑑定結果** （請學校依公文發放鑑定結果通知單給予學生家長）	6月	鑑定結果通知
申復	1月至2月	**申復會議** 學生及家長應出席會議　　通過申復 對鑑定結果有疑義，最遲於收到鑑定結果通知單次日起 20 日內向教育局提出申復。	6月至7月	申復

註：引自臺北市政府（2016b）。

此規定也說明了自閉症學生如果因障礙情形改變、優弱勢能力改變、適應不良或其他特殊需求時，可以申請提出重新評估，以保障其權益。

從以上分析可知，自閉症學生的鑑定在臺灣已逐漸上軌道，透過教育部與各縣市特殊教育學生鑑定及就學輔導會的運作，進行自閉症學生的鑑定與安置，較能與特殊教育服務接軌；然各縣市相關的特殊教育服務現況，仍因不同的財源、特殊教育經費挹注與師資條件而有差異。

第四節　自閉症學生的鑑定與診斷對特殊教育服務提供之影響

近年來，自閉症光譜障礙學生的人數逐年攀升，從表 2-5 的 2008～2022 年「教育部特殊教育通報網」（教育部，2023a）有關自閉症學生人數的統計可知（取每兩年 10 月的統計資料），每年自閉症學生的人數逐年增加，從國小、國中、高中職，到大學亦然，占身心障礙學生的 10 ％以上，已高居身心障礙學生人數第三位，顯見自閉症人口的需求要更加留意。

表 2-5　臺灣各教育階段自閉症學生統計表

階段 年度	學前	國小	國中	高中職	大專校院	合計
2008	816	3,671	1,257	599	249	4,080
2010	962	4,240	1,777	970	460	8,409
2012	886	4,831	2,192	1,493	796	10,198
2014	866	5,072	2,851	1,978	1,324	12,091
2016	870	5,637	3,130	2,617	1,929	14,183
2018	951	6,488	3,394	3,021	2,506	16,360
2020	1,070	7,922	3,806	3,225	3,142	19,165
2022	989	9,966	4,230	3,668	3,241	22,094

註：引自教育部（2023a）。

然而，什麼是自閉症光譜障礙學生人數攀升的原因？是外在環境因素造成自閉症的人口增多？還是自閉症定義或鑑定方式改變的影響？除了上述國內學前與學齡人口的統計數字，根據國外相關統計，目前自閉症盛行率約 88 分之一，已不再是低發生率，在發展性障礙中的人口數僅次於智能障礙與腦性麻痺，高於唐氏症，男女生的比例約為 4：1（林翠英，2013）。

　　有關在學階段學生所需要的特殊教育服務，從認知程度差異的需求就不同。認知表現佳的自閉症學生在人際互動與溝通方面仍會出現問題，兼有智能問題的自閉症學生，除了結構化教學與簡化教材外，從生活管理、學習策略、社會技巧、職業教育等也都有需求，成人階段的職業輔導與休閒生活也會需要協助，後續章節將針對其所需的教學方法一一介紹。

參考文獻

中文部分

周台傑（1996）。簡明知覺－動作測驗。心理。

林翠英（2013）。自閉症者之教育。載於王文科（主編），特殊教育導論。五南。

林寶貴、黃玉枝、黃桂君、宣崇慧（2008）。修訂學前兒童語言障礙評量表。教育部。

林寶貴、黃玉枝、黃桂君、宣崇慧（2009）。修訂學齡兒童語言障礙評量表。教育部。

桃園市政府社會局（2017）。身心障礙鑑定與需求評估新制（ICF）宣導專區。http://sab.tycg.gov.tw/

張正芬、王華沛、鄒國蘇（2001a）。自閉症兒童行為檢核表（低年級適用）。http://www.syrc.tp.edu.tw/upload/980e952079e3b92f6e8cc36bcbf6f531.doc

張正芬、王華沛、鄒國蘇（2001b）。自閉症兒童行為檢核表（中年級以上適用）。http://w3.txes.tc.edu.tw/school/officedot/od03/upfiles/071017 091440.pdf

張正芬、吳佑佑、林迺超、陳冠杏（2009）。高功能自閉症／亞斯伯格症兒童行為檢核表。http://163.30.77.131/school/data/files/2016101912 06423.pdf

教育部（2013）。身心障礙及資賦優異學生鑑定辦法。作者。

教育部（2023a）。中華民國特殊教育統計年報（2022年）。https://www.set.edu.tw/actclass/fileshare/

教育部（2023b）。特殊教育法。作者。

臺北市政府（2016a）。臺北市105學年度高級中等學校自閉症學生鑑定實施計畫。作者。

臺北市政府（2016b）。**臺北市 105 學年度高級中等學校身心障礙學生鑑定實施總計畫**。作者。

衛生福利部（2021）。**身心障礙者權益保障法**。作者。

衛生福利部（2023）。**身心障礙者鑑定作業辦法**。作者。

鄭信雄（譯）（1992）。自閉症的診斷。載於臺北市自閉症教育協進會，**自閉症兒童的診治與輔導**（頁 25-30）。臺北市自閉症教育協進會。

謝清芬、宋維村、徐澄清（1983）。自閉症：克氏行為量表的效度與研究。**中華民國神經精神醫學會會刊**，**9**，17-26。

英文部分

American Psychiatric Association. [APA] (1980). *Diagnostic and statistical manual of mental disorders* (3rd ed.) (DSM-III). Author.

American Psychiatric Association. [APA] (1987). *Diagnostic and statistical manual of mental disorders* (3rd ed., Revised) (DSM-III-R). Author.

American Psychiatric Association. [APA] (1994). *Diagnostic and statistical manual of mental disorders* (4th ed.) (DSM-IV). Author.

American Psychiatric Association. [APA] (2000). *Diagnostic and statistical manual of mental disorders* (4th ed., Text Revised) (DSM-IV-TR). Author.

American Psychiatric Association. [APA] (2013). *Diagnostic and statistical manual of mental disorders* (5th ed.) (DSM-5). Author.

American Psychiatric Association. [APA] (2022). *Diagnostic and statistical manual of mental disorders* (5th ed., Text Revised) (DSM-5-TR). Author.

Clancy, H., Dugdale, A., & Rendle-Short, J. (1969). The diagnosis of infantile autism. *Dev. Med. Child Neurol, 11*, 432-442.

Kanner, L. (1943). Autistic disturbances of affective contact. *Nervous Child, 2*, 217-250.

Klinger, L. G., Dawson, G., & Renner, P. (2003). Autistic disorder. In E. Mash & R. Barkley (Eds.), *Child psychopathology* (2nd ed.). Guilford Press.

Shore, S. M. (2012). Stephen Shore: Special-education professor and autism advocate. In T. Grandin (Ed.), *Different...not less* (pp. 43-72). Future Horizon, Inc.

Wing, L., & Gould, J. (1979). Severe impairments of social interaction and associated abnormalities in children: Epidemiology and classification. *Journal of Autism and Developmental Disorders, 91*, 11-29.

World Health Organization. [WHO] (2010). *International statistical classification of diseases and related health problems* (10th Revision). Author. http://www.who.int/classifications/icd/en/

第三章

自閉症學生的認知特徵與教學輔導

王欣宜

　　自閉症學生在許多方面都有異常現象，認知異常即為其中一部分，本章將就認知發展與智力的內涵探究自閉症學生的認知特徵，並針對認知發展部分提出教學與輔導的原則及策略。

第一節　自閉症學生的認知能力發展

壹、認知的定義

　　「認知」就是個體如何進行思考或獲得知識，指的是個體透過心理活動獲取或學習事物的歷程，而心理活動包括感官知覺、注意、記憶、想像、思考等活動。Mayer（1981）將認知心理學定義為「對人類心智歷程及結構所作的科學分析」，心智歷程和結構是個體如何使用或處理知識、如何儲存或記住知識；而「認知發展」（cognitive development）則是個體於出生至成長過程中，對於學習新事物及適應環境的能力與表現，這些能力與表現會隨著時間而有所改變。

　　各家學者對於「認知發展」有著不同的看法，理論取向包括：(1)發展

階段取向，如 J. Piaget 的認知階段論，將認知發展分為感覺動作期、運思前期、具體運思期，以及形式運思期；(2)結構取向：如 J. S. Brunner 的認知表徵論，將認知發展分為動作表徵期、形象表徵期，以及符號表徵期；(3)社會文化取向：如蘇俄心理學家 L. S. Vygotsky 特別強調社會文化對個體認知發展的影響；(4)訊息處理取向：將個體視為主動處理訊息者，探討人類如何藉由感官接收訊息、處理訊息、記憶及提取訊息、運用訊息等。Piaget 與 Brunner 的認知階段論與認知結構論對沒有伴隨認知障礙的自閉症學生而言，均符合其理論發展的階段與各階段的特徵。而本章的自閉症學生之主要障礙，係根據《身心障礙及資賦優異學生鑑定辦法》（教育部，2013）第 12 條的規定：

> 「本法第三條第十一款所稱自閉症，指因神經心理功能異常而顯現出溝通、社會互動、行為及興趣表現上有嚴重問題，致在學習及生活適應上有顯著困難者。
> 前項所定自閉症，其鑑定基準依下列各款規定：
> 一、顯著社會互動及溝通困難。
> 二、表現出固定而有限之行為模式及興趣。」

因此，在本章針對自閉症學生的認知特徵，著重於 Vygotsky 與訊息處理取向論述之。此外，對於自閉症學生的智力特徵及相關評量與測驗工具，亦有簡略的介紹。

貳、認知發展的內涵與智力相關測驗

一、Vygotsky 的認知發展論

蘇俄心理學家 L. S. Vygotsky 的認知發展論強調以下三項重點（張春興，1996），包括：(1)社會文化是影響認知發展的要素：指的是學生的認知發展與社會文化有密切的關係，其在認知發展上，是由外化而逐漸內

化，由自然人而逐漸成為社會人，成為一個符合當地文化要求的成員；學生的認知發展是在社會學習歷程中進行的，因此改變學生所處的社會環境是有助於學生的認知發展；(2)學生的認知思考與語言發展有密切的關係：Vygotsky 認為，兒童在發展過程中的自我中心語言是具有調和思考與行動的功能，有助於兒童的認知發展，除此之外也有助於兒童抒解其情緒，對於其整體的心智發展皆有助益；對幼兒而言，語言與思想獨立且平行的現象只是短期的表現，等幼兒能支配語言後，語言與思想即合而為一，而且交互作用成為認知發展的內在動力；(3)近側發展區（zone of proximal development，簡稱 ZPD）及鷹架作用（scaffolding）對兒童認知發展的影響：兒童目前所能表現的水準與成人或同儕協助後的可能表現水準之間的落差即稱之為 ZPD，而鷹架作用則是指成人或同儕給予的協助，亦即當教師了解學生的實際表現水準後，再根據其可能發展的水準，找出其可能發展區，就可經由成人或同儕的協助，將學生的認知能力做最充分的發展。因此，Vygotsky 的 ZPD 理論對於教學最大啟示在於：在 ZPD 內，教師除教導學生新知之外，面對新知時更需要新的認知思維方式，因為可啟發學生的智力；再者，Vygotsky 認為輔助學生是學習的必要條件，因此適時根據學生的表現進行輔導，在教學上是非常重要的。

對自閉症學生而言，自我中心語言也有指導作用。Winsler 等人（2007）以 28 名一般生與 21 名注意力缺陷過動症學生為控制組，以 33 名自閉症學生為實驗組進行研究，結果顯示：實驗組使用自我中心語言的比例與控制組無顯著差異，而有 70% 的自閉症學生在執行作業中使用自我中心語言，且語言內容與作業相關的比例最高達 84%。張琇雁等人（2011）對 29 位高功能、平均年齡為 9.34 歲的自閉症學生進行研究，結果顯示：有 96.55% 的參與者在作業過程中有自我中心的語言表現，且隨著語文能力的增進，不論是否有作業相關的自我中心語言，都有增加的趨勢，顯示自閉症學生也有自我中心語言，只是他們的發展不像一般學生那麼穩定。楊書沛（2013）的研究也顯示，自閉症兒童在執行認知作業時，會使用自我中心語言，但認知特質中「知覺推理」較高的自閉症兒童，其語言內化者較少；此外，自閉症兒童的整體心智能力會隨年齡逐漸成熟，而社會認知能

力較好的自閉症兒童，其知覺推理的能力占了重要的角色。從上述可知，在訓練自閉症學生的認知發展方面，Vygotsky 理論中的自我中心、ZPD 與鷹架理論都有其教育方面的重要性。

二、認知訊息處理理論

（一）訊息處理論的內涵

訊息處理理論將人類視為主動的訊息處理者，探討人類憑藉感官接收訊息、儲存訊息、提取及運用等歷程（鄭麗玉，2006）。王欣宜與王淑娟（2016）將訊息處理理論以圖 3-1 表示之，筆者並綜合鄭麗玉（2006）以及王欣宜與王淑娟的觀點，將各階段的意義闡釋如下。

圖 3-1　訊息處理的心理歷程

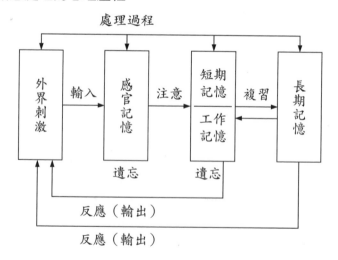

1. 感官記憶

感官記憶（sensory memory）是指，在外界環境中有許多刺激經由個體感官接收，例如：視覺、聽覺、觸覺、嗅覺等，當感覺器官接觸到這些刺激，會產生極短暫的記憶（通常不到 3 秒鐘）。此階段的訊息保留了原始的

形式，因此稱為感官記憶。若個體對外界的刺激加以注意，刺激就形成了短期記憶；若個體對刺激不加以注意，那就形成了感官記憶的遺忘。

2. 短期記憶

短期記憶（short-term memory）就如同電腦的工作空間或螢幕，刺激存在的時間也相當短，通常大約 20 秒左右。短期記憶因具有處理訊息的功能，供個體使用，所以又稱為工作記憶（working memory）；短期記憶經由處理之後，變成長期記憶，若不再加以注意，就變成了短期記憶的遺忘，例如：打電話時，對於不熟悉的電話號碼，我們會一直記住直到撥完電話為止，這就是短期記憶。

但短期記憶的運作功能有限，研究顯示，短期記憶的單位通常只有 7 個左右，範圍是介於 5 至 9 個單位之間，也就是短期記憶的記憶廣度（memory span）大約是如此。

3. 長期記憶

長期記憶（long-term memory）就是一般所說的記憶。短期記憶經由加工（如背誦、複習）之後，會轉換成長期記憶，並經由良好學習而形成永久記憶。長期記憶通常並不是以接收到的刺激之原來形式儲存，而是已經過所謂的編碼過程，轉換成其他的形式加以儲存。

若從記憶內容區分，則可分為陳述記憶（declarative memory）與程序記憶（procedural memory）：陳述記憶是指事件內容，通常可以語言表達出來，如各方面內容的知識；程序記憶是指知道方法或步驟，但不易以語言表達出來，如騎腳踏車。陳述記憶又可分為語意記憶（semantic memory）和情節記憶（episodic memory）：語意記憶是指如國文、數學、自然等方面的知識，而情節記憶則是指關於如人、事、時、地、物等方面的記憶。

根據研究（Green et al., 1995），自閉症者的短期記憶和程序記憶沒有缺損，但自閉症者在記憶人臉及語意記憶上有缺陷。也有一些研究顯示，對高功能自閉症者而言，以語意記憶來學習語文材料和一般人沒有差別，但也有研究持相反的觀點。

（二）訊息處理的心理運作

在處理訊息的過程中，於進入長期記憶之前要經過編碼的過程，之後若要重新回憶事件，就要經過檢索（retrieval）、解碼（decoding）、輸出（output）的過程。若要將長期記憶輸出，要先經過解碼，再加以檢索，最後以行為或語言的方式輸出。通常編碼時的線索提取也會存在，會使得提取較為容易，例如：編碼時將心情、狀態、情境一起編進去，在提取時就會成為有利的線索。

Mesibov（1997；引自黃金源，2008）的研究發現，自閉症兒童是左撇子的發生率比一般兒童高。左撇子代表大腦較為發達的區域是在右腦部分，因人類的視覺間關係與右半部的大腦有關，而語言區集中在左腦部分，這可能是自閉症學生善於利用視覺空間，但卻容易有語言障礙的可能原因。因此，對自閉症學生而言，視覺是很重要的學習管道，在進行編碼時利用圖片、相片、實物或文字標示學習的區域或做說明之用，對學生的學習及之後的線索提取是很有幫助的。

三、智力的內涵

張春興（1996）指出，智力的定義包括以下五個概念：一是抽象思考的能力，二是學習的能力，三是解決問題的能力，四是先天遺傳與後天環境交互作用而成的能力，五是可由個體的外顯行為來評定智力的高低。一直以來，對智力的內涵及智力的發展，許多學者都有不同的看法。早期的心理學家以心理測量取向來分析智力，包括：C. Spearman 的二因論，將智力分為 S 因素（specific factor）與 G 因素（general factor）；R. B. Cattell 將智力分為流體智力（fluid intelligence，先天遺傳的智力）與晶體智力（crystal intelligence，後天學習的智力，如語文、數學）；而 L. L. Thurstone 的群因論、J. P. Guilford 的智力結構論都屬於此。心理測量理論是以偏重知識性題目為主的傳統智力測驗。

近期，智力理論則以更廣的角度探究人類的智力到底含有多少種能

力，心理學者認為智力是由多種能力所組成，例如：Gardner（1983）提出多元智能（Multiple Intelligence，簡稱 MI）理論，其包含八種智能，分別為語文智能、邏輯數理智能、空間智能、肢體動覺智能、音樂智能、人際智能、內省智能，以及自然觀察智能。Sternberg（1985；引自張春興，1996）則提出智力三元論，認為智力包含三部分：(1)組合型智力（componential intelligent）：即是傳統的智力，如思考、推理、判斷等吸收新知、學習事務的能力；(2)經驗型智力：即是指面對新情境時，可以運用舊經驗解決問題，或運用舊經驗創新經驗的能力；(3)環境型智力（contextual intelligence）：包括適應環境的能力、選擇環境的能力與改變環境，以符合個體興趣及價值觀的能力。

對於智力的因素，不同時期的學者看法各不相同，然而從認知心理學家的定義來看智力，是指個體具有獲得、回憶與使用等歷程，以了解具體、抽象概念及使用知識的能力。因此，智力與訊息處理理論有密不可分的關係，若以訊息處理理論的觀點來看智力，重視的是歷程。鄭麗玉（2006）則指出，若從歷程探討個別差異就更能了解差異的癥結，就自閉症而言也是如此，因此本章會從訊息處理的觀點探討自閉症學生之認知特質與智力。

再就評量認知能力的測驗而言，若考慮到自閉症學生的語言能力，可將目前國內用於自閉症學生的測驗類別分為「非語文智力測驗」及「綜合型智力測驗」兩種類型，說明如下。

（一）非語文智力測驗

1.「托尼非語文智力測驗」（第四版中文版）（TONI-4）

「托尼非語文智力測驗」（第四版中文版）（Test of Nonverbal Intelligence, 4th ed.，簡稱 TONI-4）由 L. Brown、R. J. Sherbenou 與 S. K. Johnsen 所編製，林幸台等人（2016）所修訂，分為幼兒版及普及版，有甲、乙兩種複本。試題內容偏重圖形推理和問題解決，所測得的能力偏重一般能力而非特殊能力。幼兒版的適用對象是 4 歲至 7 歲 11 個月，普及版的適用對象

是 7 歲 6 個月至 15 歲 11 個月。本測驗之目的包括：(1)預估受試者的智力水準、認知功能與學業傾向；(2)確認智能缺陷（尤其在無法分辨是智能還是語言、動作影響表現時）；(3)作為一般智力評量的工具，測驗資料可作為是否轉介，以進一步評量或介入輔導時的參考依據；(4)研究用。該測驗的施測時間約 30 分鐘。

2.「瑞文氏圖形測驗」

「瑞文氏圖形測驗」包括三種：「瑞文氏彩色矩陣推理測驗平行本」（CPM-P）、「瑞文氏標準矩陣推理測驗平行本」（SPM-P）、「瑞文氏標準矩陣推理測驗提升本」（SPM+），均是由 J. C. Raven、I. Styles 與 M. Raven 所編製，陳榮華與陳心怡（2006a，2006b，2006c）所修訂。測驗之主要目的在評量受試者之推理能力、測量其推理功能是否失調，但各測驗的適用對象及施測時間略有不同。

「瑞文氏彩色矩陣推理測驗平行本」（CPM-P）適用 6 歲至 8 歲兒童，施測時間約 20 分鐘。「瑞文氏標準矩陣推理測驗平行本」（SPM-P），適用對象為 8 歲至 12 歲半的兒童，施測時間約 30 分鐘。「瑞文氏標準矩陣推理測驗提升本」（SPM+），適用對象為國中生、高中生及一般成人，施測時間約 30 分鐘。

（二）綜合型智力測驗

1.「綜合心理能力測驗」（CMAS）

「綜合心理能力測驗」（Comprehensive Mental Abilities Scale，簡稱 CMAS）由林幸台等人（2000）所編製，目的在鑑別學生認知能力的表現，施測對象為 5 至 14 歲的學生，施測時間約 90 分鐘。本測驗共有 13 個分測驗，分別為：「語詞概念」、「圖形比較」、「算數概念」、「立體設計」、「語詞記憶」、「視覺記憶」、「異同比較」、「圖形統合」、「語詞刪異」、「圖形推理」、「數學推理」、「視覺搜尋」，以及「邏輯推理」。測驗分為甲、乙、丙三式，甲式適用於 5 至 8 歲，乙式適用於 9 至 11

歲，丙式適用 12 至 14 歲，每式各有 8 個分測驗。

2.「魏氏兒童智力量表」（WISC-V）

　　「魏氏兒童智力量表」（第五版中文版）（Wechsler Intelligence Scale for Children, 5th ed.，簡稱 WISC-IV）由 D. Wechsler 所編製，陳心怡（2018）所修訂，施測對象為 6 歲至 16 歲 11 個月的兒童及青少年。本智力測驗有全量表智商（FSIQ）與五種主要指數分數（語文理解、視覺空間、流體推理、工作記憶和處理速度），以及五種選擇性指數分數（數量推理、聽覺工作記憶、非語文、一般能力、認知效能）。共包含 16 個分測驗。本測驗是以個別施測的方式進行，獲得全量表智商及五個主要指數分數的施測時間約 70 至 95 分鐘，測驗之目的在提供特殊學生鑑定及教學輔導之參考。另外，還有「魏氏幼兒智力量表」（第四版中文版）（Wechsler Preschool and Primary Scale of Intelligence, 4th ed.，簡稱 WPPSI-IV）以及「魏氏成人智力量表」（第四版中文版）（Wechsler Adult Intelligence Scale, 4th ed.，簡稱 WAIS-IV）供使用。

　　上述的測驗若施行於自閉症學生，因其具有語言發展較為遲緩、社會互動困難與注意力方面的缺陷等問題，因此根據徐享良（2000）的研究，可能的限制與需要考慮的事項，包括：測驗儘量選擇非口語、以操作的方式進行；一次的測驗時間不要超過自閉症學生的注意力維持時間，可分段測驗；要提高自閉症學生的參與動機及注意力，才能對測驗有所幫助。

第二節　自閉症學生的認知特徵

從上述的訊息處理理論、社會認知發展及智力發展的理論而言，自閉症學生都有一定程度的缺陷，以下分別論述之。

壹、自閉症學生的智力發展特徵

一、大多數自閉症學生易伴隨智能障礙

從智力的觀點而言，通常是以「魏氏智力測驗」70 分為智力是否有障礙的臨界點。黃金源（2008）指出，約有 70 至 80%的自閉症學生是屬於智能障礙者，而兼具智能障礙的自閉症學生，70%是屬於中重度智能障礙者，顯示大多數自閉症學生的智力是有損傷的。但藍瑋琛（2010）也指出，根據英國的研究顯示，約只有 25%的自閉症學生伴隨智能障礙，造成與上述70 至 80%自閉症學生伴隨智能障礙之說法有落差的原因，有可能是因為自閉症與智能障礙之間沒有直接的關聯，另一個原因可能是因為早期療育的成效與評量的調整，改善了自閉症學生的認知發展與評量結果。

再就智力發展而言，Green 等人（1995）的研究指出，自閉症學生的操作智商表現較語文智商表現為高，再就「魏氏智力測驗」的表現而言，自閉症學生在記憶廣度（短期記憶）測驗的表現較其他分測驗為佳；他們也指出，自閉症學生在「魏氏智力測驗」上之圖形配置與方塊設計的表現較為優異；黃金源（2008）指出，許多自閉症學生的拼圖表現很優異，也有很好的建構能力，可輕易的拆除機械並組合，也有些自閉症學生有很好的記憶地圖及認路之能力，此可能都是與其操作智商較佳有關。

另外，Shah 與 Frith（1993）曾設計了四個方塊合成的完整圖形、片段圖形（四個方塊分開），以及斜角圖形（每個方塊轉成 45 度角），比較自

閉症者和一般人排列圖形的得分，結果顯示：在片段圖形方面，自閉症者高於一般人，其他兩種圖形則無差異，顯示自閉症者較注意細節。Gilchrist等人（2001）的研究也顯示，自閉症學生在「魏氏智力測驗」中之圖形測驗的分數高於其他分測驗；楊賣芬（2005）也提到，有些研究指出自閉症學生在視覺搜尋能力方面較一般人優異。

二、自閉症學生的「學者症候群」

學者症候群又稱為「零碎天賦」，指的是自閉症學生在某方面具有獨特的才能。黃金源（2008）指出，自閉症學生可能在計算、音樂、藝術、機械能力、空間關係、機械性記憶、記憶地圖、發音、音調辨別方面等有特殊的表現。自閉症學生有時雖有獨特及驚人的才華，但整體的心智缺陷仍使其產生適應行為方面的困難。宋維村（2001）指出，有部分自閉症兒童的聽覺很敏銳，非常擅長於旋律的學習。彭慧慈（2011）也提到，大部分來說，學者症候群所顯露的技能有其限度，通常與右腦半球為主的一些功能有關，主要是屬於藝術、視覺、非符號以及動作方面的才能，包括音樂、藝術、數學、計算方式等其他各式各樣的能力。

貳、自閉症學生的認知特徵與相關測驗

一、訊息處理能力

（一）執行功能的缺陷

有研究指出，自閉症學生有執行功能（executive function）的缺陷。執行功能的內涵包括：彈性的思考、解決問題、計畫、組織、維持注意力、轉移注意力等能力，通常是由大腦的額葉負責這些功能。但許多額葉損傷的人，如自閉症、注意力缺陷過動症、思覺失調症的患者，通常在這些功能上都有損傷。

執行功能的缺陷會使得自閉症者產生較多的固著反應，解決問題的方式較缺乏彈性。Ozonoff（1995）的研究曾指出，自閉症兒童在計畫能力與從回饋中改變問題解決策略的能力有缺陷，因此造成其無法修正解決問題的策略，且固著於錯誤的問題解決策略，也因為缺乏彈性，不易發展出新的問題解決策略。此外，也會造成自閉症學生漫無目的的說話、固執、衝動、狹隘的興趣，擁有許多知識卻不知如何適當的應用。

整體而言，根據楊蕢芬（2005）的分析顯示，自閉症學生在處理訊息方面的傾向較注意細節、有良好的視覺搜尋能力、對於簡單訊息的處理能力與一般人相似，但對於複雜訊息的處理能力則較一般人為弱，特別是當訊息內容較為模糊或者有干擾時，自閉症者較傾向注意細節，且易受細節干擾，因此比一般人更容易出現錯誤。

（二）注意力的缺陷

根據黃金源（2008）的整理，自閉症者在注意力方面的缺陷包括選擇性注意力與分離注意力方面的缺陷。選擇性注意力的缺陷是指，自閉症學生通常會注意一些不相關或不重要的訊息，無法分辨此時此刻該聚焦的事物為何；造成自閉症學生有選擇性注意力缺陷的原因可能是大腦中樞神經損傷所造成，另一個原因可能是其生活上的價值系統與他人不同，導致自閉症學生傾向注意較少之社會性、不顯著的刺激。

分離注意力是指個體在同一時間內能一心多用。雖然一般學生也會有這方面的狀況，但自閉症學生在這方面的表現特別明顯，因此會特別專注某一目標而忽略其他的目標。此外，自閉症者在注意力的切換上也有問題，但在注意力的維持上則沒有問題。

（三）轉移注意力能力差

黃金源（2008）指出，自閉症學生的轉移注意力之能力與一般人相同，但比較依賴非人的線索。自閉症學生若固著於某一活動，較無法轉移注意力，因此造成認知狹隘。

二、分享式注意能力與模仿能力

（一）不易有分享式注意能力

分享式注意能力（joint attention skill）是指與人共享共同事務的一種能力，例如：兩位學生一起注意樹枝上的小鳥，或一起注視同一個洋娃娃。根據黃金源（2008）整理相關文獻後指出，分享式注意能力與學生未來的語言發展能力有密切的相關，因為要進行分享式注意，個體必須先具備溝通的意圖，也必須了解他人所發出訊息的意涵，但「具備溝通意圖」與「理解他人所發出的訊息」是自閉症學生感到困難的事，因此無法與他人產生分享式的行為。此外，自閉症學生沒有與他人「分享」的行為，例如：無法將自己有興趣的事物展現給他人看，也無法和他人共同完成一件美勞作品等，此都是因為缺乏分享式注意能力的緣故。

（二）模仿能力差

一般人從出生第一年後就會漸漸發展模仿動作，但自閉症幼兒身上卻很難看見。Smith 與 Bryson（1998）的研究顯示，自閉症兒童在姿勢模仿的精確性上有顯著的困難，即使是模仿簡單的動作，都很難從他人的觀點來思考。

三、記憶與注意力的相關測驗

根據藍瑋琛（2010）的整理，相關的測驗包括以下幾項。

（一）「工作記憶測驗」

「工作記憶測驗」由曾世杰（1999）所編製，主要是測量國小二年級至國中一年級學生同時對訊息短暫儲存與運作處理的能力。本測驗共有 18 題，分為「請依照原來順序唸出可以吃的東西」和「請依照順序唸出以下的植物」兩種題目形式。

（二）「多向度注意力測驗」

「多向度注意力測驗」由周台傑等人（1993）所編製，測驗功能在評量學生於注意力因素中多向度的表現情形，以篩選注意力不足的兒童，施測對象為國小一至六年級學生。本測驗共分為三個分測驗：(1)選擇性：令受試者必須依不同的背景顏色圈選不同的水果圖形；(2)分離性：令受試者圈選水果圖形時，同時依照主試者的指示圈選數字；(3)持續性：令受試者在測驗的四個階段分別圈選標的刺激圖形。

（三）「非語文性注意力與記憶力測驗」

「非語文性注意力與記憶力測驗」由郭乃文等人（2002）所編製，適用於 7 至 11 歲兒童或疑似發展遲緩、學習障礙、腦傷患者的注意力與記憶力評量。量表內容分成「注意力」與「記憶力」兩部分，注意力測驗包括：集中注意力、視覺搜尋、激發／抑制功能、抗拒分心、分配性注意力、逆轉反應原則；記憶力測驗包括：視覺記憶、觸覺再認記憶、視觸覺（跨感道）。

（四）「國小兒童專注力量表」

「國小兒童專注力量表」由鄒小蘭與李惠蘭（2002）所編製，主要在測量國小一至六年學生的專注能力。本測驗可以協助老師立即篩選出注意力異常的學生，內容共有 26 題，包括三個注意力向度，分別為集中性注意力 10 題、持續性注意力 6 題，以及其他向度注意力 10 題，可由對受試學生最了解的教師及家長填寫。

參、自閉症學生的社會認知發展特徵

　　社會認知指的是，個體對於他人意圖和心理狀態的判斷及反應之心理歷程。Ostrom（1994）認為，社會認知是從認知心理學的「訊息處理」歷程觀點而來。認知心理學家研究種種現象，諸如閱讀理解、回憶、再認、分類、推理等，而社會認知與訊息處理理論的差別只在於研究的現象不同而已，此不同的現象包括個體覺知本身，也覺知對方，並做出適當的反應。

　　從神經心理學的觀點而言，大腦前額皮層的鏡像神經元（mirror neurons），使我們能夠理解他人的行為和企圖、行為和情緒，以便個體間彼此進行溝通，使之能夠彼此建立關係，但自閉症學生可能在這部分發生了問題，並無法理解他人的行為、情緒及做出適當反應，這可能是因為鏡像神經元受損所造成的。

　　自閉症學生在社會認知缺陷上所表現出來的特質如下。

一、認知他人情緒與表現利他行為能力差

　　自閉症學生對於了解他人的心理狀態，甚至預測他人的行為及與他人表現出互惠、利他的行為，都存在著問題。

二、取替能力差

　　取替能力指的是能夠理解他人的心理狀態，且能解釋他人行為或預測他人行為。取替能力對一般人而言是很重要的，有了這樣的能力，才能了解他人的意圖以做出適當的反應，也才能體會他人的情感，以安慰他人或跟他人同樂。角色取替能力分為三種，分別是知覺角色取替能力（perceptual perspective-taking）、認知角色取替能力（cognitive perspective-taking），以及情緒角色取替能力（affective perspective-taking）。Flavell（1999）認為，發展的期程認為兒童大約到了6、7歲，才會發展出他人觀點及了解他人感受的能力。

　　知覺角色取替能力指的是個體以他人感官看環境的知覺。舉例來說，在兩個人中間放置一張駿馬圖，一個人看到的是「站立的馬」，另一人看到的

卻是「四腳朝天的馬」。具知覺角色取替的一般人在這方面沒有問題，能夠
了解他人看到的與自己的不同，但自閉症學生卻有這方面的困難。

認知角色取替能力指的是能夠推論他人的觀點和意圖，而情緒角色取
替能力指的是知覺他人的情感或情緒狀態，包括個人辨別他人情緒的能力
以及個人利用線索推論他人情緒的能力。

自閉症學生通常在知覺角色取替與情緒角色取替這兩方面都表現不
佳。通常自閉症學生表現出的行為，包括：不懂得看他人臉色、不知道他
人為何高興或生氣、言語舉止會侵犯到他人，都會令他人生氣，但卻無法
自覺惹怒他人的情況產生。

第三節　自閉症學生的教學輔導策略

根據上述，自閉症學生在智力及認知發展方面存在著困難，針對困難
處，以下將介紹教學與輔導策略供讀者參考。對於自閉症學生，教學與輔
導的原則敘述如下。

壹、教學與輔導原則

一、早期療育的原則

前述關於自閉症伴隨智能障礙學生，在某些研究中達 70%～80%，但在
某些研究中只有約 25%，推測原因之一可能與早期療育有關，可見得愈早
給予自閉症幼兒療育，其成效愈佳。根據「幼兒園教保活動課程大綱」
（教育部，2016）指出，幼兒階段的認知發展著重「蒐集訊息」、「整理
訊息」，以及「解決問題」等三方面，例如：「蒐集生活環境中的數學訊
息」、「整理生活環境中的數學訊息」、「與他人合作解決生活環境中的
問題」等。因此，若要促進自閉症幼兒的認知發展，應及早讓他們接受包

括認知在內的各方面課程，且營造融合教育的環境，讓自閉症幼兒有機會與一般幼兒共同學習，對其認知發展都相當有幫助。

二、人本主義的原則

自閉症學生在認知功能方面有其缺陷，表現出的學習速度有時會較正常學生遲緩，也會出現固著行為。自閉症學生並非僅僅只是導師、輔導室或是特教班的學生，而是全校每一個教師的學生與每一位學生的同學，因此學校宜提供接納的環境，由行政人員與教師一起同理、尊重與包容自閉症學生，惟有在這樣的人本環境中學習，認知的教學策略才能看見其效果。

三、專業團隊合作的原則

本章雖探討自閉症學生的認知障礙，但事實上其障礙是多方面的，因此即使是教導自閉症學生的認知發展，也是需要專業團隊進行合作，包括：社工人員對家庭的協助，醫療人員提供神經心理的診斷與藥物治療，語言治療師提供語言的矯治，特教老師提供認知的教學及行為問題的處理，行政人員及普通班老師安排融合的學習環境。透過專業團隊的合作，自閉症學生的認知發展才能有較良好成效的改善。

四、清楚簡要的呈現教材與教具之原則

因為自閉症學生的注意力及轉移注意力都有缺陷，因此在教導自閉症學生時不要同時出現太多的訊息，於教導新事物時，應當以「清楚簡要」為原則，例如：在教導學生認識三角形時，就單純以三角形作為教學的主軸，避免同時教導圓形、三角形、四方形或進行比較，如果需進行比較，需等學生都認識且熟悉各種形狀後再進行比較練習。

五、個別化教育的原則

按照《特殊教育法》（教育部，2023）第31條和第35條之規定，對特

殊需求學生都應採取個別化教育的原則，包括為高級中等以下學校至幼兒園階段的自閉症學生訂定個別化教育計畫，或為大專校院的自閉症學生訂定個別化支持計畫，其中內容都需包括：學生能力現況、家庭狀況及需求評估；學生所需特殊教育、相關服務及支持策略；學生之轉銜輔導及服務內容。以按照法令規定的相關特殊教育服務內容，此顯示個別化原則對自閉症學生的認知學習之重要性。

六、注重多元的教學方式與類化之原則

對自閉症學生進行認知教學時，應當使用多元的策略進行教學，如前述提到新近的智力理論認為人類是有多元的智能表現，因此教師在教學時可加以應用，以提升自閉症學生的學習動機及注意力。而類化學習是對認知功能缺損學生（包含自閉症）教學的一個重點，利用自然情境中教導並練習所學過的知識或技能，對自閉症學生而言是很重要的，例如：教導自閉症學生「認識及使用錢幣」，當其學會之後，可帶他們到自然情境中（如便利商店）練習如何購物，此即是認知的類化學習。當然在進行類化時還必須搭配許多其他方面的技能，如上述的例子，還需訓練學生的溝通能力與社會互動能力。

七、高等教育中自閉症學生轉銜與就業輔導的原則

臺灣目前的高等教育因少子化及重視身心障礙學生的就學權益，因此適性輔導安置於高級中等學校及大專校院的自閉症學生日益增多，但這些學生最終仍須就業，因此在轉銜及輔導就業方面，下列輔導策略可供參考：

1. 舉辦就業轉銜輔導會議：可邀請身心障礙就業服務的輔導人員、學校師長、自閉症學生本人、家長與會，了解政府就業輔導單位提供的服務與資源，或辦理職業講座，邀請身心障礙校友回校分享自己的求學與就業經驗。

2. 與學生進行諮商會談：針對輕度自閉症學生，可依據學生個人的特質與優勢，探討他們未來的就業方向與可能性，探索出比較適合他

們從事的工作類別，引導他們在學期間如何充實自己的專業能力，為畢業後的就業做準備。

3. 學校應與相關就業輔導單位或家長團體密切合作：針對中重度自閉症學生，在高中職階段畢業後常無就業之處可去的問題，因此輔導時宜善用各縣市勞工局（處）、勞動部就業服務中心、各縣市自閉症家長協進會是很重要的，因為特殊教育的最終目的還是希望自閉症學生能融入社會。

貳、自閉症學生的認知教學與輔導策略

針對自閉症學生的認知缺陷，相關的教學輔導策略敘述如下。

一、結構化教學

詳細的結構化教學之實施在本書的第八章會介紹。結構化教學的理論基礎，最主要是根據自閉症學生於組織能力、注意力及記憶力方面的缺陷而發展出來的教學方式，包括：物理環境結構化、時間表結構化、工作系統結構化、教材教具的視覺線索等，以下略述之。

物理環境結構化是指，物理空間（如教室）的安排需要有一致的、視覺處的區別或界線，例如：教室中要有很明確的教學區、遊戲區、轉銜區、電腦區等，這是因為自閉症學生有注意力的缺陷，轉移注意力也較差，因此需要明確的空間結構，以協助自閉症學生集中注意力。

時間表的呈現主要是協助自閉症學生減少因記憶力和注意力缺陷所產生的問題。在結構化教學中的時間表有兩種：一是一般教室時間表，主要是全班的作息時間；二是個別時間表，說明每位學生在每段時間要進行的活動；學生可以一人有獨特時間表，也可以幾位同學共用一個時間表。

工作系統結構化指的是以視覺方式呈現，包括：讓學生知道需要做什麼、需要完成多少工作、工作持續的時間有多長、工作結束後會發生什麼。教材教具的視覺線索則是利用自閉症學生的視覺學習優勢，來輔助其注意力、聽覺學習、序列與組織方面的困難。透過結構化教學能提升自閉

症學生的教學成效，幫助自閉症學生類化所學到的技能，例如：倪志琳
（1998）曾以結構教學法教導 4 名自閉症幼兒，而幼兒在「學齡前兒童行為
發展量表」中的概念理解、環境理解有不錯之表現；在「心理教育評量表
修正版」的發展次領域中，認知操作與模仿能力之評量結果也較佳。而鍾
馥濃（2008）以結構化教學對 25 位自閉症幼兒進行口腔衛生潔牙技巧的教
學，教學結果顯著，自閉症幼兒的牙菌斑數顯著降低，顯示結構化教學法
能提升自閉症學生的認知能力。

二、心智理論的應用

針對自閉症學生的「取替能力」及相關注意力的缺陷，專家們提出
「心智理論」教學，詳細的內容請參考本書第六章。心智理論（Theory of
Mind）指的是，個體具有注意、需求、意圖、信念等能力，藉以預測、解
釋他人的行為（Howlin et al., 1999）。嬰兒注意他人的行為，嘗試理解他人
意圖，是未來心智理論發展的基礎。若要有良好的心智理論，必須具有包
括眼神注視、聯合注意能力、辨識情緒能力、模仿能力、語言認知能力、
知覺感知能力等，但自閉症學生因缺乏上述這些能力，因此可藉由心智理
論的介入，以提升其與他人的取替及社會互動能力。可用的方法如下。

（一）角色扮演

根據 Ozonoff 與 Miller（1995）的研究，在教導自閉症學生心智理論時
可採取「角色扮演」的方式，包括請受訓學生引導一位被蒙住眼睛的人繞
過障礙物，最主要是訓練學生在採取另一個人的視覺觀點及其他知覺訓練
後，在心智理論相關測驗的表現是有改善的。

（二）思想泡

Wellman 等人（1996）指出，思想泡（though bubbles）是可以作為推論
他人心智表徵的方法。思想泡是一種像雲朵形狀的圖畫，常出現在影片或
故事主角頭部的上方，最主要是將個體不可觸及的內在思想（如信念、慾

求、企圖）以圖畫的方式具體呈現。思想泡常出現在童書或漫畫書中，為一般兒童所熟悉，對於以視覺圖像學習為主的自閉症學生，也是學習的一種方式。

（三）多媒體介入心智理論教學

多媒體是指結合多種資訊傳播的媒體，如圖片、文字、影像、音樂、動畫、聲音等。而多媒體教學（multi-media instruction）即是一種運用多元與多種不同的教學媒體，透過多元的音訊、視訊等方式，來呈現教學之內容，以協助教師教學，其目的是為了提升學習者的興趣，近年更有以手持載具（如iPad）的方式讓學生學習。多媒體的形式有許多種，包括：電腦多媒體、影片示範教學、動畫 DVD 等。對自閉症學生而言，多媒體教學的優點在於使用影音與動畫科技，符合自閉症學生以視覺為優勢的學習管道之特性，如果教學設計得當，多媒體也可以排除無關的刺激與訊息；若與電腦或手持載具結合，學習者亦可自己控制學習進度，或是給予學習者立即的回饋，因此多媒體教學很適合自閉症學生。

多媒體在自閉症學生認知方面的影響（鄭津妃，2003），包括：(1)提升注意力：因為教材結合聲音、動態畫面、音樂等，再加上有時需要學生親自動手操作，因此可提升學生的專注力；(2)去除干擾：畫面只呈現最重要的訊息，略去次要的刺激，減少學生選取訊息的困難；(3)增強學生的類化能力：教學可搭配與學生生活有關的照片或圖片，協助學生產生類化行為；(4)小步驟的學習，增加成就感：教學內容可分解成小步驟，幫助自閉症學生逐步建構學習經驗，並可以立即給予回饋與讚賞，促進學習動機與增加成就感；(5)適合自閉症學生的學習風格：教材可符應自閉症學生的優勢管道，放入大量的圖片、照片、動畫、影片等，將抽象事物具體化，使學生能快速學習；(6)增加學習成效：教學內容由專家學者、特教老師所設計，再加上資訊專業，符合自閉症學生的學習特質，自然能提升教學成效。

三、Vygotsky 的 ZPD 與鷹架作用理論的應用

Vygotsky 強調鷹架作用對於學生學習的影響，主要是強調：(1)應為學習者建構一個適合的環境；(2)根據學習者目前的需要與能力，持續且彈性的調整成人或同儕之介入程度。在應用於自閉症學生的認知發展方面，若自閉症學生安置於普通班或資源班學習時，教師可使用「合作學習」（cooperative learning）進行教學，此外也可使用鷹架理論介入語言學習。

（一）合作學習

「合作學習」的主要理論包括社會互賴論、接觸理論、認知理論，以及行為學習論，而認知理論部分則包括認知發展理論與認知精緻化理論。「認知發展理論」是指 Vygotsky 的 ZPD 與鷹架作用，在合作學習時，學生之間的合作能促進認知的成長，且學生經由討論及向人請益的過程當中，會引起認知衝突，有助於其發展更高層次的學習策略；而「認知精緻化理論」則是指，若要將資料保存在長期記憶中，學生必須精熟或重新建構輸入的訊息，而將所學的知識表達給他人知道，或是經由傾聽他人敘述，都有利於指導者與被指導者。

合作學習重視異質分組和成員的互助合作。所謂的「異質分組」是指，依學生的學習能力、性別、種族和社經地位背景等將學生分至不同的小組中（黃政傑、林佩璇，2013），這樣的分組正好適合班級中有自閉症學生，自閉症學生透過與同儕的相互合作學習，除促進認知發展外，也能練習與他人互動的技巧。

在進行合作學習時需先將學生分組，一般而言，2 人以上即可成為一組，成員愈多，彼此之間要花費在溝通協調的時間就愈多，因此要審慎安排小組成員人數。在教學實施方面包括（黃政傑、林佩璇，2013）：(1)說明學習任務：在學習開始時，老師需先向學生明確說明學習目標和作業安排，以及如何完成目標和作業程序，在說明時需和學生的舊經驗互相聯繫，以促使學習具有意義性；而對於班級中的自閉症學生，教師可準備教學流程卡供學生自我檢核，以視覺優勢幫助自閉症學生學習；(2)說明成功

的規準：老師需讓學生知道成功的規準，何種表現可被接受、重要的表現為何？讓學生明瞭成功的規準可讓小組成員知道努力的方向和水準，凝聚小組的向心力；(3)建立小組成員的積極互賴性：小組成員間彼此互相協助、信賴，不只要關心自己的學習成效，也要關心其他成員的學習成效，因此要求小組學生追求進步，也是建立積極互賴的方式；對自閉症學生而言，要透過其他成員的協助，幫助自己學習，使其成為小組成員之一；(4)個別績效責任：合作學習重視個別學生的績效，確保每位成員都能達成小組學習的目標，因此教師必須安排有效的學習評量工作，了解學生的學習過程和結果；(5)指出期許合作的行為：合作學習包含學習任務與合作任務兩個部分，在合作任務部分，包括如何與他人互動、輪流說話、使用工具等，都是非常必要教導的合作技巧；要求學生的合作行為不能超過他們的能力，對於自閉症學生而言也應持相同的原則，將期許他的合作行為以口頭說明或輔以字卡、圖片或文字的說明，對於培養自閉症學生與小組其他成員的互動是很重要的，當然對於教導一般學生如何與自閉症學生互動也是很重要的；(6)進行合作學習教學：可使用的方式包括學生小組成就區分法、小組遊戲競賽法、拼圖法、小組協力教學法等方式。

（二）鷹架式語言教學

　　鷹架式語言教學（scaffolding instruction）是教導自閉症學生學習語言的方法之一，也是採用 Vygotsky 的理論觀點所發展出來的教學法（Bruster, 1991）。鷹架式語言教學主張，在父母、教師或成人與自閉症學生互動時，透過語言的支持以協助自閉症學生理解並學會使用較複雜的語言層次。這個策略最大的特徵在於教師或成人提供立即的示範，且與自閉症兒童在自然情境下進行互動語言教學，當兒童精熟時再逐漸褪除語言支持（鷹架）之教學。曹純瓊（2000）曾採用單一受試方法，對4位國小一至四年級的高功能自閉症兒童進行語言教學，研究結果顯示：自閉症學生在口述事件能力、語法句型結構、連貫性、詞彙數，以及平均句長方面都有進步，且有類化效果。陳映羽（2004）以鷹架式團體遊戲訓練3名國小一年級低功能自閉症兒童的溝通能力，包括：平均句長、功能性語用出現次數、

語用內容，以及整體語言改善情形，研究結果顯示：學生在整體語言表達方面有改善。

（三）自我指導策略

筆者整理相關的文獻後，所謂自我指導策略（self-instruction）是 Meichenbaum 在 1977 年所創的一種認知行為改變技術，此技術主要在利用修正或建立自我內在語言來改變認知結構，其具體的策略程序包括以下幾個部分（引自洪儷瑜，2002；藍瑋琛，2010）：

1. 認知示範：教師示範正確的自我教導內容，包括如何達成目標的步驟、正向的內在語言、自我增強的語言、引導學生表現所欲訓練的行為。

2. 指導下的外顯引導：學生在教師口語示範的引導下，大聲地複誦正確之內在語言，做出和示範者相同的任務工作。

3. 外顯的自我引導：學生大聲地以自我的口語，指導自己表現正確的行為，而訓練者只提供必要的協助。

4. 逐漸減弱的外顯自我引導：學生執行目標行為時，逐漸將自我指導的音量減少，輕聲地反覆以口語指導自己的行為。

5. 內隱的自我指導語言：學生執行目標行為時，以內隱的內在語言引導自己表現正確的行為。

藍瑋琛（2010）以及莊雁幀（2014）指出，一次完整的自我指導訓練應包括五個步驟，其說明及舉例如下：(1)界定問題：是指要說出所要處理的問題性質為何？例如：「這個題目的要求是什麼？」；(2)尋求問題解決的方法：陳述可能解決問題的方法是什麼？例如：「我該如何列式，方程式是用大於還是小於？」；(3)自我指導並集中注意：工作中每完成一步驟就說出下一步驟應注意的事項，且不斷提醒自己應專注在工作中，例如：「接下來，移項法則要注意負號變成正號！」；(4)自我評價：確認答案或反應的對錯；(5)自我增強或修改方法：在每一行為或反應出現後，若達成目標，就給予自我讚賞及鼓勵；若未達成目標，則尋求修正的方法。

（四）「多層次教學」的實施

對於安置在普通班或特教班（包括資源班）的自閉症學生而言，學科學習都有其重要性，但為兼顧普通班中的普通生與自閉症學生，或是兼顧特教班中的不同障礙特殊生（包括自閉症學生）之認知學習需求，多層次教學是一個可實施之教學策略。所謂多層次教學是指，在教學活動中的同一領域或科目中，包含不同難度的目標。當不同程度的學生在同一時間及空間內學習，且每個學生的學習目標不同時即稱之（孟瑛如，2014）。筆者曾指導普通教育的師資生撰寫過相關教學活動設計，相關教案舉例如本章附錄所示。

第四節　結語

自閉症學生的認知發展有其缺陷，但並非完全無法改變，許多教學與輔導的原則及作法可以讓從事特殊教育的相關人員參考，若能給予自閉症學生適當的教導，其在認知的發展與學習方面也可具有成效。身為特教教學人員，也應以學生的小小進步自我鼓勵並調整教學策略，才能在身心障礙教育中獲得適當之自我肯定。

參考文獻

中文部分

王欣宜、王淑娟（2016）。心理學。載於林寶貴（主編），**特殊教育理論與實務**（第五版）（頁37-76）。心理。

宋維村（2001）。自閉症的行為特徵。**臺東特教簡訊，14**，1-5。

周台傑、邱上真、宋淑慧（1993）。**多向度注意力測驗**。心理。

孟瑛如（2014）。**資源教室方案**。五南。

林幸台、吳武典、王振德、蔡崇建、郭靜姿、胡心慈（2000）。**綜合心理能力測驗**（CMAS）。心理。

林幸台、吳武典、胡心慈、郭靜姿、蔡崇建、王振德（2016）。**托尼非語文智力測驗**（第四版中文版）（TONI-4）。心理。

洪儷瑜（2002）。**社會技巧訓練的理念與實施**。臺灣師範大學特殊教育學系。

倪志琳（1998）。**結構教學法對學齡前自閉症兒童學習成效之研究**（未出版之博士論文）。國立臺灣師範大學。

徐享良（2000）。自閉症兒童之教育，載於王文科（主編），**特殊教育導論**（頁213-264）。心理。

張春興（1996）。**教育心理學：三化取向**。東華。

張琇雁、林慧麗、楊宗仁、張顯達（2011）。自閉症類兒童的私語表現初探。**特殊教育研究學刊，36**，57-83。

教育部（2013）。**身心障礙及資賦優異學生鑑定辦法**。作者。

教育部（2016）。**幼兒園教保活動課程大綱**。作者。

教育部（2023）。**特殊教育法**。作者。

曹純瓊（2000）。**鷹架式語言教學對國小高功能自閉症兒童口語表達能力學習效果研究**（未出版之博士論文）。國立臺灣師範大學。

莊雁幀（2014）。**自我教導策略對提升國中學習障礙學生一元一次不等式**

應用問解決成效之研究（未出版之碩士論文）。國立臺北教育大學。

郭乃文、余麗華、黃慧玲、莊妙芬（2002）。**非語文性注意力與記憶力測驗**。教育部。

陳心怡（2018）。**魏氏兒童智力量表**（第五版中文版）（WISC-V）。中國行為科學社。

陳映羽（2004）。**鷹架式遊戲團體對低功能自閉症兒童溝通能力影響之研究**（未出版之碩士論文）。國立臺東大學。

陳榮華、陳心怡（2006a）。**瑞文氏彩色矩陣推理測驗平行本**（CPM-P）。中國行為科學社。

陳榮華、陳心怡（2006b）。**瑞文氏標準矩陣推理測驗平行本**（SPM-P）。中國行為科學社。

陳榮華、陳心怡（2006c）。**瑞文氏標準矩陣推理測驗提升本**（SPM+）。中國行為科學社。

彭慧慈（2011）。教育優質化：談自閉症學生潛能開發，**教師天地**，**171**，68-75。

曾世杰（1999）。**工作記憶測驗**。教育部特殊教育工作小組。

黃金源（2008）。自閉症的認知變異及教育對策。載於黃金源（主編），**兒童的治療與教育**（頁67-94）。心理。

黃政傑、林佩璇（2013）。**合作學習**。五南。

楊書沛（2013）。**自閉症類兒童之認知特質與私語及心智理論表現的初探**（未出版之碩士論文）。輔仁大學。

楊蕢芬（2005）。**自閉症學生之教育**。心理。

鄒小蘭、李惠蘭（2002）。**國小兒童專注力量表**。臺北市立教育大學特殊教育中心。

鄭津妃（2003）。**電腦化教學對增進高功能自閉症兒童解讀錯誤信念之研究**（未出版之碩士論文）。國立臺灣師範大學。

鄭麗玉（2006）。**認知心理學**。五南。

鍾馥濃（2008）。**應用結構式教學法於口腔衛生潔牙技巧介入對自閉症兒童降低牙菌斑成效之研究**（未出版之碩士論文）。高雄醫學大學。

藍瑋琛（2010）。**自閉症學生教學策略**。臺北市立教育大學特殊教育中心。

英文部分

Bruster, B. G. (1991). *Instructional scaffolding: The effective use of teacher-student dialogue.* Unpublished doctoral dissertation, Texas Women's University, Denton, TX.

Flavell, J. H. (1999). Cognitive development: Children's knowledge about the mind. *Annual Review of Psychology, 50,* 21-45.

Gardner, H. (1983). *Frames of mind: The theory of multiple intelligence.* Basic Books.

Gilchrist, A., Green, J., Cox, A., Burton, D., Rutter, M., & Le Couteur, A. (2001). Development and current functioning in adolescents with Asperger syndrome: A comparative study. *Journal of Child Psychology and Psychiatry, 42*(2), 227-240.

Green, L., Fein, D., Joy, S., & Waterhouse, L. (1995). Cognitive functioning in autism: An overview. In E. Schopler, & G. B. Mesibov (Eds.), *Learning and cognition in autism* (pp. 13-31). Plenum.

Howlin, P., Baron-Cohen, S., Hadwin, J. (1999). *Teaching children with autism to mind-read.* John Wiley & Sons.

Mayer, R. E. (1981). *The promise of cognitive psychology.* W. H. Freeman and Company.

Ostrom, T. M. (1994). Foreword. In R. S. Wyer (Ed.), *Handbook of social cognition: Basic principles* (pp. vii-xii). Lawrence Erlbaum Associates.

Ozonoff, S. (1995). Executive functions in autism. In E. Schopler, & G. B. Mesibov (Eds.), *Learning and cognition in autism* (pp. 199-219). Plenum.

Ozonoff, S., & Miller, J. N. (1995). Teaching theory of mind: A new approach to social skills training for individual s with autism. *Journal of Autism and Devel-*

opment Disorders, 25(4), 415-433.

Shah, A., & Frith, U. (1993). Why do autistic individuals show superior performance on the Block Design task? *Journal of Child Psychology & Psychiatry, 34*(8), 1351-1364.

Smith, I. M., & Bryson, S. E. (1998). Gesture imitation in autism: Nonsymbolic postures and sequences. *Cognitive Neuropsychology, 15*(6), 747.

Wellman, H. M., Hollander, M., & Schult, C. A. (1996). Young children's understanding of though bubbles and of thoughts. *Child Development, 67*, 768-788.

Winsler, A., Abar, B., Feder, M. A., Schunn, C. D., & Rubio, B. A. (2007). Private speech and executive functioning among high-functioning children with autistic spectrum disorders. *Journal of Autism Disorders, 37*(9), 1617-1635.

附錄　多層次教學活動設計舉例

領域／項目	數學	單元名稱	整數四則混合計算
指 導 者	王欣宜教授	設 計 者	劉怡琪、簡秀育、黃祺庭、王嬿琪、袁堃堯
適用年級	四年級（含一位自閉症學生）	教學節數	一節（40分鐘）

學 習 問題分析	一、普通生

一、普通生

　　學生在上一節課已經建立了「先乘除，後加減，有括號，要先算」的四則運算準則，而建立起這樣的概念並不能光使用死背硬背的口訣，而是應該使用現實生活情境式的問題引導，並且告訴學生原因；此節課程則是要讓學生在具體情境中，列式並且到進階併式的時候能依循題意，找到解決問題的方法。

過去
1. 能用併式記錄加減兩步驟的問題。
2. 能在具體情境中，解決兩步驟問題（加減與除，不含併式）。

本單元
1. 能在具體情境中，解決兩步驟問題，並學習併式的記法與計算。
2. 能做整數四則混合計算（兩步驟）。

未來
1. 能在具體情境中，理解先乘再除與先除再乘的結果相同，也理解連除兩數相當於除以此兩數之積。
2. 能熟練運用四則運算的性質，做整數四則混合計算。

二、特殊生（自閉症）

　　數學的計算題能正確解答，但是一遇到應用題，就幾乎無法作答。自閉症學生對於機械性的操作能力很好，但是對於抽象及概念的操作，大多會遇到問題。首先要掌握孩子在計算時

學　習問題分析	所想的道理，要教導孩子正確的計算方式，再來要檢查孩子在文章或是語言理解方面是否有問題存在，例如：「3 加 2 是多少？」（對「加」這個字是否了解），「3 加入 2 全部和起來是多少？」（對「加入」、「全部」這些詞是否了解），「貓有 3 隻，狗有 2 隻，這兩種動物通通加起來有多少隻？」（對「動物」、「通通」等詞是否了解），這些對自閉兒來說都是非常困難的。光用言語操作感覺是抽象的，如果把操作用半具體物實際操作，對自閉兒一般是有效的。
能力指標	N-2-06 能在具體情境中，解決兩步驟問題。 N-2-07 能做整數四則混合運算，理解併式，並解決生活中的問題。
分年細目	4-n-04 具體情境中，能做整數四則混合計算（兩步驟）。

普通生教學目標	特殊生教學目標
◎認知 1.能在具體情境中，正確列出兩步驟算式。 2.能做整數四則混合運算，理解併式，並解決生活中的問題。 ◎情意 3.能察覺生活中與數學相關的情境。 ◎技能 4.能使用四則運算法則正確地進行四則運算。	◎認知 1.能在具體情境中，理解情境，並使用半具體物列式。 2.能在具體情境中，經由老師引導，列出兩步驟問題之算式。 ◎情意 3.能察覺生活中與數學相關的情境。 ◎技能 4.能使用輔具計算數字較複雜之四則計算。

教學資源	半具體物、計算機、圖卡、獎勵卡、結構化課表、小白板

教學活動	時間	教學資源
教學準備事項： ◎準備工作： 1.說明上課規則：專心聽講、舉手發言、互助合作。 2.說明增強方式：個別計分（以自閉生喜歡的物品作為增強物）、小組計分、口頭鼓勵。	3'	結構化課表 圖卡 獎勵卡

結構化課表 		
一、引起動機 （一）複習四則運算口訣 　　「先乘除，後加減，有括號，要先算」老師可請特殊生在先算的部分畫線。 　　此外，老師應該要強調在上節課程中所提到的為何先乘除的原因，是因為學者認為，加減是對同等類量執行的；乘除時，就是乘數和除數對被乘數以及被除數加以操作的作用數，在經過乘除作用之後，即可使用加減進行處理。 （二）類題練習（複習） 　　題目：老師在便利商店買了一個 10 元的鉛筆和兩個 6 元的橡皮擦，請問老師共花了多少錢？ 　　1.請學生個別練習。 　　2.老師觀察特殊生情形，並給予指導（可畫上半具體物，使學生理解算式意義，若計算有問題亦可使用計算機）。 　　3.請學生上臺分享解題策略（若特殊生願意上臺，請特殊生嘗試上臺分享）。 二、展開活動 　　活動一 老師的購物清單 　　題目：老師昨天去超商買了一些東西，小朋友能不能幫幫忙，幫老師算出來這些東西共要多少錢？	7’ 10’	小白板 小白板

老師的購物清單：五張 10 元的卡片、五杯 12 元的飲料。

1. 請學生分組合作將答案寫在小白板上，並且上臺分享答案。

2. 老師提醒：請同學記得我們的活動練習喔！先算的部分如果是容易粗心的同學記得畫上「底線」。

3. 老師請小老師指導特殊生利用半具體物列式後，轉移到符號列式的過程，並且訓練學生在先算的部分畫上底線。

　　(1)第一組：

　　　　$10 \times 5 + 12 \times 5$

　　　　$= 50 + 60$

　　　　$= 110$

　　　　答：110 元

　　　　*老師請第一組學生要記得，物品的價格要放在前面。

　　(2)第二組：

　　　　$（10 + 12）\times 5$

　　　　$= 22 \times 5$

　　　　$= 110$

　　　　答：110 元

4. 請學生分享他們的解題策略，並檢討。

5. 第二組學生的計算方式很特別，計算起來也比較快速，希望學生可以把這種方法學起來。

6. 老師提醒：兩種答案都是正確的，只是我們如果可以用更方便的算式將答案算出，就可以嘗試學習將算式化簡後再計算。

【特殊生部分】

　　特殊生在課堂中若無意義地製造噪音，老師此時應去了解學生的行為問題背後之問題，在了解學生是因列式產生問題而焦慮後，應對特殊生進行個別指導，並鼓勵特殊生使用半具體物嘗試理解題意再計算。

特殊生答案（使用半具體物）  特殊生先算部分畫線 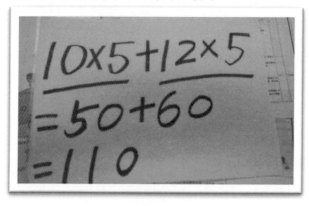		
活動二	10'	小白板
題目：學校快要開學了！老師想要送給幼童軍禮物，一條領巾 43 元，一個領圈 37 元，領巾和領圈為一組，老師買了 15 組，請問共花了多少元？ 　1.老師在黑板上以圖示的方式將領巾和領圈畫出來，在領巾旁邊寫 43 元，在領圈旁邊寫 37 元，領巾和領圈各要 15 組，要如何解題呢？ 　領巾：43 元×15 條 　領圈：37 元×15 個 　2.老教師請各組學生將解題過程寫在白板，並交代待會請一位學生上臺解說。		

【特殊生部分】

　1.老師到特殊生座位旁提示其繼續解題，如遇解題困
　　難，請特殊生將題目再唸一次，老師在白紙上再圖
　　示其解題方式。

　2.如特殊生無法解題，老師請其以計算機完成作業。

　　　$43 \times 15 = 645$

　　　$37\,元 \times 15 = 555$

　　　$645 + 555 = 1200$

　3.老師請各組上臺發表解題方式：

　　(1)第一組解題：

　　　　$43 \times 15 + 37 \times 15$

　　　$= 645 + 555$

　　　$= 1200$

　　　答：1200 元

　　(2)第二組解題：

　　　　$(43 + 37) \times 15$

　　　$= 80 \times 15$

　　　$= 1200$

　　　答：1200 元

　4.老師再提醒學生括號的意義。

　5.老師請特殊生協助檢查答案是否正確，或請特殊生
　　用計算機協助驗算。

三、綜合活動

　　　　　自己算算看

　　題目：老師到了百貨公司，買了 4 件衣服和 4 本書，
衣服一件 272 元，書一本 228 元，老師共花了多少錢？

　1.老師請學生用上述兩種方式做計算後，比較兩種方
　　式的優缺點，並且上臺發表。

　　(1)第一種方式：

　　　　$272 \times 4 + 228 \times 4$

　　　$= 1088 + 912$

10'　　小白板

= 2000

答：2000 元

(2)第二種方式：

（272 ＋ 228）×4

= 500×4

= 2000

答：2000 元

2. 老師提醒學生：若忘記加上括號，會讓計算算式錯誤。

3. 老師請學生發表解題策略後並檢討。

→此題在觀察題目的需求過後，若使用第二種方式會讓計算簡便許多，也因此在觀察題目後判斷如何併式也是相當重要。

【特殊生部分】

1. 允許特殊生使用計算機計算。

2. 老師請特殊生在空白紙上計算，請與特殊生同組的學生協助其解題。

----------------- 第一節結束------------------

第四章

自閉症的感覺變異

林巾凱

第一節　感覺異常的症狀與分類

　　Ayres 提到，人類的大腦神經系統有 80%參與感覺處理或組織感覺輸入，因此大腦就如同一個感覺的處理機器（Ayres, 1985）。而每一個人在觸覺、本體感覺、前庭感覺、聽覺、視覺、味覺、嗅覺的處理方式皆不相同，但感覺反應皆在可接受的範圍內。嬰兒或幼兒會自我調整，家人也會協助其調整反應，讓嬰兒或幼兒有較平穩的情緒或容易入睡，例如：吸大拇指、吸奶嘴、拍拍肩膀胸口、輕輕搖晃、聞被單、縮在媽媽懷裡聽心臟規律的聲音或輕聲的兒歌、抱絨毛布偶、咬指甲等，而每一位嬰兒或幼兒對這些感覺輸入的反應是不同的，如果反應過高或反應過低，就會造成異常現象。

　　動物學博士 Temple Grandin 是一位自閉症者，她提到：「輕觸讓我的神經系統啜泣，猶如神經末稍捲起來。如有人輕觸到我，會讓我有想死的感覺；如有人想要抱我，會被我推開，他們都忽略了對我造成的折磨。我媽媽幫我梳頭髮讓我的頭皮很痛，我很難適應新衣服」（Grandin, 1996）。這說明了一位自閉症者對感覺輸入的不舒服感覺，但他們是有任何問題嗎？對大部分的自閉症者來說，這是普遍的情形嗎？

　　有關感覺異常的問題在 1980 年時，Knickerbocker 稱之為感覺防禦（Knickerbocker, 1980）；1997 年時，Dunn 提出感覺調適障礙（sensory modulation disorder）一詞（Dunn, 1997）。之後，Miller 提出感覺調適障礙（sensory processing disorders）的觀念（Miller et al., 2007），並說明感覺調適障礙是對於感覺輸入，因無法調整（modulation）、整合（integration）、組織（organization）、區辨（discrimination），而無法做出適當反應（Miller et al., 2007）。對於神經系統而言，調整是代表消減太過興奮的神經活動，或提升太弱的神經系統活動，使人類具備適當的覺醒程度，以適應環境的要求，做出適當的反應，而感覺調適障礙是感覺處理障礙的次類別，也就是其中的一種障礙。感覺調適障礙是指，無法根據感覺輸入做不同程度的反應，而無法調整自己的反應（Case-Smith & O'Brien, 2013），因此可能有正向或負向的反應（Guclu et al., 2007）。自閉症兒童在發展早期會出現不尋常的感覺特徵，可以歸類為七種型態：對特定的刺激過度反應、低反應、超載反應（不堪負荷環境的刺激）、強烈的感覺偏好（喜歡相同重複性的刺激）、不良的專注力（無法過濾、聚焦於某些刺激）、感覺動作反應差（包括平衡、協調），以及日常生活中的感官問題（Elwin et al., 2013），主要會造成生理、感覺、注意力、動作、情緒的調節問題（processing disorder），而無法維持安靜、覺醒、有效的狀態，影響日常生活處理、學習、遊戲能力、有效的溝通，進行社會互動。

ASD 者感覺異常的型態不同（Ben-Sasson et al., 2008），嚴重度也非常的不同（Baranek et al., 2006），其感覺調適障礙可以分為過度反應（over-responsivity 或 hyper-responsive）、低反應（under-responsivity 或 hypo-responsive）、感覺搜尋等型態（Dunn, 2002），亦可以區分為低頻率（過度反應、低反應的情形頻率皆少）、高頻率，以及混合型（低反應兒童 98.7%及過度反應兒童超過半數＋感覺搜尋相當少）感覺症狀。在 Ben-Sasson 等人（2008）的研究中，對 18 至 33 個月大的 170 位 ASD 之調查結果顯示，有 84%的樣本符合 k-means solution 集群分組方法，而且混合型的人數較多（Ben-Sasson et al., 2008）。相對而言，高頻率與混合型的 ASD 者有比較高的負面情緒、心情低落、焦慮、分離焦慮、退縮等症狀。研究中以 ASD 症狀的嚴重度為共變項，在三種感覺型態中，其感覺變異與情緒是有顯著差異（Ben-Sasson et al., 2008）。Dunn（2007）指出，兒童感覺異常可能反映

神經閾值太高或太低，通常可以區分為四種型態：(1)高閾值且被動調整反應型：是感覺登入（或註冊）的障礙類型，其行為反應與閾值相符合，但行為反應不足，通常是低反應的兒童；(2)低閾值且被動調整反應的感覺敏感型：行為反應與閾值相符合，是高度反應型或過度反應的兒童；(3)高閾值且主動調整反應的感覺搜尋型：行為反應與閾值不相符合，會主動一直搜尋感覺刺激；(4)低閾值且主動調整反應的逃避型：行為反應與閾值不相符合，因此會以逃避的行為離開刺激源去做調整（Dunn, 2007）。相較於單純的智能障礙，ASD 常合併智能障礙，其在四種類型的感覺反應是更無法登入感覺訊息（d = .32）、更敏感且更焦慮（d = .7）、更會搜尋感覺刺激（d = .34），而且逃避感覺輸入（d = .47），也就是 ASD 者在這四種類型的反應是更為嚴重（Joosten & Bundy, 2010），這可能是有些研究結果發現 ASD 者是屬於過度反應型（Ben-Sasson et al., 2009; Green & Ben-Sasson, 2010），而有些研究又呈現 ASD 者是低反應型（Baranek et al., 2006; Ben-Sasson, Cermak, Orsmond, Tager-Flusberg et al., 2007）。逃避型、敏感型是屬於低閾值類，就像硬幣的正反兩面，個案對於感覺輸入，前者採取的是主動調節反應、後者則採取被動不調節反應，此也代表 ASD 的低閾值情況更甚於智能障礙，因此 ASD 者更容易產生焦慮的情緒。雖然焦慮情緒的影響因素很多，例如：認知（無法應付太多的要求，不知道如何處理問題）、溝通問題（無法表達需求）、社會互動等，皆可能是焦慮的原因，然而感覺處理異常亦是重要的因素。

亦有學者提出感覺變異是在過度反應與低反應間的連續線（continuum）變動（Bundy et al., 2002, p. 92）：有些個案是完全的過度反應，有些是低反應，有些則是在兩者間變動，而正常人是在連續線的中間擺盪做反應，因此反應的等級是可以接受的。異常反應通常是在兩個極端的反應（Bundy et al., 2002），而感覺搜尋是對於某些感覺輸入有特別的偏好，經常呈現有較高的感覺需求，或在不適當的情境時，仍然執著、堅持從事所喜好的感覺，例如：搖手、前後搖晃身體、搖頭、捏手、扭轉手、手指僵直彎曲、手在眼前搖晃、一直注視電風扇或電燈、聽冷氣機聲音、看地上櫥櫃的紋路等。研究也發現，感覺異常與重複性固著行為（stereotypical behavior）有顯著相關（Joosten & Bundy, 2008），在低功能且具有固著行為的個案中，其感覺處理異常更為明顯（Joosten & Bundy, 2010）。自閉症者會呈現強烈的興趣沉溺在自我刺激中，這是診斷自閉症的一個重要標準。另外一個極端是低反應甚至不反應的感覺休眠狀態，這類兒童非常的被動、聽而不聞、視而不見，難以啟動活化其神經系統，需要非常多的感覺輸入來啟動其反應。曾有學者解釋一位個案同時出現低反應和高反應的情形，是因為在輸入超過兒童負荷量的感覺時，會使他們無法處理而出現無法反應或低反應，因此出現兩種極端在同一個案身上，這種情況就不適合使用感覺反應的連續線做解釋（Royeen & Lane, 1991）。

低反應兒童是對感覺輸入的反應程度低於或慢於一般反應，而無法知覺感覺輸入，例如：ASD 兒童知道自己的名字，但聽到有人叫其姓名時卻沒有反應，這是聽覺的低反應。也常看到 ASD 兒童對痛覺的低反應，對於碰撞、腳不小心踢傷流血卻沒有反應，手壓傷了也沒有反應。研究顯示：較年輕的自閉症者比發展遲緩者更可能呈現低反應或對刺激不反應（Baranek et al., 2006; Ben-Sasson, Cermak, Orsmond, Tager-Flusberg et al., 2007）。

感覺搜尋是指渴望、非常有興趣、熱衷於感覺經驗，會使用較多的時間沉溺於此，或需要較大強度的感覺輸入，此即為感覺搜尋（Ben-Sasson et al., 2009）。感覺搜尋的個案通常是環境刺激不足或感覺登入（註冊）大腦的困難所造成，因此需要不斷的尋找感覺刺激，以輸入大腦。搜尋的感覺輸入包括前庭感覺、觸覺、聽覺、嗅覺、本體感覺，例如：坐在椅子上搖晃椅子、觸摸各樣物品、製造聲音（如敲打桌面）、聞身體的味道（特別是對於大人身上的香水味、洗髮精味道、沐浴乳味道）、搖晃手、扭手等。

過度反應的兒童對感覺輸入的反應強度高過於一般的程度（Guclu et al., 2007），而且可能有不易入睡或者有睡眠的問題，或坐立難安，對於食物有特別的偏好，或有飲食上的行為問題，動作量大，動作計畫差，平衡差，對於聲音或聽覺輸入的敏感度高，容易分心（DeGangi et al., 2000），且反應快速、強度高、劇烈反應。而且這些感覺輸入在不預期的狀況下，其反應強度會升高（Lane et al., 2010）。過度反應是一種感覺防禦，且無法抑制過度的感覺輸入，或者是神經閾值太低感受到過多的感覺輸入，造成

防禦現象。防禦現象可能會針對各種不同的感覺，包括：觸覺、聽覺、嗅覺、味覺、前庭感覺、本體感覺等，其感覺的反應是顯著相關的（McIntosh et al., 1999）。而嗅覺（olfactory）、觸覺（tactile）、聽覺（auditory）經常同時出現，因此有三位一體（OTA triad）的名稱，也代表它們的反應是彼此相關。

　　過度反應的感覺輸入型態，包括：觸覺、前庭感覺、本體感覺、聽覺、視覺、嗅覺、味覺。對於觸覺反應的過度反應一般稱之為觸覺防禦。對於前庭感覺、本體感覺有過多的反應是為重力不安全感或動作嫌惡反應。重力不安全通常是對前庭感覺、本體感覺與網狀活化系統的調適不佳所造成，會產生以下幾個現象：(1)腳離開地面會顯得焦慮，會努力想要把腳放下，如果信任的人協助他，他可以合作；(2)非常害怕跌倒、爬高或站在高處；(3)在爬攀爬架的遊戲中不敢往上爬；(4)避免從高處跳下去；(5)害怕走上凹凸的地面，似乎對其而言凸面是很高，雖然正常小孩子覺得沒什麼；(6)某些動作會特別慢，如走上下斜坡、走凹凸不平的地面、進入車內，或從前座到後座；(7)需要比正常孩子多一些時間學習上下樓梯，上下樓梯需要扶欄杆；(8)不喜歡或害怕動態的遊樂器具，如鞦韆、擺盪；(9)當旋轉時，會覺得好像失去平衡；(10)車子轉彎或加速會嚇到他們；(11)不喜歡頭倒立、翻筋斗、翻滾；(12)有人在後面推他會被嚇到；(13)似乎對空間概念的判斷能力差，且在他們所處的環境中，無法處理動作的問題（Ayres, 1972）。

　　對於大部分感覺皆有強烈反應者稱為感覺調適障礙，因此對於觸覺、前庭感覺、本體感覺、聽覺、視覺、嗅覺、味覺有敏感的反應，皆是感覺防禦的各種不同形式。而研究也支持一個多種感覺防禦形成一個建構（construct）的概念（Baranek et al., 1997）。

　　觸覺防禦的症狀由輕至重可分為逃避（avoidance）、負向（negative），以及攻擊反應。逃避反應的兒童通常可以觀察到，他們會逃避眼神的接觸、保持身體的距離或拒絕感覺的輸入，例如：拒絕被抱、推開靠近的人，或者退縮到另外的安全空間（Miller et al., 1999），對於觸覺輸入會有敏感的反應，例如：摩擦、刮、按壓被摸的地方，甚至生氣、退縮、跑

走、大叫（Blakemore et al., 2006），更為劇烈的是採取攻擊的行為。而聽覺有防禦現象的兒童在聽到吵雜的聲音或較大的吹奏樂器聲音時可能會暴衝，不論前方是否安全，例如：衝向欄杆。當然判斷這些問題之前，要先考量是否有其他心理、生理、社會互動因素的影響，而有些行為是綜合性的交互影響，然而有些行為則是感覺輸入異常反應造成的。觸覺防禦的症狀包括：(1)臉移向另一側避免被摸，洗臉有困難；(2)檢查牙齒時會變得生氣，或坐在椅子上動來動去；(3)不容易進行剪頭髮、洗頭髮的活動；(4)抱他或碰到肩膀時會推開，然而有時又可接受；(5)幫他穿衣服或只是拉起襪子而已，會引起負面反應；(6)不喜歡別人幫他洗澡，或別人幫他剪指甲；(7)避免和朋友有肢體的接觸；(8)從後面靠近他時，會比其他兒童感到威脅；(9)有人靠近他時，即使沒有摸他，他也會生氣；(10)天氣暖和，也喜歡穿長袖、寬鬆的上衣或夾克；(11)觸覺有不正常或過多的需求，會避免某些質料的接觸，如地毯、絨布娃娃；(12)對某些布料會比較敏感，而且會避免穿；(13)不喜歡摸沙子、水彩、顏料、麵粉、漿糊；(14)避免赤腳，特別是在草地、沙堆；(15)當使用紗布、海綿（棒）清洗鼻子、耳朵時，會呈現非常不舒服的反應（Ayres, 1972）。

視覺迴避（visual avoidance）與缺乏眼神的接觸是不同的，有可能是對視覺、光的敏感反應，而且會伴隨著焦慮、高度覺醒度。高功能自閉症者會顯現出低反應的情形（Kylliäinen & Hietanen, 2006），而自閉症伴隨輕度、中度智能障礙者對於視覺刺激的反應經常是過度反應（Barry & James, 1988）。

感覺處理障礙亦可分為注意力缺失感覺搜尋型（sensory-based inattentive seeking）、動作敏感的感覺調適障礙型（sensory modulation with movement sensitivity）、味覺／嗅覺敏感的感覺調適障礙型（sensory modulation with taste/smell sensitivity）（Lane et al., 2010），此三個障礙類型主要是根據集群分析的結果。以下分別說明：(1)注意力缺失感覺搜尋型是輕微可觀察的障礙，其特徵是無法集中注意力，並且衝動，過度注意某些感覺，似乎沒有聽到你說的話，低反應／感覺搜尋及聽覺過濾障礙，喜歡觸摸人、物；(2)動作敏感的感覺調適障礙型，其特徵是幾乎所有的感覺皆有異常現

象，呈現低反應、高反應的兩種感覺調適障礙，經驗到動作敏感、肌力差、抓握沒力、耐力差、容易疲倦、沒有活力；(3)味覺／嗅覺敏感的感覺調適障礙型，其特徵也是幾乎所有的感覺皆有異常現象，特別是在味覺／嗅覺有較嚴重的障礙，但沒有低活力、耐力差、動作敏感、以感覺為主的動作障礙情形，也呈現低反應、高反應的兩種感覺調適障礙。

感覺異常造成的問題，大致上影響有五大方面：(1)降低社會技巧及遊戲的參與（Cohn et al., 2000）；(2)自信、自尊下降；(3)日常生活技能、學校課業的困難；(4)焦慮、注意力缺失、自我調整（self-regulation）能力差；(5)發展技巧差（Cohn et al., 2000）。

第二節　感覺異常的發生率

從美國的一項調查郊區幼兒園之研究顯示，於 1999～2000 年入學的幼兒之父母填答「簡式感覺史量表」（Short Sensory Profile）中，感覺處理障礙的盛行率為 5.3%（Ahn et al., 2004）。而自閉症者在感覺處理的表現異常情形又是如何呢？研究證實與非自閉症者有很大的差異，這差異包括量與質的差異，例如：行為頻率與行為樣式之質的差異（Elwin et al., 2013; Tomchek & Dunn, 2007）。在調查 281 位 ASD 的研究顯示，使用「簡式感覺史量表」（共有 38 題）的結果發現，86%的 ASD 者之感覺處理問題明確障礙（definite difference），得分小於正常組平均數 2 個標準差，而正常組只有3.2%是明確障礙（Tomchek & Dunn, 2007）；如果加上可能有障礙者（probable difference），則是得分離正常組平均數 -1 至 -2 個標準差，則 ASD 有感覺處理障礙者的比率就高到 95%。從量表的向度分析來看，86.1%的ASD者在低反應／感覺搜尋有明確障礙，聽覺過濾的有 77.6%，觸覺敏感的有60.9%，味覺、嗅覺敏感的有 54.1%，ASD 者在 35 題（92%）的得分顯著與正常組有差異（Tomchek & Dunn, 2007）。

Baranek 等人（2006）的研究則提出不同的數據，根據照顧者填答「感覺經驗量表」（Sensory Experiences Questionnaire，簡稱SEQ），呈現 5 至 80

個月大的自閉症幼兒，其感覺異常（分數愈高代表愈有問題，分數在正常組平均數 1 個標準差內）反應的盛行率有 69%，大於 1～2 個標準差的有 30%，大於 2 個標準差的有 39%（Baranek et al., 2006），且不分組別（自閉症組、發展障礙組、正常組），隨著心智年齡增長症狀會減輕，每增加 1 歲會降低 0.09 個標準差；自閉症的感覺異常顯著高於發展障礙、正常組，但並未顯著高於廣泛性發展遲緩（pervasive developmental delays），而且性別無法用來預測感覺變異的嚴重性。自閉症與發展障礙在高度反應的感覺變異形式沒有顯著差異，但此兩組皆顯著大於正常組。自閉症在 SEQ 的兩個分量表hypo-social 與 hypononsocial 高於發展障礙與正常組，代表其低反應高於發展障礙與正常組（Baranek et al., 2006; Ben-Sasson, Cermak, Orsmond, Carter et al., 2007），高過於一般兒童10至17%（Ben-Sasson et al., 2009; Ben-Sasson, Cermak, Orsmond, Carter et al., 2007）。另外，在一項後設分析研究 14 篇 ASD 感覺變異，亦呈現顯著大於正常兒童，ASD 組與正常組較大的差異在低反應，其次是高度反應、感覺搜尋，這些會受到生理年齡、心理年齡、自閉症嚴重度、控制組類別的影響，而且 ASD 組與控制組感覺處理異常最大差異的年齡是在 6 至 9 歲（Ben-Sasson et al., 2009），而低反應的組別差異效果量為 3.29。高功能自閉症者對於氣味的反應，有比正常組顯著較少的情緒反應，主要是因為無法使用口語做反應，而非自主神經的反應或無法做臉部動作的表達而造成（Legiša et al., 2013），因此研判感覺反應造成原因時，也需要同時考慮到自閉症的嚴重度。

在 Leekam 等人的配對研究中顯示，94%的 ASD 者有感覺異常症狀，特別是在視覺、嗅覺、觸覺的異常比率顯著大於發展障礙、語言障礙（Leekam et al., 2007），而聽覺、運動覺、痛覺、口腔的感覺則沒有顯著差異。此研究使用三個年齡正常組（2 歲 10 個月至 5 歲 7 個月、6 至 8 歲、9 至 11 歲）作配對，共有 33 位 ASD 者（16 位低功能、17 位高功能）、19 位發展障礙者、15 位語言障礙者、15 位正常兒童，使用「社會與溝通障礙診斷晤談表」（Diagnostic Interview for Social and Communication Disorders，簡稱 DISCO）其中的感覺題目施測。在Minshew的研究中，顯示三分之二的高功能自閉症者有感覺功能異常的問題（Minshew & Hobson, 2008）。

動作固著行為（stereotypical motor movements）是指規律的、沒有目的性的重複性做動作，大致上沒有功能性，而且發生的頻率較高，很少根據不同情境、內容做調整。其出現的肢體部分包括臉、頭、軀幹、肩膀、手、腳、手指、眼睛、步態及自我引導，例如：臉部出現做鬼臉、嘴唇和舌頭扭動、發出聲音、眼睛斜向側邊或循直線觀看；頭部出現搖晃或旋轉頭部、傾斜、點頭、打頭、撞頭；軀幹出現搖晃或旋轉軀幹、彎曲軀幹、拱背、聳肩；上肢出現拍動、扭動、扭轉、轉手、雙手拍打、捲曲手指、不斷開合手指、將手指強力伸展猶如僵硬狀態、手環抱胸部、摩擦嘴巴或下巴、用手敲打身體、打自己、咬自己、捏自己、操弄物品（如手一直轉球或捏著 CD 片不放）；視覺包括從手指縫隙看外面、注視物品（如一直看燈光或電風扇）；自我引導包括摀著耳朵、唸唸有詞、聞物品、摩擦眼睛、拍打下巴、用手撞身體、打自己、敲打物品、抓壓生殖器、蒐集物品；步態可能會有踩腳、重踩地面、忽快忽慢、跑、跳、旋轉（Goldman et al., 2009）；行為方面，如走固定路線、物品放固定位置、有固定儀式、使用固定牌子的物品，必定按照一定的順序。依其嚴重性可以分類為：(1)自我傷害（self injury）：其中拍打、摑掌、敲打可能會造成自我傷害，致使肢體損傷、紅腫、組織破損、潰瘍；(2)破壞性行為：如延展、扭轉身體；(3)觀感不佳、奇特怪異。這些重複性動作可能會被其興奮、焦慮、無聊、孤立的環境、有壓力或被要求時而加強其頻率，當頻率太高就易形成自我刺激，給他人有刻板行為的印象。

　　ASD 者在動作重複性固著行為上大約有 60 至 70%（Goldman et al., 2009），而且自閉症的症狀愈嚴重、智能愈低的 ASD 者，其重複性的動作行為愈多。低功能ASD者的重複性行為有70.6%，高功能 ASD 者有63.6%，智能障礙者有30.9%，發展性語言障礙者有18.3%（Goldman et al., 2009），可見重複性動作行為不是 ASD 者獨有，但其比率高出許多，而且不論其認知程度，ASD 者的重複行為皆比其他障礙類別高。低功能 ASD 者有較多類型的重複性動作行為。重複性動作會干擾新動作技能的學習，降低與他人互動的機會，影響社會參與和日常生活的處理，甚至會傷害到自己，如手指變形。ASD 者的重複性動作比發展障礙者的比率高（Goldman et al.,

2009）。重複性動作（stereotypical motor movements）可能是對感覺的反應或者要增加感覺輸入（Liss et al., 2006），或者為了維持內在、外在環境的平衡有關，亦可能是大腦功能性障礙所造成。綜合研究顯示，ASD 者的感覺變異盛行率大致上在 60 至 95%之間，雖然各研究的結果不同，但仍可見ASD 者的感覺異常是非常普遍的。

而感覺異常與其他障礙間有何關聯呢？根據研究顯示，95%的7至30個月中度感覺調適障礙兒童在3歲時被診斷為動作、語言、認知發展遲緩，以及呈現父母—兒童關係障礙（DeGangi et al., 2000）。因此，早期的感覺調適問題不可等閒視之，應該及早治療。

第三節　感覺異常的判斷標準

感覺變異是自閉症的共病現象之一，是否列為自閉症診斷的核心特徵已經長期爭議許久，其核心特徵必須具備三個條件：一致性（universal）、獨特性（unique）、特殊性（specific）（Sigman, 2014）。一致性代表相同診斷的個案必須出現相同的症狀，因此研究必須具備代表性個案，要有大型的隨機抽樣，才能彰顯一致性，或者透過後設研究分析許多篇有關於ASD 者感覺異常比例的研究結果進行考驗。而在進行後設研究分析 14 篇的研究結果顯示，自閉症者一致皆有感覺處理異常的情形（Ben-Sasson et al., 2009）。獨特性代表與其他診斷類別的症狀是不相同的，而是此 ASD 者獨有的症狀。特殊性代表此症狀與其他的核心症狀是不相同的。根據以上的研究，支持 ASD 者出現感覺調適障礙是很普遍的，而且不同障礙間的感覺異常情形是不同的，例如：ASD、發展遲緩（Baranek et al., 2006; Ben-Sasson, Cermak, Orsmond, Tager-Flusberg et al., 2007; Wiggins et al., 2009）、智能障礙（Joosten & Bundy, 2010）。因此，研究結果建議在 ASD 的診斷標準中，應該加入感覺異常現象（Wiggins et al., 2009）。而在新版的《精神疾病診斷與統計手冊》（*Diagnostic and Statistical Manual of Mental Disorders*，簡稱 DSM）第五版（DSM-5）中，自閉症的診斷標準與過去 DSM-IV-TR 不同

的是：在侷限、重複的行為、興趣、活動的觀察標準中，加入對於感覺輸入有過多或過低的反應（hyperreactivity or hyporeactivity），或對於環境的感覺型態有異常的興趣，可能對於痛覺、溫度沒有知覺，討厭特定的聲音或觸覺，過度的聞或觸摸物品，迷戀某些動作或光線。因此，對於感覺異常的過度興趣已經列為自閉症的黃金診斷標準。

在《嬰幼兒心理疾病及發展障礙的各類診斷疾病手冊》（零到 3R 修訂版）（*The Diagnostic Classification of Mental Health and Development Disorders of Infancy and Early Childhood, DC: 0-3R, Revised Edition*）（Zero To Three, 2005）中的診斷提到，要協調感覺處理障礙此類別（RSPD）（Robles et al., 2012）。在 1994 年時使用協調障礙（Regulatory Disorders），但在 1995 年改為 RSPD，希望喚起大家對感覺處理困難的注意，其診斷主要有五個軸向：第一軸向是主要的診斷及七個分類；第二軸向是父母—兒童的關係障礙；第三軸向是醫學及發展障礙；第四軸向是社會心理壓力；第五軸向視其功能、情形發展的層次。DC: 0-3R 定義 RSPD 是：(1)兒童缺乏情緒性或／及行為的適應能力，其行為發展在多種情境與關係上，影響其功能與發展；(2)無法對刺激作感覺、動作的調整；(3)RSPD 有三種類別（types），包括：感覺調適障礙、感覺區辨障礙、以感覺為基礎的動作障礙。

第四節　感覺變異的機制

壹、大腦的異常發展

亞斯伯格症者有固執（stereotype）、沉溺（obsessional）行為，雖然沒有認知、語言的問題，但有互惠性的社會互動問題，其額葉紋狀體（fronto-striatal）的灰質及小腦顯著的小，白質普遍上與正常的大腦也有差異（McAlonan et al., 2002）。而自閉症者的腦幹、小腦（cerebellum）、杏仁核（amygdala）、海馬迴（hippocampus）、大腦皮質、邊緣系統、下視丘

自閉症學生的教育輔導：理論與實務

（Bundy et al., 2002）之功能異常是感覺異常的原因之一，其感覺動作閘門（sensorimotor gating）顯著的有缺失，皮質聽覺區功能異常造成基本的聽知覺之聽覺過濾功能差，如小聲的聽覺被知覺成吵雜的聲音。而位於延髓（medulla oblongata）背柱的楔狀核（cuneate）和薄核（gracile nuclei）參與精細觸知覺與本體感覺，並將兩個感覺輸入傳送到丘腦。其大腦發展顯著的異於正常兒童，這可能是造成行為特徵上的問題，例如：無法抑制重複性的行為、言語、想法。然而，每位自閉症者的大腦結構異常都是不同的。

　　邊緣系統主要負責M²OVE：動機（motivation）、記憶（memory）、嗅覺（olfactory）、視覺（visual）、情緒（emotion），還有行為、學習、心理活動的調節；負責的情緒主要為 FARV〔恐懼（fear）、生氣（anger）、憤怒（rage）、暴力（violence）〕。邊緣系統是環繞在兩大腦半球內側形成環狀的構造，包含大腦相當多的部位〔內嗅區（olfactory striae）、眶迴、扣帶迴（cingulate gyrus）、胼胝體下迴、海馬迴、杏仁核（amygdala）、透明中隔（septal area）、下丘腦（hypothalamus）、乳狀體（mamillary body）〕，這些部位彼此互相連接，並將訊息投射到大腦皮質與非皮質區，其將感覺訊息連接到網狀活化系統，因此與覺醒程度有關，亦與感覺調適障礙有很大的關聯。另與交感神經系統聯繫，故造成呼吸、心跳加快、血壓升高、豎毛、瞳孔放大、手掌出汗、臉潮紅或變白、排尿、肌肉收縮等反應的改變，另外亦與原級的睡眠、性行為、攻擊、飲食行為有關。邊緣系統靠近基底前腦區損傷的病人會出現嚴重的失眠。透過下丘腦影響相關的垂體激素分泌，因為其神經元對溫度變化、血液內葡萄糖很敏感，因此可以調節體溫與飲食行為。下丘腦障礙可能出現面無情緒，但一引發就呈現露出凶惡、瞳孔變大、怒視、攻擊等劇烈情緒反應，因此下丘腦是調節情緒的重要結構。邊緣系統損傷的病人容易發怒，在需要抑制情緒的情境也呈現強烈的情緒反應，或防禦反應對於感覺輸入有過度的反應。感覺輸入投射到扣帶迴時會對產生的情緒賦予意義，例如：分辨此人是讓他感覺愉快或有威脅的人，並會抑制侵略性行為。海馬迴與記憶有很大關係，特別是長期記憶，此區受傷會造成持續度的維持有困難，而且因為記憶受損而遇到有害的刺激反而變得不畏懼。杏仁核位於邊緣系統的皮

質下，有調節內臟活動和產生情緒的功能，且有引發緊急反應，讓人能挺身而戰或逃離危險，並將感覺輸入與情緒、動機作連結；杏仁核與海馬迴連結，會記憶負面的情緒，因此推測邊緣系統功能不佳或損傷，會造成ASD 兒童的感覺調適差、溫度調節能力差，常有負面情緒、記性差、不恐懼、有攻擊行為、挑食或有睡眠障礙。

前額—杏仁核迴路（orbitofrontal-amygdala circuit）負責調整社會—情緒行為（Bachevalier & Loveland, 2006），主要是前額葉可調節或關閉杏仁核的情緒反應，而左前額葉負責調節樂觀正向的感覺，右前額葉負責調節負向情緒，如焦慮、急躁、恐懼、驚嚇、沮喪等。當左前額葉活躍時會產生正向的感覺，同時會抑制杏仁核的活性，降低負面情感的產生。若左前額葉無法正常發揮作用時，就無法抑制杏仁核的興奮，會導致產生恐慌、害怕、憂鬱的情形。因此，可透過從事不讓杏仁核過度興奮的活動，或增加左前額葉的控制能力，以抑制負向的反應。杏仁核功能低下或受損，可能會造成無法產生驚跳反應或反應不明顯。在 Salmond 等人的研究中，從MRI 的掃瞄發現，有一半的自閉症者之杏仁核有異常現象（Salmond et al., 2003），然而他們在驚嚇反應的情緒調整能力，卻與控制組沒有顯著差異。

貳、傳導路徑不平衡

背柱內側蹄路徑（dorsal column medial lemniscal pathway，簡稱 DCML）與前外側系統（anteriorlateral system，簡稱 ALs）不平衡會造成觸覺防禦現象，此是因背柱內側蹄路徑的抑制太少，而前外側系統的輸入被擴大，其感覺輸入到接受器，傳到背根神經節，到脊髓的薄核和楔狀核，透過DCML，到了延腦交叉到對側，經過腦幹到了大腦頂葉的第五、七區。DCML 負責傳導觸壓覺（touch-pressure, deep pressure）、本體感覺、震動，以及部分的輕觸、觸覺區辨（觸點辨識、觸形狀、觸圖形、手指辨識、兩點辨識、大小、質料）與空間位置，其訊息可以抑制 ALs 路徑的訊號。ALs是脊髓視丘路徑，感覺訊息投射到網狀系統（脊髓網狀路徑，spino-recticular)、視丘（脊髓視丘路徑，spino-thalamic）、頂蓋（Spinotectal），並在網狀活化系統終止，主要負責傳導輕觸、疼痛。而此路徑會將疼痛、輕觸、搔癢不舒服的刺激傳到網狀活化系統讓大腦更加的覺醒，因此容易擴大不舒服的感覺與防禦的反應。此路徑投射到下視丘、邊緣系統、自主神經系統時，就會產生情緒、影響神經內分泌，以及心跳、血壓、呼吸速率。痛覺透過 ALs 路徑，而觸壓覺透過 DCML 傳達，兩種感覺（事實上是所有的感覺）都傳到視丘腹後外側（ventral posterior lateral）神經核做統整，然後再投射到大腦皮質頂葉的感覺皮質區（第一、二區）。因此，這兩個路徑如果沒有達到平衡狀態，訊息也會傳到邊緣系統，就會產生情緒及感覺防禦現象，或過度反應的情形（Bundy et al., 2002），訊息也會透過自主神經系統而產生血壓上升、瞳孔放大、心跳加快、流汗等交感神經活動，而形成不愉快的「戰或逃」（fight and flight）反應（汪宜霈，2009）。

參、生理特徵

皮膚電反應（electrodermal responses，簡稱 EDR），是不同於事件相關的動作電位，是汗腺分泌增加皮膚傳導，造成電流改變的反應。主要是因為腺體受交感神經膽鹼纖維（cholinergic fibers）分支的支配，因此可以利用皮膚的導電活動間接偵測交感神經的活動，也可以用來當作交感神經系統活動的指標。當出現驚嚇、壓力、攻擊、防禦情緒，或正向、負向情緒時，皆會影響皮膚導電活動。而且個體對刺激有非典型的反應時，會出現異常的皮膚電活動。研究顯示：對感覺有過度反應的兒童，其皮膚電反應是升高的（McIntosh et al., 1999），而對感覺輸入的適應與習慣（habituation）刺激之反應會比較差，回覆電位所需時間也比較長，其交感神經的活動較為活躍（over-activity），這與其異常的行為反應有關（Miller et al., 1999）。行為障礙（conduct disorder）兒童會很快習慣於重複性的刺激。相較於 ADHD、唐氏症兒童，脆弱型 X 染色體症候群（Fragile X Syndrome）者在對話視覺注視時的 EDR 是升高的（Belser & Sudhalter, 1995），因此建議脆弱型 X 染色體症候群者要有較高的活動量。在皮膚電反應的顯型是低反

應，如唐氏症者測出的震幅較低，思覺失調症（schizophrenia）者是低反應；相較於顯型，自閉症是例外的形式，他們是低反應、高反應的混合型。自閉症者在開始的反應是高的，具有高度覺醒程度（arousal），而有些自閉症者是低反應，當他們一反應又高出於控制組（McIntosh et al., 1999）。感覺調適障礙兒童會呈現對感覺輸入有過度反應或低反應，或者無法在壓力後自動恢復到平衡的狀態，這可能是自主神經系統的功能失調所致。其他障礙類型的兒童亦有此情形，如ADHD、脆弱型X染色體症候群（Miller et al., 1999）的感覺調適障礙者。因此，造成對聲音（如吵雜聲音）、觸覺、視覺、嗅覺、前庭感覺有強烈的反應，也就是呈現跨感覺反應，其產生的反應彼此有顯著的相關（McIntosh et al., 1999）。

　　另外，亦有學者指出，相較於交感神經系統，副交感神經系統在自主神經系統功能及自我調整能力是一個更有用的指標。我們可以透過心臟跳動的變異測量副交感神經的活動，高度的副交感神經活動可以維持恆定，對刺激改變有適應的能力，而其活動量降低或失調會造成行為適應範圍縮小，無法預測壓力、危險的狀態，例如：早產兒又有低的副交感神經活動比高的副交感神經活動之預後差；嬰兒的行為適應能力差，也呈現副交感神經活動度低。亦有研究測量心臟迷走張力指數（cardiac vagal tone index）代表副交感神經的活動，結果呈現有感覺處理障礙的兒童顯著有低的迷走張力（Schaaf et al., 2003）。

肆、神經閾值

　　神經元處於休息狀態時就不會發送訊號，鉀離子透過鉀離子通道可以進出細胞，而鈉離子卻無法進入，細胞內有帶負電的蛋白質分子，此時的靜止膜電位大約為 -70 毫伏特。當感覺刺激到神經細胞膜時，輸入的機械能量或聲波、光波的能量會轉換成電能，而達到閾值電位時，細胞興奮會產生動作電位，此時離子通道打開，鈉離子往細胞內流動而鉀離子往細胞外流動，因此產生跨膜電位並產生去極化現象，使得原先靜止膜電位由休息狀態的負電位，因鈉離子（帶正電）大量流入細胞膜電位而產生正電位，

達到動作電位即能傳導感覺訊息，此時產生的傳導電位即為神經閾值，也就是說要達到閾值才能產生動作電位。感覺訊息從神經元本體傳送到軸突時，產生的膜電位差異稱為動作電位。當電位達到最大時，鈉離子關閉、鉀離子通道仍然開著，因此有鉀離子繼續流出細胞外，而產生復極化現象。通常閾值電位愈高，興奮性愈小，反之亦然。而刺激愈強產生動作電位的頻率會增加，但不會影響動作電位的強度。

當神經產生脈衝時，神經傳導物質從囊泡中被釋放出來，擴散到突觸後膜與受體通道接受器結合，導致突觸後神經元的電位變化，因此產生抑制或促進神經傳導的作用（Bundy et al., 2002）。腦中最常見的神經傳導物質可以區分為興奮性與抑制性。而神經傳導物質的興奮性與抑制性必須達到平衡，否則會造成神經的過度興奮或抑制。而外在的感覺輸入也會影響神經傳導物質釋放的種類，如輕觸激發的是興奮性，而觸壓活化的是抑制性，其是否可以達到平衡必須考量到刺激的強度、肢體位置、個案當時的情緒。興奮性與抑制性若強度差不多即可以相互抵消產生平衡。身體的部位在外側、背側較為不敏感，內側及腹側是比較敏感的部位，而敏感的部分就需要更大的調節能才互抵。然而，調節作用亦受到中樞神經系統高階層的影響，高階與低階（周邊神經、感覺接受器）彼此相互作用。嬰兒或幼兒比較少透過大人給予口頭的安慰就獲得神經的調整，反而給予抑制性的感覺輸入較容易調整成功，年紀漸長會逐漸使用高階的調整方式。

Dunn 根據神經閾值提出實證資料，將感覺處理模式分為高、低神經閾值，而調整個人自我調整策略則分為被動、主動，因此可以獲得四個象限，包括：(1)高閾值被動調整的感覺登入（或註冊）型障礙：行為反應與閾值相符合；(2)低閾值被動調整的感覺敏感型障礙：行為反應與閾值相符合；(3)高閾值主動調整的感覺搜尋型障礙：行為反應與閾值不相符合；(4)低閾值主動調整的感覺逃避型障礙：行為反應與閾值不相符合（Dunn, 2007）。

伍、神經傳導物質不足、不平衡

相關的神經傳導物質有正腎上腺素（noradrenaline，作用與交感神經興

奮類似，會使血壓急劇上升、血管收縮、加強心臟活動）、血清素（serotonin，或稱為 5-羥色胺，簡稱 5-HT）、多巴胺（dopamine，傳遞興奮開心的訊息，負責大腦的情慾、感覺，與沉溺上癮行為有關，因此和 ASD 者沉溺於感覺輸入或過度進行重複性動作是有關聯的）、乙醯膽鹼（acetylcholine）。血清素主要是透過色氨酸羥化酶（tryptophan hydroxylase），將色氨酸形成 5-羥色胺（5-hydroxytryptamine）而成，有助於減輕壓力、緩解疼痛、抑制和調節食慾、睡眠、記憶、學習、情緒與控制恐懼皆有關，是讓人感覺幸福的物質，也在感覺輸入時影響杏仁核敏感度。因為無法透過腦屏障，因此大腦只有 2%血清素，但其影響範圍極為廣泛。當腦中缺乏血清素時，可能會有憂鬱、焦慮、強迫症、恐慌，甚至過度憤怒的症狀。乙醯膽鹼具有抑制及興奮兩種作用，包括控制肌肉收縮為興奮性及降低心臟速率為抑制性；抑制型會開啟氯離子通道，造成更大的負膜電位，如 GABA（gamma amino butyric acid）。GABA 具有抑制神經興奮的作用，能調節自律神經，減緩壓力緊張，提高表現。

其他相關的有去甲腎上腺素（Norepinephrine，或 Noradrenaline，或稱為正腎上腺素）、腎上腺素（adrenaline, epinephrine）、褪黑激素。去甲腎上腺素可以增加心肌收縮，使心臟輸出量增多、血壓升高。腎上腺素能提高代謝，使心臟收縮力增加、興奮性增高、傳導加速。褪黑激素是由松果體分泌的，當分泌減少時，會造成無法入睡、容易睡醒、睡眠品質差。

第五節　高階理論

自閉症兒童的觸覺異常反應與情緒呈現有顯著相關（Guclu et al., 2007），然而不是因為自閉症兒童的知覺閾值障礙所造成，因此推測可能要由高階層次做解釋，如情緒問題、心智理論缺陷、執行功能障礙〔造成思考缺乏彈性、持續重複的行為（perseveration）〕、中樞連結弱〔central coherence theory，基本知覺處理與由上而下的調節過程（top-down modulating processes）間的聯繫差，造成聚焦在物品的局部，而非整體的概念〕

（Blakemore et al., 2006）。另外的解釋是，神經功能的變異未影響絕對閾值，但是卻修改了區辨的強度。也就是說，可以知覺到有觸覺輸入，但對於觸覺輸入的強弱，其判斷能力差。

研究亞斯伯格症兒童的觸知覺發現：他們的手指對於高頻率 200Hz 的震動觸覺輸入（vibrotactile stimulation）有較低之觸知覺閾值，也就是能在較小的位移震幅 1.13（SD ＝ .36um）時就能偵測到，主要負責的接受器為囊包狀（Pacinian receptors），其位於較深層的皮下組織，主要傳送本體感覺、觸壓、觸知覺辨識能力。而對於低頻 30Hz 的觸覺輸入，其觸知覺閾值較高，為 12.7（SD ＝ 3.14um）（Blakemore et al., 2006），在較大範圍的震幅移動時才偵測到，其主要負責的接受器為梅斯納氏小體（Meissner's corpuscles），位於真皮層靠近表皮的較淺層地方，主要負責傳導輕觸感覺輸入（light touch）。感覺異常個案對於輕觸比較容易有不舒服的反應，如感覺癢癢、毛毛、蟲爬過的感覺，而研究卻發現：其對於輕觸低頻率的感覺有較差的觸知覺能力。其他研究也顯示：高功能自閉症（年齡 M ＝ 7.8，SD ＝ 1.7）的聽知覺能力（辨識兩個音調是否相同）優於正常兒童；在自閉症者觸摸砂紙分辨兩種砂紙是否相同的研究上，呈現觸覺區辨與正常兒童沒有顯著差異（O'Riordan & Passetti, 2006）。

感覺輸入無法被適當的調整與神經系統有很大的關係。感覺訊息的傳達有兩種方式：(1)大部分直接傳送至大腦皮質頂葉處，經由分析後才產生合理的反應；(2)較為快速且直接的方式是透過間腦直接傳送感覺輸入至杏仁核，但其缺點是無法做出精準而正確的反應，例如：對於一般兒童可以忍受的觸覺卻令自閉症者產生心跳加速、血壓上升及呼吸變快等生理變化，而且馬上產生焦慮、生氣的反應。某種層面來說，是屬於生物保護機制，讓肢體未受到傷害之前就先做出反應，而無法馬上分析到這是在排隊造成的觸覺接觸或遊戲中的肢體接觸，且是無傷大雅的。

第六節　感覺異常的評量

　　目前並沒有針對 ASD 這個族群而設計的感覺異常評量表。國內的「兒童感覺統合功能評量表」適合給感覺異常的個案做評量使用，適用的年齡是 3 至 10 歲，共有七個分量表：(1)姿勢動作（12 題）；(2)兩側整合動作順序（16 題）；(3)感覺區辨（11 題）；(4)感覺調適（21 題）；(5)感覺搜尋（9 題）；(6)注意力與活動量（18 題）；(7)情緒／行為反應（11 題）（林巾凱，2010；林巾凱等人，2004）。其中，感覺區辨、感覺調適、感覺搜尋可以用來施測 ASD 者的感覺異常問題，並診斷其障礙特質。計分採用 Likert 式五點量表：1 分是不曾（從不）出現，或出現率為 0%；2 分是很少出現，或出現率為 25%；3 分是有時（偶爾）會出現，或出現率為 50%；4 分是經常會出現，或出現率為 75%；5 分是每次皆（總是）出現所描述的行為，或出現率為 100%。愈高的分數代表感覺異常愈嚴重，反之亦然。原始分數可以對照常模，在百分等級 95 或以上，是為感覺異常之兒童，必須盡速轉介給兒童職能治療師做更精密的感覺異常評量，以確定障礙之原因，並擬訂有關感覺異常的治療計畫。若分數介於百分等級 85 至 95 之間，則屬疑似感覺異常之兒童，可以轉介做進一步的評估。若分數在百分等級 73 至 85 之間，則屬於感覺功能差的兒童，可以繼續觀察其感覺的反應，給予適當的感覺遊戲，以降低感覺異常的反應，並在施測後的 3 個月需要再評量，如果感覺異常反應變得更嚴重，則應該留意並請專家協助做診斷鑑定（林巾凱等人，2004）。

第七節　感覺異常的治療方法

　　治療時應該要注意感覺變異造成的行為經常是與心理、環境、社會活動、情緒、生理狀況、家庭、無聊、無所事事、溝通表達、模仿有關，因

此有必要進行功能性行為分析以找出真正的原因，才能對症處理。如果不是感覺需求因素所造成的行為，應該要使用其他非感覺輸入的策略（非本章內容）。如果分析的結果純粹是感覺輸入的因素所造成，就可以進行以下的建議策略進行處理。

壹、分辨感覺輸入的種類

感覺異常的兒童可以透過不同型態的感覺輸入，改善異常的現象。可先區辨兒童的感覺異常現象是屬於哪一種型態，如過度反應、過低反應或混合型，或者根據神經的閾值與反應的形式（主動、被動型）做區隔。而感覺輸入型態可以分為抑制型與促進型兩種：抑制型的感覺輸入型態，包括：緩慢的前庭感覺輸入、本體感覺、觸壓、愉悅的嗅覺、味覺、古典音樂或慢調的音樂旋律、暖色系、鈍角等；促進型的感覺輸入型態，包括：快速旋轉或忽快忽慢的前庭感覺輸入、輕觸、本體感覺輸入、不愉悅的嗅覺、味覺、搖滾、不悅耳的音樂、節奏快的旋律、鮮豔色彩、看銳角型物品等。

如果兒童是屬於過度反應，則應當給予抑制型的感覺輸入之遊戲或課程活動，例如：在球池裡玩（找指定的小玩具）或鑽入充滿球的布袋找小玩具；或玩壓馬路遊戲（兒童躺在地上，由躺在外圍的兒童翻轉壓過其他兒童身上，只是要注意安全，並注意體重，以免造成壓傷）；跳躺臥在墊子上；趴臥在大球上，腳踩地用身體彈跳（但要注意不可以彈跳摔出去，地上必定要有厚墊保護）；或坐在球上，兩腳著地運用身體上下彈跳；衝撞豎立的大墊子或固定四端的彈性布；或用厚墊子包裹身體（不包括頭部），再讓兒童自己從被包裹的厚墊中爬出；在彈簧床中跳躍再跳入球池（球池周圍必須是軟墊，非塑膠材質的硬體物質）；或者局部的處理方式，如將手深入充滿豆子的袋中，尋找小玩具。運用日常生活活動，如在洗澡時使用海綿擦拭身體，洗澡後用乳液抹手及身體；使用刮鬍膏塗抹在桌上，以手掌擦拭或塗在手背上擦拭，直到擦乾為止，也可以在擦拭的過程中用手指畫圖案，以增加趣味性。

另外，也可彈跳在厚墊上以擠壓膝關節，或用力推擠大球或滾筒以擠壓肩、肘、手腕關節；使用職能治療室中的吊網鞦韆或布鞦韆前後直線移動，做有目標導向的活動（如丟擲沙包到籃子），使肢體與物面充分接觸，以獲得深層觸壓達到抑制的效果，然而前庭感覺的輸入要注意造成的效應為何。

　　反之，若兒童是屬於過低反應型者，則應當給予促進行的感覺輸入遊戲，例如：給予前後快速搖晃的平板鞦韆或布鞦韆，但要注意安全並使用墊子鋪在下方以防掉落，造成傷害。如果是混合型者，則應當根據兒童的反應給予感覺輸入，讓兒童可以調整其神經閾值或大腦在準備好的狀態，準備好接受外在的感覺輸入，才可提升學習效果。另外，應當注意兒童在接受治療性的感覺輸入時，反應呈現過多的情形，此時就必須給予抑制型的感覺輸入，因此必須隨時觀察兒童的反應做調整，不能只根據最初的狀態給予一成不變的感覺輸入。個體因為生理差異、感覺處理特性，所以感覺需求可能會因不同的人、不同的情境、不同時間而有所差異（Dunn, 2001; Zuckerman, 1994），因此需求通常不只有一種感覺系統或一種感覺策略，可以結合不同感覺輸入給予，但要區辨哪一種感覺輸入是主要的，而在提供相同的感覺輸入時要考慮不同的活動類型，例如：前庭感覺輸入，今天可能給予滑板、明天可能需要變化改成繩梯。

貳、抑制活動或上層的抑制，需要不斷監控感覺輸入的效果，並做適當的調整

　　提供適當的感覺輸入如果效果無法立竿見影，就可以考慮使用上層的抑制方法，亦即使用認知或知覺層次提醒兒童，由外在提醒到內化自我提醒，例如：一位自閉症者因為過多的觸覺接觸而笑個不停，或一直發脾氣，這時可以提醒他或告訴他「我好生氣」，再請他自己重述一遍，增加了解自己情緒的狀態。一般而言，來自上層的了解可以控制兒童的情緒。或者讓兒童知道活動所需要進行的時間，讓自閉症者可以掌控時間或作

息，可以避免過多的感覺反應。

參、提供替代行為

此替代行為具備所需要的感覺輸入（Robins et al., 2001）。自閉症兒童經常出現動作重複性的固著行為，此行為通常不雅觀、具有傷害性、妨害學習，或造成他人傷害。但自閉症兒童透過動作獲得感覺的需求頗多，如果沒有考慮到替代方案，定會發展出其他的方式獲得感覺輸入，而無法真正解決問題。因此，應該考量相同感覺輸入的替代方案，例如：很喜歡旋轉的兒童，應該可以在課後騎腳踏車，以獲得前庭感覺輸入；喜歡到處摸、獲得觸覺的自閉症兒童，可以教他們擦拭地板，進行功能性的活動協助清掃，既可以獲得成就感，又可以獲得觸覺的刺激。如果兒童喜歡進行的感覺輸入型態具有危險性就必須禁止，但還是需要提供其他的替代方式，例如：喜歡將頭倒吊（倒立頭朝前的方式溜滑梯），這可能會造成頸部受傷，因此必須讓 ASD 兒童知道這是不被允許的；可以提供 ASD 兒童趴在滑板上從斜坡上滑下來的活動，如此具有類似的前庭感覺輸入，大腦獲得足夠的感覺輸入後，就不會一直搜尋類似刺激的活動。

肆、自主性動作可以降低感覺變異

自主性動作在大腦會產生一個動作指令，因此可以預測感覺輸入的結果（Blakemore et al., 2006）。在提供感覺輸入時，應該結合 ASD 兒童的自主性動作反應，而不是被動的給予，例如：捏握、擠壓黏土以獲得觸覺輸入，調節中樞神經的覺醒程度。而由大人提供按摩就是一種被動的感覺輸入，雖然有時這是可以進行的有效策略，如 ASD 兒童的症狀很嚴重為低功能時，無法自行操作或配合進行活動時，被動的按摩方式給予觸覺輸入亦是可行的策略。然而，還是主動優於被動。

伍、輔具的運用

　　透過器具可提供各種不同的感覺輸入，例如：擁抱機（hug machine）、擠壓機、重量背心、壓力衣（weighted vests）、緊身衣等，可提供觸覺；震動機、背著裝滿水的書包、坐在 T 型凳子（T stool）上聽課，能提供本體感覺的輸入；球椅、搖搖椅、轉椅、滑板，能提供前庭感覺輸入。這些器具在改善 ASD 兒童的自我刺激行為、自我傷害、攻擊行為、焦慮情況、睡眠問題、固著行為、分心行為，增加坐式行為、姿勢穩定度（Bagatell et al., 2010）、社會互動、情緒穩定（Blairs et al., 2007），以及專心（Pfeiffer et al., 2008）上，皆有顯著成效。

參考文獻

中文部分

汪宜霈（2009）。感覺統合。五南。

林巾凱（2010）。感覺統合功能評量表編製之研究。測驗學刊，**57**，403-432。

林巾凱、林仲慧、林明慧、莊孟宜、簡錦蓉、李勇璋、林侑萱（2004）。兒童感覺統合功能評量表。心理。

英文部分

Ahn, R. R., Miller, L. J., Milberger, S., & McIntosh, D. N. (2004). Prevalence of parents' perceptions of sensory processing disorders among kindergarten children. *American Journal of Occupational Therapy, 58*(3), 287-293.

Ayres, A. J. (1972). *Sensory integration and learning disorders*. Western Psychological Services.

Ayres, A. J. (1985). *Developmental dyspraxia and adult-onset apraxia: A lecture prepared for sensory integration international*. Western Psychological Services.

Bachevalier, J., & Loveland, K. A. (2006). The orbitofrontal-amygdala circuit and self-regulation of social-emotional behavior in autism. *Neuroscience & Biobehavioral Reviews, 30*(1), 97-117.

Bagatell, N., Mirigliani, G., Patterson, C., Reyes, Y., & Test, L. (2010). Effectiveness of therapy ball chairs on classroom participation in children with autism spectrum disorders. *American Journal of Occupational Therapy, 64*(6), 895-903.

Baranek, G. T., David, F. J., Poe, M. D., Stone, W. L., & Watson, L. R. (2006). Sensory Experiences Questionnaire: Discriminating sensory features in young children with autism, developmental delays, and typical development. *Journal of Child Psychology and Psychiatry, 47*(6), 591-601.

Baranek, G. T., Foster, L. G., & Berkson, G. (1997). Sensory defensiveness in persons with developmental disabilities. *OTJR: Occupation, Participation and Health, 17*(3), 173-185.

Barry, R. J., & James, A. L. (1988). Coding of stimulus parameters in autistic, retarded, and normal children: Evidence for a two-factor theory of autism. *International Journal of Psychophysiology, 6*(2), 139-149.

Belser, R., & Sudhalter, V. (1995). Arousal difficulties in males with fragile X syndrome: A preliminary report. *Developmental Brain Dysfunction, 8*(4-6), 270-279.

Ben-Sasson, A., Carter, A., & Briggs-Gowan, M. (2009). Sensory over-responsivity in elementary school: Prevalence and social-emotional correlates. *Journal of Abnormal Child Psychology, 37*(5), 705-716.

Ben-Sasson, A., Cermak, S. A., Orsmond, G. I., Carter, A. S., & Fogg, L. (2007). Can we differentiate sensory over-responsivity from anxiety symptoms in toddlers? Perspectives of occupational therapists and psychologists. *Infant Mental Health Journal, 28*(5), 536-558. doi: 10.1002/imhj.20152

Ben-Sasson, A., Cermak, S. A., Orsmond, G. I., Tager-Flusberg, H., Carter, A. S., Kadlec, M. B., & Dunn, W. (2007). Extreme sensory modulation behaviors in toddlers with autism spectrum disorders. *American Journal of Occupational Therapy, 61*(5), 584.

Ben-Sasson, A., Cermak, S. A., Orsmond, G. I., Tager-Flusberg, H., Kadlec, M. B., & Carter, A. S. (2008). Sensory clusters of toddlers with autism spectrum disorders: Differences in affective symptoms. *Journal of Child Psychology & Psychiatry, 49*(8), 817-825. doi: 10.1111/j.1469-7610.2008.01899.x

Ben-Sasson, A., Hen, L., Fluss, R., Cermak, S. A., Engel-Yeger, B., & Gal, E. (2009). A meta-analysis of sensory modulation symptoms in individuals with autism spectrum disorders. *Journal of Autism & Developmental Disorders, 39*

(1), 1-11. doi: 10.1007/s10803-008-0593-3

Blairs, S., Slater, S., & Hare, D. J. (2007). The clinical application of deep touch pressure with a man with autism presenting with severe anxiety and challenging behaviour. *British Journal of Learning Disabilities, 35*(4), 214-220.

Blakemore, S.-J., Tavassoli, T., Calò, S., Thomas, R. M., Catmur, C., Frith, U., & Haggard, P. (2006). Tactile sensitivity in Asperger syndrome. *Brain and Cognition, 61*(1), 5-13.

Bundy, A. C., Lane, S. J., & Murray, E. A. (2002). *Sensory integration theory and practice* (2nd ed.). F. A. Davis Company.

Case-Smith, J., & O'Brien, J. C. (2013). *Occupational therapy for children* (6th ed.). Mosby Elsevier.

Cohn, E., Miller, L. J., & Tickle-Degnen, L. (2000). Parental hopes for therapy outcomes: Children with sensory modulation disorders. *American Journal of Occupational Therapy, 54*(1), 36-43.

DeGangi, G. A., Breinbauer, C., Roosevelt, J. D., Porges, S., & Greenspan, S. (2000). Prediction of childhood problems at three years in children experiencing disorders of regulation during infancy. *Infant Mental Health Journal, 21*(3), 156-175.

Dunn, W. (1997). The impact of sensory processing abilities on the daily lives of young children and their families: A conceptual model. *Infants & Young Children, 9*(4), 23-35.

Dunn, W. (2001). The sensations of everyday life: Empirical, theoretical, and pragmatic considerations. *American Journal of Occupational Therapy, 55*(6), 608-620.

Dunn, W. (2002). *Infant/Toddler Sensory Profile: Manual.* The Psychological Corporation.

Dunn, W. (2007). Supporting children to participate successfully in everyday life by using sensory processing knowledge. *Infants & Young Children, 20*(2), 84-101.

Elwin, M., Ek, L., Kjellin, L., & Schröder, A. (2013). Too much or too little: Hyper- and hypo-reactivity in high-functioning autism spectrum conditions. *Journal of Intellectual and Developmental Disability, 38*(3), 232-241.

Goldman, S., Wang, C., Salgado, M. W., Greene, P. E., Kim, M., & Rapin, I. (2009). Motor stereotypies in children with autism and other developmental disorders. *Developmental Medicine & Child Neurology, 51*(1), 30-38.

Grandin, T. (1996). *My experiences with visual thinking sensory problems and communication difficulties.* Center for the Study of Autism.

Green, S. A., & Ben-Sasson, A. (2010). Anxiety disorders and sensory over-responsivity in children with autism spectrum disorders: Is there a causal relationship? *Journal of Autism & Developmental Disorders, 40*(12), 1495-1504. doi: 10.1007/s10803-010-1007-x

Guclu, B., Tanidir, C., Mukaddes, N. M., & Unal, F. (2007). Tactile sensitivity of normal and autistic children. *Somatosensory & Motor Research, 24*(1/2), 21-33. doi: 10.1080/08990220601179418

Joosten, A. V., & Bundy, A. C. (2008). The motivation of stereotypic and repetitive behavior: Examination of construct validity of the Motivation Assessment Scale. *Journal of Autism and Developmental Disorders, 38*(7), 1341-1348.

Joosten, A. V., & Bundy, A. C. (2010). Sensory processing and stereotypical and repetitive behaviour in children with autism and intellectual disability. *Australian Occupational Therapy Journal, 57*(6), 366-372.

Knickerbocker, B. M. (1980). *A holistic approach to teaching learning disabilities.* Lippincott Williams & Wilkins.

Kylliäinen, A., & Hietanen, J. K. (2006). Skin conductance responses to another person's gaze in children with autism. *Journal of Autism and Developmental Disorders, 36*(4), 517-525.

Lane, A. E., Young, R. L., Baker, A. E., & Angley, M. T. (2010). Sensory processing subtypes in autism: Association with adaptive behavior. *Journal of Autism and Developmental Disorders, 40*(1), 112-122.

Leekam, S. R., Nieto, C., Libby, S. J., Wing, L., & Gould, J. (2007). Describing the sensory abnormalities of children and adults with autism. *Journal of Autism and Developmental Disorders, 37*(5), 894-910.

Legiša, J., Messinger, D. S., Kermol, E., & Marlier, L. (2013). Emotional responses to odors in children with high-functioning autism: Autonomic arousal, facial behavior and self-report. *Journal of Autism and Developmental Disorders, 43* (4), 869-879.

Liss, M., Saulnier, C., Fein, D., & Kinsbourne, M. (2006). Sensory and attention abnormalities in autistic spectrum disorders. *Autism, 10*(2), 155-172.

McAlonan, G. M., Daly, E., Kumari, V., Critchley, H. D., van Amelsvoort, T., Suckling, J., ... Russell, A. (2002). Brain anatomy and sensorimotor gating in Asperger's syndrome. *Brain, 125*(7), 1594-1606.

McIntosh, D. N., Miller, L. J., Shyu, V., & Hagerman, R. J. (1999). Sensory-modulation disruption, electrodermal responses, and functional behaviors. *Developmental Medicine & Child Neurology, 41*(9), 608-615.

Miller, L. J., Anzalone, M. E., Lane, S. J., Cermak, S. A., & Osten, E. T. (2007). Concept evolution in sensory integration: A proposed nosology for diagnosis. *American Journal of Occupational Therapy, 61*(2), 135-140.

Miller, L., McIntosh, D., McGrath, J., Shyu, V., Lampe, M., Taylor, A., ... Hagerman, R. (1999). Electrodermal responses to sensory stimuli in individuals with fragile X syndrome. *Am J Med Genet, 83*, 268-279.

Minshew, N. J., & Hobson, J. A. (2008). Sensory sensitivities and performance on sensory perceptual tasks in high-functioning individuals with autism. *Journal of Autism and Developmental Disorders, 38*(8), 1485-1498.

O'Riordan, M., & Passetti, F. (2006). Discrimination in autism within different sensory modalities. *Journal of Autism and Developmental Disorders, 36*(5), 665-675.

Pfeiffer, B., Henry, A., Miller, S., & Witherell, S. T. (2008). The effectiveness of Disc 'O' Sit cushions on attention to task in second-grade students with attention difficulties. *American Journal of Occupational Therapy, 62*, 274-281.

Robins, D. L., Fein, D., Barton, M. L., & Green, J. A. (2001). The Modified Check-list for Autism in Toddlers: An initial study investigating the early detection of autism and pervasive developmental disorders. *Journal of Autism and Developmental Disorders, 31*(2), 131-144.

Robles, R. P., Ballabriga, M. C. J., Diéguez, E. D., & da Silva, P. C. (2012). Validating regulatory sensory processing disorders using the sensory profile and child behavior checklist (CBCL 1½-5). *Journal of Child and Family Studies, 21*(6), 906-916.

Royeen, C. B., & Lane, S. J. (1991). Tactile processing and sensory defensiveness. In A. C. Bundy, S. J. Lane, & E. A. Murray (Eds.), *Sensory integration theory and practice* (2nd ed.) (pp. 108-136). F. A. Davis Company.

Salmond, C., De Haan, M., Friston, K., Gadian, D., & Vargha-Khadem, F. (2003). Investigating individual differences in brain abnormalities in autism. *Philosophical Transactions of the Royal Society B: Biological Sciences, 358*(1430), 405-413.

Schaaf, R. C., Miller, L. J., Seawell, D., & O'Keefe, S. (2003). Children with disturbances in sensory processing: A pilot study examining the role of the parasympathetic nervous system. *Am J Occup Ther, 57*(4), 442-449.

Sigman, M. (2014). What are the core deficits in autism? In S. H. Broman, & J. Grafman (Eds.), *Atypical cognitive deficits in developmental disorders: Implications for brain function* (pp. 139-158). Lawrence Erlbaum Associates.

Tomchek, S. D., & Dunn, W. (2007). Sensory processing in children with and without autism: A comparative study using the short sensory profile. *American Journal of Occupational Therapy, 61*(2), 190-200.

Wiggins, L. D., Robins, D. L., Bakeman, R., & Adamson, L. B. (2009). Breif report: Sensory abnormalities as distinguishing symptoms of autism spectrum disorders in young children. *Journal of Autism and Developmental Disorders, 39*(7), 1087-1091.

自閉症學生的教育輔導：理論與實務

Zero To Three (2005). *The diagnostic classification of mental health and developmental disorders of infancy and early childhood (DC: 0-3)* (Revised ed.). https://www.zerotothree.org/resources/services/dc-0-3r

Zuckerman, M. (1994). *Behavioral expressions and biosocial bases of sensation seeking*. Cambridge University Press.

第五章
自閉兒的語言變異及矯治

黃金源

第一節　從溝通歷程談自閉兒的語言學習困難

壹、前言

　　語言是用一組符號系統藉以溝通訊息與情意。因為符號系統不同，語言通常可以分為：口語語言（oral language）、書寫語言（written language）、手語（sign language），以及肢體語言（body language）四種，本章所指的語言變異專指人際溝通最常用的口語語言。

　　口語語言分為兩部分：一是 speech，通常譯為「說話」；另一是 language，通常譯為「語言」。說話變異（speech pathology）的情形，通常分為：音調異常、音質異常、音量異常、構音異常、語音節律異常。一般而言，自閉症兒童沒有說話變異的問題，部分亞斯伯格症兒童在音調上會有怪腔怪調的情況，但此問題隨著年齡漸長，透過聽覺的監聽功能會逐漸改善。

　　本章所談自閉兒的語言變異不包括說話變異，專指語言變異（language disorder）而言。自閉症兒童的語言發展相當複雜，彼此之差異性極大。有些自閉兒如同其他正常兒童一樣，不需特別的語言訓練，便自然能夠學會口語語言；但是有些自閉兒雖然費盡心力去訓練，仍然是瘖啞的兒童。

貳、自閉兒語言變異的原因

　　語言是人際溝通的工具，透過人際溝通的圖示，可以了解自閉症語言變異的原因，如圖 5-1 所示。

圖 5-1　人際溝通的圖示

發訊者→編碼→傳送→接收→解碼→收訊者

　　由圖 5-1 來看，語言包括表達性語言和接受性語言。表達性語言是指，發訊者透過編碼將想要表達的情意或資訊編撰成語言的形式，傳送給對方。而接受性語言則是指，收訊者透過接收與解碼（用庫存的語彙解讀所接收語言之意義）的過程，以理解對方傳送的訊息。溝通過程中，如果發訊者和收訊者輪流替換角色，這是雙向溝通；若發訊者及收訊者角色固定不變，這是單向溝通。語言既然是溝通的工具，學習語言對任何人而言都是十分重要，其學習來自模仿，學習者先經過接收、解碼之後，儲存入語彙資料庫；當個人要表達訊息時，需先從語彙資料庫搜尋所需的語彙，再經編碼後，傳送出訊息給收訊者，再由收訊者解碼，形成有意義的溝通。所以語言發展是先從接受性語言開始，慢慢才發展表達性語言。

　　以下分別敘述自閉兒在接受性語言和表達性語言發展上所面對的困難。

一、接受性語言發展上的困難

（一）收訊的困難

1. 狹隘認知造成的困難

　　多數自閉兒在接收訊息時，會因狹隘認知的缺陷而造成困難。狹隘認知是自閉兒認知變異的一種，其意義有二：一是自閉兒認知世界時，常常

侷限於五種感官中的單一管道；二是在單一的知覺管道中，又侷限於該管道的某一小部分。這種狹隘的認知是導致自閉兒接受性語言變異的重要原因。

例如：老師教導剛入學的孩子學習語言時，手中拿著鴨子的圖片，口中說出鴨子的語音，目的是讓孩子學會看到鴨子時，會說出鴨子的語音，這樣的學習歷程稱之為配對學習。有狹隘認知的自閉兒會眼看鴨子圖片，但耳朵卻沒聽見鴨子的語音，因而學不會「鴨子」的語彙。

另外，如果老師教導學生學習一句完整的表達，例如：「我們現在來唱歌、跳舞。」有狹隘認知的自閉兒如果只是聽取部分的語句（可能只聽取唱歌或跳舞），則將無法依照老師的指令做出完整動作，也沒有辦法學會完整語句的表達。

2. 狹隘認知會影響收訊問題，還牽涉語言的特性

人際溝通時使用的語言通常包括三個部分：主體語言，是指口語語言本身，包括語彙與語句；副語言，是指緊密連接在主體語言四周的環境，又包含副語意特徵（paralinguistic feature）以及超語意特徵（extra-linguistic feature）。

(1) 主體語言

自閉兒對主體語言的理解可謂備嘗艱苦（如上述因狹隘認知而造成接收主體語言的困難），更顧不得副語意特徵和超語意特徵。此問題非常像學習開車的情況：記得筆者去教練場學習開車，第一天教練只是讓筆者學習方向盤的操控和注意紅燈停、綠燈動，一開始並沒有能力全方位開車上路。此學習操控方向盤和注意紅綠燈可比擬為主體語言。

一位語言學習者唯有學會足夠的主體語言（語彙和語句），才有餘力注意到副語意特徵和超語意的特徵。自閉症兒童光是學習主體語言已非易事，更不可能注意到副語言，這就是自閉兒學習語言時必然碰到狹隘認知的侷限。

(2) 副語意特徵

所謂副語意特徵就是指說話時的抑、揚、頓、挫，也就是音調的高低、音量的大小、說話的快慢急徐。自閉兒與人溝通時，幾乎會忽略這些東西，因此說話時常以單音調（monotone）出現，有人稱之為電報式語言。他們也不知道這些副語意的特徵會改變主體語言的意義，例如：一個女孩對男孩生氣地說：「你給我滾開！」和撒嬌地說：「你給我滾開！」其間的差異，簡直是南轅北轍，但自閉兒卻不會了解，只能就語言本身（literal）來加以反應；又如：老師生氣地對自閉兒說：「你給我坐下看看。」此時自閉兒的反應是「坐下」，因為他不了解老師生氣的口吻已改變了主體語言的意義。

(3) 超語意特徵

超語意特徵是指說話者的面部表情、姿勢、身體動作，以及手部動作的大小等（此即一般所說的肢體語言）。肢體語言本身便具有溝通的功能，此外還可以加強或改變主體語言的意義。自閉兒既不了解肢體語言本身的意義，也不會運用肢體語言於人際溝通，他們在說話時，少有利用眼神接觸、面部表情或其他的肢體動作作為輔助。因此，自閉兒說話時，通常是面無表情、眼神呆滯、喜怒不形於色，也沒有伴隨肢體動作的情況（Koegel & Koegel, 1996）。

（二）解碼的困難

收訊者收到訊息後，還要先解碼，才能了解發訊者的意思。與解碼相關的因素如下。

1. 解碼牽涉到收訊者的智力

智力愈高、解碼能力愈強。70 至 80%的自閉兒是智能障礙者，在全體的自閉兒中，約有半數是重度智能障礙者，因此多數自閉兒的解碼能力會受限。因為智力與個人先前儲存的語彙多寡有關，智力愈高、先前儲存的

語彙愈多，則搜尋語彙速度愈快，解碼能力愈強；相反地，智力愈低、解碼能力愈弱，且速度愈慢，多數自閉兒屬於此種。

2. 語彙學習的困難會造成語彙貧乏，影響解碼能力

　　語言本身是由一群符號系統組合而成，每一個符號都是事或物的表徵，稱之為語彙，而語彙所表徵的事物稱之為表徵物。主體語言的理解全賴知曉語言符號與表徵物之間的關聯。

　　語言的第一個學習歷程乃是配對學習，也就是語彙和表徵物之間的連結，例如：媽媽拿著「杯子」，教孩子說：「杯子。」此時，孩子一方面要模仿杯子的語音，同時要將杯子的這個「實物」和杯子的「語音」連結，使「杯子」這個語音變成有意義的語彙，這個語彙就形成「理解語言」與「產生語言」的基礎。

　　在上述例子中，「杯子」的語音就是語言的最初狀態，與「杯子」結合的實物，稱為表徵物（referrals）。因為杯子的表徵物是實物，所以它所代表的表徵物之語音就容易理解。語彙本身是抽象的，若語彙的表徵物是具體物或動作，例如：雞、鴨、狗、麵包、桌子、椅子、書本、書包、鉛筆、黑板、講桌、跑、跳、切、剪等都是具體的表徵物或動作，則抽象的語音與具體物結合而「具象化」，該語彙便容易了解；反之，若語彙的表徵物是抽象的，例如：光明、聰明、愉快、美麗、自由、神聖、邪惡、正義、偉大等，語彙本身又是抽象的，兩個抽象的東西連結，難以具象化，故抽象的語彙不容易理解。

　　語句則是一組語彙循一定的文法規則結合而成，包括抽象的語彙和具體的語彙，並且表徵一個全新的概念（更是抽象的意涵，無法具象化），所以自閉兒對語句的理解，更是難上加難，其接受性語言的缺陷，大都是因為抽象的語彙或語句的理解困難所致。

　　配對學習的困難除了抽象表徵物不容易具象化外，有時配對學習時，語彙和表徵物之關聯並非一個語彙與一個表徵物的關聯，這個就更加深自閉兒學習語彙的困難。以下是個很好的例子：吃飯時，一位媽媽對自閉兒說：「去拿碗！」這句話雖然只有三個字，卻表徵了兩個動作（「去」、

「拿」）和一個名詞（「碗」）。但是，自閉兒很難能理解，以為「去拿碗」是代表哪個「碗」。所以日後當媽媽拿著碗問自閉兒說：「這是什麼？」時，他的回答卻是：「去拿碗！」

這個例子說明：語彙和表徵物並非永遠是一對一的關係。

3. 發訊者發出訊息所使用的語彙，若收訊者的語彙資料庫沒有該語彙，即使收訊者收到訊息，也無法解碼

例如：在宴會上，一位年輕中國人對老外介紹他的太太說：「這是我的老婆。」老外聽得一頭霧水，明明是一個年輕的女人，為何說是年老的老婆婆？外國人學中文就會碰到這個困難。對外國人而言，太太就是「wife」一個字，但是中文卻有太太、妻子、老婆、內人、賤內、拙荊、愛人等的語彙，若語彙不足就無法解碼。一般而言，自閉兒學習語彙有困難，所以造成解碼時，沒有足夠的語彙解碼，因此聽不懂對方說話，或一知半解。

4. 解碼還要看收訊者對發訊者的情境是否熟悉

(1) 大的情境指的是整個社會文化

若不了解說話者所處的社會文化，就不容易理解對方所說的話。網路上流傳兩個笑話（因為是網路流傳的文章，作者已經不可考），很能闡述文化對語言理解的影響。

第一則：某老外苦學漢語十年，到中國參加漢語考試。試題之一：

請解釋下文中每個「意思」的意思：

阿呆給領導送紅包時，兩個人的對話頗有意思。

領導：「你這是什麼意思？」

阿呆：「沒什麼意思，意思意思而已。」

領導：「你這就不夠意思了。」

阿呆：「小意思，小意思。」

領導：「你這人真有意思。」

阿呆：「其實也沒有別的意思。」

領導：「那我就不好意思了。」

阿呆：「是我不好意思。」

這老外聽了，一頭霧水。中文的「意思」太深奧了，於是他交白卷回國。

第二則：一位剛學過一點中文的美國人到了中國，中國朋友請他吃飯。到了飯店坐下，中國朋友說：「對不起，我去方便一下。」那老外沒聽明白，「方便」是哪裡？見老外疑惑，中國朋友告訴他說，「方便」在口語裡是「上廁所」的意思。哦，老外意會了。席間，中國朋友對老外說：「我下次到美國，希望你能幫忙提供些方便。」老外納悶了：他去美國，讓我提供些廁所幹嘛？道別時，另一位在座的中國朋友熱情地對老外說：「我想在你方便的時候請你吃飯。」見老外驚訝發愣，中國朋友接著說：「如果你最近不方便的話，改日咱們找個你我都方便的時候一起吃飯吧！」老外隨即暈了。

再者，就算都是華人，同樣使用北京話，說者與聽者之間若有部分文化背景不同，也容易會錯意。舉個例子：筆者上「自閉症」這門課時，說到語言變異時，都會跟學生說個笑話：

在美國讀書時，有一次從圖書館出來，一位美國女生也跟著出來，因為往同方向走，所以兩人就開始聊天，沒多久那美國女生問我：「你有沒有家？」我說：「有一個太太和兩個兒子。」隨著拿出太太的照片給她看，那位美國女生瞄了一眼，說聲：「她很漂亮。」就迅速快步離開。此時，我望著她逐漸消失的背影，心中無限惆悵。

聽完這個笑話，學生哄堂大笑。筆者說：

「我就知道你們會大笑，原因有二：首先，你們認為老師是癩蝦蟆想吃天鵝肉；其次，你們認為美國女生高頭大馬，不可能愛上你這個矮冬瓜。這是你們對美國文化不理

解。你們認為：美國人個個人高馬大，事實卻不然，有少部分和我一樣高，甚至比我矮。另外，美國因為女權高張，離婚率非常高，結婚不久又要離婚，男生還得負擔贍養費。因此，美國很少有男生向女生求婚，絕大多數是同居，也因此形成一種奇特的聯合家庭（你的孩子、我的孩子和我們共同的孩子），想結婚成立一個傳統家庭，只有向老外發展。」

這個笑話很清楚說明：收訊者如果沒有理解發訊者說話所牽涉的文化，仍然不容易理解發訊者的意涵。自閉症兒童要理解語言本身都很困難，如果語言還牽涉到文化，更不容易理解。

(2) 情境因素除了文化外，是指發訊者發出訊息時的那個情境

舉例來說：筆者在演講的時候常常為了引起聽講者的注意，喜歡用相關語說笑話，例如：「我很喜歡吃豆腐。」底下的聽眾會爆發笑聲，還以為教授很色。然後，筆者就補充說：「吃飯的時候，我很喜歡吃豆腐，不管煎、炒、炸都喜歡。」聽眾一聽到吃飯的情境，就了解「喜歡吃豆腐」是喜歡真正的豆腐，而不是吃豆腐的隱喻（好色、占異性的便宜）。

又如：有位學生問筆者說：「老師，我教的那個自閉兒，今天怎麼老是說『幾位』？」筆者反問學生說：「這個孩子在什麼情境，比較容易學到『幾位』這兩個字？」學生想了想說：「上餐館吃飯，在外面等候的侍者，第一句話都是『幾位』。」筆者說：「這位自閉兒老是告訴你幾位，如果不是吃飯的時間，很可能是要告訴你：『今天他們一家人曾經去餐館吃飯』；如果是吃飯時間快到了，那可能是要告訴你：『等一下他們要去餐館吃飯』。」這個例子說明：理解別人的語言必須考慮說話者的情境。

有一次筆者到國民小學訪問，中午輔導主任買便當請筆者，她身邊的孩子是自閉兒，老是跟她說：「我們去買漢堡好不好？」她總是說：「等一下。」這樣反覆十幾次，原因是：自閉兒不知道「今天有教授在」這個特殊情境，主任說「等一下」的隱喻是指「等教授離開」的意思，而不是平常的很快就去。這也是不知道情境，容易解讀錯誤。

自閉兒很難將情境因素加入語彙的內涵,所以正確解讀發訊者的話就很困難。

(3) 除了文化和當時的情境因素外,解讀說話者的意涵還得需要收訊者具備與發訊者相同的學術背景和經驗背景

就經驗背景而言,有個例子能夠清楚說明:

有一回幾位學生和筆者聊天,談話中學生問:「老師您對那個『哈利波特』的看法如何?」筆者當場被問得一頭霧水,楞在那兒,無法回答。學生看到此情景,馬上解圍說:「老師不看電影,所以無法回答。」學生的話也確實道出筆者的情況,筆者不知道「哈利波特」是一部文學名著改編的電影,所以對學生的問話無法理解,當然也無法回答。一般而言,自閉兒通常侷限於他們所喜歡的事物,經驗背景不足,限制其對發訊者所發出訊息的理解。

就學術背景而言,這個可由老子所說:「上士聞道,勤而行之;中士聞道,若存若亡;下士聞道,大笑之。不笑不足以為道」的這句話來理解。老子知道不同根基(就如同一般的學術背景)對道的認識,大異其趣。有人說:「不同年齡層讀《紅樓夢》的理解不同。」其實何止《紅樓夢》一書,中國古代的著名文學或西方名著小說,都會因年齡導致經驗與學術背景的差異而有不同解讀。自閉兒隨著年齡增長所增加的經驗與學術背景有限,這也造成他們解讀訊息的困難。

(4) 自閉兒的接受性語言除上述困難外,還可能遭遇非常難以克服的難題,那就是主體語言除了表面的意義外,還含有隱喻(即隱含另一種意義)

自閉兒對這類語言大都從表面的(literal)意義去理解,而無法知曉主體語言的表面意義之外,所隱含的比喻或諷刺。所以與自閉兒溝通時,宜盡可能避免這類的語言,例如:

- 「看你有什麼三頭六臂!」這句話中,「三頭六臂」的文字表面意思是「三個頭、六個手臂」,可是卻隱含著「多大本事、通天本領」的意義。

- 「你好菜！」這句話中，表面的意義是「你的菜很好！」，其隱喻卻是「你很差勁！」。
- 「七上八下」字面的意思是「七個上，八個下」，其隱喻是「坐立難安」。
- 「三心兩意」字面的意思是「三個心、兩種意思」，其隱喻是「舉棋不定」。
- 別人讚美你很「賢慧」，可能暗諷你「嫌東嫌西你最會」或者是「閒閒在家裡，什麼都不會」。
- 在前述例子中，美國女孩子問我：「你有沒有家？」除了字面上的意義外，它還有個隱喻：「你結婚了嗎？如果沒有，我們可以考慮進一步發展關係。」
- 在前述例子中，自閉兒問：「我們去買漢堡好不好？」主任回答：「等一下。」「等一下」的表面意思是：「好，我們很快去買！」但是當時的情境卻使「等一下」隱喻為「等教授回去」的意思。

二、表達性語言發展上的困難

當自閉兒的接受性語言發展一段時間後，會開始學習使用表達性語言，此時他就是想當一個發訊者。發訊者發出訊息之前，需先編碼。編碼需要儲存足夠的語彙以及搜尋（retriving）適當語彙的能力，另外還得理解文法規則、構造語句，以表達意思。自閉症兒童一來語彙可能不足，對語法的理解不多，將語彙構成句子的能力也相對困難，所以常常辭不達意，造成各種隱喻式語言。有關隱喻式語言在本章第二節說明。

編碼困難除了主體語言構成的困難外，還有副語言的問題。副語言包括副語意特徵（說話時的抑、揚、頓、挫、音調的高低、音量的大小、說話的快慢急徐）和超語意特徵（面部表情、姿勢、身體動作，以及手部動作的大小等）。前述自閉兒在學習語言時，光是主體語言都讓他們備嘗艱苦，少有可能注意副語言的學習，編碼時自然不可能顧及這兩方面的問題，而形成自閉兒說話常常單音調、沒有快慢急徐，以及各種肢體語言的

表現。

　　至於肢體語言本身可以構成溝通管道，也會影響主體語言意義的表達，這更是自閉兒難以理解與表現的部分。有些瘖啞症的自閉兒基於生理需要，也會獨自創造他們的肢體語言，例如：抓媽媽頭髮表示要上廁所；抓住父母身體表示害怕要回家；在媽媽懷中，身體一直向門外晃動，表示肚子餓要回家吃飯等。這類肢體語言都是自閉兒根據自己的理解所創造出來的溝通行為，父母可能需要一段時間的接觸，方能理解這些行為語言的意義。如果父母無法理解，認為是行為問題，可能就得請專家協助。

第二節　自閉兒語言變異概述

　　語言的發展分為接受性語言與表達性語言兩種，自閉兒在此兩方面都呈現出「質」的變異及「量」的發展遲緩現象。一般而言，接受性語言的發展是在表達性語言之前，而許多自閉兒的表達性語言缺陷是因為接受性語言缺陷所造成。以下分別說明自閉兒的接受性語言和表達性語言變異之情況。

壹、接受性語言（解碼）困難所造成的語言變異

　　由於語意理解（解碼）困難，導致自閉兒在人際互動上備嘗艱苦，下列幾種狀況常常出現在自閉兒身上。

一、聽不懂指令

　　「指令」通常是在要求做動作。動作本身是具體的，但是它不具「恆存」的現象，必須由指導者將動作表現出來，它才會短暫存在。所以老師在教導自閉兒時，常常要一邊下指令，一邊帶自閉兒將那個動作做出來，他才知道「指令」與「動作」之間的關聯，例如：老師喊「起立」的指令

時，必須拉他「站起來」；日子一久，「起立」的指令和「站起來」的動作，才能緊密結合。這是自閉兒難以聽懂指令的原因，所以老師在下指令時，要不斷反覆指導自閉兒做動作。

二、無法做應用問題

例如：已經會做加減法的自閉兒，當你左手拿一枝鉛筆，右手也拿一枝鉛筆，問他共有幾枝鉛筆時，他不會回答，因為「共有」這個語彙是抽象的。數學應用題常常使用抽象語彙，如減掉、刪除、總共、剩下等，這些抽象語彙會造成自閉兒數學應用題解題的困難。

三、人際互動時，常常發生有趣的事

例如：當老師生氣地說：「老師生氣了，我要打你！」自閉兒竟回答說：「好呀！」

又如：一位父親帶著自閉兒到筆者辦公室，一開始，他和他的兒子表演了一段對話，父親說：「我們要回家了，你向教授說：『老師再見！』」這位自閉兒就站起來，對著我說：「舅舅再見！」然後，這位父親又指著筆者的助理說：「跟阿姨說：『阿姨再見！』」這位自閉兒又說：「舅舅再見！」接著，這位父親又指著工讀生，教兒子說：「姐姐再見！」這位自閉兒又說：「舅舅再見！」

這個問題的來源應該是錯誤的配對學習。回溯該位自閉兒的生活中，應該有過舅舅來他家訪問，當他的舅舅要回家時，媽媽或爸爸教他說：「舅舅再見！」於是該自閉兒以為每當人要回家時，就要說「舅舅再見」，這是將「舅舅再見」與「人要回家時所要表達的話」之錯誤結合。

四、對抽象語彙難以了解

另外，自閉兒也會出現於使用「名字」替代「你」和「我」，例如說：「強尼要吃水果」，而不是說：「我要吃水果」；又如說：「媽咪，雪麗回家了」，而不是說：「媽咪，我回家了。」

另一種情況是：自閉兒常常有代名詞反轉的現象（如自閉兒拿著老師的杯子，對著老師說：「我的杯子」），也是欠缺語意理解所造成，因為「你」、「我」等代名詞也是抽象的語詞。

五、經常出現鸚鵡語言

　　此一大部分原因也是欠缺語意理解造成。當自閉兒聽不懂對方的話語時，會拷貝對方的說話回應，這就是所謂的鸚鵡語言。

六、與人溝通時，常常文不對題，或與情境不符合

　　茲以下面數例說明：

例一

母親問：「你吃飽了嗎？」（具體的）

回答：「吃飽了。」

母親又問：「你的心情好嗎？」（抽象的）

沒有回答。

例二

老師問：「你家有幾人？」（抽象的）

回答：「沒有人。」

老師問：「你家誰煮飯呢？」（具體的）

回答：「媽媽。」

例三

對話者問：「你幾歲？」（抽象的）

回答：「1 歲。」

其實該生已經 8 歲，上國小一年級。該生錯答問題，乃是不知「你幾歲」的意義，將問題錯誤解讀為「你幾年級？」。

例四

對話者拿著黃色球，問：「這是什麼顏色？」

回答：「香蕉。」

對話者另外拿著紅色球，問：「這是什麼顏色？」

回答：「櫻桃。」

這位自閉兒之所以會如此回答，是因為他不知道「這是什麼顏色」這句問話的意義。而「黃色球」讓他想到的是香蕉，「紅色球」讓他想到的是櫻桃，所以才有上述答案。

例五

以下對話是取自宋維村醫師與一位 15 歲自閉症青年的對話（宋維村，1983，頁 9）。

宋：「你知道怎樣跟人家玩嗎？」

甲：「我，小時候……小時候還是缺乏，缺乏很多經驗啦！」

宋：「為什麼缺乏經驗呢？」

甲：「缺乏、缺乏經驗哪！我，我都是，尤其是看到了，每當看到了很多山以後，即使是看了風景啊，也會流連忘返啦！」

貳、表達性語言的變異

如第一節分析的表達性語言牽涉編碼問題，編碼主題是構句，這是自閉兒語言發展最困難的部分，因此形成了各種怪異語言及語言發展問題。

一、怪異語言

（一）磁石語言

1. 性質

某些自閉兒的延宕性鸚鵡語言呈現高重複（循環式）、高持續性，且固著的形式，有著無止境的重複某些話，學者稱之為磁石語言。基本上磁石語言也是語言理解與使用困難所造成。

磁石語言可以有、無溝通意圖分為以下兩類。

(1) 磁石語言若無溝通意圖，則其目的是自我刺激（因為它大多出現在長時間空檔時）

例如：

- 一位高功能自閉兒獨自一人時，喜歡碎碎唸，盡說一些不存在或沒發生過的事情。
- 一位功能較低，沒有語言能力的自閉兒，會不斷說：「⋯⋯咕哇。」
- 另一位自閉兒在上課時，一再重複地說：「肉圓，阿嬤走了（臺語發音）。」
- 有位自閉兒不論走到哪裡，都會不停做出鳥叫聲。媽媽說：「只要聽到他的叫聲，就知道兒子在哪裡，還滿方便的，容易找人。」

無溝通意圖的磁石語言大部分是用來填滿生活空檔，所以視為自我刺激。

(2) 磁石語言也有溝通、互動的意圖（Hurtig, Ensrud, & Tomblin, 1982）

有一位亞斯伯格症兒童不斷地問：

「為什麼美國馬路比較大？」

「為什麼下雨天蚊子多？」

「為什麼阿姨生不出男生？」

「為什麼我媽媽生不出兩個女生？」

「為什麼蚊子不叮小狗？」

這種情形也是一種磁石語言，其目的不在於獲得正確的答案，而在於滿足與人互動的需求。

2. 磁石語言的處理

磁石語言若沒有溝通意圖便是一種自我刺激的行為，通常是智能低下的自閉兒比較會有這種狀況。其原因是：他們有太多空閒時間，卻沒有建設性的活動，同時缺乏足夠的語言與人互動。若磁石語言屬於一種自我刺激，則老師或父母應用建設性活動去替代自我刺激的行為，例如：聽兒歌或簡單童話的小故事代替磁石語言的自我刺激，並藉以增加自閉兒的語

彙，提升語言理解與使用的能力。

　　教導任何建設性的活動可填滿生活空檔，同樣可消除自我刺激的磁石語言。筆者在上下學期觀察：前述一直說「肉圓，阿嬤走了」的那位自閉兒，在上學期剛開學時，密集、反覆地說同一句話，但是到了下學期期末時，該自閉兒聽懂老師講課的部分內容後，反覆說那句話的情況就少了很多。這是一年下來，語言理解較多，上課時注意聽講，與老師互動的情況多了，磁石語言自然減少。

　　若磁石語言具有溝通意圖，則需應用語言功能性分析，以理解其要表達的是什麼事，然後教導正確的表達，例如：前述自閉兒不斷說「肉圓，阿嬤走了」，可能是自我刺激，但是也可能有溝通意圖，也就是要表達「想吃肉圓，但是阿嬤走了，沒人買肉圓」這個意思，此時可以教他說：「我要吃肉圓」或「我想吃肉圓」。

（二）代名詞反轉或用「名字」代替「你、我、他」

1. 意義

　　代名詞是抽象的東西，自閉兒若不是不會使用，便是錯用。因為不會使用代名詞，所以自閉兒常常使用「名字」代替「你」、「我」、「他」。

　　例一：「迪克回家了」、「雪麗要喝水。」

　　例二：上課時，老師用鉛筆敲自閉兒的手，要他注意，自閉兒卻說：「湘雲（老師之名字）打我。」

　　自閉兒表達需要時，因為錯用代名詞，常常用「你」代替「我」。

　　例一：當自閉兒說：「你要喝水。」時，其真正意思是：「我要喝水。」

　　例二：當別人問他：「你吃過飯嗎？」他回答：「是的，你吃過了。」

2. 代名詞錯用以及反轉之處置

(1) 代名詞反轉的原因

　　其原因為父母錯誤教導以及自閉兒錯誤的配對學習之結果，可透過再教導的方式予以糾正。茲舉例說明：

　　錯誤教導的情境：當自閉兒口渴，看著桌上水壺並伸手示意要水喝時，媽媽會問自閉兒說：「你要喝水？」自閉兒點點頭。此時，媽媽已確定自閉兒要喝水，便倒水給他，結束互動。在這種情境下，自閉兒錯誤地將「口渴」的情境，跟「你要喝水」這句話配對起來，所以每當他口渴時，他便會說：「你要喝水。」

　　修正方法：重新做配對學習是解決方法。當媽媽拿水給自閉兒喝時，應教導自閉兒說：「我要喝水。」如此反覆練習之，自閉兒將會重新將「口渴」和「我要喝水」配對，形成正確的表達方式。

(2) 不會使用或用名字代替代名詞

　　這個可以透過反覆教導練習而了解代名詞的意義和使用，例如：

- 當自閉兒說：「迪克回家了。」媽媽可以在給他擁抱歡迎的時候，教他說：「我回家了」。
- 當自閉兒說：「雪麗要喝水。」當媽媽倒水給雪麗時，可以教她說：「我要喝水」，等雪麗說出「我要喝水」時，再將杯子的水交給她。

（三）隱喻式語言

1. 意義

　　自閉兒常自言自語地說些別人聽不懂的話，這些話可能與當時情境毫無關係，但可能隱含某些意義，稱之為隱喻式語言。隱喻式語言源自於自閉兒缺乏足夠的詞彙及正確造句的能力，便會自行創造出別人無法理解的語言。根據形成隱喻式語言的機轉，可將其分為以下兩種。

(1) 隱喻式語言可能是一種延宕式鸚鵡語言

例如：一位自閉兒每次大便在褲子裡，便會說：「阿賀！（臺語發音）」經查證宿舍管理員才得知：這位自閉兒大便在褲子裡時，管理員都會厲聲斥責：「阿賀！你又大便下去！」此自閉兒誤以為大便時，要說：「阿賀！」所以在教室大便時，便會大聲說：「阿賀！」以告訴老師：「他已經大便在褲子裡了。」

(2) 隱喻式語言更可能是自閉兒嘗試表達某一意圖、想法

礙於語彙的限制，以及構思語句表達意思之困難（即辭不達意）所致，這種形式的隱喻式語言屬於未熟練所學習之語言造成。

例一

有一天，一位自閉兒的媽媽在訓斥其大女兒不用功寫作業時，其自閉兒在旁叫道：「妹妹臭鴨蛋」（此句話為隱喻式語言）。經仔細詢問老師的結果是：該自閉兒在學校曾聽老師說：「不用功寫作業，考試時，會考鴨蛋。」而該自閉兒誤聽為：「不寫作業＝臭鴨蛋」。所以在媽媽訓斥妹妹時，他也加入訓斥的行列，大罵：「妹妹，臭鴨蛋。」（此例是辭不達意）

例二

有位自閉兒與媽媽來筆者的辦公室晤談，可能是媽媽與筆者談話過久，該自閉兒想回家，所以不斷向媽媽說：「媽媽，你不要講三個。」當時在場的兩位實習生都搞不懂自閉兒為何這樣說，此句話就是所謂的隱喻式語言。解讀這句隱喻式語言，需從當時的情境入手，因為當時在場的人，除了筆者外，還有兩位實習生，共計三人。這位自閉兒說「媽媽你不要講三個」這句話的意思，其實是「媽媽你不要和他們三個人講那麼久」的縮版。（此例是辭不達意）

例三

自閉兒的行為語言也可能是一種隱喻式語言。一位6歲的自閉兒，將食指與拇指併攏置於右眼前，然後迅速滑至左眼，再迅速重複此動作。乍看

之下，像似自我刺激的行為。詳細詢問該生，由該生畫圖，母親看圖解釋說：「該動作是要表達：搭火車經過山洞時，眼前所見的感覺。」（註：臺灣鐵路山線有許多山洞，火車進山洞黑黑的，一出山洞突然亮光。這是該自閉兒沒有語言時，用手勢表達那種感覺）

　　該兒童的母親表示：該童到 3 歲仍不會說話，後來服用 DMG（Dimethylglycine）後，語言飛躍似的進步，才能清楚表達此動作之意思。該童在 3 歲前，便已有前述動作，此時這個動作應視之為隱喻式語言。因為該童在 3 歲時，尚無語言可表達其意，故用動作表達。（此例屬辭不達意）

2. 隱喻式語言之處理

　　隱喻式語言通常會有溝通的意圖，因此應該透過語言功能性的評估，以了解自閉兒的隱喻式語言所要表達之意思，然後教導正確的語言表達。

　　例一：前述那位自閉兒每次大便在褲子裡，便會說：「阿賀！」矯正法：當這位自閉兒再度大便在褲子時，要立刻教他說：「老師！我大便在褲子裡了！」等他說完，再幫他換褲子。

　　例二：前述那位不耐煩的自閉兒說：「媽媽你不要講三個。」此時可以教他說：「媽媽，你不要和他們講那麼久，我要回家」或「媽媽，你不要再和他們三個人講話了，我要回家。」

（四）使用同一語句表達同一情緒，卻與情境無關

1. 意義

　　固定用同一句話，表達同樣的情緒，卻不考慮說話的情境，這種情況也可以視為隱喻式語言的一種形式。

　　例一

　　有位自閉兒的媽媽問筆者說：「為什麼明明在家裡，我的孩子卻說：『我要回家』？」其實，可能是媽媽曾帶自閉兒外出，碰到害怕的情境，媽媽教他說：「我很害怕，我要回家！」這位自閉兒以後碰到害怕的事，就會說：「我要回家！」因為他缺乏良好的構句能力，無法表達「我很害

怕」的感覺，所以不管在什麼場合都用「我要回家」來表達「我很害怕」的情緒。

例二

有位自閉兒，每回他生氣、憤怒或不高興的時候，便會說：「我要把世新殺死。」（註：「世新」是該童就讀的幼兒園名稱。）「我要把世新殺死」這句話，若讓陌生人聽了，一定不懂其意，故可稱之為隱喻式語言。

真實情形是：世新幼兒園的那位老師很兇，該童討厭那位老師，所以很想「把世新幼兒園的那位老師殺死」，但他無法做完整的表達，所以只說成了：「我要把世新殺死」。日後若遇到任何讓他生氣的場合，他又不會說：「我很生氣」、「我很不高興」，只好用「我要把世新殺死」來表達「生氣」的情緒。

2. 問題的處理

和處理隱喻式語言相同，需用語言功能性分析，以了解該童說的話所要表達的情緒，然後教導其正確的表達。

例如：前述明明在家中的自閉兒，為何說：「我要回家？」這要看當時最可能引起說這句話的情境以及該情境所導致的情緒。如果能察覺出他的情緒是害怕，就教導他說：「我很害怕，我怕那隻老鼠、我怕狗狗、我怕蟑螂」諸如此類，依照他害怕的東西教他表達出來代替「我要回家」這句話。

又如：前述用「我要把世新殺死」表達「我很生氣」，依然是需要語言功能性分析了解他生氣的事情，然後教導他正確表達為了何事生氣。

（五）鸚鵡語言

1. 意義

所謂鸚鵡語言通常是指無意義地複誦他人話語的行為，是自閉兒常見的語言變異之一，通常分為立即性與延宕性鸚鵡語言兩種。

(1) 立即性鸚鵡語言

　　是指自閉兒與人溝通時，常常複述別人的話。這種立即複述對話者的問話、指令，稱為立即性鸚鵡語言，例如：

- 當你問自閉兒：「你幾歲？」他也同樣回答：「你幾歲？」
- 老師教自閉兒：「說老師好！」他也跟著說：「說老師好！」
- 老師說：「大聲一點。」他也跟著說：「大聲一點。」
- 資源班老師說：「我塗哪，你就跟著塗哪。」自閉兒回答：「我塗哪，你就跟著塗哪。」
- 媽媽說：「你去房間裡跟爸爸玩。」自閉兒回答：「你去房間裡跟爸爸玩。」
- 媽媽說：「南西！幫麗莎洗澡。」自閉兒說：「南西！幫麗莎洗澡。」停頓的地方與語調都是學媽媽的說話方式。

　　根據研究：立即性鸚鵡語言係來自語言發展落後，缺乏對一般口語語言的理解，與無法正常表達所致（Durand & Crimmins, 1987）。McEvoy、Lavelang 與 Landry（1988）研究發現：鸚鵡語言的百分比與語言發展水準呈現強烈的負相關，亦即隨著自閉兒的語言發展，鸚鵡語言便會逐漸消失。仔細觀察自閉兒對成人的問話，做回聲式的反應（鸚鵡語言）時，他們也同時會表現出若干副語言的行為，諸如：朝向反應、注視、撫觸，或指出某物等行為。此種反應表示：自閉兒在語言表達困難時，便用鸚鵡語言來與對方溝通。根據上述：簡言之，自閉兒缺乏語言理解和語言表達困難時，就會使用鸚鵡語言與人溝通。

　　從另一方面觀察，其他障礙兒童（如學障、智障兒童）在幼兒時期也都會有立即性鸚鵡語言。即使是正常兒童在語言發展初期，也會有若干鸚鵡語言，但正常兒童年齡漸長，對語言的理解與運用自如時，鸚鵡語言便逐漸消失，一般而言，通常僅持續到 3 歲為止，但自閉兒卻會持續至相當長的時間。

(2) 延宕性鸚鵡語言

是指自閉兒無意義或無目的、一再反覆重述若干天或數月前所學過的話，例如：

- 自閉兒非常喜歡一部木偶劇「皮諾丘」，故事中有一段逃學的情節，他會一直複誦皮諾丘逃學的那段對話。
- 自閉兒的媽媽表示：兒子有一個習慣就是睡覺時會一直唸唸有辭，一定要唸到睡著才停止。

延宕性鸚鵡語言也有可能是一種逃避困難的機制。Durand 與 Crimmins（1987）發現：當自閉兒面對困難的工作時，延宕性鸚鵡語言便隨之增加；反之，除去困難的工作要求時，便立刻降低。

延宕性鸚鵡語言也可能是自閉兒的自我刺激行為。筆者曾仔細觀察多位自閉兒，發現其鸚鵡語言多半發生在無聊、沒事可做的時候，此時鸚鵡語言被用來做為打發時間的方法。

2. 鸚鵡語言之處理

一般研究發現：鸚鵡語言不是無意義的行為，而是具有認知的功能，它是自閉兒的溝通工具，有時候自閉兒是用延宕性鸚鵡語言作為說話練習之用。

鸚鵡語言是補償性的語言策略，是兒童由拷貝整體語言走向正確使用語言之中繼站。易言之，鸚鵡語言是自閉兒的溝通工具，所以企圖消滅鸚鵡語言是錯誤的，目前傾向不直接消除之，而是藉著直接促進語言而間接消除。其治療方法已從消除病態語言，轉向對此病態語言（意圖、功能、理解、互動及情境）做詳盡的評估，然後依評估結果做處理。

處理鸚鵡語言時，一方面應了解自閉兒對語言的理解程度、溝通意圖、溝通功能、互動性及其對語言的處理能力；另一方面也要考慮造成鸚鵡語言的情境變數。綜合目前的研究了解，造成自閉兒鸚鵡語言的因素如下（Quill, 1995, p. 113）。

(1) 個人因素

語言理解困難：當對話者的語言抽象，造成自閉兒不理解語言的意義時。事實上，是因為前述接受性語言障礙，造成個人語意理解困難時，都會造成鸚鵡語言。

少數自閉兒的鸚鵡語言是威尼克語言區（Wernicke's area）受傷。此區在左腦聽覺中樞附近，若此區受損則會失去語言理解能力，稱之為「接受性失語症」。接受性失語症的患者可能像鸚鵡一樣，能複誦別人的話，卻不理解其意。這種鸚鵡語言無法改善。

(2) 互動因素

複雜的語言輸入：當對話者的語彙抽象、語意艱深、語句複雜時，自閉兒不了解語言內容，便會用鸚鵡語言來對應。

高張力的語言輸入：當對話者明顯要求自閉兒回話，自閉兒有義務做互動時，卻無充分使用語言回應的能力。

對話者主導的互動形式：對話內容由成人決定，自閉兒無法把握對話內容。

(3) 情境因素

- 非結構的、不可預測的、暫時性的情境；不熟悉的作業或情境；困難或挑戰性的作業；上述情境的共同特徵是：會引起自閉兒焦慮反應。

- 自閉兒常常會有視、聽、觸、運動覺、前庭覺等五種感覺變異，對相關的刺激不是過度偏好，就是過度厭惡、害怕。當自閉兒有敏感的感官刺激出現時，自閉兒會有害怕或興奮的情緒。

引起焦慮、害怕、壓力的情境或活動，自閉兒會用鸚鵡語言排除這些情緒。另一方面，自閉兒感到興奮的時候，也會用鸚鵡語言表達興奮的情緒。

- 當自閉兒閒暇無聊時，經常用延宕性鸚鵡語言打發時間。

3. 鸚鵡語言之處理策略

(1) 間接處理：修正環境

①高挑戰性的環境易造成鸚鵡語言，例如：變換環境、教室、活動；中斷日常生活規則；未結構化的環境及時間；未能預期的行為及其應扮演的角色；不熟悉的環境、人、工作。當面對這些情境時，可利用圖畫式行程表或語音、視覺符號，以指引自閉兒下一步要做什麼，才是良好的指導方式。

②單純化語言輸入：鸚鵡語言之多寡和兒童的語言環境之理解有關，當自閉兒不理解對話者所說或所問的話時，會用鸚鵡語言回應或答話。所以和自閉兒說話時，宜儘量與其目前能理解的程度一致或稍高。

③當兒童要什麼東西時，儘量做示範表達，例如：自閉兒指著水壺表示要喝水，趕緊教導：「說！我要喝水。」此時，要注意句子不要太長，而超越兒童的表達能力，例如：兒童只能說三或四個字的話，對話者卻用七或八個字的話。

④儘量用兒童的角度表達，不要用成人的角度表達，例如：用大人的角度問：「你要喝水？」改成以兒童的角度，教兒童說：「我要喝水。」又如：自閉兒拉大便在褲子時，不要用責罵的口吻說：「阿賀！你又拉大便了！」應改成教他：「說：『我大便在褲子』或『我大便了』」（依該自閉兒的語言能力而定）。

(2) 直接處理

①鸚鵡語言的處理策略是要擴展自閉兒對環境的理解及接受性的語言。語言是環境的符號表徵，包括：人（爸爸、媽媽、爺爺等）、事（吃飯、尿尿、回家等）、時（早上、晚上、今年等）、地（臺南、臺北、美國等）、物（桌子、椅子、菜刀等）。當自閉兒愈是能理解環境的符號表徵，也就是接受性語言理解愈多，就愈能恰當地使用語言。

②了解鸚鵡語言在自然環境中有工具性、認知性及社會性的目的。對鸚鵡語言做功能性分析，以了解鸚鵡語言的目的，然後再教導功能等值

的溝通行為，是有效解決鸚鵡語言的一種策略，例如：延宕性鸚鵡語言若是被用作自我刺激時，則可以教導自閉兒在等待的時刻做建設性的活動，如打掌上型電玩，或教導他說：「我可以聽音樂嗎？」若鸚鵡語言是用作逃避困難的活動時，則可以教導自閉兒說出：「這對我太困難了。」或教導替代性及擴大性溝通，以表示：「我不會，請你幫助我。」若鸚鵡語言的目的是要引起注意，可以教他說：「我做得怎麼樣？」

Durand 與 Crimmins（1987）強調，當自閉兒說出功能等值的溝通行為後，應繼之以適當的回應，方能有效。事實上，不只是適當回應，還得反覆練習。

二、語言發展困難和語用困難

（一）語言發展困難：瘖啞症

1. 意義

中重度自閉症兒童多屬於重度智能不足者，嚴重智能不足者，常常不會說話。一般研究指出，約 30 至 50%的自閉兒不會說話，稱之為瘖啞症。這些孩子雖然不會說話，但有可能聽懂語言。這些瘖啞症的自閉兒，約有70%是可由教學技術的改進而學會說話（宋維村，1997）。

這些瘖啞症的自閉兒與不會說話的聽障兒童有很大的不同。不會說話的聽障兒童仍然會用手勢、姿勢、姿態、表情去協助他人了解其所見、所思。他們善於抓住他人的肢體語言，以領會情感及經驗，並加以回應，例如：當他人伸出雙手時，他也會伸出雙手回抱。這種肢體語言的理解與運用是自閉兒所缺少的，也就是說，自閉兒不會用手勢、姿勢、姿態、表情去協助他人分享其經驗與所思。

沒有口語能力的自閉兒，若是使用「行為語言」，通常只會用來表達生理的需求，例如：抓著媽媽手臂到洗手間，表示要上廁所；指著水壺、

飯鍋，表示要喝水、吃飯；拉著媽媽的衣服，並將身體往屋外方向扭動，表示要外出；用手臂將東西推開，表示不要；頓足、撞牆，表示生氣。

　　沒有語言的自閉兒並非真正的瘖啞症，因為他們大多數會發出怪聲，只是還沒學會說話而已。自閉兒的怪聲有下列幾種功能：

①出怪聲單純是一種自我刺激，例如：閒暇時，有的自閉兒會喃喃自語，卻聽不懂他說些什麼；有的會不斷做出鳥叫聲；有的只是快速震動雙唇發出聲響；有的會轉動舌頭發出「lila lila lila」的聲音。

②出怪聲是一種語言表達，因欠缺正確的語言來表達恐懼、生氣、高興或引導注意。出怪聲所要表達的語言功能，可由當時的情境推定：

例一：自閉兒要喝水時，他會尖叫引起母親注意後，再指著茶壺。（引導注意）

例二：有位自閉兒很喜歡盪鞦韆，當他在盪鞦韆時，表情十分高興，卻不停發出怪聲「啊！啊！啊！」（表達他很高興）

2. 對無口語能力的自閉兒之矯治

　　各種替代性溝通系統包括溝通簿、溝通皮夾、溝通板等，都可以滿足自閉兒主要的溝通需求。對已學會很多詞彙，卻無法開口說話的自閉兒，則以電子語音溝通系統的功能最好。就實務面而言，教導自閉兒使用圖片溝通或手語溝通的成效不佳。

　　針對無口語能力的自閉兒，Bondy 與 Frost 設計了一套非常有效的教學策略，叫做圖片兌換溝通系統（picture exchange communication system，簡稱 PECS）。經驗告訴他們，5 歲以下的自閉兒大都無口語能力，幫助他們學會一套有效的功能性溝通系統，滿足其生活的需求是必要的，但不強調口語的發展。這套溝通系統給自閉症工作者或父母帶來了無限希望。以下的幾項研究證實圖片兌換溝通系統教學的有效性：Ostryn 等人（2008）、Preston 與 Carter（2009）、Dogoe 等人（2010）、Kravits 等人（2002）、Boesch 等人（2013），以及 Yoder 與 Lieberman（2010）。

　　當然，對於圖片兌換溝通系統效果存疑的研究還是有：Tien（2008）、Flippin 等人（2010）、Howlin 等人（2007）。

依照筆者的觀點：圖片兌換溝通系統絕對比圖片溝通系統成效更佳，但是其教學過程可能需要根據自閉兒的個別差異做若干調整，畢竟自閉兒的個別差異非常大（Cummings et al., 2012）。

（二）語用困難

語用是指語言的溝通功能，它也是自閉兒的表達性語言障礙之一。自閉兒的語用問題有二。

1. 不會充分運用各種語言的溝通功能

人際溝通的功能包括：詢問資訊、請求動作、表述意見、評論是非、交換或分享訊息、情感表達、抗議不滿、拒絕要求等。有口語能力的自閉兒，大多數只是用於工具性的溝通用途，如請求東西（我要喝水）、要求動作、抗議或拒絕（我不要）之表達，較少使用語言於：詢問資訊、表述意見、評論是非、交換或分享訊息、情感表達等溝通功能，也就是沒有充分使用所有語言的溝通功能。

沒有語言的自閉兒也會用行為語言與他人溝通，但是行為語言的溝通功能大抵是以請求、抗議、發脾氣及逃避為主。除此之外，他們也不會使用肢體語言做其他用途，如指引他人注意某事某物，也不會用手勢、姿勢、姿態、表情去協助他人分享其經驗。

自閉兒常常被指稱缺乏自發性的語言及功能性的對話，換句話說，自閉兒很少主動地運用所學會的語言於社會性的溝通，例如：表達情意（「我愛你！」）、禮貌（「早安，你好嗎？」）、給予、請求或分享訊息（「昨天媽媽告訴我一個笑話，很有趣。」），或與人對話、聊天等，也很少會運用語言來控制環境，例如：命令（「你給我站住！你過來！」）、請求（「請你將桌上的書本整理整齊好嗎？」）、指示（「你走到前面的紅綠燈、右轉，便可以看到麥當勞！」）。

人際溝通有關語用的部分，還包括社會技巧的相稱性，這是自閉兒十分困難的部分。在口語方面，包括：選擇、維持及改變（談話的主題）；啟動（主動打開話匣子）；注意聽、回應（點頭表示贊同；回答他人的問

題）；輪流對話（談話中，知道對方講完了，輪到自己說話）；回饋（對他人的談話內容表示意見）；延宕、等待（等待他人完整表達意見）；插入（選擇適當的時機介入談話）；韻律（包括抑、揚、頓、挫，快、慢、急、徐）；強調（聲音之大小，重複次數）等社會技巧。在非口語方面，包括：注視對方表示重視；點頭表示贊成；保持距離以策安全；搖頭表示生氣；頓足表示抗議；轉身表示逃避等，也是語用的一部分（Koegel & Koegel, 1996）。

2. 欠缺溝通意圖（communication intent）

(1) 意義

　　自閉兒不會自發性地將所學的語言技巧應用於社會互動中，也就是不會主動運用語言與他人分享訊息或情緒，因此常常被指稱缺乏溝通意願。依筆者和自閉兒父母晤談的經驗，這種不會主動和人說話的現象，幾乎是所有會說話的自閉兒之共同特徵。一般而言，自閉兒若是主動使用語言與他人溝通，常常僅限於生理需求的表達，例如：肚子餓了，會說：「我要吃飯。」口渴了，會說：「我要喝水。」

　　自閉兒經常僅僅使用少數的語彙來與人溝通，儘管他已經學會數百個詞彙了，其對別人的呼喚、鼓勵及支持，較少積極的回應，所以大多數的自閉症篩選量表都有「聽而不聞，像聾子一樣」這一項。不知情的父母也會描述自己的孩子很跩、很酷，不理別人。

　　自閉兒也較少與他人共同討論一個主題。與他人對話時，往往只顧表述他喜歡的話題，很少對他人的問話做切題的回應，例如：有一個案屬高功能自閉兒，與他人對話時，都是只顧談自己喜歡的，不會關心他人的問題，也只是把他喜歡的或知道的告訴你，而非與你對話，例如：

問：「蛇喜歡吃什麼？」
答：「我們有去參觀兵馬俑。」（自己講自己的）
問：「誰帶你去看的？」
答：「很高興啊！裡頭有大蜥蜴。」（繼續自己講自己的）

(2) 溝通意圖之誘發

　　缺乏主動性是自閉兒的重要特徵，所以與他人互動時，缺乏主動出擊的行為（如主動交朋友或主動參與遊戲）；與他人溝通時，缺乏自發性的語言，會說話的自閉兒大都是呈現被動性的溝通方式。因此，激發自閉兒的溝通意圖即成為語言矯治的重要課題。若能有效引起自閉兒的溝通動機，不僅可以促進語言發展，而且能消除其他各種問題，如人際互動困難，以及各種行為問題——自我刺激行為、自傷行為、不合適行為、同一性行為及脫序行為。

　　誘發溝通意圖的有效方法之一是讓自閉兒選擇學習材料，在人際互動時讓其選擇溝通的主題。當自閉兒自己選擇主題時，通常語言互動的時間較長；假如談話的主題非自閉兒感興趣或覺得困難時，他們就會進行脫序行為，以便中斷溝通及人際互動。

　　增強所有溝通意圖，提供語言表達（行為反應）與結果之取得（增強物）之間的密切關聯，對該語言之習得與應用極為有利，這意味著自閉兒的語言教學，最好是在自然生活環境中進行，較有利於其對於語言之習得與增強溝通意圖。因此，增加自閉兒豐富的生活環境，觀察自閉兒對周遭刺激的注意，立即做語言教學，有利於溝通意圖之誘發。有些自閉兒不知道語言可以用來溝通，所以語言練習若能與實際生活溝通結合，將更有助於自閉兒使用語言，如當自閉兒說：「我要蘋果」時，就要給他蘋果，以便讓他知道，他要什麼，則那個東西便會出現；假如他說錯了東西，錯誤的東西也會一樣出現，如此一來，他就會較容易了解他說錯了。父母可利用自閉兒的生理需求，如口渴、尿急、肚子餓等，教導自閉兒說：「我要……」之句子。

①情境法

　　溝通意圖之誘發也可使用情境法。所謂「情境法」是在生活上創造出其不意的情境，引起自閉兒好奇，誘導其發問，也是激發溝通意圖的方法。當然這種方法的有效性尚待研究，因為一般兒童由於好奇心之驅使，

在 19 至 28 個月之間便常常問：「什麼？」、「做什麼？」、「哪裡？」等問題；31 至 34 個月時，便會問：「誰的？」、「誰？」、「為什麼？」、「如何？」等問題，但自閉兒幾乎很少會問此類問題（Schopler & Mesibov, 1995; 引自 Koegel & Koegel, 1996）。

下列 20 項情境係由臺中教育大學幼兒教育學系學生所設計，用來觀察自閉兒在情境中的語言反應情形。老師或父母在教學之前可先演出或布置某些情境然後觀察之，即可了解自閉兒語言表現的起始能力。若自閉兒無語言表現，可由助教（兄姐或父母）依自閉兒之動作反應，指導其做語言表達。

- 拿一臺會發出聲音與燈光的電動小汽車，按下開關，讓車子在孩子面前跑動，並發出聲音與燈光，再突然關掉開關，觀察孩子的反應。
- 準備一臺小鐵琴，以木棍敲擊出聲音，並給孩子一根小木棍，觀察孩子有何反應。
- 準備一臺玩具小鋼琴，按下不同按鍵使其發出不同旋律，觀察孩子的反應。
- 讓孩子看見，用吸管在杯中吹水起泡，觀察孩子的反應。
- 讓孩子看見，吹汽球並且故意把汽球吹破，觀察孩子的反應。
- 媽媽出現並敲著鈴鼓，然後媽媽躲起來，鈴鼓也沒有聲音；當媽媽再度出現，鈴鼓也發出聲音；然後媽媽再躲起來，但持續敲著鈴鼓，觀察孩子的反應。
- 在孩子面前，把孩子喜歡的食物吃掉，觀察孩子的反應。
- 使鬧鐘發出聲音，20 秒後，再將鬧鐘放入書包中，並拿起書包到孩子面前，觀察孩子的反應。
- 孩子正在玩積木，中途將積木拿走，觀察孩子的反應。
- 手中拿著會吹泡泡的音樂熊，當泡泡吹出時，用自己的手去抓，觀察孩子的反應。
- 將寵物拿給孩子，觀察孩子的反應。
- 把孩子喜歡的糖果盒放在其眼前，但是不將盒蓋打開，觀察孩子的反應。

- 將孩子在教室的位置互調，不讓他坐在固定的位子上，觀察孩子的反應。
- 在孩子面前玩水槍的遊戲，並將水噴在孩子臉上，觀察孩子的反應。
- 給孩子喜歡的麥當勞兒童餐（附玩具），觀察孩子的反應，再將玩具拿走，觀察孩子的反應。
- 拿電動遙控的玩具車表演給孩子看，觀察孩子的反應，再將玩具車拿走，觀察孩子的反應。
- 嚼口香糖吹出大泡泡，吹到破，觀察孩子的反應。
- 將積木堆高後，再將其推倒，觀察孩子的反應。
- 用紙黏土做動物或水果的造型，觀察孩子的反應。
- 在孩子面前，拿點心給其他小朋友吃，觀察孩子的反應。

②反覆故事閱讀法

　　誘發溝通意圖也可利用反覆閱讀故事法。所謂反覆閱讀故事法（repeated storybook reading）是由教學者選擇或撰寫適當的故事，最好附上插圖，然後與高功能自閉兒一起反覆閱讀該故事。在自閉兒反覆閱讀故事時，教師或父母可運用若干鷹架（scaffolding）技巧（Bellon et al., 2000），即可誘發自閉兒的語言溝通意圖及互動，並促進其語言發展，包含下列兩種方法：

- 語句完成法（cloze procedures）：教學者暫時中斷故事中的一句話，由自閉兒完成該句話。
- 選擇法（binary choices）：教學者插入選擇性的句子，讓自閉兒回答。

故事範例：《飢餓的巨人》（Bellon et al., 2000, p. 55）。

巨人說：「我要吃＿＿＿，如果不給我麵包，我會打斷你的＿＿＿。」（語句完成法）

　　所以這人趕緊跑去拿麵包給巨人。請問：他們用跑的？還是飛的？（選擇法）

- 開放式問句法（wh questions），「為什麼？」、「在哪裡？」、「什麼時候？」、「是誰？」、「什麼事？」、「怎麼了？」：提出沒有特定答案的問句，由自閉兒回答。
- 語句擴張法（expansions）：教學者替自閉兒擴張其語句，再由自閉兒仿說。

故事範例：《游泳去！》（Bellon et al., 2000, p. 55）。

星期日，小明和爸爸開車去長春游泳池學游泳，路上塞滿好多車子。突然有一部車子……。

教學者：「哇！車子怎麼了？」（開放式問句法）

自閉兒：「哇！喔！」

教學者：「車子撞到電線桿了。」（語句擴張法）

自閉兒：「車子撞到電線桿了。」

第三節　積極促進自閉兒的語言發展

壹、促進自閉兒語言發展的重要性

自閉兒教育治療的重點之一，應放在語言發展。發展自閉兒的語言有下列好處：

1. 有助於消除自閉兒各種語言變異（如鸚鵡語言、隱喻式語言）：如前所述，鸚鵡語言的出現是自閉兒從無語言或沒有意義語言到能用有意義語言的溝通之中繼站。努力促進自閉兒正常語言之發展，將可有效消除鸚鵡語言、隱喻式語言。

2. 語言是整個物理世界的符號表徵：發展語言可以幫助自閉兒了解與認識世界，表達內在的需要；同時，語言發展與自閉兒的智力發展有密切關係。

3. 語言發展與自閉兒的不適應行為也密切相關（許素彬，1997；Don-
   nellan et al., 1984）：專家指出，自閉兒的語言愈多，其攻擊行為、
   自我傷害及自我刺激的行為，都會明顯下降。研究顯示，若能於 5
   歲前教導自閉兒用姿勢、簡單手勢與圖畫代替身體操弄來要求東西
   （如抓媽媽的手以表示要尿尿），即可增加溝通意願及減少不適當
   的行為。茲舉下列數例說明。

例一

　　一位自閉兒在九二一地震後，學校拆除倒塌的教室時，便常常抓傷父
母。經分析結果知道，該生抓傷父母是恐懼拆牆的撞擊聲。若該生會說：
「我不喜歡推土機的敲擊聲！」母親便會用耳罩遮住自閉兒的耳朵，使其
聽不到重擊聲，如此一來抓人的攻擊行為便會消除。

例二

　　一位自閉兒用撞頭的行為表示肚子餓，要吃麵包。處理這個自傷行為
時，可指導自閉兒用溝通板（自閉兒先壓喇叭出聲，讓照顧者知道他有需
求，再以手指指著麵包的圖案）表示其需求，讓照顧者滿足其需求，則撞
頭的行為自然會消失。

例三

　　一位自閉兒用抓媽媽的頭髮表示要尿尿。處理這種傷人的行為時，可
教導自閉兒用溝通板或手勢表達其需求。當照顧者了解並滿足其需求時，
傷人的行為便會消失。筆者曾在辦公室看見一位自閉兒抓住媽媽的頭髮往
廁所走，這種舉動表示他要上廁所，媽媽可以教他說：「我要尿尿。」如
果該生仍然無法說話，則教導替代性溝通表達，替代性溝通仍可算是一種
溝通。當然有了溝通工具後，這種偏差行為便會自然消失。

例四

在一個演講會後，時間已是中午 12 點，一位在母親懷抱中的自閉兒猛力地抓媽媽身體。這種行為表示：要回家、要吃飯，此時可以教該生說：「我要回家，我要吃飯。」

4. 有利於自閉兒的社會發展：語言技巧的增進對社交行為的發展有很大的幫助，反過來說，語言是在社會環境中習得，當自閉兒學會與他人相處的技巧時，他就愈有機會發展其語言技巧。自閉兒因為缺乏正常的語言發展，無法將所學得的語言作為人際溝通的工具，因此他的人際互動關係自然受到影響；另一方面，自閉兒常常是孤獨俠，殊少與人互動，自然而然限制其語彙之發展。更糟糕的是，語彙少會反過來限制其人際互動，形成惡性循環。

貳、促進自閉兒語言發展的策略：自閉兒語言教學的派典轉移

隨著吾人對自閉兒愈來愈多的理解，自閉兒語言教學策略已有改變，這就是所謂的派典轉移（paradigm shift）。

介入自閉兒語言教學的另一派典之爭是基礎語言教學（basal language approach）相對於全語言教學（whole language approach）（Altwerger & Flores, 1989; Phadung et al., 2013）。

基礎語言教學的心理學基礎是行為學派的派典，屬於由下而上（bottom up）的教學法。行為主義理論者認為，語言的學習有如砌牆建屋一樣，從一塊磚、一塊磚疊積而成，屬於砌磚式教學法。語言教學過程從發聲構音，然後單字、疊詞、片語、句子，最後進行語句和對話訓練。

全語言教學的心理學基礎是認知學派的派典，屬於由上而下（top down）的教學法。教學過程是先注重整體經驗的表述，暫時不注意詞彙的學習。所以教學之始，要注意用整句話完整而正確地表述其經驗與感受。

一般而言，低功能、年齡較低或初學語言的自閉兒對語言的處理過程（language processing），往往是「整體語言輸入」的形式（gestalt language processing），而非如正常兒童一樣採取「分析式語言輸入」的形式（analytic language processing）。如前述「去拿碗」，自閉兒是把「去拿碗」當成一個語詞輸入，而非將它分析成「去」、「拿」、「碗」三個不同意思的詞，加以輸入。這種語言輸入的形式是造成自閉兒錯誤使用語言的重要原因。若是功能較高、已有的語言能力較強、年齡較長的自閉兒，即可能採取正常兒童的分析式語言輸入形式。所以自閉兒的語言教學要依據其智商、語言能力、年齡等，採取不同的教學法。一般而言，教導高功能自閉兒學習語言，可以採用全語言教學，但是教導低功能者則以基礎語言教學較為適宜。

　　第三個派典轉移是從模擬化語言教學（analog teaching）（筆者稱之為結構化語言教學）轉移至自然環境語言教學（natural language teaching）。

　　所謂模擬化語言教學是指將自閉兒生活所需使用的語言，依邏輯或倫理編成教材，再由教師或語言治療師做有系統的教學。早期的自閉兒之語言矯治大都在教室或治療室做矯治工作，其教學方法是模仿與重複練習。此種語言教學類似臺灣早期的英語語言教學，學生在教室跟著老師學習英語句型，使用模仿與反覆練習記憶英語句型，卻無從用於真實生活情境。此種教學法的優點是能有系統且有效地學習必要的生活語言，但是對自閉兒而言，由於語用的困難，此種教學會演變成自閉兒雖然已經學了許多語言，卻不會運用於生活當中。自閉兒的語言訓練，若只是從老師的角度教導其所認為重要的語彙，往往只是會教他們去表達什麼，但並不是他們要表達的東西，如此一來，學生所學的語彙對他們就毫無意義。這樣的語言教學，雖然老師努力用盡各種增強技術，增進其溝通的能力，但卻無法誘導學生的溝通意圖。

　　自然環境語言教學的同義詞有對話性教學（conversational training）、溝通性教學（transactional training）、生態語言教學（milieu teaching）或偶發性語言教學（incidental teaching）（Farmer-Dougan, 1994; McGee et al., 1992），上述名詞的意義請參考下文說明。

目前，自然環境語言教學受到大多數學者的肯定，研究結果也判定此策略較為優秀，其優點如下述（Elliott et al., 1990）：

1. 可以教導自閉兒在自然環境下學會語言學習的策略。
2. 語言教學取材於自然環境下所使用的功能性語言。
3. 在自然環境中學會的語言容易類化到相似的情境，減少要從模擬環境類化到自然環境的需求。
4. 增加學習的動機。
5. 在人際互動中增加自我肯定與獨立性。
6. 在現實互動情境中得到自然結果的增強物。

但缺點有此種教學法較耗時、花錢，效果可能較差。

參、自閉兒的語言教學方法

一、先從接受性語言（聽、讀）下手

在語言學習上，表達性語言比接受性語言的學習困難得多。所以在進行語言教學時，老師或父母不要因為自閉兒不會說話，便放棄和他說話。

接受性語言學習的初期通常要從配對學習開始，也就是聲音與事物的結合。這是最基礎且簡單的學習歷程，除非智能嚴重障礙，否則只要反覆地練習，都能學會身邊的東西名稱、動作之詞彙，並作為溝通的基礎。

表達性語言則牽涉正確構詞，選擇適當的語彙和語法結合成正確語句，並於適當情境表達。應用表達性語言於互動的情境中，還牽涉對對方語言的理解，困難度較高。因此應從接受性語言之教學開始。

二、採用自然環境教學法

自然環境教學的涵義是溝通性語言教學，是指自閉兒的語言教學目標，應該是教自閉兒學習功能性語言（生活用得上的語言）於社會環境（真實的人際互動）中。

語用是自閉兒語言發展最弱的部分。會說話的自閉兒儘管學會了許多詞彙和語句，但是在互動中常常只使用少數的語言與他人互動，因此在教導自閉兒說話時，要優先考慮選擇「教自閉兒學習功能性語言（生活用得上的語言）於社會環境（真實的人際互動）中」的原因。

不會說話的自閉兒在使用行為語言溝通時，常常只是表達其生理需要（要吃飯、喝水或尿尿）及憤怒、害怕的情緒，這時候的行為語言表達常常會用偏差行為的方式演出。此時，父母或老師可用「行為的功能性分析」之概念，去理解自閉兒偏差行為的功能性目的，然後依據功能性分析的結果，教導他表達其行為之目的。上述若干例子即是說明，功能性分析與功能性溝通訓練是消除不語症自閉兒行為問題的方法。

另外，生態語言教學是指，自閉兒語言教學教材必須從生態環境中取材。自閉兒生活周遭的人（爸爸、媽媽、老師、伯伯、爺爺等）、事（早安、再見、尿尿、喝水、吃飯等）、物（廁所、桌子、椅子、香蕉、蘋果等）都是要優先學習的語彙。每日生活可能使用的語句，例如：「我要尿尿」、「我要吃飯」、「老師好」等，都是生態語言教學的一部分。

偶發性教學（隨機教學）（incidental teaching）是指，自閉兒的語言教學法應該在自然環境下做功能性的互動，由自閉兒選擇說話的主題，老師從旁引導。讓自閉兒暴露於多重例子的自然環境中（例如：帶自閉兒到水族館，讓他看到各種魚），以誘發自閉兒說話的意願，再進行教學。且當自閉兒注意某種東西，並有意溝通時，立即進行教學。

對自閉兒的任何語言行為都立即予以增強，不要等進步甚多或說得非常完美才增強，例如：當自閉兒看到「花」時，對你說「挖」（註：「挖」是「花」的省略音，即省略「ㄏ」這個音素，所以唸成「挖」），也應馬上予以增強說：「對，這是花。」這叫作語言的塑造（shaping）。

三、問句之教學

一般兒童由於好奇心之驅使，在 19 至 28 個月之間便常常會問「什麼？」、「做什麼？」、「哪裡？」等問題，31 至 34 個月時便會問「誰的？」、「誰？」、「為什麼？」、「如何？」等問題，但是自閉兒幾乎很

少會問此類問題，其原因之一可能是自閉兒的認知功能受損，對周遭環境缺乏好奇心使然；另一可能原因是自閉兒要學習理解與使用問句極其困難，需透過有系統的教學才能成功。

有位自閉兒的母親提及：他的兒子會不斷以手指指著各種東西並不斷問：「那是什麼？」卻不曾等待母親回答。顯然該自閉兒只是用延宕性鸚鵡語言與母親對話，卻不知「那是什麼」是個問句，也不知該問句的意義。

根據 Koegel 與 Koegel 在 1995 年之研究（引自 Schopler & Mesibov, 1995），當自閉兒學會這些常用問句後，竟大量減少問題行為之發生。以下說明常用問句的教學過程（引自 Koegel & Koegel, 1996, pp. 29-31）：

問句：「這是什麼？」

教學過程：

將自閉兒喜歡的東西（吸引注意）放在透明袋中。

教他說：「這是什麼？」

當自閉兒說：「這是什麼？」

之後，再將該東西拿出來給他，並告訴他該東西的名字。

把透明袋拿開，將他喜歡的東西放在桌上，並加上一樣他不一定喜歡的東西，然後指著他喜歡的東西，問他說：「這是什麼？」

接著帶他說：「這是餅乾。」

在他說：「這是餅乾」或「餅乾」之後，接著說：「對，這是餅乾。」

問句：「這是誰的？」

教學過程：

尋找專屬某人的東西，如爸爸的領帶、媽媽的髮夾、哥哥的玩具等。

教自閉兒說：「這是誰的東西？」

拿出一件東西，如爸爸的領帶，自問：「這是誰的領帶？」自答：「爸爸的。」

當自閉兒說：「爸爸的。」立即回應：「對，爸爸的。」

反覆練習此活動至自閉兒正確反應為止。

重複上述過程，但將東西換成媽媽的髮夾。

拿出哥哥的玩具自問：「這是誰的玩具？」教導回答說：「這是我的玩具。」

在此同時將玩具放在自閉兒身上。

問句：「＿＿＿東西在哪裡？」

教學過程：

拿一樣自閉兒喜歡的東西（如蘋果），展示給他看，然後將蘋果放在盒子上。

教他說：「蘋果在哪裡？」

「喂喂……」的喊叫，等他說完：「蘋果在哪裡？」立即說：「在盒子上。」

當他說：「在盒子上。」立即說：「對，在盒子上。」

反覆練習此活動至自閉兒正確反應為止。

重複上述過程，但改成「放在盒子裡」、「放在盒子下面」、「放在盒子旁邊」。

問句：「怎麼了？」

教學過程：

做一個動作：「把紙撕破」等。

老師說：「怎麼了？」

老師說：「紙破了。」

教自閉兒說：「紙破了。」

老師說：「對，紙破了。」

反覆練習此活動至自閉兒正確反應為止。

重複上述過程，但改成「拿青蛙做跳躍動作」、「旋轉烏龜」、「把手帕弄髒」等。

參考文獻

中文部分

宋維村（1983）。自閉症者的成長過程。**特殊教育季刊，11**，5-9。

宋維村（1997）。自閉症的診斷和亞型。載於李玉霞（主編），**家長資源
手冊**。中華民國自閉症基金會。

許素彬（1997）。自閉兒的困擾行為與溝通能力缺陷。**特殊教育季刊，
65**，8-12。

英文部分

Altwerger, B., & Flores, B. (1989). Abandoning the basal: Some aspects of the
change process. *Theory into Practice, 28*(4), 288-294.

Bellon, M. L., Ogletree, B. T., & Harn, W. E. (2000). Repeated storybook reading as
a language intervention for children with autism: A case study on the applica-
tion of scaffolding. *Focus on Autism and Other Developmental Disabilities, 15*
(1), 52-58.

Boesch, M. C., Wendt, O., Subramanian, A., & Hsu, N. (2013). Comparative effi-
cacy of the Picture Exchange Communication System (PECS) versus a speech-
generating device: Effects on requesting skills. *Research in Autism Spectrum
Disorders, 7*(3), 480-493.

Cummings, A. R., Carr, J. E., & LeBlanc, L. A. (2012). Experimental evaluation of
the training structure of the picture exchange communication system (PECS).
Research in Autism Spectrum Disorders, 6(1), 32-45.

Dogoe, M. S., Banda, D. R., & Lock, R. H. (2010). Acquisition and generalization
of the picture exchange communication system behaviors across settings, per-
sons, and stimulus classes with three students with autism. *Education and Tra-
ining in Autism and Developmental Disabilities, 45*(2), 216-229.

Donnellan, A., Mirenda, P., Mesaros, R., & Fassbender, L. (1984). Analyzing the communication functions of aberrant behavior. *Journal of the Association for Person with Severe Handicaps, 9*, 201-212.

Durand, V. M., & Crimmins, D. B. (1987). Assessment and treatment of psychotic speech in an autistic child. *Journal of Autism and Developmental Disorders, 17*, 17-28.

Elliott, R. O., Hall, K. L., & Soper, V. (1990). Analog language teaching vesus natural language teaching: Generalization and retention of language learning for the adults with autism and mental retardation. *Journal of Autism and Developmental Disorders, 21*, 433-448.

Farmer-Dougan, V. (1994). Increasing requests by adults with developmental disabilities using incidental teaching by peers. *Journal of Applied Behavior Analysis, 27*(3), 533.

Flippin, M., Reszka, S., &Watson, L. R. (2010). Effectiveness of the picture exchange communication system (PECS) on communication and speech for children with autism spectrum disorders: A meta-analysis. *American Journal of Speech-Language Pathology, 19*(2), 178-195.

Howlin, P., Gordon, R. K., Pasco, G., Wade, A., & Charman, T. (2007). The effectiveness of picture exchange communication system (PECS) training for teachers of children with autism: A pragmatic, group randomised controlled trial. *Journal of Child Psychology and Psychiatry, 48*(5), 473-481.

Hurtig, R., Ensrud, S., & Tomblin, J. (1982). The communicative function of question production in autistic children. *Journal of Autism and Developmental Disorders, 12*, 57-69.

Koegel, R. L., & Koegel, L. K. (Eds.) (1996). *Teaching children with autism: Strategies for initiating positive interactions and improving learning opportunities*. Paul H. Brookes.

Kravits, T. R., Kamps, D. M., Kemmerer, K., & Potucek, J. (2002). Brief report: Increasing communication skills for an elementary-aged student with autism using the picture exchange communication system. *Journal of Autism and Developmental Disorders, 32*(3), 225-230.

McEvoy, R. E., Lavelang, K. A., & Landry, S. H. (1988). The functions of immediate echolalia in autistic children: A developmental perspective. *Journal of Autism and Developmental Disorders, 9*, 33-40

McGee, G. G., Almeida, M. C., Sulzer, A. B., & Feldman, R. (1992). Promoting reciprocal interactions via peer incidental teaching. *Journal of Applied Behavior Analysis, 25*(1), 117-126.

Ostryn, C., Wolfe, P. S., & Rusch, F. R. (2008). A review and analysis of the picture exchange communication system (PECS) for individuals with autism spectrum disorders using a paradigm of communication competence. *Research and Practice for Persons with Severe Disabilities (RPSD), 33*(1-2), 13-24.

Phadung, M., Surachai, S., Kaewprapan, W. H., & Jane L. (2013). The use of interactive storybook based on whole language approach in the classroom: An effective method for supporting early literacy learning of children. *Review of Management Innovation & Creativity, 6*(20), 12-19.

Preston, D., & Carter, M. (2009). Interpersonal relationship, speech communication, augmentative and alternative communication, literature reviews, pictorial stimuli. *Journal of Autism and Developmental Disorders, 39*(10), 1471-1486.

Quill, K. A. (Ed.) (1995). *Teaching children with autism: Strategies to enhance communication and socialization*. Delmar.

Tien, K.-C. (2008). Effectiveness of the picture exchange communication system as a functional communication intervention for individuals with autism spectrum disorders: A practice-based research synthesis. *Education and Training in Developmental Disabilities, 43*(1), 61-76 .

Yoder, P. J., & Lieberman, R. G. (2010). Brief report: Randomized test of the efficacy of picture exchange communication system on highly generalized picture exchanges in children with ASD. *Journal of Autism and Developmental Disorders, 40*(5), 629-632.

第六章

自閉症學生的心智理論與教學

于曉平

第一節　心智理論的定義與相關研究

壹、心智理論的定義與發展階段

　　心智理論的研究最早可回溯到 Piaget 的研究（Flavell, 1999）。過去的心理學家認為，人類理解心理的能力是與生俱來的，但 Piaget 卻認為兒童一直要到 6、7 歲才可能進入心智發展的「具體運思期」，此時兒童才有能採取他人觀點並具有了解他人感受的能力（保心怡，2003；Lillard & Curenton, 1999）。

　　之後，心智理論的發展研究興起於 1980 年代，Premack 與 Woodruff 首先使用「心智理論」（Theory of Mind）一詞，於 1978 年發表〈黑猩猩是否擁有心智理論的能力〉（Does the chimpanzee have a theory of mind?）一文，定義所謂的心智理論能力。他們的研究發現：黑猩猩能用心理狀態來了解及預測人的行為，因此認為黑猩猩具有心智理論的能力。後來的研究者逐漸將該主題的研究範圍延伸到人類的嬰幼兒、自閉症者，以及其他具有社

會互動困難的對象上，並形成各種相關的心智理論研究（陳元亨，2007）。

所謂的心智理論是指，兒童能了解自己的想法、感覺、意見及他人的意圖，或利用溝通過程所獲取的資料來預測他人動向或他人行為的能力，這也是兒童了解自己與他人之間關係的要素，能用以幫助兒童了解外在環境，繼而表現出具有社會能力的行為，而這項能力也是兒童了解整個社會環境及參與社會競爭行為的先決條件（Muris et al., 1999; Wellman, 1990）。心智理論發展的相關研究至今已成為社會認知發展領域研究的主流，探討兒童對各種心智狀態、知覺輸入、行為輸出或不同心智狀態之間的關聯性；擁有心智理論，意味著人們對人類心智的不同範疇，例如：作夢、想像、意向、信念、記憶等心智狀態有所了解，並能依此解釋他人行為（Flavell, 1999）。

在正常發展之下，兒童大約到了3至5歲就能發展出這個能力，其有關心智理論的發展從能將外界刺激、心理狀態與外顯行為相連結，到能分辨抽象情境而透過想像產生心理狀態及行為，進而有能力判斷心智狀態與外顯的行為是互相矛盾（Flavell et al., 1993）。一般兒童在2歲左右可以說出自己與他人的感覺，4歲可以回答出初級錯誤信念的問題，而一般兒童心智理論發展階段的特徵可包含五個階段（如表6-1所示），從而發展出個人的心智狀態、表徵與詮釋的能力（引自陳奕蓉，2008，頁 192；Flavell et al., 1993, pp. 100-114）。

表 6-1　一般兒童心智理論發展階段的特徵

階段	年齡	發展特徵
一	2 歲以前	1. 能了解心智的存在，知道需求、情緒和其他心理狀態。 2. 約 18 個月大的幼兒能用「想要」和「生氣」等字眼來表達需求和情緒。 3. 約 2 歲左右能說出高興、難過、想要、喜歡等心智狀態的名詞。 4. 約 3 歲前會使用表達意圖行動和需求的詞彙，例如：「想要去……」，以及運用知道、記得、想一想等認知名詞。 5. 約 18 至 24 個月開始發展假裝遊戲的先備能力，運用外在符號來表徵物品，例如：把香蕉當成電話。
二	約 2 至 3 歲	1. 能連結心智與外在世界，知道「刺激—心理狀態—行為表現」三者的關聯。 2. 發展出觀點取替的能力和理解「看到導致知道」的原則，此是發展錯誤信念的關鍵。
三	約 3 至 4 歲	1. 能區辨心理與物理狀態的差異，知道心智狀態是內隱且抽象的。 2. 可以想像剛才看過但現在不存在的物品並討論它，也可以想像實際上不存在的事物，例如：鬼魂或怪獸等。
四	約 4 至 5 歲	1. 了解心智能正確或不正確地表徵物體或事件，知道人們的行動會基於他們所相信的內容而非真正的事實。知道表徵可以被改變或可能是錯誤的，已具備錯誤信念的能力。 2. 知道行為可能與心理狀態不一致，例如：喜極而泣的狀態。 3. 意識到表徵可能隱含多種意義，例如：辨識動物不能僅靠單一線索，灰色的動物可能包括大象和老鼠等。 4. 知道不同人的知覺看法和信念可能不同，能推測不同人看物體時所看到的景象。 5. 物體的外表與物體真正的本質可能不同，例如：蘋果造型的蠟燭，並不是真正能吃的蘋果。
五	約 5 至 7 歲	知道心智能主動詮釋外在世界的情境和事件，了解人們先前的經驗會影響其對事物的感受、情緒和社會推論。

註：整理自陳奕蓉（2008，頁 192）以及 Flavell 等人（1993, pp. 100-114）。

貳、心智理論的相關研究

　　心智理論能力包含：觀點取替能力、看到導致知道原則、先對假裝，以及需求、意圖、情緒有所理解後才能了解錯誤信念等，是一種循序漸進的發展階段。心智理論又依層次分為基礎階段、高階及成人階段心智理論能力等，基礎階段的能力包含情緒理解及初級錯誤信念的理解，而高階心智理論能力則包含次級錯誤信念的理解及區辨謊話和玩笑，至於成人階段心智理論能力則包括理解非表面語意、辨認失禮情境，以及由眼神或聲音察覺他人的心智狀態等能力。

　　至於心智理論能力與一般認知能力的關係為何？林慧麗等人（2015）整理有關心智理論之相關研究指出，雖然過去有研究者將心智理論視為一般認知能力的展現，並不需要被獨立出來作為一項單獨的能力，但是近年來無論是後設分析研究或神經生理基礎的證據皆發現，透過錯誤信念作業測量個體對於心智的理解，不只是一種單純的、不特定的認知能力展現，它牽涉的能力亦包含了領域特定的成分。而由於心智理論能力的多重面貌，除了需要藉由許多測驗與實驗，實際評估了解個體的不同發展情形，並可探討其與其他能力間的關係，方能細緻描繪出其豐富的本質。

一、基礎階段心智理論的相關研究

　　基礎階段的心智理論能力係指能了解心理狀態之表徵，包含能辨識基本情緒、理解看到導致知道的原則，以及具備初級錯誤信念（first-order false beliefs）的能力。對於自閉症兒童而言，不論是在臉部表情、聲音語調，或因情境、需求或信念而引起的情緒辨識上皆有困難。

（一）基本情緒的理解與辨識

　　Hobson與其同事分別於 1986 和 1988 年針對自閉症兒童進行一系列情緒配對的測驗，其運用照片、圖畫、錄影帶及錄音帶等方式呈現高興、難過、生氣、害怕和自然等情緒，並觀看整張臉孔和部分臉孔來辨識情緒。研究結果皆顯示：自閉症兒童在辨識情緒方面有困難，且在辨識情緒的處

理歷程上異於同齡的非自閉症者（引自謝宛陵，2008，頁 194）。

　　Baron-Cohen 等人（1993）則以辨別高興、難過和驚訝三種不同情緒，來研究自閉症、智能障礙、普通三組兒童，結果發現他們在高興和難過兩種情緒的辨別沒有顯著差異，但在驚訝的情緒辨別上，自閉症兒童比其他兩組兒童表現差，此顯示自閉症兒童在情緒資訊的理解上有問題。表 6-2 的「情緒測驗」是 Baron-Cohen（1991）為了解及預測自閉症者對因情緒、需求和信念三方面所引起的情緒反應之工具，研究受試分為自閉症、智能障

表 6-2　「情緒測驗」（部分）

研究者向兒童 A 介紹女娃娃的名字：「她叫做 Jane。」
命名問題（naming question）：「你能告訴我她的名字嗎？」（正確答案：Jane）

情境測驗（situation test）

Jane 要去參加生日派對。

情境問題（situation question）：她的感覺如何？（正確答案：高興）

解釋問題（justification question）：為什麼？（正確解釋：因為生日派對很好玩，可以得到禮物等）

生日派對結束後，Jane 走路回家時跌到了並撞到膝蓋。

情境問題：她覺得如何？（正確答案：難過）

解釋問題：為什麼？（正確解釋：因為她受傷了，受傷的感覺並不好受等）

初級需求測驗（first desire test）

隔天，Jane 在吃早餐。她喜歡吃玉米片，不喜歡吃可可片，桌上有一些玉米片（未拆開的玉米片包裝盒）和可可片（未拆開的可可片包裝盒）。她想要吃一些玉米片。

需求問題 1：如果我們給她玉米片包裝盒，她會覺得如何？（正確答案：高興）

解釋問題 1：為什麼？（正確解釋：因為她喜歡玉米片等）

需求問題 2：如果我們給她可可片包裝盒，她會覺得如何？（正確答案：難過）

解釋問題 2：為什麼？（正確解釋：因為她不喜歡可可片等）

註：引自 Baron-Cohen（1991, pp. 387-388）。

礙與普通三組兒童，各組人數約 16～19 人，平均年齡介於 5～6 歲。結果發現：自閉症兒童（17.6%）因信念引起的情緒問題表現明顯低於智能障礙兒童（56.3%）及普通兒童（73.7%），而在情緒及需求的表現上，三組兒童則無明顯差異。

（二）看到導致知道原則的理解

一般兒童約到 2 至 3 歲即能了解看到導致知道的原則。Perner 等人（1989）欲了解自閉症兒童是否也具備看到導致知道的原則，於是選取 26 位心理年齡約 3 至 13 歲的自閉症兒童施測「看到導致知道測驗」（如表 6-3 所示），結果有 74% 通過「看見」的問題，僅 43% 通過「知識」的問題，此顯示自閉症兒童理解看到導致知道的原則確有困難。

表 6-3　「看到導致知道測驗」

研究者 1 展示一個箱子與幾項物品給兒童和研究者 2 看，研究者 1 確認兒童皆熟悉物品，並告訴兒童：「我將要選擇其中一樣物品放進杯子裡，且任何人都看不到。」當物品放進杯子裡後，研究者 1 讓兒童和研究者 2 確認他們都看不到物品。

在研究者 2 不知情的情境下，研究者 1 讓兒童看一下杯子裡的物品，並告訴兒童：「我會讓你看杯子裡的東西，但我不會讓研究者 2 看。」而在兒童不知情的情境下，研究者 1 讓研究者 2 看杯子裡的物品，並且告訴他不會讓兒童看。接著，研究者 1 詢問兒童以下問題：

他人知識（other-knows）：「研究者 2 知道我放在杯子裡的東西是什麼嗎？」

　　解釋：為什麼他不知道？

他人看見（other-seen）：「我讓研究者 2 看杯子裡的東西了嗎？」（若兒童已經在解釋題回答則省略此題）

自己知識（self-knows）：「你知道我放在杯子裡的東西是什麼嗎？」

自己看見（self-seen）：「我讓你看杯子裡的東西了嗎？」（若兒童已經在解釋題回答則省略此題）

註：引自 Perner 等人（1989, p. 693）。

（三）初級錯誤信念的理解

Dennett（1978）認為，了解錯誤信念（false belief）即代表個體具有心智理論，亦即具備察覺他人與自己或與真實事件不同的信念之能力時，才可被認定為具備心智理論的能力。所謂的初級錯誤信念是指，個體能了解他人有與自己事實不同的信念（鳳華，2004）。錯誤信念所呈現的心智狀態在反應個人依據自己對事件的相信而產生的想法或行為，並未完全符合真實情境。當個人所持有的信念與真實情境不一致時，就會形成錯誤信念，並依此表現出不符合真實情境的說法及行為。因此，要了解一個兒童是否已經發展出心智理論能力的方法，就是去評估該兒童是否有能力了解他人擁有錯誤信念。

Winner 與 Perner 採用其看法，於 1983 年設計了「Maxi and chocolate」未預期移位的初級錯誤信念任務來測量正常的兒童。而後，Perner 與 Wimmer 又於 1985 年編製了另一個有關未預期內容（unexpected contents task）之故事「Smarties」的心智理論測驗，用以評估初級錯誤信念的工具（Hogrefe et al., 1986）。該測驗內容為施測者讓受試者看一盒外包裝為巧克力的盒子（Smarties），請受試者猜猜看裡面放什麼？之後，施測者打開盒子，裡面放的竟然是一枝鉛筆。之後，再詢問受試者：如果等一下有另一個人進來看到這個盒子，他會認為裡面裝什麼。在該測驗中，受試者需要能夠理解他人所認定的信念之判斷，才有能力正確回答施測者所提出的問題。研究結果顯示：6 歲以上的一般受試者大多可輕易地通過次級錯誤信念測驗（Frith & Frith, 2003）。

之後，Baron-Cohen 等人（1985）改編、設計了經典的「Sally-Anne」任務（如表 6-4 所示），並比較自閉症、唐氏症以及一般正常發展兒童的回答情形。研究結果發現：85%的一般正常發展兒童和 86%的唐氏症兒童都能正確說出 Sally 會去籃子找球（原來的地方）；然而，80%的自閉症兒童卻說 Sally 會去盒子找球（球真正在的地方）。而通過測驗的四位自閉症兒童，其生理年齡（在10歲11個月至15歲10個月之間）和語文心理年齡（在

2 歲 9 個月至 7 歲之間）都比其他兩組兒童高很多：唐氏症兒童的生理年齡平均為 10 歲 11 個月、心理年齡為 2 歲 11 個月；一般正常發展兒童的生理年齡平均為 4 歲 5 個月，未做心理年齡的施測。以上顯示自閉症兒童在理解錯誤信念上有明顯的困難。

表 6-4 「Sally-Anne 測驗」（初級錯誤信念─未預期移位）

這是 Sally，她有一個籃子。那是 Anne，她有一個盒子。
命名問題（naming question）：這是誰？（研究者指著其中一個娃娃）
Sally 有一顆球，她把球放進她的籃子裡。然後，Sally 就出去了。
Anne 將籃子裡的球拿出來，放進自己的盒子裡。
後來，Sally 回來了，她想玩球。
Sally 會去哪裡找球呢？
信念問題（belief question）：Sally 會去哪裡找球呢？
真實問題（reality question）：球應該在哪裡呢？
記憶問題（memory question）：剛開始時，球是在哪裡呢？

註：引自 Baron-Cohen 等人（1985, p. 41）。

　　綜合上述，自閉症兒童在基礎情緒的辨識上確有困難，其辨識情緒的處理歷程上也異於非自閉症者，且難以理解看到導致知道的原則和推測因信念所引起的情緒及初級錯誤信念。

二、高階及成人心智理論的相關研究

　　高階及成人心智理論係指具備複雜的社會認知能力，內容大致包括次級錯誤信念（second-order false beliefs）、語用能力（如理解非表面語意、辨別失禮情境、區辨謊話和玩笑，以及理解幽默、隱喻或諷刺等），以及由眼神或聲音察覺他人的心智狀態等，相關研究分述如下。

（一）次級錯誤信念的理解

次級錯誤信念是指，個體能考量他人如何看待其他人的想法，因而做出適切的判斷（鳳華，2004）。Baron-Cohen（1989）最早以自閉症者為受試者進行 Perner 等人（1989）所設計的標準化「次級錯誤信念測驗」（如表6-5 所示），以了解其在次級錯誤信念上的能力。在測驗中，透過受試者回答確認問題（對信念問題的解釋），可了解到受試者是否具備分辨自己和他人之間信念差異的能力。換言之，受試者是否能確認整個故事的發展，推論 A 認為 B 所認為的事情（即受試者能了解 A 解釋 B 認為 C 的想法）。結果發現：約 6、7 歲的普通兒童能理解次級錯誤信念的狀況，但能通過初級錯誤信念的自閉症者中，不到十分之一的人數能正確回答次級錯誤信念問題。

Ozonoff 等人（1991）採用同一個測驗，配對受試者的年齡與智商，比較亞斯伯格症、高功能自閉症與正常的兒童在心智理論測驗上的得分，結果發現：亞斯伯格症組在得分上與正常組並無差異，但高功能自閉症組在初級與次級心智理論測驗上的得分則顯著低於正常組與亞斯伯格症組的兒童。而 Bowler（1992）比較亞斯伯格症者與精神分裂症患者，以及一般正常的青少年或成人個案在「次級錯誤信念測驗」上的表現，結果顯示：亞斯伯格症者在次級錯誤信念上的表現比一般正常組差，有別於先前的研究結果。

而後，Holroyd 與 Baron-Cohen（1993）採用縱貫法研究 17 名高功能自閉症兒童在初級錯誤信念及次級錯誤信念的心智發展狀況，結果顯示：高功能自閉症兒童並未隨年齡的成長而有所成長。相同的結果在國內學者鳳華（2001）探討中部地區自閉症兒童心智理論的發展狀況研究中，亦可看出正常兒童在各階段的得分依年級增長有明顯增加的趨勢，但自閉症兒童卻無明顯變化。然其在 2006 年的研究結果卻顯示：ASD 兒童的心智理論能力隨著年齡而有逐步增長的現象，研究結果並不一致。

Dahlgren 與 Trillingsgaurd（1996）以「Sally-Anne 測驗」以及「Ice Cream Man 測驗」進行初級錯誤信念與次級錯誤信念的評估，並將受試者區分

表 6-5 「Ice Cream Man 測驗」

John 與 Mary 在公園裡玩時，看見賣冰淇淋的人往公園裡走過來。

John 想要買冰淇淋，但是他沒有錢，賣冰淇淋的人告訴 John 說：「你可以回家拿錢，我一整個下午都會在公園裡。」

然後，John 回家拿錢了。

不久，賣冰淇淋的人改變了心意並決定到學校賣冰淇淋。

Mary 知道賣冰淇淋的人改變了他的心意，也知道 John 並不知道賣冰淇淋的人改變心意（因為 John 已經回家了）。

賣冰淇淋的人往學校出發的路上，經過 John 的家門口，John 看到了賣冰淇淋的人並問他要到哪裡去？賣冰淇淋的人告訴 John，他要到學校去賣冰淇淋。

此時，Mary 仍在公園裡玩，所以她並不知道賣冰淇淋的人告訴 John 他的去處。

之後，Mary 離開公園並前往 John 的家中。

John 的媽媽告訴 Mary 說：John 已經去買冰淇淋了。

提示問題：

　　a. 賣冰淇淋的人告訴 John 他整個下午會在哪裡？

　　b. 賣冰淇淋的人說他要到哪兒去？

　　c. John 有聽到他說的話嗎？

　　d. 賣冰淇淋的人告訴 John 他將要到哪兒去？

　　e. Mary 知道賣冰淇淋的人和 John 說的話嗎？

信念問題：Mary 認為 John 會到哪裡去買冰淇淋呢？

確認問題：為什麼呢？

事實問題：John 實際上去哪兒買冰淇淋呢？

記憶問題：一開始的時候，賣冰淇淋的人在哪裡呢？

註：引自 Baron-Cohen（1989, p. 290）。

為亞斯伯格症組、高功能自閉症組，以及正常組三組，結果發現：亞斯伯格症組與高功能自閉症組在心智理論能力的表現上並沒有差異，兩組在初級心智理論能力的表現上與正常組無異，但在次級心智理論能力的表現上則均顯著低於正常組。

有關次級錯誤信念的研究發現，次級錯誤信念的難度有別於初級錯誤信念，因為次級錯誤信念的題型顯然比初級錯誤信念複雜許多，受試者在解釋、確認問題時，更需仰賴完善的訊息處理能力及專注力。此外，訊息處理能力與語文能力的發展也是重要的影響因素。Tager-Flusberg 等人（1993）發現，無法通過錯誤信念測試的 ASD 兒童，其在語言發展上通常也有遲滯現象，而且語言表現型式亦不同於非自閉症兒童。Sullivan 等人（1994）的研究也發現，歸因次級錯誤信念不須涉及其他認知改變的過程，但需要完備的訊息處理能力。歸納不同研究與其受試者比較的結果可以發現：

1. 可以通過初級錯誤信念的自閉症者不一定能通過次級錯誤信念。
2. 正常兒童的心智理論發展會依年齡增長而有明顯增加的趨勢，但自閉症兒童卻不一定。
3. 即使認知或語言能力較高的亞斯伯格症者，其次級錯誤信念的發展也不見得與正常兒童相當。
4. 訊息處理能力在高階心智理論的發展扮演重要角色，其中會涉及語文能力、記憶存取能力與閱讀理解能力等。
5. 高功能自閉症者與亞斯伯格症者的心智理論發展有其不同之處。

然而，整體研究結果因個案偏少，在推論上仍受到一些限制。

（二）區辨謊話和玩笑

　　大部分的自閉症兒童在理解非表面語意有困難，例如：隱喻、說謊、開玩笑、雙關等。Baron-Cohen（1997）發現學齡期的自閉症學童，其心智年齡達 6 歲者仍有理解非語意參照的困難。然而，正常兒童在 3 歲時即能預期說話者的意圖：當說話者說出一個無意的謊話，其實他是在陳述一個他所知的錯誤事實而非故意說謊；反之，當說話者說了有意的謊話，他可能是存心欺騙聽者，或可能是開玩笑、嘲弄或反諷的目的而已。此種理解語意的困難，普遍存在於自閉症者心智理論的發展缺陷上（引自謝宛陵，2005，頁 42）。

「謊話／玩笑測驗」（Joke/Lie Task）用同樣一句與事實相反的話，依說話者的動機或目的分為謊話或玩笑話，受試者須融合整個情境裡有形或無形的線索加以判斷，並輔以原因說明為何認為這是一句謊話或玩笑話（確認問題），才能將受試者心中的判斷準則引導出來（如表 6-6 所示）。

表 6-6　「謊話／玩笑測驗」

故事一：雜亂的房間～說謊題型

Simon 非常想出去玩，但他的祖母說他必須先清理他散亂的房間，但 Simon 非常討厭整理房間（顯示一張凌亂的房間圖）。此時門鈴響了，祖母走出 Simon 的房間下樓應門，祖母不在了，但 Simon 仍沒有清理他的房間。

事實問題（fact question）：Simon 有清理他的房間嗎？

　　Simon 到樓下姐姐的房間去，當 Simon 不在自己的房間時，祖母悄悄地上樓並偷看了 Simon 的房間，她看到房間仍很凌亂，而 Simon 因為在姐姐的房間，所以沒看到祖母在偷看他的房間。

理解問題（perceptual access question）：祖母知道 Simon 沒有清理他的房間嗎？

次級無知問題（second-order ignorance question）：Simon 知道祖母知道他沒有清理房間嗎？

　　祖母下樓到廚房去，Simon 一會兒也下樓找祖母，並告訴她說：「我將我房間打掃好了。」

輔助記憶（memory aid）：記得喔！Simon 並不知道祖母偷看過他的房間。

謊話或玩笑（lie-joke question）：Simon 說的是玩笑話或謊話呢？

故事二：吃豌豆～開玩笑題型

Mike 真想吃蛋糕，但媽媽說他必須先吃完他碗中的豌豆才可以，但 Mike 最討厭吃豌豆了。此時客廳的電話響起，媽媽走出餐廳去接電話，現在媽媽不在餐廳，而 Mike 也沒有吃完豌豆。

事實問題（fact question）：Mike 將豌豆吃完了嗎？

　　媽媽回到餐廳，她看到碗中的豌豆。

理解問題（perceptual access question）：媽媽有看到 Mike 並沒有吃他的豌豆嗎？

表 6-6　「謊話／玩笑測驗」（續）

次級無知問題（second-order ignorance question）：Mike 知道媽媽看到他並沒有吃豌豆嗎？

　Mike 告訴媽媽說：「我將豌豆吃完了。」

輔助記憶（memory aid）：記住喔！Mike 知道他媽媽看到他碗中的豌豆還在。

謊話或玩笑（lie-joke question）：Mike 說的那句話是玩笑或謊言？

註：引自 Sullivan 等人（1995, p. 196）。

　　Happé（1994）比較自閉症成人、普通兒童、普通成人和智障成人在高階心智理論測驗（包含：謊話、白色謊言、玩笑、假裝、誤會、外觀與真實、比喻、諷刺等）的得分，結果顯示：自閉症成人組在心理狀態解釋顯著低於其他組別。

　　Leekam（1991）發現，兒童能歸因次級信念（說者認為聽者相信某件事）與次級意向（說者想要聽者知道這個事實）的年齡發展，比分辨玩笑和謊話的發展還要早。Winner 與 Leekam（1991）發現，兒童須先發展出次級意向判斷（說者想讓聽者相信他所說的話）能力，才能接續發展到分辨謊話與玩笑的能力。

（三）辨別失禮情境

在「辨別失禮情境測驗」（The Faux Pas Task）中，受試者需指出故事中屬於失禮的情節，以檢視受試者是否能分辨是否失禮。Baron-Cohen 等人（1999）針對此測驗設計了三項研究，研究一結果顯示：7 歲組女生的表現比 9 歲組男生的表現還要好，可見女生在此部分的發展比男生優越。雖然語文心智年齡和失禮作業表現間存在正相關，但能答對理解問題，卻不能說明失禮的情境，仍然不算通過該測驗，故偵測失禮情況的能力無法單以語文心智年齡預測，也因而消弱了兩者的相關性，且 11 歲組男、女生的作業表現並無顯著差異存在。研究二結果顯示：高功能自閉症與亞斯伯格症兩組受試者的語文心智年齡能力差距不大，且在理解問題和錯誤信念問題的表現水準與控制組無異，但在偵測失禮作業的表現明顯低於一般兒童。研

究三全部採用高功能自閉症與亞斯伯格症的男生受試者，且生理年齡平均高於控制組，結果在偵測失禮情境的表現與控制組相較仍達顯著差異水準。此結論說明了高功能自閉症者與亞斯伯格症者在應用心智狀態知識（mental state knowledge）上仍有缺陷存在。

謝宛陵（2005）歸納此能力發現，相對於通過基礎心智理論測驗的能力，在高階心智理論能力的展現上，更需要受試者參照更多的情節線索，並加以統整歸納後，才能推敲故事中主角的言外之意，以表達適當的回應技巧和應答互動。

（四）由眼神或聲音察覺他人的心智狀態

Baron-Cohen 等人（1997）為了了解自閉症者難以理解他人情緒是否與其甚少與他人有眼神接觸有關，於是針對自閉症成人設計了較敏銳的心智理論測量工具「由他人眼神讀出心智測驗」（Reading the Mind in the Eyes Test），測驗方式乃是呈現眼神及全臉部位的表情照片，要求受試者在兩個選項中選出最適合形容此張眼神所傳達的思想或感覺之語句。結果顯示：自閉症成人在基礎情緒的辨識上與普通成人無差異；但是在複雜情緒的表現上顯著低於普通成人。

在「由他人聲音語調讀出他人心智測驗」（Reading the Mind in the Voice Task）中，Rutherford 等人（2002）讓受試者聽著錄音機撥放的簡單對話，請其選擇適當的形容詞描述說話者的心智狀態，並猜測說話者的年齡範圍。研究結果顯示：自閉症組從聲音刺激中讀出心智狀態有困難，但是其表現不佳有可能受其他變項影響，如注意力、聽力、語文能力。根據現有的文獻，在所有的研究中，部分的自閉症個案有的可以通過初級或次級錯誤信念測驗，顯示他們具有相當於 6 至 9 歲兒童的心智理論能力（Baron-Cohen et al., 1997），但是在更複雜的心智理論測驗或日常生活人際互動情境中，他們的表現仍低於普通兒童。但該研究尚未得到一致的結果，當受試者的生理年齡較高，或者是測驗內容簡化和語文複雜度降低時，自閉症兒童仍然可以通過「次級錯誤信念測驗」，且大部分的研究發現：自閉症成人在心智理論作業的通過率較高，此顯示受試者的年齡可能會影響研究的

結果；然也有研究指出，自閉症者的心智理論發展並未隨年齡成長而有所增長（Holroyd & Baron-Cohen, 1993），其結果並不一致。

第二節　自閉症學生的心智理論缺陷

壹、自閉症學生的身心特質與心智理論缺陷

　　Baron-Cohen 等人（1985）首先提出自閉症者具有心智理論缺陷的假說，他們發現自閉症者無法與他們過去的經驗連結，並且無法從外在刺激將他人的想法及情感連結，缺乏對於他人內心感受與想法的了解，導致其無法發展出良好的社會互動行為。在其一系列的研究中發現，同年齡的智能障礙兒童及年紀較小的正常兒童能預測他人的行為，但 80%的自閉症兒童卻無法正確地預測他人的行為。此後有許多不同的研究運用不同的評量與作業對自閉症者的心智理論作探討，例如：Happé（1994）以及Baron-Cohen 等人（1997）的研究顯示，就算是智力正常的高功能自閉症者或亞斯伯格症者，其推論他人內在認知與心理狀態的能力比普通人差，而且他們所提供的解釋常不正確或是故事內容情境不相關，此均可能受心智理論缺陷的影響。Howlin 等人（1999）具體指出自閉症兒童在心智理論的缺陷包含：

1. 無法敏銳地覺察他人的感覺。
2. 無法理解個人的經驗與他人不同。
3. 無法解讀他人的意圖與想法。
4. 無法經由解讀及回應他人意圖，而獲得友誼。
5. 無法了解他人對自己的談話內容是否感興趣。
6. 無法察覺他人話語中隱藏的意涵。
7. 無法由他人的想法去預測說話者的意圖或他人的行動。
8. 無法了解他人可能會犯錯。

9. 無法欺騙他人或了解欺騙行為。

10. 無法了解他人行為背後的動機。

11. 無法了解不成文的規則或習俗。

若一個人能有系統地掌握人與人之間的互動行為，便表示他懂得運用心智理論，即是能理解自己與他人的心理狀態，包括：情緒、信念、期望、意圖等，並能根據這些資料預測和解釋他人的行為。國內宋維村與姜忠信（2001）分析相關的研究認為，自閉症兒童心智理論的發展比普通兒童緩慢，而且他們的心智理論缺陷也比其他心智障礙兒童來得嚴重，其發展也有異常的現象。他們對於「自己」和「他人」的概念混淆不清，更無法理解他人的想法來預測其行為，這種認知上的缺陷可能是造成自閉症學童出現人際互動和語言溝通障礙的主因。

貳、心智理論和高功能自閉症語言能力的關係

語言是一套可用來溝通訊息與表達情感的符號系統，包含：語意、語法與語用等部分。自閉症者因其智力情形、腦傷程度、狹隘的認知能力，以及語言學習歷程的差異等因素，其語言能力的表現與可能出現的問題也相對複雜許多。以智力因素為例，七成至八成的自閉症者有智能方面的問題，相對也影響其語言、認知能力的表現。分析其與心智理論的關聯可以發現，心智理論一般是由口語的方式表達，而語言理解與表達又與接收者的心智狀態，以及說話者在傳遞與推論他人的心智狀態有關（Doherty, 2009），因此心智理論能力與語言發展具有高度關聯是可以肯定的（Astington & Baird, 2005; Milligan et al., 2007）。

而心智理論與語言發展的關係，無論是孰先孰後，不同的學派均有其各自的說法。認為「心智理論依附著語言發展」的學者，不認同「成功通過心智理論測驗才具備語言能力」的說法，其認為受試者必須完全了解語言內容才能做出回應，所以語言發展不佳的學童，其心智理論能力的發展也會受到影響；提出「語言依附著心智理論」的學者認同 Piaget 的觀點，認為認知發展在語言之前，因此心智理論並非依賴表徵獲得，而是兒童必須

先發展出錯誤信念和表面—實際概念等心智理論能力之後，語言能力才會與之增長，然而心智理論的發展由語言所促進的可能性仍是存在的。最後，多數的學者認同「心智理論和語言能力為互賴關係」，兩者發展因某些共同因素為基礎，可能屬於內在層面（如工作記憶、執行功能），或是外在層面（如兒童在社會文化活動參與過程中經驗之累積），一方的發展相對也促進另一方能力的提升（謝宛陵，2008；Astington & Jenkins, 1999）。

Doherty（2009）在《心智理論》（*Theory of Mind*）一書中，將語言的不同成分與心智理論能力的關聯加以說明，其中語法是語言的架構，通常在描述心智狀態時的語法結構是複雜的形式，且愈是描述不同於當下事實的狀態，文法的形式就愈複雜；語用則需要持續去追溯他人和自己的心智狀態，了解說話者心中所想表達的意念，以及聽話者可能推論的意思；語意則代表了字詞的意思，與說者或聽者能否精準掌握語言的意思有關，也可藉由其心智狀態的詞彙使用探討其心智理論能力。從實徵的證據中顯示，孩童學習心智狀態的詞彙對於其了解心智狀態的概念與提升心智理論能力是有幫助的（Moore et al., 1990）。

Milligan 等人（2007）透過後設分析，針對 104 個 7 歲以下使用英語為母語的兒童（N = 8,891），探討語言能力與錯誤信念能力間關聯性的研究進行分析；雖然關聯性不一，但控制年齡變項後，多數研究指出，語言能力與錯誤信念能力間存有中度到高度的相關。相較於一般語言能力，接受性語言與錯誤信念間的關聯較弱；不同的錯誤信念作業與語言的關聯性則無顯著差異。此外，使用早期語言能力預測晚期錯誤信念能力的預測效果，較以錯誤信念預測語言能力的效果強，此也顯示語言在錯誤信念能力發展所扮演的重要角色，進而影響之後的心智理論能力。

另外，低功能自閉症兒童之表現不管是比起語言障礙孩童或其他自閉症兒童，都是落於人後，主要是在研究過程中，需要大量的分享式注意力及觀察非口語的社交線索，而這正好都是他們極度欠缺的。不過，儘管很多證據顯示心智理論能力與語言密不可分，但從特殊語言受損孩童與一般孩子差不多的得分，或許透露出就算語言能力不足，但從其他肢體語言、眼神、表情之交談互動，依然能夠培養解讀他人心理狀態之能力。

第三節　自閉症學生的心智理論與社交技巧教學

壹、增進心智理論教學的策略

　　在探討自閉症心智理論的教學介入前，要先來探討心智理論與教學間的交互關係。所謂教學，乃是結合了教（teaching）與學（learning）兩者交互作用的過程，Wellman 與 Lagattuta（2004）即提到「教」和「學」與心智理論的關聯性，他們認為人類自嬰兒階段起開始接受他人的教導，而自童年時期起即能教導他人。學習是一個涵蓋從無知到有知，從錯誤信念到更多精準信念的轉換過程，這些錯誤概念的形成、知識的習得、信念的轉換，均會形塑教學的企圖。所以，教學者的心智理論（teachers' theories of mind）即是從這些概念的形成、習得與轉換而形成其教學上的實務（Strauss, 2001）。

　　近二十年來，學者發展了許多不同策略的心智解讀教學方案，試著提升自閉症兒童的心智理論能力，以下針對 Fisher 與 Happé 在 2005 年對自閉症類群障礙症者進行心智解讀教學之內容，分別就研究設計、研究對象、教學時間、教學方法、教學內容、研究結果等部分（如表 6-7 所示）逐一說明。

　　Fisher 與 Happé（2005）分別針對兩組自閉症學生進行心智理論和執行功能的訓練，企圖釐清兩者之間的相互關係。根據 DSM-IV-TR（American Psychiatric Association [APA], 2000）的定義，所謂的執行功能（executive function，簡稱 EF）是個體「計畫、起始、持續、監控與抑制的行為能力」，常與額葉功能有關；執行功能缺損時易產生僵化與持續性行為，不易起始新的行為，且在執行作業時易遇到困難，在處理一些慣例的作業時

表 6-7　Fisher 與 Happé 的研究彙整表

研究設計	採前後測實驗設計		
研究對象	總共有 27 名 ASD 的孩子，主要被分成三組，分別是教導心智理論內容的 ToM 組、教導執行功能的 EF 組，以及控制組。		
	ToM 組：10 名	EF 組：10 名	控制組：7 名
	CA = 10.5yr	CA = 10.68yr	CA = 9.67yr
	VMA(TROG) = 5.0	VMA(TROG) = 5.35	VMA(TROG) = 4.49
	VMA(BPVS) = 7.23	VMA(BPVS) = 6.57	VMA(BPVS) = 5.44
	NVMA(CPM) = 22.90	NVMA(CPM) = 24.60	NVMA(CPM) = 20.57
	TROG：文法理解測驗	VABS：文蘭適應行為量表	CPM：瑞文氏彩色圖形推理測驗
教學時間	每天 25 分鐘，介入 5～10 天，教學結束後兩個月進行追蹤測驗。		
教學方法	1. 以個別教學的方式利於自閉症者理解相關的概念，並以問答的方式進行。 2. ToM 組：照片教學。 3. EF 組：紅旗白旗圖卡教學、操作玩具卡車載運不同材質物品。		
教學內容	ToM 組：初級錯誤信念（未預期移位；未預期內容；看到導致知道；知道／猜測）。 EF 組：操作方式的轉換，結合真實生活相似的事件。		
研究結果	一、ToM 組成效： 1. 後測＞前測：ToM 組在未預期移位和藏硬幣有顯著進步；EF 組僅在藏硬幣中進步。 2. 追蹤＞前測：ToM 組在看到導致知道、知道／猜測有進步；EF 組在未預期內容和看到導致知道有進步。 二、EF 組成效： 1. 後測＞前測：ToM 組、EF 組無差異。 2. 追蹤＞後測：ToM 組、EF 組無進步。		

註：引自 Fisher 與 Happé（2005）。

則可以表現得非常出色，這可從 ASD 的日常生活中觀察到，他們在遇到一些突發的生活事件時之處理能力不佳，但在結構性、慣例性的環境中時，則可表現良好。

在教學方法上，心智理論組（theory of mind，簡稱 ToM）使用照片教導自閉症者「腦中有照片」或「想法如同照片」的策略，利用自閉症者較易理解圖像的特質，指導他們學習理解與預測他人的行為。它是透過一種比喻方式，讓受試者理解一個人的信念就像是存在頭腦中的某個畫面一樣，亦是用圖片來加以描述。訓練程序首先是把某個故事人物的心理活動畫成圖片，然後讓受試者從中挑選並將其放入故事人物的腦袋裡，由此觀察受試者對他人的心理狀態是否理解。

在 EF（executive function，執行功能）組的教學方法上，是以「卡片分類測驗」及「序列搜尋測驗」作為執行功能指標，訓練內容是讓孩童依以下階段學習：階段一、人們可以做很多事情，但有時需要改變自己做事情的方式；階段二、當我們習慣做某件事情的方式，要改變是很困難的；階段三、有些方法可以協助我們改變習慣，停止—改變—進行（stop-change-go）的指令可有效協助我們改變；階段四、有時我們需要在完成事情前先改變我們的作法；階段五、有時我們必須自己決定要用什麼樣的方式。在每個階段中，治療師皆會先示範、練習，當孩童可依據準則完成時，才可進行下一階段的練習。

研究結果指出：教導自閉症者的心智理論能力不但在心智理論前、後測的表現良好，在執行功能測驗上的表現也達顯著差異，但教導執行功能組只在心智理論的測驗有顯著進步，在執行功能上則無顯著差異。對於該研究的結果，Fisher 與 Happé 推測執行功能訓練能增進心智理論的可能原因，在於訓練執行功能讓他們以不同的觀點看事物，注意大腦思緒的存在，且透過執行功能的訓練，讓自閉症者能彈性地隨環境的不同而改變規則，讓他們能順利地轉換固著的認知結構，因而增進他們在行為表現的後設思考，促進其意識心理狀態的能力；而以心智理論學習成效觀之，語文能力較佳者的學習成效較顯著，即心智理論能力與語文心智能力有顯著地相關。

在教學成效方面，此研究提供了另一種思維：也許目前對於自閉症者認知特異的理論，如心智理論缺陷、執行功能缺陷，以及弱中央連貫性等，並非各自獨立、互不影響，但卻是環環相扣、相互影響。

另外，根據 Howlin 等人（1999）等所著的《心智解讀：自閉症光譜障礙者之教學實用手冊》（*Teaching Children with Autism to Mind-Read*）一書中提到，心智理論的教學可依下列原則進行：

1. 複雜的技能應被細分成有順序的小步驟來依序進行教導，以便讓學生能逐步學會新技巧。
2. 普通兒童發展的順序在學習過程中是學會技能的重要指標。因此，正常發展順序中習得之較早期階段技能，往往會比後期階段的技能學得快，教師應注意學生的學習狀況，以調整教學速度。
3. 心智理論教學重視自然的教學情境更甚於教學程序，教師應該花一些心思去思考或了解孩童的基本技能和興趣。
4. 教師應適宜地使用增強策略讓學生學習速度更快，除了外在的增強之外，對行為維持的效果而言，外在的增強（像是讚美）固然重要，但對個人在成功完成新技能時所獲得愉悅感覺的內在增強，也具有其影響力。
5. 藉由零錯誤學習（也就是盡可能地避免錯誤的產生），將可大幅提升學習的速度。
6. 從事心智理論教學仍可能會出現類化的問題（例如：不能類化至新的環境或活動），若要減低類化的問題，則教師應將教學重點放在概念上的教學，而非只是一味的要求學生聽從教學指令。

除此之外，還有許多文獻或書籍中也有提到相關的教學訓練，像是劉冠妏（2006）針對情緒辨識提出的「讀心訓練」，或是王淑娟等人（2011）譯的《心智解讀：自閉症光譜障礙者之教學實用手冊》一書，內容提到有關的教學方法與策略，不外乎是利用自閉症者的視覺學習優於聽覺學習，基於此，教學者以圖文並茂的視覺材料搭配電腦動態播放、角色扮演和學習單的方式，來進行心智理論之心智解讀教學課程，運用家人模擬情境方式分析社會訊息，擬出解決方案，歸納原理原則，並運用此原理原則類推

到其他情境。如此多元型態的呈現，包括：書面文字閱讀、電腦動畫、視覺圖卡等，目的都在促進受試者理解較抽象的、內隱的、非外顯的心智狀態層面，以增進教學速度及遷移效果。

貳、心智理論教學運用於增進社交技巧的教學實例

Howlin 等人（1999）根據自閉症兒童在心智理論測驗的研究結果，以及普通兒童心理狀態概念發展的順序，設計分成情緒、信念與假裝遊戲三個領域的心智理論教學，每個領域又依難度分為五個層次，層次一最簡單，層次五最難。以信念的教學為例，信念的先決條件是知覺，兒童在了解人會有不同信念前，必須先了解人會看到不同的事情；在了解人對同一情境有不同信念之前，必須先了解人對同一物體有不同觀點。因此，在內容設計上會先以觀點取替的部分開始進行（引自陳儀頻，2010，頁94）：

1. 層次一：簡單的視覺觀點取替，教導兒童不同的人可以看到不同的東西。
2. 層次二：複雜的視覺觀點取替，不只教導兒童某人可以看到什麼，而且判斷他們看到什麼。
3. 層次三：看到導致知道原則。
4. 層次四：真實信念，教導兒童利用看到與知道之間的關係去預測他人的行動。
5. 層次五：錯誤信念，教導兒童自己和他人的錯誤信念，包括兩種類型的教學內容，一種是非預期的轉移，另一種是非預期的內容物。

綜合以上心智解讀教學的相關研究方法及教學內容的整理可得知，在設計教學內容時，應依照一般兒童的發展順序來編寫教材，使教學內容由易至難的方式呈現，並儘量以小步驟的方式進行，以及配合適當的增強系統來幫助學生學習；而透過圖片、影片等視覺管道的教材設計，也是可參考的方式之一。

Leslie 與 Thaiss 在 1992 年針對自閉症者在語言故事的錯誤信念進行研究，結果發現其表現狀況欠佳，但在不真實的照片（false photographs）測

驗、不真實的地圖（false map）測驗，以及不真實的圖畫（false drawing）
測驗中的表現，卻比在語言故事中的錯誤信念優秀。據此，許多研究者認
為，心智理論本質上是一種後設表徵，自閉症個體雖有後設表徵能力的缺
陷，但其在圖片表徵能力相對良好。許多研究者也因此以此為據，改變
「初級錯誤信念測驗」的呈現方式，例如：圖片排序、「思想泡」（thought
bubbles）技術，來研究自閉症者的心智理論。

　　「思想泡」直接把人們頭腦裡所想的某個物體用實物圖片的方式直接
呈現出來，既簡單具體且直接有效。因此，對言語能力有限而圖片表徵能
力相對完好的自閉症兒童來說，「思想泡」方式比言語故事方式呈現「初
級錯誤信念測驗」較容易。一些研究者透過兒童故事和卡通影片裡的情節
內容，推測「思想泡」若作為一種圖片化的理解方式，可直接描述一個人
頭腦裡的想法。Custer（1996）以及 Lillard（1998）指出，「思想泡」能將
故事人物的心理狀態呈現在圖片上，相對於言語的描述，「思想泡」強調
了故事人物在心理狀態方面的訊息，可促進兒童考慮故事人物「不可見」
的心理狀態。因此，將「思想泡」運用至教學活動中也是很有潛力的一條
途徑，透過「思想泡」這種特別的繪圖型態，呈現的是圖中人物，甚至動
物或無生物的思考、行動、情緒和想法等。若 3 至 4 歲幼兒即能透過「思想
泡」的表徵來理解主角的想法、心智及表徵內容，那麼對於智力正常的高
功能自閉症兒童，教師若能適當地將「思想泡」策略融入教學媒材，例
如：電腦動畫、影片、學習單等，再搭配自閉症兒童於視覺學習之優勢能
力，將無形、抽象的思想和信念予以具體表徵出來，並將此能力類化到其
他生活情境中來運用，應可幫助自閉症兒童在社會適應及人際互動能力的
提升（陳秋佑等人，2009）。

　　本章附錄之教案設計是參考 Howlin 等人（1999）擬定的心智解讀教
材，以教導學生如何處理情緒為主，對象為國小低年級中高功能自閉症學
生，其將心智解讀教學分成三大領域，分別是「情緒」、「信念」與「假
裝」。而在「情緒」領域中，將教導情緒理解分成五個階段（如圖 6-1 所
示），以下說明此五個階段與評量標準：

1. 階段一：運用照片識別臉部表情：這是一種孩童運用照片來識別臉部表情的能力，臉部表情包含高興、難過、生氣和害怕。

2. 階段二：運用簡單圖畫識別情緒：當孩童能從四張臉部卡通圖片中，正確識別出高興、難過、生氣和害怕等不同情緒，即可得分。在此階段所進行的方式與前一個階段相同。

3. 階段三：辨識以情境為基礎的情緒：在日常生活中，有一些情緒是因為當時的情境所觸發產生的，例如：害怕即將發生一場災難的事件。在這個階段中，孩童必須能夠預測圖片中主角人物的情緒感受。

4. 階段四：辨識以慾望為基礎的情緒：產生情緒的因素在於個人的慾望是否被滿足。在這個階段，孩童必須能依據主角人物的慾望滿足與否來定義主角人物的感受（無論高興或難過）。

5. 階段五：辨識以信念為基礎的情緒：一個人的情緒產生起源於其個人的想法，即使他的想法和現實是有所衝突的。本階段要求孩童每次看三張一系列的圖片，依照圖片中主角人物是否認為他的慾望被滿足，來預測主角人物本身即將出現的感受。

圖 6-1　心智解讀訓練架構

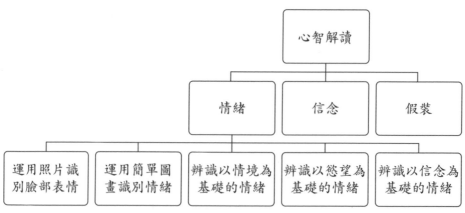

註：引自 Howlin 等人（1999）。

教導情緒理解須依據上述這五個階段依序進行，換句話說，要先通過前一階段的評量標準，方可進行至下一階段。過程中著重在自然的教學環境，除了以口頭稱讚之外，亦希望學生獲得自我內在增強與喜悅感，並減少失敗和錯誤的學習，且儘量不著重在教學本身，而強調概念的原則。本單元之教學活動設計，主要呈現「階段三」與「階段四」之教學內容，此表示學生已具備階段一和階段二的先備能力。

Hadwin 等人（2015）之後又編寫了一套心智解讀工作手冊，將原來的五個層次增加了一個次級心智理論層次，前兩個層次強調視覺觀點取替，針對同樣的事物，人們可能會看到不同的東西或有不同的視覺觀點，對之後的「看到導致知道」十分重要。層次三提供一系列的故事，幫助學生了解知道什麼與不知道什麼，以了解知識的來源。層次四到六透過「思考泡」教學了解學生的心理狀態，以協助學生了解他人的思想，並知道自己的想法是對是錯。而新增的層次六是教導學生了解鑲嵌信念（embedded belief），用以了解他人在想什麼。其分類如下：

1. 視覺觀點取替：在了解他人的想法之前，學生須了解視覺觀點取替。

   層次一：簡單的觀點取替：了解孩子與老師可能看到不同的東西。

   層次二：複雜的觀點取替：了解孩子與老師可能在某些事情上會有不同的觀點。

2. 概念觀點取替：了解個體的想法，以預測其行為與意圖。

   層次三：看到導致知道：了解人們只知道與自己直接或間接經歷過的事。

   層次四：真實信念：了解人們可以掌握真實信念，此與其行為息息相關。

   層次五：錯誤信念：了解人們可以掌握錯誤信念，此與其行為息息相關。

   層次六：鑲嵌信念：了解某人知道他人所想，以預測他人的行為。

參考文獻

中文部分

王淑娟、周怡君、黃雅祺、賴珮如（譯）（2011）。心智解讀：自閉症光譜障礙者之教學實用手冊（原作者：P. Howlin, S. Baron-Cohen, & J. Hadwin）。心理。（原著出版年：1999）

宋維村、姜忠信（2001）。自閉症的精神病理學：回顧與前瞻。臺灣精神醫學，**15**（3），169-183。

林慧麗、楊書沛、楊欣諭、李霈璿（2015）。漢語母語自閉障礙患童與青少年的主謂賓語句型理解與心智理論縱貫研究。教育心理學報，**46**（3），401-423。

保心怡（2003）。幼兒對於心智理解作業的理解情形及運用故事活動介入的效果研究（未出版之博士論文）。國立臺灣師範大學。

陳元亨（2007）。亞斯伯格症與高功能自閉症患者之心智理論研究（未出版之碩士論文）。輔仁大學。

陳奕蓉（2008）。高階心智解讀教學對自閉症兒童之成效研究（未出版之碩士論文）。國立高雄師範大學。

陳秋佑、侯禎塘、張晏瑋（2009）。高功能自閉症兒童與心智理論能力教學之探究。載於國立臺中教育大學特殊教育學系（編著），特殊教育現在與未來（頁 85-98）。國立臺中教育大學。

陳儀頻（2010）。自閉症學生的心智解讀教學。載於國立臺中教育大學特殊教育學系（編著），特殊教育現在與未來（頁 89-96）。國立臺中教育大學。

鳳華（2001）。中部地區自閉症兒童「心智理論」的發展現況及心智理論訓練對高功能自閉症兒童社會技能之成效研究。行政院國家科學委員會專題計畫成果報告（編號：NSC89-2413-H018-026），未出版。

鳳華（2004）。單一嘗試教學對高功能自閉症兒童基本心智理論之學習及

類化成效。載於第九屆特殊教育課程與教學研討會論文集（頁 21-33）。國立彰化師範大學特殊教育學系。

劉冠妏（2006）。讀心訓練在高功能自閉症的情緒解讀之應用。**臺東特教，24**，11-15。

謝宛陵（2005）。**高功能自閉症學生高階心智理論教學之成效研究：以一名高職自閉症學生之心智解讀實驗教學為例**（未出版之碩士論文）。國立臺中教育大學。

謝宛陵（2008）。高功能自閉症兒童的心智理論與教學。載於黃金源（主編），**自閉症兒童的治療與教育**（頁 189-245）。心理。

英文部分

American Psychiatric Association. [APA] (2000). *Diagnostic and statistical manual of mental disorders* (4th ed., Text Revised) (DSM-IV-TR). Author.

Astington, J. W., & Baird, J. A. (2005). Introduction: Why language matters. In J. W. Astington, & J. Baird (Eds.), *Why language matters for theory of mind* (pp. 3-25). Oxford University Press.

Astington, J. W., & Jenkins, J. M. (1999). A longitudinal study on the relation between language and theory of mind development. *Developmental Psychology, 35*, 1311-1320.

Baron-Cohen, S. (1989). The autistic child's theory of mind: A case of specific developmental delay. *Journal of Child Psychology and Psychiatry, 30*(2), 285-297.

Baron-Cohen, S. (1991). Do people with autism understand what causes emotion? *Child Development, 62*(2), 385-395.

Baron-Cohen, S. (1997). Hey! It was just a joke! Understanding propositions and propositional attitudes by normally developing children and children with autism. *Israel Journal of Psychiatry, 34*, 174-178.

Baron-Cohen, S., Jolliffe, T., Mortimore, C., & Roberson, M. (1997). Another advanced test of theory of mind: Evidence from very high functioning adults with autism or Asperger syndrome. *Journal of Child Psychology and Psychiatry, 38,* 813-822.

Baron-Cohen, S., Leslie, A. M., & Frith, U. (1985). Does the autistic child have a theory of mind? *Cognition, 21,* 37-46.

Baron-Cohen, S., O'Riordan, M., Stone, V., Jones, R., & Plaisted, K. (1999). Recognition of faux pas by normally developing children and children with Asperger syndrome or high-functioning autism. *Journal of Autism and Developmental Disorders, 29,* 407-418.

Baron-Cohen, S., Spitz, A., & Cross, P. (1993). Can children with autism recognize surprise? *Cognition and Emotion, 7,* 507-516

Bowler, D. M. (1992). 'Theory of mind' in Asperger syndrome. *Journal of Child Psychology and Psychiatry, 33,* 877-895.

Custer W. L. (1996). A comparison of young children's understanding fcontradictory mental representations in pretense, memory, and belief. *Child Development, 67,* 678-688.

Dahlgren, S. O., & Trillingsgaurd, A. (1996). Theory of mind in non-retarded children with autism and Asperger's syndrome: A research note. *Journal of Child Psychology and Psychiatry, 37,* 759-763.

Dennett, D. C. (1978). Beliefs about beliefs. *Behavioral and Brain Sciences, 1,* 568-570.

Doherty, M. J. (2009). *Theory of mind: How children understand others' thoughts and feelings.* Psychology Press.

Fisher, N., & Happé, F. (2005). A training study of theory of mind and executive function in children with autistic spectrum disorders. *Journal of Autism and Developmental Disorders, 35*(6), 757-771.

Flavell, J. H. (1999). Cognitive development: Children knowledge about the mind. *Annual Review of Psychology, 50,* 21-45.

Flavell, J. H., Miller, P. H., & Miller, S. A. (1993). *Cognitive development.* Prentice-Hall.

Frith, U., & Frith, C. D. (2003). Development and neurophysiology of mentalizing. *Philosophical Transactions of the Royal Society of London Series B Biological Science, 358*, 459-473.

Hadwin, J. A., Howlin, P., & Baron-Cohen, S. (2015). *Teaching children with autism to mind-read: The workbook*. John Wiley & Sons.

Happé, F. G. E. (1994). An advanced test of theory of mind: Understanding of story characters' thought and feelings by able autistic, mentally handicapped and normal children and adults. *Journal of Autism and Developmental Disorders, 24*, 129-154.

Hogrefe, G. J., Wimmer, H., & Perner, J. (1986). Ignorance versus false belief: A development lag in attribution of epistemic states. *Child Development, 57*, 567-582.

Holroyd, S., & Baron-Cohen, S. (1993). Brief report: How far can people with autism go in developing a theory of mind? *Journal of Autism and Development Disorder, 23*, 379-386.

Howlin, P., Baron-Cohen, S., & Hadwin, J. (1999). *Teaching children with autism to mind-read*. John Wiley & Sons.

Leekam, S. R. (1991). Jokes and lies: Children's understanding of intentional falsehood. In A. Whiten (Ed.), *Natural theories of mind: The evolution, development and simulation of everyday mindreading* (pp. 159-174). Basil Blackwell.

Lillard, A. S. (1998). Wanting to be it: Children's understanding of intentions underlying pretense. *Child Development, 69*, 981-993.

Lillard, A. S., & Curenton, M. A. (1999). Do young children understand what others feel, want, and know? *Young children, September*, 52-57.

Milligan, K. V., Astington, J. W., & Dack, L. A. (2007). Language and theory of mind: Meta-analysis of the relation between language and false-belief understanding. *Child Development, 78*(2), 622-646.

Moore, C., Pure, K., & Furrow, D. (1990). Children's understanding of the modal expression of speakers certainty and uncertainty and its relation to the development to the development of a representational theory of mind. *Child Development, 61*, 722-730.

Muris, P., Steerneman, P., Messters, C., Mercklbach, H., Horselenberg, R., Hogen, T., & Dongen, T. V. (1999). The TOM test: A new instrument for assessing theory of mind in normal children and children with pervasive developmental disorders. *Journal of Autism and Developmental Disorders, 29*, 67-71.

Ozonoff, S., Pennington, B. F., & Roger, S. J. (1991). Executive function deficits in high-functioning autistic individuals: Relationship to theory of mind. *Journal of Child Psychology and Psychiatry, 32*(7), 1081-1105.

Perner, J., Frith, U., Leslie, A. M., & Leekam, S. (1989). Exploration of the autistic child's theory of mind: Knowledge, belief and communication. *Child Development, 60*, 689-700.

Rutherford, M. D., Baron-Cohen, S., & Wheelwright, S. (2002). Reading the mind in the voice: A study with normal adults and adults with Asperger syndrome and high functioning autism. *Journal of Autism and Developmental Disorders, 32*, 189-194.

Strauss, S. (2001). Folk psychology, folk pedagogy and their relations to subject matter knowledge. In B. Torff, & R. J. Sternberg (Eds.), *Understanding and teaching the intuitive mind* (pp. 217-242). Lawrence Erlbaum Associates.

Sullivan, K., Winner, E., & Hopfield, N. (1995). How children tell a lie from a joke: The role of second-order mental attributions. *British Journal of Developmental Psychology, 13*, 191-204.

Sullivan, K., Zaitchik, D., & Tager-Flusberg, H. (1994). Preschoolers can attribute second-order beliefs. *Developmental Psychology, 30*(3), 395-402.

Tager-Flusberg, H., Baron-Cohen, S., & Cohen, D. (1993). An introduction to the debate. In H. Tager-Flusberg, S. Baron-Cohen, & D. Cohen (Eds.), *Understanding other minds: Perspectives from autism* (pp. 3-9). Oxford University Press.

Wellman, H. M. (1990). *The child's theory of mind*. MIT Press.

Wellman, H. M., & Lagattuta, K. H. (2004). Theory of mind for learning and teaching: The nature and role of explanation. *Cognitive Development, 19*(4), 479-497.

Winner, E., & Leekam, S. R. (1991). Distinguishing irony from deception: Understanding the speaker's second-order intention. *Br. J. Dev. Psychol., 9*, 257-270.

附錄　心智解讀訓練教案設計

一、教案設計背景說明

單元名稱	心智解讀訓練：見景生情	課程領域	社會技巧：處理情緒的技巧
教學年級／班級／組別	國小低年級中高功能自閉症學生	教學時間	4 節，每節 40 分鐘共 160 分鐘
設計者	賴珮如、周怡君、黃雅祺		
教材來源	Howlin, P., Baron-Cohen, S., & Hadwin, J. (1999). *Teaching children with autism to mind-reading*. West Sussex, UK: John Wiley & Sons.		
參考資料	1. 九年一貫課程在特殊教育之應用手冊。 2. 特殊需求幼兒之情緒教學。 3. 《連情繫意：發展自閉症兒童的社交能力》，香港耀能協會出版。		
學習領域能力指標／課程綱要目標	※處理情緒的技巧 4-1-1 能認識描述情緒的詞彙。 4-1-2 能分辨自己的感覺和情緒。 4-1-3 能分辨他人的情緒。		
分段能力指標與十大基本能力之關係	九年一貫的課程設計以學生為主體，以生活經驗為重心，培養現代國民所需的十大基本能力。本課程內容旨在教導學童「心智解讀能力」，使其更融合於社會情境中。結合九年一貫基本能力的項目有： **1. 了解自我與發展潛能** 本課程需先培養學生先備技能，即充分了解自己的情緒、需求；從覺察「人與自己」的關係，進一步延伸到「人與社會」的關係。 1-1-1 探索並分享對自己以及與自己相關人事物的感受。 1-2-3 辨識與他人相處時自己的情緒。 **4. 表達、溝通與分享** 指導學生表達個人的情感，學習解讀他人情緒、察言觀色。進一步與他人進行有效的溝通，增加更多正向良好的社交經驗。		

分段能力指標與十大基本能力之關係	**5. 尊重、關懷與團隊合作** 培養學生能夠尊重、包容他人；積極主動關懷他人與社會、環境，並培養人際社交技巧，能遵守團體規範，發揮團隊合作的精神。 **10. 獨立思考與解決問題** 透過教學活動進行，提供社交情緒情境與問題的討論，以培養學生養成獨立思考及反省的能力，並透過情境模擬的演練，訓練學生問題解決的能力，並類化到日常生活當中。
教材分析與教材地位	參考 Howlin 等人（1999）的心智解讀教材中之「情緒」領域（其整體架構可參考圖 6-1 所示），本單元之教學活動設計，主要呈現「階段三：辨識以情境為基礎的情緒」與「階段四：辨識以慾望為基礎的情緒」之教學內容，此表示學生已具備階段一和階段二的先備能力。
單元目標與教學重點	※單元目標 　1. 能辨識以「情境」為基礎的情緒。 　2. 能辨識以「慾望」為基礎的情緒。 ※教學重點（金句） ◎辨識以「情境」為基礎的情緒 　1. 因為有人給你好東西，所以你會覺得**高興**。 　2. 因為發生難過的事情，所以你會覺得**難過**。 　3. 因為有人捉弄你，所以你會覺得**生氣**。 　4. 因為發生一件恐怖的事情，所以你會覺得**害怕**。 ◎辨識以「慾望」為基礎的情緒 　1. 因為你得到想要的東西，所以你會覺得**高興**。 　2. 因為你得不到想要的東西，所以你會覺得**難過**。
學習目標	一、認知 1-1 能辨識圖卡情境內容。 1-2 能根據老師的提問指認人物。 1-3 能連結情境與情緒的關係。（中組：指出，高組：說出） 1-4 能連結慾望與情緒的關係。（中組：指出，高組：說出） 1-5 能說出引發情緒的原因。（高組：說出）

學習目標	二、 情意 2-1 能連結生活經驗與情緒的關係。 2-2 能體察圖卡人物的情緒感受。 三、 技能 3-1 角色扮演時，能正確表現出不同情境所引發的情緒反應。 3-2 角色扮演時，能正確表現出不同慾望所引發的情緒反應。
教學聯繫	一、 縱向聯繫：與「社會技巧領域」之其他技巧所相關的指標 **1. 基本學業學習技巧** 1-1-2 能安靜注視說話的人並注意聽講。 1-1-5 能服從教師的指令，完成指定的工作。 1-1-6 能了解並遵守教室規則。 **2. 基本溝通技巧** 2-1-1 能注視說話者的眼睛。 2-1-3 能配合眼神並使用口語、肢體方式達到溝通的目的。 **5. 處理衝突的技巧** 5-1-1 能察覺激怒自己的原因及情境。 5-1-2 能遠離爭鬥或危險的場合，以保護自己。 **6. 處理壓力的技巧** 6-1-1 能察覺自己面對壓力的情緒反應，如厭煩、緊張及焦慮。 6-1-2 能接受挫敗，了解每個人都有面對挫折的機會。 6-1-3 能知道引起壓力的原因。 二、 橫向聯繫：與九年一貫七大領域指標之對應 **1. 國語文領域** B-1-2-10-1 能思考說話者所表達的目的。 C-1-1-3-2 能清楚說出自己的意思。 F-1-2 能擴充詞彙，正確的遣辭造句，並練習常用的基本句型。 **2. 健康與體育領域** 6-1-4 認識情緒的表達及正確的處理方式。 6-2-3 參與團體活動，體察人我互動的因素及增進方法。 6-2-4 學習有效的溝通技巧與理性的情緒表達，認識壓力。

教學聯繫	三、聯絡教學：各領域間的聯絡教學 **語文領域** 1.能應用情緒情境相關詞彙。 2.能應用「因為……，所以……的句型」。 **生活領域** 能與他人分享自己的物品、經驗及想法。 **社會技巧** 處理情緒的技巧 **健康與體育領域** 1.認識情緒的表達。 2.理解人際互動的情緒反應。 **綜合領域** 探索並分享對自己以及與自己相關人事物的感受。
教學方法／ 教學型態	※**教學原則** 依據《心智解讀：自閉症光譜障礙者之教學實用手冊》一書，歸納本教學活動之教學原則如下： 　1.教學依序分成小的、獨立的步驟進行。 　2.依心智概念的發展順序由易而難教導之。 　3.重視自然的教學情境更甚於既定的教學程序。 　4.有系統地增強會使學習者進步更快，且內在增強（完成的喜悅）優於外在增強（稱讚）。 　5.減少錯誤學習的機會，以增進學習速度。 　6.教學需強調概念中的原則，以減少類化問題。 ※**教學方法**：講述法、問答法、直接教學法、工作分析法、多媒體輔助教學。 ※**教學型態**：小組教學、個別指導。 ※**增強方式** 　內在增強：零錯誤學習，提供成功經驗。 　外在增強：社會性增強（口語鼓勵表揚）、代幣增強（增強板）、活動性增強（增加戶外活動或玩電腦的時間）。

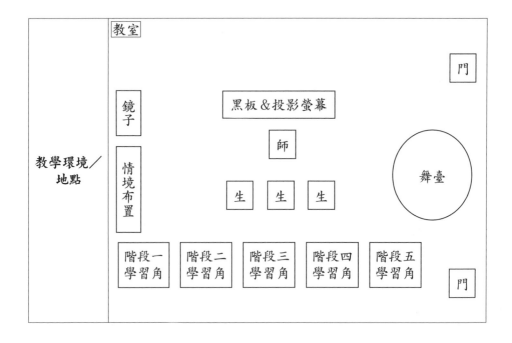

二、學生基本能力分析

人數：<u>3人</u>

學生姓名		小瑞	祺祺	阿茂
學生基本能力	智力測驗	魏氏智力測驗 IQ85（學習障礙）	魏氏智力測驗 IQ80（輕度自閉症）	魏氏智力測驗 IQ69（輕度智能障礙）
	學習優弱勢分析	優勢： 口語表達能力較佳。 能配合增強制度。 能聽從老師教學指令。	優勢： 視覺學習能力較佳。 能配合增強制度。 能聽從老師生活指令。	優勢： 能與同儕一同遊戲。 能配合增強制度。 能聽從基本指令。
		弱勢： 視覺細部分辨能力較弱，需老師給予提示。	弱勢： 口語表達能力尚可。	弱勢： 口語表達較弱，能運用簡單語句回答問題。

學生姓名		小瑞	祺祺	阿茂
學生基本能力	行為問題／輔導策略	行為問題：能理解自己的情緒，但較無法覺察同儕不佳的情緒，而常引發學生與同儕的情緒衝突。	行為問題：未能說出引發自己情緒的原因，導致他人因為無法理解學生的需求，而讓學生的情緒更糟。	行為問題：無，但社交互動較消極被動。
		輔導策略：教導解讀引發同儕情緒的原因。	輔導策略：教導理解引發自己情緒的原因。	輔導策略：提供增強策略與成功經驗。
個別學習重點		理解他人在不同情境下的情緒反應。	說出情境引發情緒的因果關係。	說出四種引發情緒的情境。
起點行為		1.能指認日常生活的情境圖卡。 2.能說出四種情緒的照片名稱。 3.能說出四種情緒的卡通圖卡名稱。 4.能說出引發自己情緒的原因。	1.能指認日常生活的情境圖卡。 2.能說出四種情緒的照片名稱。 3.能說出四種情緒的卡通圖卡名稱。	1.能說出四種情緒的圖卡名稱。 2.能說出四種情緒的卡通圖卡名稱。
評量方式／評量標準		評量方式：問答、指認、觀察、實作	評量方式：問答、指認、觀察、實作	評量方式：指認、觀察、實作
		評量標準：5	評量標準：4	評量標準：3

評量標準備註：5：100～90%／4：90～80%／3：80～70%／2：70～60%／
　　　　　　　1：60%以下。

三、教學過程與評量

單元目標	學習目標	教學活動／內容	時間	教學資源	評量方式
4-1-3 能分辨他人的情緒。		【第一堂課】 壹、準備活動 一、課前準備 1.圖卡：臉部表情圖卡數張、引發情緒的情境圖卡四類。 2.金句字條。 3.學習單。 4.增強卡。			
	2-2 能體察圖卡人物的情緒感受。	貳、引起動機 ※活動：變臉快問快答 利用臉部表情圖卡，讓學生進行快問快答，複習高興、難過、生氣和害怕的四種臉部表情。	5分	臉部表情圖卡	問答
	1-1 能辨識圖卡情境內容。	參、發展活動 (一)引發高興情緒的情境 1.老師呈現與學生生活經驗相關之引發「高興」情緒的情境圖卡，例如：爸爸買巧克力冰淇淋給小音。	5分	引發高興情緒的情境圖卡	問答指認（中組：指出，高組：說出）
	1-2 能根據老師的提問指認人物。	2.老師利用以上圖卡，指著圖卡中的人物，詢問學生： (1)你看！他發生了什麼事？ (2)你覺得他是高興、難過、害怕或生氣？ (3)請學生說出主角的感覺。 (4)老師可引導學生說出：「因為小音拿到巧克力冰淇淋，所以他會覺得高興。」	5分		觀察

單元目標	學習目標	教學活動／內容	時間	教學資源	評量方式
	1-3 能連結情境與情緒的關係。	(二) 引發難過情緒的情境 1.老師呈現與學生生活經驗相關之引發「難過」情緒的情境圖卡，例如：小蘇的風箏被風吹走了。 2.老師利用以上圖卡，指著圖卡中的人物，詢問學生： (1)你看！他發生了什麼事？ (2)你覺得他是高興、難過、害怕或生氣？ (3)請學生說出主角的感覺。 (4)老師可引導學生說出：「因為小蘇的風箏被風吹走了，所以他會覺得難過。」	5分	引發難過情緒的情境圖卡	問答、指認、觀察
	2-2 能體察圖卡人物的情緒感受。	(三) 引發生氣情緒的情境 1.老師呈現與學生生活經驗相關之引發「生氣」情緒的情境圖卡，例如：小恩在阿卡的圖畫上亂畫。 2.老師利用以上圖卡，指著圖卡中的人物，詢問學生： (1)你看！他發生了什麼事？ (2)你覺得他是高興、難過、害怕或生氣？ (3)請學生說出主角的感覺。 (4)老師可引導學生說出：「因為小恩在阿卡的圖畫上亂畫，所以他會覺得難過。」	5分	引發生氣情緒的情境圖卡	問答、指認、觀察

單元目標	學習目標	教學活動／內容	時間	教學資源	評量方式
		(四) 引發害怕情緒的情境 1.老師呈現與學生生活經驗相關之引發「害怕」情緒的情境圖卡，例如：一隻大狗一直追著小明。 2.老師利用以上圖卡，指著圖卡中的人物，詢問學生： (1)你看！他發生了什麼事？ (2)你覺得他是高興、難過、害怕或生氣？ (3)請學生說出主角的感覺。 (4)教師可引導學生說出：「因為一隻大狗一直追著小明，所以他會覺得害怕。」	5分	引發害怕情緒的情境圖卡	問答、指認、觀察
		(五) 教導四種情緒金句——老師說明引發四種情緒的基本原則： 1.因為有人給你好東西，所以你會覺得高興。 2.因為發生難過的事情，所以你會覺得難過。 3.因為有人捉弄你，所以你會覺得生氣。 4.因為發生一件恐怖的事情，所以你會覺得害怕。	4分	金句字條	問答
		肆、綜合活動 (一) 活動：瘋狂金句敲敲樂 老師複習情緒反應的金句，讓學生敲打正確的表情圖卡。	4分	四張表情圖卡	指認實作

單元目標	學習目標	教學活動／內容	時間	教學資源	評量方式
		(二) 發下學習單（範例：情緒表情1） 發下學習單，說明作答的方式，並要求學生於下次上課時將作業交回。 (三) 總結學生表現，並給予獎勵。	2分	學習單	指認實作
		【第二堂課】 **壹、準備活動** 一、課前準備 1.圖卡。 2.學習單。 3.色筆。 4.增強卡。 **貳、引起動機**			
	2-2 能體察圖卡人物的情緒感受。	※活動：我的臉會說話 利用臉部表情圖卡，請學生輪流上臺抽一張臉部表情圖卡，並做與圖卡一樣的表情請同學猜是哪種情緒。 **參、發展活動**	5分	臉部表情圖卡	問答指認
	1-3 能連結情境與情緒的關係。	(一) 老師提供情境學習單，學習單上的主角臉部沒有表情和五官。（範例：情緒表情2） 1.老師先說明圖卡主角所發生的事情，再問學生他是高興、難過、害怕或生氣？ 2.發給學生色筆，請學生在學習單上畫下他認為此情境主角會有的情緒表情。	5分	學習單	問答指認（高組：說出）

單元目標	學習目標	教學活動／內容	時間	教學資源	評量方式
	1-5 能說出引發情緒的原因。	(二) 當學生完成後，老師請學生上臺發表自己所畫的情緒表情，並說出為什麼要這樣畫。	10分	色筆學習單	實作觀察
		(三) 老師根據學生學習單上所畫的情境表情一一給予回饋畫。	5分		實作觀察
		肆、綜合活動			
	2-2 能體察圖卡人物的情緒感受。	(一) 活動：情境情緒大集合 老師發給學生每人4張不同情緒的情境圖卡，請學生依照老師給予的情緒指令，拿出正確之情緒的情境圖卡。	5分	情境圖卡	問答指認
		(二) 發下學習單 發下情境學習單，說明作答的方式，並要求學生於下次上課時將作業交回。	5分	學習單	實作觀察
		(三) 總結學生表現，並給予獎勵。	5分		
		【第三堂課】 **壹、準備活動** 一、課前準備 1.影片 2.金句字條 3.圖卡 4.學習單 5.增強卡			
	1-1 能辨識圖卡情境內容。	**貳、引起動機** 老師播放一小段影片讓學生觀賞，在看完影片後讓學生說出覺得主角的情緒怎麼樣。	5分	影片	問答指認觀察

單元 目標	學習目標	教學活動／內容	時間	教學資源	評量 方式
		參、發展活動			
	1-2 能根據老師的提問指認人物。	（一）老師呈現一張符合慾望而引起高興情緒的情境圖卡（小民想要去溜滑梯，小安帶小民去溜滑梯），老師利用圖卡，指著圖卡中的人物，詢問學生： 1.小民想要什麼？ 2.小安帶小民去溜滑梯時，這時候小民感覺怎麼樣？ 3.他會覺得高興或難過？ 4.為什麼他會覺得高興或難過？	5分	情境圖卡	問答 指認 觀察
	1-4 能連結慾望與情緒的關係。	（二）老師呈現另一張未符合慾望而引起難過情緒的情境圖卡（小夫想要吃果凍，爸爸給小夫蛋糕），再利用圖卡，指著圖卡中的人物，詢問： 1.小夫想要什麼。 2.當小夫的爸爸給他一塊蛋糕時，這時候他感覺怎麼樣？ 3.他會覺得高興或難過？ 4.為什麼他會覺得高興或難過？	5分	情境圖卡	問答 指認 （中組：指出，高組：說出） 觀察
	1-5 能說出引發情緒的原因。	（三）教導兩種因慾望引起的情緒金句——老師說明引發兩種因慾望引起情緒的基本原則： 1.因為你得到想要的東西，所以你會覺得高興。 2.因為你得不到想要的東西，所以會覺得難過。	5分	金句字條	問答 指認 （高組：說出） 觀察

單元目標	學習目標	教學活動／內容	時間	教學資源	評量方式
	2-2 能體察圖卡人物的情緒感受。	肆、綜合活動 (一) 活動：<u>瘋狂金句連連看</u> 　　老師複習因慾望引起情緒反應的金句，讓學生連接金句字條與正確的臉部表情。 (二) 發下學習單 　　發下情境學習單，說明作答的方式，並要求學生於下次上課時將作業交回。 (三) 總結學生表現，並給予獎勵。	4分 4分 2分	金句字條 兩張表情圖卡 學習單	問答 指認 實作 觀察
		【第四堂課】 壹、準備活動 一、課前準備 1.圖卡。 2.學習單。 3.色筆。 4.增強卡。 貳、引起動機 (一) 複習慾望引起的情緒反應金句。 (二) 老師發下慾望引起情緒的學習單，讓學生畫臉。	 5分	 學習單 色筆	 問答 指認 觀察
	3-2 角色扮演時，能正確表現出不同慾望所引發的情緒反應。	參、發展活動 (一) 老師提供符合慾望而引起情緒的情境圖卡，讓學生依據圖卡內容做角色扮演。 1.老師拿出符合慾望而引起高興情緒的情境圖卡，讓學生做角色扮演。 2.在過程中，老師需適時的提示	5分	情境圖卡	問答 指認 觀察

單元目標	學習目標	教學活動／內容	時間	教學資源	評量方式
		學生相關的情緒線索與正確的情緒反應。 3.最後，老師利用「因為……，所以……」的句型，歸納出符合慾望而引起高興的情緒金句。 (二) 老師提供未符合慾望而引起情緒的情境圖卡，讓學生依據圖卡內容做角色扮演。 1.老師拿出未符合慾望而引起難過情緒的情境圖卡，讓學生做角色扮演。 2.在過程中，老師需適時的提示學生相關的情緒線索與正確的情緒反應。 3.最後，老師歸納出未符合慾望而引起難過的情緒金句。	10分	情境圖卡	問答 指認 觀察
	2-1 能連結生活經驗與情緒的關係。	肆、綜合活動 (一) 活動 　老師舉出與學生生活中相關的情緒情境，讓學生舉出正確的表情圖卡。 (二) 發下學習單 　發下情境學習單，說明作答的方式，並要求學生於下次上課時將作業交回。 (三) 總結學生表現，並給予獎勵。 ～單元結束～	4分 4分 2分	表情圖卡 學習單	問答 指認 實作 觀察

四、應用與建議

應用	1.可運用多媒體教學，增進學生的學習動機。 2.實際錄影學生日常生活的相關事件片段，讓學生直接觀察自身的情緒反應。 3.評量時，教師需注意學生回答那個答案的原因，因為每個學生遇到情境引發的情緒不一定相同，如果學生能有合理的解釋，即可得分。
建議	記錄日常生活中，常引發學生情緒的情境，以及學生願望和實際得到物品的相關情境。直接以此情境進行教學，增進學生有效類化至生活情境。

學生學習情形檢核表

學習領域	社會技巧：處理情緒的技巧	評量日期			
學習目標	具體目標	評量方式	小瑞	祺祺	阿茂
認知	1-1 能辨識圖片情境內容。	AB	5	4	4
	1-2 能根據老師的提問指認人物。	AB	5	4	4
	1-3 能連結情境與情緒的關係。	AB	5	4	3
	1-4 能連結慾望與情緒的關係。	AB	5	4	3
	1-5 能說出引發情緒的原因。	AB	5	4	3
情意	2-1 能連結生活經驗與情緒的關係。	CD	5	4	3
	2-2 能體察圖片人物的情緒感受。	CD	5	4	3
技能	3-1 角色扮演時，能正確表現出不同情境所引發的情緒反應。	CD	5	4	3
	3-2 角色扮演時，能正確表現出不同慾望所引發的情緒反應。	CD	5	4	3

◎教學檢討紀錄：

說明	評量方式	A-問答　B-指認　C-觀察　D-實作　E-其他＿＿＿＿＿
	評量標準	5：100～90%　　4：90～80%　　3：80～70% 2：70～60%　　1：60%以下
	評量結果	○－通過　　　　△－不通過

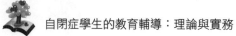

第七章

正向行為支持在自閉症學生輔導上之應用

高宜芝、黃韻如

　　自閉症學生除了在社會互動、溝通與行為興趣方面有刻板的、有限的、重複的形式缺陷外，也常伴隨著嚴重的行為問題。在處理自閉症學生的行為問題時，必須從多元的角度來探究其問題與環境之間的關係，包括：個人生理、心理、所處環境的因素、行為發生時可能原因，以及行為發生後所獲得的結果，如此多向度的考量不但可以提供教育人員對其行為問題與行為目的有更深切的了解，也能藉此擬定更適切的行為介入方案。本章將從第一節應用行為分析的角度切入，來了解行為與環境變項間是否存有功能關係；在第二節功能性分析評估中，以精確的觀察來確定行為所表達之目的為何，並將分析的結果作為第三節正向行為支持計畫的依據。本章從這三方面角度來探討改善自閉症學生行為問題的可行之道，以期教導自閉症學生學習適當的社會溝通互動技巧，培養其社會適應能力，改善與去除不適應行為，進而協助其形成適應行為，最終企盼他們提升社交能力，並融入社會生活情境中。

第一節　應用行為分析的理論與實務

壹、應用行為分析的定義

　　應用行為分析（Applied Behavior Analysis，簡稱ABA）是從心理學的行為學派所發展出來的治療與教學方法。在 1960 年代，O. I. Lovaas 率先運用了 ABA 的介入方法，來減低自閉症學生的嚴重行為問題與建立其溝通語言（Lovaas, 1987; Smith & Eikeseth, 2011）。ABA 是致力於了解及改善人類行為的一門科學，強調客觀地定義社會所重視的各項行為，以科學探究的方法，透過客觀的描述、量化及控制性實驗，來呈現介入策略以及行為改善二者間的可信賴關係（鳳華等人譯，2012）。ABA 也是一門強調社會行為改進的科學，藉由應用程序，以實驗性之行為原則為基礎去影響行為改進的需求，並應用科學方法調查自然情境中可以改變行為的因素，應用行為改變（behavior modification）的原理與過程，就學習者之行為進行分析與量化記錄蒐集訊息的歷程；具有教育評定的意義，能診斷學生的特殊性向、能力、需求與學習狀況，協助老師做合適的分組與安置；且具有品質管控的功能，能提供量化的實證數據，有助於釐清教學目標、促進師生回饋、提高學習動機、增強保留與遷移，以作為規劃與修訂課程方案的參照，對於教學與研究有很大的幫助（黃世鈺，1993；McCormick, 2011）。另外，Cooper 等人（2007）也認為，以科學實證為基礎之 ABA，其核心準則為社會關懷，主要方法為資料系統分析，並致力於建立有效教學模式，其最終目的是建立人文關懷、提升教育服務品質，並建立人文關注的學習理論，為各種需要的學習者提供高效能的服務。

貳、應用行為分析的特色

　　Bear 等人（1968）指出，應用行為分析是應用的（applied）、行為的（behavior）、分析的（analysis）、技術的（technological）、概念系統化的（conceptually systematic）、有效的（effective），以及有能力產生適當類化的成果（generalized outcomes），而有效的行為改變技術需要展現社會重要行為與控制變項間的功能關係與可靠關係，此即是應用行為分析的一項定義特徵（引自鳳華等人譯，2012）。McCormick（2011）也指出，應用行為分析是一種使用描述、測量、分析等三種的科學方法，其中最重要的因素是能精確且不間斷評估行為的表現，主要強調對社會上的重要行為能客觀地觀察與下定義，專業人員能運用強調介入策略與行為改變之間的關係，以試著去改變個體的行為。所有的介入策略在高結構的環境中去提升自閉症學生獲得自我照顧、社會與工作技巧，研究結果也顯示：ABA 能減少不適當行為，並增加溝通、學習與合適的社會行為。Fortunato 等人（2007）認為，ABA 介入有下列三個特色：(1)學生是積極的學習參與者，在介入過程中專業人員運用反應提示（response promps），以引起目標行為與相關的刺激產生連結；(2)以學生喜愛的增強物與活動來增強目標行為，也強調結構性的學習環境能提供機會，以增加適當行為之產生；(3)一旦找出基準線行為並可測量，就可實行 ABA 的行為計畫，並且注意策略介入與兒童目前的能力是相符合的。

　　ABA 也相當重視個別化的需求效果，特別著重動機的營造，並逐步塑造教學介入。刺激控制原理亦是 ABA 學習原理的另一重點，藉由刺激控制的區辨訓練與類化教學，所有概念學習（由基本到繁複）都可以在系統化的教學下達成目標，逐步對自閉症學生進行訓練，其最終目標就是增進個體的獨立能力（鳳華等人，2014）。另外，研究也指出，ABA 的教學策略也是運用實徵研究基礎，對自閉症學生早期介入的一種教育模式，它以系統化與科學化的程序，來教導自閉症學生各項技能，包含：增加／維持行為、限制／降低干擾的行為、學習新技能等，尤其是功能性語言（functional language）。這種以分析界定行為目標與可觀察行為之科學方法為基礎之介入策略，是教導自閉症學生最有效的策略之一（Lim & Draper, 2011; Wolfe et al., 2009）。

參、應用行為分析的步驟與介入策略

綜合文獻資料（陸世豪譯，2004；黃世鈺，1993；鳳華等人譯，2012；Lovaas, 1987; McEachin et al., 1993; Wolfe et al., 2009），應用行為分析的步驟與介入策略說明如下。

一、定義目標行為

在行為進入分析之前，必須先以清楚、客觀和簡潔的方式對於欲介入行為提供正確、完整和精準的描述。目標行為必須清楚描述，將行為撰寫為特定、可觀察、可測量的行為，例如：「舉手說出需求」為可觀察和可測量的行為，相較之下，「遵守班級規定」則視為不特定行為的描述。

二、蒐集資料

應用行為分析著重在情境中透過對於目標行為進行系統性觀察、量化的記錄，包含在行為許多層面上加以測量與改變（如頻率、比率、持續時間、潛伏時間、型態、強度、場地頻率、比率），以及其資料蒐集方法（如紀錄、時距紀錄、持續時間紀錄、潛伏時間紀錄），並詳細觀察學生目前的行為表現與持續監控教學的過程，以了解社會重要行為與環境變項間是否存有功能關係，而精確的觀察能確定特定教學策略或介入效果可行，以助於擬定適當的介入策略。在蒐集資料後以圖表法呈現資料，可以顯示行為是否改變、行為何時改變以及改變多少，但卻無法精確呈現行為為何改變或行為改變如何發生。研究也指出，非正式的分析無法提供介入策略精確的決定，例如：某位學生上課吵鬧的行為可能是要引起老師的注意，而另一位學生的吵鬧行為可能是要逃避功課的壓力，由此可見兩位學生所表現的同一種行為可能具有不同之功能，因此必須以行為的功能性評

量（functional assessment）與功能性分析（functional analysis）等方法找出行為問題的功能，以決定符合學生個別需求適當的介入策略。

三、進行研究設計

應用行為分析透過實驗研究設計進行教學效能之評量。就其領域而言，單一受試為應用行為分析的實驗最常被論及的方法，其設計者主要是監控自變項在實驗介入期間對個體特定行為上的影響。研究設計包含：AB設計、倒返設計（reversal design）、逐變標準設計（changing criterion design）、多基準線設計（multiple baseline design）、交替處理設計（alternating treatments design），以及逐變條件設計（changing conditions design）等（杜正治，2006）。

四、基本教導技巧

ABA 通常是運用一對一的教學方式，來操弄某些環境變項，以增加或減低某特定行為。在 Lovaas（1987）以及 McEachin 等人（1993）研究中證實，運用 ABA 的策略，其稱之為 Discrete Trial Training（DTT），能夠有系統、有效率地教導自閉症學生學習對刺激─反應─獎勵（stimulus-response-reward）做適當回應，並學會基本的「學習預備能力」（learning readiness skills），諸如：坐在椅子上，注意看／聽，降低不服從、發脾氣、攻擊等行為，也要建立基本的社會互動技能。研究指出，錄影示範（video modeling）、視覺策略（visual strategies）、社會故事（social stories）、社會劇本褪除（social script fading），以及工作分析（work analysis）是五個基本教導技巧，以下分別敘述之。

（一）錄影示範

是指學生觀察目標行為示範的影片並試著去模仿該行為。錄影示範可以跨越不同的行為目標，先選擇目標行為、撰寫腳本、準備錄影、觀看錄影結果、學習與模仿目標行為（LaCava, 2008; National Professional Development Center on Autism Spectrum Disorders [NPDC on ASD], 2014），在過程中

提供正確的回饋與正向增強是必要的。

（二）視覺策略

視覺提示或刺激可以提醒或促進個案表現出目標行為，可以幫助自閉症學生理解口說語言，並運用在作息表、組織想法、視覺工作系統、做決定、更改例行性事務上（Dettmer et al., 2000; Ganz & Flores, 2008），以促進自閉症學生能反應出適當的行為。

（三）社會故事

以個案為主並強調社交技巧或情境困難的故事內容，能提供自閉症學生所欠缺的社會訊息（Whitby et al., 2012）。首先，要先界定個案困難的情境與缺乏的社會技巧，觀察並蒐集個案在其中的表現與環境中老師或同儕的期許（Williams & Reisberg, 2003），接著撰寫社會故事，同時提供社會故事內容相關的視覺提示。

（四）社會劇本褪除

是指藉由劇本（script）教導自閉症學生在特別的情境中，如何表達社會與溝通的技巧。劇本的內容逐步褪除，第一步是決定個案在特殊情境中需要的社會或溝通目標技巧，接著依個案需求撰寫劇本，教導個案熟悉劇本內容，並安排情境讓個案練習劇本內容。當個案能熟悉劇本內容時，則系統性逐步褪除內容，以提升個案的自我表達能力（Krantz & McClannahan, 1993, 1998; Sarokoff et al., 2001）。

（五）工作分析

Sam 與 AFIRM Team（2015）建議在執行工作分析時，首先要確定目標行為，蒐集個案表現資料，以作為目標行為分析與評估的步驟依據，再將每一個步驟清楚列出來，然後依個案需求決定教導步驟。當個案在某些步驟表現不佳時，教學者則提供協助，直到個案熟悉整個工作步驟為止。

肆、應用行為分析的案例討論

　　單一受試的研究設計常被運用於應用行為分析的領域之中。以下以較常見的 A-B-A 倒返研究設計方式，舉例說明應用行為分析在自閉症學生訓練中的實際操作應用。

　　A-B-A 設計係指在特定環境中反覆測量行為，至少需要三個連續期：(1)基線期（A）；(2)介入期（B）；(3)撤除自變項，返回基線期（杜正治，2006）。文獻中建議，若能再次實施一次B，使之成為 A-B-A-B 設計方式就能夠複製處理效果，更能證明實驗的有效性（鳳華等人譯，2012）。

　　舉例而言，圖 7-1 為自閉症學生小強打人行為的設計範例。在研究中，小強因為想要引起同學阿光的注意，所以每當阿光和其他人玩或說話時，小強便出現打人行為。在基線期 1 時，教師／研究者僅先測量第一至八天小強打人的次數。當基線期呈現穩定之後，加入自變項——社會故事。在介入／處理期 1 時運用社會故事方式，教導小強當想要引起他人注意時，應該採取的合適語言及行動。待運用社會故事方式使小強學會適當表達需求後，撤除自變項，返回基線期，再次測量小強打人的行為次數，爾後再次

圖 7-1　A-B-A-B 倒返設計原型

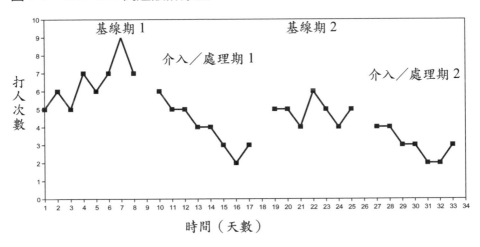

引入自變項。從資料上可以發現，當撤除自變項導致打人行為有回復趨勢，再次引入社會故事（基線期 2），又再次重現介入／處理期 1 的行為改變。由此可證明行為改變與社會故事的介入有相關。

第二節　功能性評量的理論與實務

在美國《身心障礙者教育法案》（Individuals with Disabilities Education Act，簡稱 IDEA）於 1997 年的修正法案當中，明令地方教育機構在訂定特殊教育學童的個別化教育計畫（IEP）時，需提出功能性行為評量（Functional Behavioral Assessment，簡稱 FBA）。實徵研究亦發現，功能性評量常運用在自閉症學生的自傷行為（陳奕安，2008；潘姿蘋，2008）、攻擊行為（侯禎塘，2003；Bailey et al., 2002）、固著行為（鍾儀潔、鈕文英，2004），以及重度障礙學童的行為問題（林沛霖，2011；黃重和，2011；LaBelle & Charlop-Christy, 2002）改善之相關研究。本節將討論功能性評量在對自閉症學生教育上的實施與應用。

壹、功能性評量的歷史脈絡與背景

功能性行為評量或功能性評量之概念源自於應用行為分析（O'Neill et al., 2015）。自 1960 年代起，便有許多研究開始重視這個領域，例如：Lovaas 等人（1965）所發表對自閉症學生自傷行為之分析，即是最早分析發展障礙者行為功能的報告（鈕文英，2016）；Iwata 等人（1982/1994）則提出了以功能性分析自傷行為的研究（O'Neill et al., 2015）。上述這些分析研究，都提供了後人在界定與實施功能性評量時的指引。到了 1980 年代，有愈來愈多探討功能性評量方法與應用的專刊出現，這奠定了功能性評量在了解行為問題功能上的重要性（Mace & Roberts, 1993）。爾後，相關的研究、專書如雨後春筍般蓬勃發展，功能性評量分析與應用之實施，更廣泛地被運用在各類教育與人類服務（human service）之領域（O'Neill &

Stephenson, 2010），蔚為風行。早在 1997 年，美國《身心障礙者教育法案》（IDEA）修正案中，便明確指出功能性評量之重要性。後來，該法案於 2004 年再次修訂（*Individuals with Disabilities Education Improvement Act*, IDEIA）以及其他專業組織團體，例如：特殊兒童理事會（Council for Exceptional Children，簡稱 CEC）、正向行為支持組織（Association for Positive Behavioral Support，簡稱 APBS），以及行為分析認證委員會（Behavior Analyst Certification Board，簡稱 BACB），均將功能性評量的概念與執行步驟，列入其中（O'Neill et al., 2015）

貳、功能性評量的內容與實施方式

　　自閉症學生因其先天特質所致，故行為模式較為侷限，且和同儕相比易出現行為問題。由於功能性評量強調每一行為背後都有其意義，藉由功能性評量的介入，能夠讓自閉症學生的行為問題被理解（張正芬，2000），且進一步可以獲得解決。因此，透過功能性評量的實施，可以獲得更豐富的行為相關資料。O'Neill 等人（1997）認為，功能性評量的結果主要在獲得以下資料：(1)確認行為問題會發生或不會發生的事件、時間及情境；(2)描述行為問題的種類及定義、發生頻率與關聯性；(3)確認行為問題的功能；(4)發展出能描述特定行為、發生行為的特定情境，以及維持行為的結果或增強物之總結性敘述或假設；(5)蒐集直接觀察資料，以支持總結性敘述或假設。因此，功能性評量之實施，主要是為了了解目標行為與環境之間的交互關係（李盈嫻等人，2014）。在實施功能性評量時，通常會運用到很多策略或工具（O'Neill et al., 2015），綜合文獻，執行功能性評量的步驟大致可以分為下列幾項。

一、選定評量小組

　　選定評量小組（assessment team）的用意是為了蒐集自閉症學生的相關行為資料。根據 Kern 等人（2005）的研究，功能性評量所蒐集的資料包括

自閉症學生的特徵和生活型態，另外也包含目標行為出現前後的特定前事和後果。因此，Glasberg 與 LaRue（2015）指出，評量小組的成員可以包含家人、同儕、相關專業人員（如老師、治療師等），以及有行為問題的自閉症學生本身，也可以是小組成員之一，由這些人共同來提供相關資料。Rogers（2001）認為，功能性評量需要各方人員參與，以及多方運用各種策略，因此建議以團隊方式於學校情境實施。Crone 等人（2015）則是建議，若要在學校執行功能性評量，評量小組應包含二個層級：核心小組（core team）與執行小組（action team）。核心小組的成員主要是包含學校的行政人員、觀護人、社工、其他教師代表等；執行小組的成員則是包括了有行為問題之自閉症學生的家長、老師、其他重要他人，以及一至二位核心小組之成員。Glasberg 與 LaRue 建議，在選定評量小組時，也要選出小組領導人（team leader），由其來主導整個功能性評量的進行，並協助溝通各個評量小組成員的角色和任務。

二、選定目標行為（想要改變的行為問題）

有嚴重行為問題的自閉症學生，可能同時間會出現許多個行為問題待處理。通常在選定目標行為時，Meyer 與 Evans（1989）建議，我們可以考慮優先處理的有：(1)緊急行為（urgent behaviors）；(2)嚴重行為（serious behaviors）；(3)過度行為（excess behaviors）。 但是，在進行功能性評量時，每一次都宜先鎖定一個目標行為來做分析（Glasberg & LaRue, 2015）。然而，鈕文英（2016）指出，每一個行為問題需要的不只是一次功能性評量。功能性評量是一個持續的過程，不應被視為一次性的事件（Horner, 1994），倘若行為介入的過程中遇到環境改變或成效不佳，都應該再度實施功能性評量（鈕文英，2016）。

三、界定行為問題

人們在陳述行為時，常常因所持觀點之不同而有所出入。因此，當進行功能性評量時，在界定行為問題上，處理的評量小組就應該將目標行為

界定得明確、具體化。也就是針對行為的描述，需要可觀察和可度量（鈕文英，2016）。當可以清楚界定目標行為時，評量小組才容易觀察與記錄目標行為是否已發生或已經結束（鈕文英，2016；Glasberg & LaRue, 2015），例如：界定行為問題時要避免含糊不清的用詞，像「小強在發脾氣」是一個模糊的描述，因為每一個人對發脾氣的界定並不相同。因此，在界定行為問題時，必須清楚說明小強發脾氣的「具體行為」，例如：「小強發脾氣時，邊跑邊大叫，然後把教室裡的桌子、椅子全部推倒，這樣的行為持續了3分鐘才結束」，這樣的陳述就比較具體化。

四、測量目標行為

測量目標行為主要是為了讓行為量化。Glasberg 與 LaRue（2015）建議，通常在測量目標行為時，教師／研究者可以測量行為的頻率（frequency）、持續度（duration）、延宕時間（latency），以及強度（intensity），其中：(1)頻率是指在某特定時間內，目標行為發生的次數，例如：在 20 分鐘的觀察時間內，自閉症學生尖叫的次數為 15 次，那麼他的尖叫頻率則是 15／20 = 0.75 次／每分鐘；(2)持續度是指每次目標行為發生的持續時間，例如：小玲發脾氣時會尖叫，每次尖叫會持續 20 秒；(3)延宕時間則是指某些活動開始到目標行為發生時，中間的這段時間，例如：上課鐘響後 10 分鐘，佳佳開始把鉛筆折斷（目標行為）；從鐘響到折斷鉛筆期間的 10 分鐘，就是延宕時間；(4)強度是指目標行為發生的嚴重程度，例如：咬手這個目標行為，可以分為強度 1「單純咬手」，強度 2「咬手咬出齒痕」，強度 3「咬手咬到流血」。Bicard 與 Bicard（2015）則建議，在測量目標行為時，可以使用事件紀錄表（event recording form）來協助蒐集量化資料。如此一來，當在執行功能性行為評量與分析時，便可依據所蒐集到的量化資料，來比對目標行為在不同情境下的強度、頻率，或其變化的趨向（trends）（Glasberg & LaRue, 2015）。

事件紀錄表的例子如表 7-1 所示。

表 7-1　事件紀錄表的例子

事件紀錄表

學生姓名：佑佑　　　　　　　　　　　　　日期：

課程／任課老師：數學／陳老師

觀察者：導師王老師

目標行為（行為問題）：上數學課時，當陳老師要求同學自己做計算題時，佑佑會開始咬自己的手。

強度 1：把手指放進嘴巴咬。

強度 2：把手指放進嘴巴咬，咬出齒痕。

強度 3：把手指放進嘴巴咬，咬到流血。

時間	強度	行為問題出現 次數（頻率）	每次持續時間 （持續度）	老師要求做計算題 咬手之間隔（延宕時間）
9：00～ 9：15	1			
	2			
	3			
9：16～ 9：30	1			
	2			
	3			
9：31～ 9：45	1			
	2			
	3			

五、建立基線期

　　基線期（baseline）是指，在不對自閉症學生的目標行為進行任何教學或訓練活動，僅由教師／研究者根據自閉症學生的行為表現做觀察與記錄（Glasberg & LaRue, 2015），所製成的一個量化線狀圖表資料。在實施功能性評量時建立基線期資料，可以協助教師／研究者了解，在進行完教學或訓練介入之後，自閉症學生目標行為的變化和原本（基線期）的差異在哪裡。The KU Work Group（2014）指出，基線期資料的功能有：(1)協助老師／研究者了解、整理某些複雜的資訊；(2)協助老師／研究者判斷何時是好

的教學介入時機，或決定某特定教學／訓練是否合適；(3)基線期資料能讓老師／研究者理解，教學介入有時不見得是必要的；(4)基線期資料能讓老師／研究者釐清所使用的教學策略是否有效。因此，基線期資料屬於直接觀察資料。Iwata 等人（1994）指出，用直接觀察來取得個案行為問題之資訊，是教師在教室中最容易實施的方式。

基線期資料的例子如圖 7-2 所示。透過蒐集基線期資料與介入／處理期資料，可比較個案行為問題發生頻率的變化趨勢。

圖 7-2　基線期資料的例子

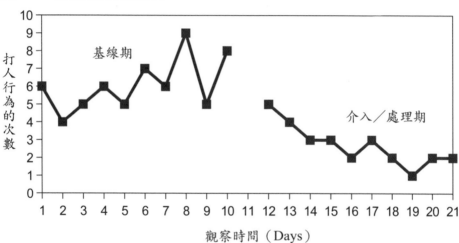

六、訪問蒐集資料

在了解自閉症學生目標行為的「功能」時，除了可以建立基線期資料外，還可以利用訪問的方式，來獲取相關資訊。Hanley 等人（2003）認為，為了有效率地蒐集較正確的資料，建議應該優先訪談自閉症學生的關鍵重要他人。一般而言，可以先訪問評量小組的成員，因為他們應該是對自閉症學生的行為問題，認識最多的一群人（Glasberg & LaRue, 2015）。O'Neill 等人（1997）指出，老師／研究者可以運用結構式訪談工具，或是自行填答的評量表／問卷／檢核表，來協助蒐集資料，例如：「教師功能性

評量報導紀錄表」（Functional Assessment Informant Record for Teachers）
（Edwards, 2002）、「立即前事—行為—反應檢核表」（Trigger-Behavior-
Response Checklist）（Kern et al., 2005）、功能性評量訪問表（Functional
Assessment Interview Form）（Glasberg & LaRue, 2015），例子如表 7-2 所
示。

表 7-2　功能性評量訪問表的例子

功能性評量訪問表

學生／個案姓名：　　　　　　　　　　日期：

行為：

行為的定義：

訪問者：

受訪者：

背景資料：

1. 請問您與學生／個案的關係？

2. 請問您認識學生／個案多久了？

3. 請問學生／個案最喜歡的東西／人／活動是什麼？

4. 請問學生／個案最不喜歡的東西／人／活動是什麼？

5. 請問學生／個案平時和他人互動的情形為何？

6. 請問學生／個案遇到困難任務／作業時，通常的反應為何？

7. 請問當學生／個案在從事喜歡的活動被打斷時，通常的反應為何？

8. 其他：

溝通技巧：

1. 請問學生／個案平時主要的溝通方式為何？

2. 請問當學生／個案想獲取他人注意時，通常怎麼做？

3. 請問學生／個案想參與活動時，通常怎麼做？

4. 請問學生／個案想休息時，通常怎麼做？

5. 其他：

行為的歷史：

1. 請問您是在何時第一次注意到個案的行為問題？

2. 請問當學生／個案出現問題行為時，當時環境是否有任何改變？

表 7-2　功能性評量訪問表的例子（續）

---

(1)是否作息有改變？

(2)是否有和平時不一樣的人加入或退出？

(3)環境的布置是否和平常有不一樣之處？

(4)學生／個案當時是否處於生病的狀態？

(5)學生／個案用藥的狀況是否改變了？醫生有改藥嗎？（針對有服用藥物的個案詢問）

(6)其他：

現在行為問題的狀態：

1.請問行為問題出現的頻率是多少？

2.行為問題發生時，是否固定在某些特定時間或環境呢？請說明。

3.是否有哪些特定的時間或情境，行為問題從不發生？

4.您能避免行為問題出現嗎？如果可以，如何做？

5.行為問題出現時，是否可能和特定人員有關？

6.您有沒有注意到任何與行為發生有關的立即前事（trigger）？

7.當個案出現行為問題時，您通常如何反應？

8.其他：

註：改編自 Glasberg 與 LaRue（2015, pp. 63-68）。

七、觀察目標行為

　　在觀察自閉症學生的行為問題時，教師／研究者可以非結構式觀察（unstructured observation）或／和結構式觀察（structured observation）方式，來觀察目標行為。在進行非結構式觀察時，教師／研究者可以先讓自己跳脫情境，僅在旁觀察行為與其發生之環境（Glasberg & LaRue, 2015）。所以，在進行非結構式觀察時，對於「應該觀察什麼」是不需事前加以限制的，而是要對整個觀察情境中的人、事、物都加以全面性地觀看。然而，非結構式的觀察策略因較彈性與開放，所蒐集到的行為資料無法直接去確認或反駁任何對於行為問題的假設（Glasberg & LaRue, 2015）。因此，教師／研究者還是得利用其他資料蒐集的管道，來完成行為之功能性分

析。而結構式觀察則是在觀察前先擬定詳細計畫，在進行觀察時利用計畫中所規範的目標、範圍、內容等，做一全面性的紀錄。結構式觀察主要可以使用的方式如下：(1)散布圖資料蒐集法（scatter plot data collection）；(2)前事─行為─後果資料蒐集法（A-B-C data collection）。說明如下。

　　散布圖是 Touchette 等人（1985）所提出的一種資料蒐集方式，此方法可以協助教師／研究者了解在一天當中，行為問題發生時，是否集中於某特定時間／時段。此外，散布圖也能呈現出行為問題在每日／每週／每月的集中或離散狀態。散布圖的例子如表 7-3 所示。

表 7-3　小民的咬人行為散布圖紀錄

姓名：小民　　觀察者：張老師　　行為問題：咬人　　可能的行為功能：為獲得食物

開始	結束	星期一	星期二	星期三	星期四	星期五	星期六	星期日	星期一	星期二	星期三	星期四	星期五	星期六	星期日
8:00	8:30														
8:30	9:00					1									
9:00	9:30														
9:30	10:00	2(次)													
10:00	10:30														1
10:30	11:00			1	1			2	2						
11:00	11:30	2	3	2		2		2	3	3		2	3		
11:30	12:00	3							1	1	2		2		2
12:00	12:30														
12:30	13:00														
13:00	13:30														
13:30	14:00														
14:00	14:30														
14:30	15:00		1												
15:00	15:30														
15:30	16:00									1					

由表 7-3 的資料可以看出咬人的行為問題發生之時段，集中於每天上午 11：00 至 12：00。由此資料，教師／研究者可以假設自閉症學生出現咬人的行為問題時，可能是因為肚子餓，所以其行為功能可能是為了引起注意然後可獲得食物。之後，教師／研究者可以據此假設，做進一步驗證。

　　所謂的 A-B-C 資料蒐集法，則是利用評量前事（antecedent conditions）、行為（behaviors），以及後果（consequences）之間的作用（Mace et al., 1991）。教師／研究者觀察前事—行為—後果之間相互關係的資料，來分析行為問題背後可能的「功能」，再形成假設。教師／研究者可以利用 A-B-C 表格來分析行為問題可能之功能，例子如表 7-4 所示。

表 7-4　A-B-C 表格的例子

日期／時間	環境／情境	前事	行為	後果	可能的行為功能
4/1 10：00	教室／上課中	老師要求全班寫作業	阿華打隔壁同學的頭	老師叫阿華去走廊罰站反省	逃避寫作業
5/1 9：00	走廊／下課時間	A 同學跟阿華打招呼	阿華打 A 同學的頭	A 同學走開	避免和 A 同學互動
6/1 15：00	走廊／下課時間	A 同學跟 B 同學打招呼	阿華打 A 同學的頭	A 同學問阿華：你要做什麼	引起 A 同學注意

　　在此例中，行為問題均同樣是打同學的頭，但是根據其不同前事與後果的紀錄來看，阿華的行為問題背後卻可能有著不同的功能。是故，若教師／研究者可以進一步去驗證這些行為功能之假設，未來就更能針對行為問題背後的意義去「對症下藥」了。

八、驗證假設

　　綜合文獻得知，自閉症學生的行為問題背後之功能有下列幾項：(1)引起注意；(2)逃避事物；(3)獲得事物；(4)生理因素；(5)獲得快感（Carr &

Durand, 1985; Favell et al., 1982; Hagopian et al., 1994; Iwata, Zarcone et al., 1994）。因此，當教師／研究者蒐集了行為問題的量化資料（如基線期資料）與質性資料（如訪談資料）後，便可對行為問題的功能先形成假設，再透過：(1)前事操弄（antecedent manipulations）；(2)功能性分析（functional analysis）的方式驗證假設的正確性。Glasberg 與 LaRue（2015）認為，「前事操弄」的方式適合用於較不複雜的行為問題，而且此方式快速又有效。Winston（2013）建議，「前事操弄」的方式可以由下列幾項著手：(1)改變環境：如教室重新布置、減低噪音音量等；(2)改變動機：如使用增強物；(3)改變其他人的行為：如改變互動方式。

功能性分析的步驟較前事操弄方式較為繁複，也較耗費時間。但是，功能性分析可以應用於實驗性分析之中，評量自變項對依變項的影響（鈕文英，2016；Wacker et al., 1997），也就是有系統地操弄與安排各種不同情況，觀察個體在不同情況下的行為，用以了解行為問題的原因（Vollmer & Northup, 1996），這樣的作法容易控制無關緊要的干擾變項。Glasberg 與 LaRue（2015）建議，在進行功能性分析時，教師／研究者對於前事與後果等兩變項，皆須操弄，藉此可以釐清目標行為是在何種情境下才會發生。O'Neill 等人（1997）則提出可以運用單一受試研究設計來進行功能性分析，其中最常使用的方法有 A-B-A（reversal design）倒返設計或 A-B-A-B 撤回設計（withdrawal design）、多重處理設計（multitreatment design），以及交替處理設計（alternate treatment design）。

當教師／研究者運用上述方式驗證了自閉症學生的行為問題之功能後，便可以開始採取介入與處理行動，來協助自閉症學生展現出更多合適的社會行為。

參、結語

張正芬（2000）建議，可以將功能性評量的實施範圍，整理成行為評量與行為介入兩個部分。行為評量的部分就是上述所提及，包含：蒐集訪問資料、直接觀察目標行為、功能性分析等；而行為介入則是指，要為自

閉症學生設計行為支持計畫（Behavior Support Plan，簡稱 BSP）並實際執行之。實施行為支持計畫的主要目的有二：其一是降低行為問題的發生；其二是促進適當的行為出現（Crone et al., 2015）。因此，在了解自閉症學生行為問題的背後功能之後，教師／研究者應積極採取介入行動，為自閉症學生設計行為支持計畫來協助調整改善其行為問題。關於行為支持計畫，將於第三節「正向行為支持」部分，加以詳盡說明。

第三節　正向行為支持的理論與實務

在融合教育的情境中，身心障礙學生行為問題的發生常會干擾教室的教學活動，而妨礙了自己與他人的學習；對許多老師來說，處理學生在教室中不適當的行為已是主要的挑戰與關心的議題（Cihak et al., 2009）。另外，Fisher（2011）也提到，自閉症學生因本身的特質，在教室的學習與生活情境中常會出現行為問題，但是教師在處理這些問題時，常常忽略學生行為問題背後所代表的需求。在以往處理時，通常都只是給予學生負向處罰的方式，例如：終止活動（suspension）或隔離（expulsion），讓行為問題獲得立即性改善，而不去注意學生行為問題背後隱藏的含意，這種處理方式不但無效，也造成學生持續面對教室生活情境挫敗的結果（林育毅、王明泉，2007；Scott et al., 2007）。然而，研究指出行為問題是受環境的變項影響，也是一種溝通的方式，如果行為問題的目的是希望被了解，那麼教導合宜的行為取代行為問題有效的介入策略，即可以「預防」學生以逃避或拒絕的行為問題來表達學業學習與社會技巧能力不足所造成的適應困難，最重要的是有效的介入策略不但可以提升學生在學業表現成功的機會，也可以增進與同儕社會互動的成功，這些針對行為問題所發展的合適及替代性溝通在教育策略上是高度有效的，此概念和實用性也提供了正向行為支持（positive behavior support）的關鍵性基礎方針（Hersen et al., Scott et al., 2007）。因此，自 1980 年代起，開始有學者以正向思考的方式看待行為問題，認為行為問題的發生，應該有其目的或用意，正向行為的理念自

此產生。美國在1997年公布之《身心障礙者教育法案》修正法案（Individuals with Disabilities Education Act Amendments, IDEA 1997）裡明文規定，教師在設計行為介入方案時，應考慮使用正向來替代負向的處理策略（林惠芬，2008），而我國在《特殊教育法施行細則》（教育部，2023）第 10 條中即明文規定，個別化教育計畫所包含的內容中，第四點即為「具情緒與行為問題學生所需之行為功能介入方案及行政支援」，由此可見面對身心障礙學生情緒行為問題時，以正向行為支持的方式已成為必然的趨勢。

壹、正向行為支持的意義

正向行為支持是一種主動積極的介入方案，並以評估為行為介入的基礎，提供綜合性的支持，強調調整環境以減少行為問題產生，並增加被接納之社會性行為，其最主要的目的是增加身心障礙學生適當的行為和調整學習環境，以預防班級中干擾行為的發生（Carter & van Norman, 2010; Neitzel, 2010）。而正向行為支持也是一種考量多元因素行為計畫（multi-component behavior plan），強調行為問題發生與生態的關聯性，試圖去減少或消除不適當行為，以讓個案的生活型態有意義改變。它的理論基礎是假設行為問題有其目的與功能，透過分析行為問題的功能來擬定有效的行為方案，強調以團隊合作的方式發展和執行處遇計畫，採用功能本位、正向、多元而完整的行為處遇策略，協助個體學習新的溝通技巧或社會技能，並改變環境來降低個體行為問題，以提升其生活品質（鈕文英，2009；Sharma et al., 2008）。

因此，正向行為支持認為，透過有效的介入策略，身心障礙學生的行為問題是可以預測的，而可以預期的行為問題是可以預防的，包括：訂定教室規則、預先提醒例行性的事務、教室中的物理環境依學生需求做適當的調整與安排等，即可有效的減少教室中行為問題發生的比率。因此，正向行為支持可說是一種積極解決學生行為問題的方法，透過評估生態環境因素與分析問題發生的可能原因，依個案需求提出系統化與合適的介入策略，其目的除了要減少教室中不適當的行為，更一步希望幫助個體學習適

切的溝通技巧、社會互動能力、自我控制與表達能力，以期個案在所處的生態環境中，包括：班級、學校或社區等，以適當的行為替代行為問題來表達需求，提升社會生活之適應力（林惠芬，2008；鈕文英，2009；Scott et al., 2007）。

貳、正向行為支持的特徵

綜合國內外學者的研究（林惠芬，2008；Cihak et al., 2009; Janney & Snell, 2008; McClean & Grey, 2012; McKevitt et al., 2012; Scott et al., 2007; Sharma et al., 2008），正向行為支持的特徵可分為重視個案生態環境的調整與改變、建立專業團隊、以多元或綜合的行為處理模式介入、設立適當與明確的行為目標、運用功能性分析結果作為行為介入基礎、強調以預防的積極態度面對行為問題，以及具有個別性等，其內容分述如下。

一、重視個案生態環境的調整與改變

正向行為介入方案不只是強調改變行為問題本身，也考量與行為問題有關的環境因素。個案透過行為的表現來傳達其需求，因此正向行為支持要先對個案所處的生態環境進行了解，並調整和行為問題相關的外在環境因素，再進行介入策略的執行（林惠芬，2008；鈕文英，2009），例如：在教室環境事件中出現了持續的噪音，對聲音敏感的自閉症學生來說是一種干擾，因此在面對老師要求完成作業時，自閉症學生則會比在平常一般的情境中更容易顯現出破壞行性的行為；假如個案的破壞性行為出現即可免除完成作業要求的責任而習得負增強，那麼在未來於相同作業要求的情境中，個案將持續以破壞性行為來逃避完成作業的責任，因此在分析行為介入的策略中，將生態中的情境事件列入分析考量是十分重要的事。

二、建立專業團隊

建立專業團隊是指，對個案充分了解，且對個案的行為介入方案有興

趣且願意投入時間的人，包括：個案的教師、家長、職能治療師、語言治療師、心理治療師等（Glasberg & LaRue, 2015）。

三、以多元或綜合的行為處理模式介入

正向行為支持的主要特徵是多元介入，強調以不同的觀點支持個案免於因嚴重行為問題而影響到生活品質，其內涵包括：調整環境、教導技巧、使用增強、前事調整，以及行為適當後果等（陳郁菁、鈕文英，2004；Hersen et al., 2005）。

四、設立適當與明確的行為目標

針對個案特定的行為問題設定適當之期望目標，並針對目標有計畫的進行行為訓練。當個案行為達到預期時，則給予適當的回饋以增強良好行為；當個案的行為未達預期時，給予適當行為後果並進行行為教導介入。

五、運用功能性分析結果作為行為介入基礎

正向行為支持根據功能性評量發展介入策略，在實行正向行為計畫時應蒐集資料，並依資料結果做介入決定。它也整合了行為與生物醫學科學、有效的成果與系統的改變，以提升個案的生活品質與預防行為問題的產生。

六、強調以預防的積極態度面對行為問題

正向行為支持捨棄以處罰或移除行為問題的消極作法處理行為問題，強調行為問題是可以預測與預防的。找出與行為問題發生有關之潛在環境因素，依個案需求調整或改變環境，以一致性的行為介入、教導替代行為，以及評量行為介入策略等，能有效減少行為問題發生的次數，以及增加個案於社會與學業成功的機會（林育毅、王明泉，2007；Scott et al., 2007; Lucyshyn et al., 2002）。

七、具有個別性

從個案的個別需求與角度來探討行為問題可能發生的原因，包括環境當中的人、地、事與物來作為具體可行介入策略之依據，並強調著重在個案需求、喜好與興趣的了解，能從個案的立場了解行為問題發生的原因。

參、正向行為支持的步驟

根據學者研究指出（鈕文英，2009；Neitzel, 2010; Scott et al., 2007; Sharma et al., 2008），正向行為支持的過程包含了八個步驟，以下針對每一個步驟的過程與細節詳細說明之。

一、確認目標行為

正向行為介入的第一個步驟是確認目標行為。

二、記錄目標行為發生的時間

以事件紀錄結果來評估判斷行為發生的可能原因，以符號統計目標行為在特定時間內發生的次數，其紀錄結果如表 7-5 所示。

表 7-5　目標行為發生觀察表

日期	觀察時間		行為出現 符號紀錄	目標行為 出現總數
	開始	結束		
4/1	10：00 AM	10：30 AM	III	3
4/2	10：00 AM	10：30 AM	I	1
4/3	10：00 AM	10：30 AM	IIII	4
4/4	10：00 AM	10：30 AM	II	2
4/5	10：00 AM	10：30 AM	IIII	5
4/6	10：00 AM	10：30 AM	III	3
4/7	10：00 AM	10：30 AM	I	1

三、介入程序與策略

建立合作團隊，其成員可包括：語言治療師、職能治療師、物理治療師、特教老師、個案的導師、其他提供相關服務的人員、個案的同儕和家庭成員等（Glasberg & LaRue, 2015）。

在進行建立正向行為過程中，和家庭合作的策略包含：(1)以問題的方式向家庭成員蒐集個案行為的資訊；(2)要求家庭成員提供平日觀察的資訊；(3)與家庭成員一起討論功能性行為分析；(4)一起界定家庭中與學校中相同功能的行為問題；(5)與家庭成員一起分享行為支持計畫的假設與草案，並鼓勵其提供不同的意見；(6)發展一個可以在家中實施行為支持的簡易方案；(7)與家庭成員分享行為支持介入成功的經驗；(8)鼓勵與肯定家庭成員的參與和努力（林敬修，2008；陳采緹，2009；Lucyshyn et al., 2002; Wetherby & Woods, 2006; Singer et al., 2002）。

四、綜合的行為功能性評量

功能性評量的目的最主要是要了解行為問題的功能，在行為問題發生時，就立即去分析行為所代表的溝通意圖是介入的最好方法。功能性評量採用前事策略（antecedent）、行為（behavior），以及後果（consequence）的 ABC 策略（張正芬，2000；鈕文英，2009），例如：專業團隊成員可以在教室的情境或是一般社會互動的情境中，觀察與記錄目標行為發生時可能的前因與行為可能的後果，並將觀察所得的資料與特殊教育人員討論，以作為進一步分析。

五、發展行為問題的假設

在行為功能性評量後，將所蒐集到的資料進行行為問題與溝通功能之間的假設，包括以下幾個因素：引起注意、逃避、獲取想要得到的東西，以及感官的需求。

六、發展正向行為支持計畫

綜合學者（鈕文英，2009；楊坤堂，2008；Bamabra, 2005; Neitzel, 2010; Scott et al., 2007; Sharma et al., 2008）之研究，正向行為支持計畫包含了事先預防、以功能性評量為基礎的介入、密集且個別化的介入等三個層次。

（一）第一層次：事先預防

針對自閉症學生的特質，在事先預防的部分包括了以下三個原則：

1. 事先預測教室情境：包括誰、做什麼事、在哪裡、為什麼會發生行為問題，例如：在傳統的教室情境中，大部分學生都能遵守教室的規則與達到教師的期望；但可能在某些情境中就出現了行為問題，如當教室的作息時間臨時更動時，自閉症學生需要多一些提醒與轉換的時間。事先了解行為問題可能發生在某些情境，則可以使例行性的作息時間與環境的調整更符合自閉症學生的需求。

2. 提供結構性的教學環境：教室內有清楚的班級規定，每一位學生都清楚班級中例行性活動的流程，不同活動之間的轉換都能事先充分準備並告知學生，並能清楚對自閉症學生特別需求的支持策略提供介入時機。

3. 調整適當的環境、提供視覺提示與個別化的作業要求：讓自閉症學生在預期中學習新的技巧並發展與他人之間的正向關係，這樣的調整能幫助學生了解在日常活動中哪些行為表現是被期待的。另外，老師也要針對容易引起自閉症學生行為問題的同儕調整座位，以減少行為問題發生與增加獨立完成工作的能力。

對自閉症學生而言，普遍缺乏溝通技巧與社會技巧，因此依其特質與需求事先教導關鍵的溝通與社會技巧，可以預防干擾行為的產生，這也是事先預防的策略之一。

（二）第二層次：以功能性評量為基礎的介入

以功能性評量為基礎的介入是針對在第一層次事先預防策略介入後，

若行為問題仍持續發生時，以功能性評量的方法找出行為問題所傳達的功能，藉以選擇適當的介入方案，以減少並且替代行為問題。在這一層次主要是以個別化介入為主，以符合個別的需求，並有效減少行為問題的產生。第二層次的介入包含了以下兩個原則：

1. 運用功能性評量發展綜合的行為介入方案，其過程包括清楚界定個案的行為、回顧學生的檔案紀錄以了解個案的用藥情形與身體狀況、過去曾使用過的介入方案、觀察行為發生的地點，並與團隊成員（包含家庭成員）一起討論行為問題發生的可能假設等。

2. 根據功能性評量的結果實行介入策略以減少行為問題，在教室例行性的活動中安排行為計畫的介入，提供個案多樣的機會去練習適當的行為，以取代行為問題。教師在這個時期主要強調教導個案替代行為，當替代行為與行為問題有相同的功能時，可藉由增強的方式以增加正向行為的產生。

（三）第三層次：密集且個別化的介入

事先預防與以功能性評量為基礎的介入之後，如果個案的行為問題仍一直出現或已經有傷害個案自己或同儕的可能，就進入第三層次：密集且個別化的介入。這個層次強調行為計畫介入的密集性與個別化，例如：教師在運用功能性評量的結果發展行為介入計畫後，持續以密集的方式介入，並監視行為表現結果，以作為介入計畫調整之依據。第三層次的介入包含了以下兩個原則：

1. 運用功能性評量仔細評量行為問題發生的前事因素（如行為問題發生前所處的環境中發生了什麼事）與功能（如在行為問題發生後個案獲得了什麼增強），在這個層次需要邀請更多的專業人員一起討論行為問題發生的可能因素，蒐集更仔細的評量資料，評估學生行為問題的模式，發展更詳細的行為假設，以介入行為問題。

2. 實施行為介入並監視介入成果，包括教師、家長與學校其他的工作人員，必須確認介入方案的持續性與密集性以期達到界定的目標。這階段的介入以直接教導特殊的技巧為主，例如：在資源教室或獨

立的空間持續教導個案特殊的技巧，並強調個別化介入計畫中列出的時間、地點、行為出現頻率，以及人的相關資訊，以決定更有效的行為介入計畫，並持續每天或每週蒐集行為表現資料，以讓專業團隊人員隨時檢視行為介入成果。

七、發展替代行為

在發展替代行為上，可以教導個案可被接受或與行為問題功能相同的替代行為。

八、行為後果處理策略

行為後果處理策略是指在行為問題發生後，相關人員處理與回應的方式，尤其是對自閉症學生來說，當他們表現出適當的替代行為時，更需要具體與相關的增強來讓替代行為持續表現，也就是讓個體藉由正向行為的表現，獲得立即想要的後果。

九、評量正向行為計畫介入的成效

評估所設定的規則、例行性的作息與物理環境的調整，是否能成功地減少行為問題的產生。行為目標的設定與介入成果是評估之基準，例如：評估個案在行為計畫介入後，學科與社會技巧的表現是否有進步，而持續追蹤學生在行為方案介入後的表現也是很重要的。

肆、正向行為支持的應用與實例

小新是國小一年級的自閉症學生，目前被安置於資源班中，在學校生活適應不佳，語言溝通表達困難，當生活情境無法滿足需求時，常會以尖叫來表達，挫折容忍度低，情緒反應強度大。

小新在剛進入小學時，在課程的轉換間出現困難，常固著於眼前活動而拒絕融入團體活動中。老師製作了視覺提示卡片，依照教室作息的課表

排列在小新座位旁邊的小白板上，當教室的每一個活動完成時，老師便將課表上的活動圖卡收起來，透過視覺提示讓小新清楚教室活動進行的步驟，並且幫助小新準備不同活動的轉換。在教室情境中，老師也透過視覺的提示，例如：在置物櫃與所有簿本外貼上藍色的圓點，協助小新能自己迅速拿到需要完成的簿本與物品歸位。然而，在團體課程的進行中，小新總是在沒有預期的情境下尖叫，嚴重影響班級的上課進度。由於老師不但無法解除小新在課堂中尖叫的情形，在處理小新行為的同時又無法顧及班上其他同學的學習需求，因此內心覺得十分挫折。在老師與校內特殊教育人員討論後，決定以正向行為支持策略介入小新的尖叫行為問題，以下將依前述正向行為支持的九個步驟分別說明之。

　　步驟一是確認目標行為。在觀察個案問題的全貌以及和家長討論後，決定小新在班級團體課程進行時的尖叫行為是需要優先處理之目標行為。

　　步驟二至步驟四是運用功能性評量去觀察與記錄目標行為發生的時間與次數，以了解小新尖叫行為的出現頻率。如表 7-6 所示，在特定時間中，行為問題出現頻率以星期二出現的次數最低，星期五出現的次數最高。

表 7-6　小新在教室尖叫的行為發生觀察表

日期	觀察時間		行為出現符號紀錄	目標行為出現總數
	開始	結束		
5/1 星期一	10：00 AM	10：30 AM	III	3
5/2 星期二	10：00 AM	10：30 AM	I	1
5/3 星期三	10：00 AM	10：30 AM	IIII	4
5/4 星期四	10：00 AM	10：30 AM	II	2
5/5 星期五	10：00 AM	10：30 AM	IIII	5

　　楊坤堂（2008）指出，要觀察與記錄個案在何種情境之下會出現目標行為？事前發生了什麼事？也就是說，學生行為問題反應的「刺激」為何？事後又發生了什麼事？亦即緊隨在學生行為反應之後的「後果」是什麼？所發生的事情如何改變？亦即學生行為問題的處遇措施是什麼？團隊

成員觀察到，小新出現尖叫的行為是在課堂上老師進行團體課程中與要求學生獨自完成作業時。當小新出現尖叫行為，老師會對小新說：「上課不要尖叫」，或在完成作業與學習單時，老師會走到小新的座位旁告知學校作業可以帶回家完成，並請小新趴在桌上休息。團隊成員經與家長討論，家長表示小新在書寫功課時，如果沒有大人陪在身邊，也會出現尖叫的行為。

　　步驟五發展行為問題的假設。團隊成員經共同討論，決定小新以尖叫的行為來拒絕完成功課，其行為問題的功能為獲得注意與逃避作業，接下來要針對行為問題的功能發展適當的替代行為。從小新的情形看來，他似乎無法跟上班級團體生活的例行性作息，也不清楚適當行為的表現為何。

　　步驟六至步驟八則根據功能性評量結果發展出行為問題功能的假設。團隊成員共同為小新擬定正向行為支持計畫，接下來的預防策略提供了視覺提醒的課表，在不同活動間轉換前，提前5分鐘事先提醒小新結束目前進行的工作與預備進入下一個新的活動；在課堂進行間，老師隨時注意小新是否融入狀況並隨時給予口頭或視覺協助，且實行同儕與小新互動的時間；教導小新使用「我需要協助」的字卡來替代尖叫行為。當小新仍出現尖叫行為時，老師即以「忽略」方式來回應，並以手指著字卡提示小新該如何適當表達需求。當小新出現舉了「我需要協助」的字卡來替代尖叫行為時，老師立即給予「關懷與注意」，並配合圖卡明確告知他所能獲得的增強物。除了預防策略外，團隊成員也調整了符合小新需求的課程內容，提供多元的方式讓小新完成作業。因此在本階段中最主要的任務為教導小新適當的行為，以取代原本的行為問題，並依據小新的特質與需求提供替代性行為（如以舉請求協助的字卡代替尖叫行為），同時也進行環境或課程的調整，以增加替代行為出現的頻率，促使小新在增強策略下，習得適當行為的表達方式。

　　步驟九評量正向行為計畫介入的成效。在經過三週的正向行為計畫介入後，團隊成員同樣進入教室情境中觀察小新行為出現的情形，發現行為問題確實得到改善，因此也決定繼續應用正向行為計畫來協助小新，使其適當的行為能內化並維持穩定的表現，以提升小新在融合教育情境中的適應力。

參考文獻

中文部分

李盈嫻、楊靜怡、呂珮瑄（2014）。國小注意力缺陷過動症學生課堂干擾行為功能性評量介入成效之研究。**特殊教育與輔助科技半年刊，11**，23-29。

杜正治（2006）。**單一受試研究法**。心理。

林沛霖（2011）。**身心障礙學生行為問題的功能評量與正向行為支持計畫介入成效之後設分析**（未出版之碩士論文）。國立臺北教育大學。

林育毅、王明泉（2007）。「正向行為支持」在友善校園中的應用。**臺東特教，26**，18-22。

林惠芬（2008）。如何執行正向行為支持計畫。**特教園丁，24**（1），42-47。

林敬修（2008）。發展正向行為支持的親職教育方案。**國教之友，587**，45-57。

侯禎塘（2003）。特殊兒童行為問題處理之個案研究：以自閉症兒童的攻擊行為為例。**屏東師院學報，18**，155-192。

張正芬（2000）。自閉症兒童問題行為功能之探討。**特殊教育研究學刊，18**，127-150。

教育部（2023）。**特殊教育法施行細則**。作者。

陳采緹（2009）。以家庭中心取向早期介入服務模式建構親職教育。**特教論壇，7**，18-33。

陳奕安（2008）。**功能性評量對特殊學生行為問題處理之研究：以中度智能障礙學生的自傷行為為例**（未出版之碩士論文）。國立臺中教育大學。

陳郁菁、鈕文英（2004）。行為支持計劃對國中自閉症學生行為問題處理成效之研究。**特殊教育研究學刊，27**，183-205。

陸世豪（譯）（2004）。**應用行為分析：行為改變技術實務**（原作者：P. A. Alberto）。心理。

鈕文英（2009）。**身心障礙者的正向行為支持**。心理。

鈕文英（2016）。**身心障礙者的正向行為支持（第二版）**。心理。

黃世鈺（1993）。應用行為分析對早期療育評量的啟示。**初等教育研究，5**，87-120。

黃重和（2011）。**行為功能評量介入國小智能障礙學生行為問題診斷與處理之影響**（未出版之碩士論文）。國立東華大學。

楊坤堂（2008）。正向行為支持的概念與策略。**國小特殊教育，46**，1-12。

鳳華、周婉琪、孫文菊、蔡馨惠（2014）。**自閉症兒童社會—情緒教育實務工作手冊**。心理。

鳳華、鐘儀潔、彭雅珍等人（譯）（2012）。**應用行為分析**（原作者：J. Cooper 等人）。學富。

潘姿蘋（2008）。**正向行為支持對改善啟智學校高職部重度自閉症學生自傷行為之成效研究**（未出版之碩士論文）。國立臺北教育大學。

鐘儀潔、鈕文英（2004）。自閉症兒童固著行為的功能分析與介入成效之研究。**特殊教育研究學刊，26**，177-199。

英文部分

Bailey, J., Mccomas, J. J., Benavides, C., & Lovascz, C. (2002). Functional assessment in a residential setting: Identifying an effective communicative replacement response for aggressive behavior. *Journal of Developmental and Physical Disabilities, 14*(4), 353-369.

Bamabra, L. M. (2005). Overview of the behavior support process. In L. M. Bambara, & L. Kern (Eds.), *Individualized supports for students problem behaviors: Designing positive behavior plans* (pp. 47-70). The Guilford Press.

Bicard, S. C., & Bicard, D. F. (2015). *Defining behavior*. Retrieved from http://iris.peabody.vanderbilt.edu/wp-content/uploads/pdf_case_studies/ics_defbe h.pdf

Carr, E. G., & Durand, V. M. (1985). Reducing behavior problems through functional communication training. *Journal of Abnormal Child Psychology, 4*, 139-153.

Carter, D. R., & van Norman, R. K. (2010). Class-wide positive behavior support in preschool: Improving teacher implementation through consultation. *Early Childhood Education Journal, 38*(4), 279-288.

Cihak, D. F., Kirk, E. R., & Boon, R. T. (2009). Effects of classwide behaviors of elementary students with and without disabilities. Positive peer "tooling" to reduce the disruptive classroom. *Journal of Behavioral Education, 18*(4), 267-278.

Cooper, J., Heron, T., & Heward, W. (2007). *Applied behavior analysis* (2nd ed.). Merrill.

Crone, D. A., Hawken, L. S., & Horner, R. H. (2015). *Building positive behavior support systems in schools* (2nd ed.). The Guilford Press.

Dettmer, S., Simpson, R. L., Myles, B. S., & Ganz, J. B. (2000). The use of visual supports to facilitate transitions of students with autism. *Focus on Autism & Other Developmental Disabilities, 15*, 163-169.

Edwards, R. P. (2002). A tutorial for using the Functional Assessment Informant Record for Teachers. *Proven Practice: Prevention and Remediation Solutions for School, 4*, 31-38.

Favell, J., McGimsey, J., & Schell, R. (1982). Treatment of self-injury by providing alternate sensory activities. *Analysis and Intervention in Developmental Disabilities, 2*, 83-104.

Fisher, J. (2011). Positive behavior support for students with autism. *Principal, 91*(2), 32-35.

Fortunato, J. A., Sigafoos, J., & Morsillo-Searls, L. M. (2007). A communication plan for autism and its applied behavior analysis treatment: A framing strategy. *Child & Youth Care Forum, 36*(2/3), 87-97. doi: 10.1007/s10566-007-9034-2

Ganz, J. B., & Flores, M. M. (2008). Effects of the use of visual strategies in play groups for children with autism spectrum disorders and their peers. *Journal of Autism and Developmental Disorders, 38*, 926-940.

Glasberg, B., & LaRue, R. H. (2015). *Functional behavior assessment for people with autism.* Woodbine House.

Hagopian, L. P., Fisher, W. P., & Legacy, S. M. (1994). Schedule effects of noncontingent reinforcement on attention maintained destructive behavior in identical quadruplets. *Journal of Applied Behavior Analysis, 27*, 317-325.

Hanley, G. P., Iwata, B. A., & McCord, B. E. (2003). Functional analysis of problem behavior: A review. *Journal of Applied Behavior Analysis, 36*(2), 147-185.

Hersen, M., Sugai, G., & Horner, R. (2005). *Encyclopedia of behavior modification and cognitive behavior therapy volume three.* Sage.

Horner, R. H. (1994). Functional assessment: Contributions and future directions. *Journal of Applied Behavior Analysis, 27*, 401-404.

Individuals with Disabilities Education Improvement Act. [IDEIA] (2004). US Department of Education. http: //idea.ed.gov/

Iwata, B. A., Dorsey, M. F., Slifer, K. J., Bauman, K. E., & Richman, G. S. (1994). Toward a functional analysis of self-injury. *Journal of Applied Behavior Analysis, 27*, 197-209. (Reprinted from *Analysis and Intervention in Developmental Disabilities, 2*, 3-20, 1982)

Iwata, B. A., Zarcone, J. B., Vollmer, T. R., & Smith R. G. (1994). Assessment and treatment of self-injurious behavior. In E. Schopler, & G. B. Mesibov (Eds.), *Behavioral issues in autism.* Plenum Press.

Janney, R. E., & Snell, M. E. (2008). *Behavioral support* (2nd ed.). Paul H. Brookes.

Kern, L., O'Neill, R., & Starosta, K. (2005). Gathering functional assessment information. In L. Bambara, & L. Kern (Eds.), *Individualized supports for students with problem behaviors: Designing positive behavior plans.* The Guilford Press.

Krantz, P. J., & McClannahan, L. E. (1993). Teaching children with autism to initiate to peers: Effects of a script-fading procedure. *Journal of Applied Behavior*

Analysis, 26, 121-132.

Krantz, P. J., & McClannahan, L. E. (1998). Social interaction skills for children with autism: A script-fading procedure for beginning readers. *Journal of Applied Behavior Analysis, 31*, 191-202.

LaBelle, C. A., & Charlop-Christy, M. H. (2002). Individualizing functional analysis to assess multiple and changing functions of severe behavior problems in children with autism. *Journal of Positive Behavior Interventions, 4*(4), 231-241.

LaCava, P. (2008). *Video modeling: An online training module*. University of Kansas, Special Education Department.

Lim, H. A., & Draper, E. (2011). The effects of music therapy incoporated with applied behavior analysis verbal behavior approach for children with Autism spectrum disorder. *Journal of Music Therapy, 48*(4), 532-550.

Lovaas, D. I., Freitag, G., Gold, V. J., & Kassorla, I. C. (1965). Recording apparatus and procedure for observation of behaviors in free play settings. *Journal of Experimental Child Psychology, 2*, 108-112.

Lovaas, O. I. (1987). Behavioral treatment and normal educational and intellectual functioning in young autistic children. *Journal of Consulting and Clinical Psychology, 55*, 3-9.

Lucyshyn, J. M., Horner, R. H., Dunlap, G., Albin, R. W., & Ben, K. R. (2002). Positive behavior support with families. In J. M. Lucyshyn, G. Dunlap, & R. W. Albin (Eds.), *Families and positive behavior support: Addressing problem behavior in family contexts* (pp. 3-43). Paul H. Brookes.

Mace, F. C., & Roberts, M. L. (1993). Factors affecting selection of behavioral interventions. In J. Reichle, & D. Wacker (Eds.), *Communicative alternatives to challenging behavior*. Paul H. Brookes.

Mace, F. C., Lalli, J. S., & Lalli, E. P. (1991). Functional analysis and treatment of aberrant behavior. *Research in Developmental Disabilities, 12*(2), 155-180.

McClean, B., & Grey, I. (2012). An evaluation of an intervention sequence outline in positive behaviour support for people with autism and severe escape-motivated challenging behaviour. *Journal of Intellectual & Developmental Disability, 37*(3), 209-220.

McCormick, J. A. (2011). Inclusive elementary classroom teacher knowledge of and attitudes toward applied behavior analysis and autism spectrum disorder and their use of applied behavior analysis (Order No. 3455180). Available from *ProQuest Education Journals*. (867839321). http://search.proquest.com/docview/867839321? accountid=14223

McEachin, J. J., Smith, T., & Lovaas, O. I. (1993). Long-term outcome for children with autism who received early intensive behavioral treatment. *American Journal on Mental Retardation, 97*, 359-372.

McKevitt, B. C., Dempsey, J. N., Ternus, J., & Shriver, M. D. (2012). Dealing with behavior problems: The use of positive behavior support strategies in summer programs. *Afterschool Matters, 15*, 16-25.

Meyer, L. H., & Evans, I. M. (1989). *Nonaversive intervention for behavior problems: A manual for home and community*. Paul H. Brookes.

National Professional Development Center on Autism Spectrum Disorders. [NPDC on ASD] (2014). *Evidence based practice briefs*. http://autismpdc.fpg.unc.edu/evidence-based-practices

Neitzel, J. (2010). Positive behavior supports for children and youth with autism spectrum disorders. *Preventing School Failure, 54*(4), 247-255.

O'Neill, R. E., Hawken, L. S., & Bundock, K. (2015). Conducting functional behavioral assessments. In R. L. DePry, F. Brown, & J. Anderson (Eds.), *Individual positive behavior supports: A standards-based guide to practices in school and community-based settings* (pp. 259-278). Paul H. Brookes.

O'Neill, R. E., Horner, R. H., Albin, R. W., Sprague, J. R., Storey, K., & Newton, J. S. (1997). *Functional assessment and program development for problem behavior: A practical handbook* (2nd ed.). Brooks/Cole.

O'Neill, S., & Stephenson, J. (2010). The use of functional behavioural assessment for students with challenging behaviours: Current patterns and experience of

Australian teachers. *Australian Journal of Educational and Developmental Psychology, 10*, 65-82.

Rogers, E. L. (2001). Functional behavioral assessment and children with autism: Working as a team. *Focus on Autism and other Developmental Disabilities, 16*, 228-231.

Sam, A., & AFIRM Team (2015). *Task analysis*. Chapel Hill, NC: National Professional Development Center on Autism Spectrum Disorder, FPG Child Development Center, University of North Carolina. http://afirm.fpg.unc.edu/task-analysis

Sarokoff, R. A., Taylor, B. A., & Poulson, C. L. (2001). Teaching children with autism to engage in conversational exchanges: Script fading with embedded textual stimuli. *Journal of Applied Behavior Analysis, 34*, 81- 84.

Scott, T. M., Park, K. L., Swain-Bradway, J., & Landers, E. (2007). Positive behavior support in the classroom: Facilitating behaviorally inclusive learning environments. *International Journal of Behavioral Consultation and Therapy, 3*(2), 223-235.

Singer, G. H. S., Goldberg-Hamblin, S. E., Peckham-Hardin, L. B., & Santarelli, G. E. (2002). Toward a synthesis of family support practices and positive behavior support. In J. M. Lucyshyn, G. Dunlap, & R. W. Albin (Eds.), *Families and positive behavior support* (pp. 155-183). Paul H. Brookes.

Sharma, R. N., Singh, S., & Geromette, J. (2008). Positive behavior support strategies for young children with severe disruptive behavior. *Journal of the International Association of Special Education, 9*(1), 117-123.

Smith, T., & Eikeseth, S. (2011). O. Ivar Lovaas: Pioneer of applied behavior analysis and intervention for children with autism. *J Autism Dev Disord, 41*, 375-378.

The KU Work Group. (2014). *Developing baseline measures*. http://ctb.ku.edu/en/table-of-contents/assessment/assessing-community-needs-and-resources/developing-baseline-measures/main

Touchette, P. E., MacDonald, R. F., & Langer, S. N. (1985). A scatter plot for iden- tifying stimulus control of problem behavior. *Journal of Applied Behavior Analysis, 18*(4), 343-351.

Vollmer, T. R., & Northup, J. (1996). Functional analysis of severe tantrums display- ed by children with language delays. *Behavior Modification, 20*, 97-116.

Wacker, D. P., Northup, J., & Lambert, L. (1997). Self-injury. In N. Singh (Ed.), *Pre- vention and treatment of severe behavior problems: Models and methods in de- velopmental disabilities* (pp. 179-198). Brooks/Cole.

Wetherby, A. M., & Woods, J. J. (2006). Early social interaction project for children with autism spectrum disorders beginning in the second year of life: A prelimi- nary study. *Early Childhood Special Education, 26*(2), 67-82.

Whitby, P. J., Ogilvie, C., & Mancil, G. R. (2012). A framework for teaching social skills to students with Asperger syndrome in the general education classroom. *Journal on Developmental Disabilities, 18*(1), 62-72.

Williams, G. J., & Reisberg, L. (2003). Successful inclusion: Teaching social skills through curriculum integration. *Intervention in School and Clinic, 38*, 205-210.

Winston, M. (2013). *Antecedent manipulations: The behavior analyst's crack co- caine.* http://www.pcma.com/PDF/Antecedent%20copy%20with%20copy- right.pdf

Wolfe, P. S., Condo, B., & Hardaway, E. (2009). Sociosexuality education for per- sons with autism spectrum disorders using principles of applied behavior analysis. *Teaching Exceptional Children, 42*(1), 50-61. http://search.proquest. com/docview/201146804? accountid=14223

第八章

自閉症學生的結構化教學

李玉錦

第一節　結構化教學的意義與內涵

壹、結構化教學的源起

　　結構化教學（structured teaching）是美國北卡羅萊納州（North Carolina）在 1960 年代推展以自閉症族群為主的課程與教學，而結構化教學方案（簡稱 TEACCH）則是以結構化教學為主軸，由北卡羅萊納大學（University of North Carolina）的 Eric Schopler 教授與其研究團隊，歷經多年教學經驗發展而成的方案。1970 年代推廣於北卡羅來納州的 TEACCH 教育處遇計畫（Division TEACCH, Treatment and Education of Autistic and Related Communication Handicapped Children），主要是提供自閉症者及相關發展障礙者廣泛的服務、研究及跨領域訓練，從學前到成人，為他們提供診斷、評估、教育、社交技巧訓練、職業訓練，以及家長的諮詢與訓練（楊蕢芬，2005）。

　　自閉症在 1960 至 1970 年代被視為情緒障礙，自閉症者父母被視為其主要成因，所謂的「冰箱母親」（refrigerator mother）一詞，即指這些冷酷疏離的父母，是造成自閉症的成因。TEACCH 的創辦人 Eric Schopler 力排眾

議，主張自閉症為神經功能異常的發展性障礙，父母並非造成孩子罹患自閉症的主因；他認為自閉症兒童與一般兒童對環境經驗的方式不同，因而發展出結構化教學的概念，並據此建構 TEACCH。

以結構化教學為主軸的 TEACCH 教育方案，對自閉症家長參與教育自己的孩子具備立即正面的教學成效（楊宗仁、李惠蘭譯，2010）。TEACCH 普遍被視為自閉症結構化教學中的典範翹楚（Mesibov & Howley, 2003）。

貳、結構化教學的意義

結構化教學主要包含兩種類型：(1)教學環境結構化：涵蓋時間、空間、教材、教具，以及活動設計的結構化；(2)教材教法結構化：是指教師運用符合學生認知程度及學習特質的教學內容及教學法，以提升學生的學習成效（Mercer & Mercer, 1985）。

結構化教學為 TEACCH 方案的教學主軸和基礎。TEACCH 將「結構」定義為：以確切組織型態安排所學事務（TEACCH, 1996），強調物理環境及活動順序的積極組織與管理，其主張教師須安排及組織教室活動，以激發學生的優點、改善其弱點，尊重與了解自閉症學生的特性。

相關研究指出，結構化與認知缺損程度具有相關性，智能障礙程度愈重，所需的結構性愈高；反之，輕度認知障礙學生與重度認知障礙學生相較，其所需的結構性則較低（楊碧桃，2000a）。

綜上所述，結構化教學主要是依據學生的認知程度及身心特質，對其學習情境及教材教法進行有系統及有組織的安排，進而提升學生的學習成效。

參、結構化教學的要素

結構化教學主要是運用自閉症學生的視覺優勢管道，據以設計教學情境和教學內容。以視覺策略為主軸的結構化教學法，有利於提升自閉症學生學習的專注力，有助於其服從指令、了解學習內容，書面系統化之提醒

易讓學生建立安全感，從而提升自閉症學生的課堂學習效果（Mesibov et al., 2005）。

結構化教學包含環境結構化（physical structure）、作息表（daily schedules）、個別化工作系統（individual work system），以及視覺結構化（visual structure）等四項要素，說明如下。

一、環境結構化

教室環境結構化是指，將教室內的空間予以妥善組織及安排，可將教室中的置物櫃、桌椅等擺設區隔出若干分區，以強化學生獨立工作行為之養成，讓學生藉此提升專注力完成工作。教師可依學生的個別差異及需求，劃分不同的學習區域，尤其對自閉症學生而言，明確的空間組織架構能提升學生的專注力及降低不安全感，進而提升學生的學習效率（倪志琳，1999；Tutt et al., 2006）。

（一）環境結構原則

妥善運用教室設備、教具和情境，有助於提升自閉症學生的專注力和學習效率。教師在規劃教室環境時，可以運用教室內的書架、置物櫃、桌椅等擺設，或於地板上黏貼鮮明的膠帶，以做為區隔不同學習區的界線。此外，書面的圖片或文字提示，亦有助於學生了解各個學習區的方位。清楚的視覺與空間界線是安排教室空間的第一步（TEACCH, 1996），明確的空間區隔可以提升自閉症學生的專注力，減少視覺與聽覺的干擾，讓其更清楚了解各種教學區的功能；同時，高度結構化的教室環境有助於教師規劃例行性的教學活動，且能讓學生清楚了解在不同學習區的學習內容。

（二）學習區的安排

自閉症學生易有分心的問題，簡潔有致的學習區能提升其專注力和學習成效。一般而言，教室內可明確區隔為學習區、轉銜區及遊戲區等基本區域，教師可依學生的個別差異、學習特質或校內之硬體軟體條件，另行

規劃點心區（幼兒階段）、生活自理能力發展區（小學階段），或電腦區：

1. 學習區：可區分為獨立學習區和團體學習區。對於較低功能的自閉症學生，教師可在獨立學習區進行一對一的教學，團體學習區則提供教師進行團體活動、藝能課、社交技巧課程演練、午餐或午休等活動。

2. 轉銜區：本區主要功能在於讓學生轉換銜接下一個活動或課程時使用，同時有轉換學生情緒的作用。轉銜區內備有每位學生的置物櫃，學生須清楚了解自己所屬的置物櫃，並到置物櫃中拿取不同的塑膠籃子或資料袋，其中裝有學習用的材料及教學卡。通常每一堂課均備有一籃子（袋子），因此一整天的課程通常有五至七個不等籃子（袋子），學生須對照作息時間表，正確拿取下一節課所需的學習籃或資料袋。

3. 遊戲區：自閉症學生的特質較易焦慮，其慣用視覺為主軸的學習方式易較顯疲倦。遊戲區具備舒壓休憩功能，自閉症學生歷經獨立學習或團體學習活動後，可來到遊戲區進行休閒活動，以藉此舒緩身心。遊戲區中的置物櫃備有各種感覺統合教具、玩具或學生喜歡的增強物，自閉症學生可在此獨自遊戲或與其他同學玩遊戲，以藉此增進與同儕互動機會。

二、作息表

作息表主要提供視覺提示，告訴自閉症學生當天的學習活動及活動流程，以書面方式提醒自閉症學生當天的課程內容，並讓學生做好心理準備。作息表所呈現的內容，須依學生的能力而定，例如：認知嚴重缺損的低功能學生應輔以較多的圖像或照片說明，作息表內容最好不超過一日或以二至三個活動為限；而認知輕微缺損的高功能自閉症學生，則可透過文字、圖像輔以文字、圖像、照片等方式呈現作息表。教師可依學生的認知程度或學習特質量身訂做作息表，可涵蓋全天候文字說明的課程作息表、全天候文字說明的轉銜區作息表、部分圖片／照片作息表或整體作息表等

類型。

　　自閉症學生一旦了解作息表並按表操課，有助於其融入課程活動及班級運作（許素真，2008；楊宗仁、李惠藺譯，2010；楊碧桃，2000b）。

三、個別化工作系統

　　個別化工作系統主要是依據自閉症學生的作息表而訂定，其目的在於讓自閉症學生清楚理解課程活動的步驟或流程，以視覺化的結構組織方式，協助自閉症學生完成學習任務。作息表主要是在協助自閉症學生完成一天的活動流程，個別化工作系統則是明確告知每項活動課程中，學生應如何進行活動、活動內容、活動順序及活動結束時間，但在進行課程活動工作分析時，仍須考量學生的認知能力及學習特質。換言之，低功能的自閉症學生需要更具體細緻的工作步驟，步驟說明輔以大量實物、照片或簡單文字說明，學生在學習個別化活動課程時可採行一致性的步驟，例如：建立學生由左到右、由上到下的順序流程，或以顏色配對區分不同的活動主題。將活動課程根據學生的個別差異進行適切的工作分析，讓學生能按部就班依步驟流程完成活動課程，此即為個別化工作系統的要訣。

　　具體明確的個別化工作系統可協助自閉症學生於獨立工作區中，在不受干擾的結構化情境下，心無旁鶩的完成活動課程。教師擬定學生個別化工作系統之目的，主要是引導自閉症學生在有系統的結構環境下主動工作，以達成學生能力可及的學習目標 （許素真，2008；楊宗仁、李惠藺譯，2010）。

四、視覺結構化

　　視覺結構化主要是運用自閉症學生視覺優勢管道之特質，在教學情境中設計有意義的訊息，讓學生透過視覺提醒進而提升其學習成效。視覺結構化通常涵蓋視覺清晰、視覺組織，以及視覺教導等三要素，分述如下。

（一）視覺清晰

也稱為視覺區分（visual clarity），係運用視覺的明顯區分，在重要或相關的資訊上吸引或提升自閉症學生的注意力，讓其一看就知道要做什麼，而色彩標示和強調訊息是普遍常用的視覺清晰作法（許素真，2008；楊宗仁、李惠蘭譯，2010）。

（二）視覺組織

係以清楚的視覺引導，將空間和工作籃的位置組織起來，協助自閉症學生了解部分和完成之間的關係位置。換言之，就是把原先複雜的工作加以規劃、組織，使學生較容易學習，進而能有效完成工作。組織完善的工作籃、有限數量的材料、區分好與穩定的任務，則是視覺組織的有效方法（楊宗仁、李惠蘭，2008；楊蕢芬，2005）。

（三）視覺教導

主要是運用文字或圖像的提示，給予學生如何完成工作的訊息，或將不同部分的工作整合在一起，包括：文字、文字搭配圖像、圖片、齊格（jig）或實物範例等方式，以說明工作的步驟及完成的目標，讓自閉症學生一看便能清楚知道如何完成該項作業（楊宗仁、李惠蘭譯，2010）。教師在進行視覺教導時，所運用的視覺提示需要符合孩子的認知程度，使學生清楚明瞭提示的內容。此外，教師亦可搭配不同的提示方式，例如：口語提示、動作指示、由左到右或由上到下系統性呈現與排列材料、書面對應、組合等齊格提示方式。

肆、結構化教學的特色

結構化教學強調視覺的提醒及結構化的情境設計，讓自閉症學生得以藉由視覺提示和結構化教材教法，進而達成 IEP 中所列的學習目標。結構化

教學的組成要素涵蓋下列特色：

1. 提供明確的教學計畫，教師須依學生的認知能力及學習特質，預先設置結構組織化的教學情境、教學計畫及教材教法，此舉有助於學生掌握重要的學習概念。
2. 具備結構化的空間安排。
3. 提供大量視覺輔助，有利於提升學生的專注力、學習動機及參與感。
4. 提供個別化作業練習，提升學生的獨立作業能力。
5. 系統化增強策略，提升學生的學習動機。
6. 落實個別化教學。
7. 具備預告效果，藉此安定學生情緒。
8. 提升學生的溝通及社會適應能力。

第二節　結構化教學的相關研究

壹、TEACCH 教學成效

前曾述及，國外將結構化教學應用於自閉症學生教學中，廣為人知且具成效者，首推由 Schopler 等學者創辦的 TEACCH 教學方案，TEACCH 亦被視為自閉症結構化教學最具影響力的教學方案之一（Mesibov & Howley, 2003）。TEACCH 為一組織班級的系統和教學的過程，且以自閉症為主的教學模式，其使用清楚而具體的期待，主要考量自閉症者的認知、需求及興趣，據以調整教學情境，進而提升其獨立和行為管理能力。TEACCH 有自己的教育策略和方法，能與自閉症者及其家庭一起合作，該方案非常成功，對家長參與教育自己孩子有立即性的正面影響（楊宗仁、李惠藺譯，2010）。綜觀 TEACCH 的教學成效主要包含：

1. 運用自閉症學生在視覺上的優勢，幫助他們蒐集與注意環境中有關且具意義的訊息，以便能更快速建立學生常規。

2. 結構化教學讓環境更加有秩序、明確，讓自閉症學生在學校環境中，能依據環境的提示做好自己的工作，減少教師的肢體與口頭協助。

3. 結構化的作息能減少許多自閉症學生的不安全感，學習有規律，情緒也較為穩定。

4. 結構化教學著重自閉症兒童的獨立工作訓練，能幫助其習得獨立自主的精神。

5. 結構化教學可以協助教師有效掌控孩子的學習成效。

6. 結構化教學能改善自閉症學生的專注力及行為管理能力。

貳、國外結構化教學的相關研究

歸納國外以自閉症者為研究對象的結構化教學研究發現，其研究成效主要涵蓋下列幾個向度：

1. 結構化有助於自閉症成人適應環境，結構化教學中的個別化工作系統，有助於其了解工作內涵、參與工作，以及就業轉銜的獨立性（Hume & Odom, 2007）。

2. 視覺提示系統有助於提升自閉症兒童的專注力，並能獨立完成學習任務（Bryan & Gast, 2000）。

3. 視覺結構化系統有助於提升自閉症兒童的人際互動及其他障礙兒童的學習成效（Schopler & Mesibov, 1995）。

4. 視覺結構方式與口語提示方式相較，視覺結構更能提升自閉症學生的學習成效（Mesibov & Howley, 2003）。

5. 視覺結構化教材有助於提升自閉症學生的注意力、語言能力及行為管理能力（Mesibov & Howley, 2003）。

6. 與口語指示反應相較，文字指示能明顯降低學齡階段自閉症學生錯誤的行為反應（Mesibov et al., 2005）。

7. 結構化作息表能有效提升自閉症學生的專注力、學習參與度，以及類化效果（Krantz et al., 1993）。

8. 視覺結構化能減少自閉症學生的問題行為（Mesibov et al., 2005）。

參、國內結構化教學的相關研究

近年來國內有關結構化教學的相關研究，如表 8-1 所示，其研究對象涵蓋自閉症幼兒、自閉症學齡階段兒童，以及自閉症成人。研究結果顯示：結構化教學對自閉症學生的專注力、獨立性、認知學習、社會互動，以及就業轉銜等均有成效；同時，結構化教學具有學習保留效果、類化成效，以及教師家長肯定等社會性效度。

表 8-1　自閉症學生結構化教學的相關研究

研究者	研究目的／主題	研究結果
王大延、莊冠月（1998）	以結構化教學增進自閉症學童配對、分類、組合、包裝、系列圖形與辦公用品等認知能力及功能性學科能力。	1.提升教學流暢性。 2.提升自閉症學童的學習品質。 3.提升自閉症學童的學習成效。
王大延（2000）	以結構化教學訓練自閉症學生的職業技能，達到就業轉銜的目標。	1.自閉症學生在花藝代工、工藝品製作及超市服務等三項職種之訓練成效良好，可達到就業轉銜之目標。 2.善用結構化教學，自閉症學生能順利轉銜至就業職場。
鳳華等人（2001）	結構化教學法對中部地區的學齡前自閉症兒童具學習效果。	1.能增進學齡前自閉症兒童的認知語言成效。 2.能增進學齡前自閉症兒童的操作成效。 3.能增進學齡前自閉症兒童的社會互動成效。 4.能提升學齡前自閉症兒童的獨立完成次數。

表 8-1　自閉症學生結構化教學的相關研究（續）

研究者	研究目的／主題	研究結果
簡瓊慧 （2005）	探討結構化教學法對國中重度自閉症學生偏異行為的影響。	1. 對固定重複的怪異動作行為，無正面影響。 2. 對提高個案獨立完成工作的速度有成效。 3. 對提高個案的學習主動性有成效。
林貴惠 （2005）	探討結構性教學對自閉症幼兒數概念學習的成效。	1. 自閉症幼兒對數概念教學具立即、正向及保留的成效。 2. 視覺作業項目結構的提示策略，適合應用於特殊幼兒班。
吳芳玲與曾柏瑜（2007）	應用視覺提示策略增進自閉症學童的溝通能力。	1. 視覺提示策略能有效協助自閉症學童理解學習任務及生活訓練要求。 2. 增進其各情境的溝通能力。
謝佳穎 （2008）	應用結構化教學法，以減少自閉症學生的分心行為，及增進其獨立工作行為之學習成效。	1. 能增進主動行為，並養成持續工作的習慣。 2. 時間表可讓自閉症學生知道自己需完成的工作，並穩定情緒。 3. 增強制度可提升自閉症學生的學習動機，養成遵從指令的習慣。
李後杰 （2009）	探討視覺提示策略對國小自閉症兒童固著行為的成效。	1. 能有效降低自閉症兒童固著行為的頻率。 2. 能縮短自閉症兒童固著行為持續發生的時間。 3. 褪除視覺提示策略後，自閉症兒童固著行為的頻率與持續時間上的改善，仍具維持效果。
林水蓮 （2009）	探討結構式教學增進自閉症兒童主動行為及準數概念學習之效果。	1. 能增進自閉症兒童主動行為之效果。 2. 能增進自閉症兒童在準數概念學習之效果。 3. 能集中專注力，並減少重複性語言的頻率。

表 8-1　自閉症學生結構化教學的相關研究（續）

研究者	研究目的／主題	研究結果
尹淑玲 （2011）	探討視覺提示策略對國小低功能自閉症兒童的日常生活問題解決成效。	1.能有效增進國小低功能自閉症兒童的日常生活問題解決能力。 2.對國小低功能自閉症兒童在日常生活問題解決能力具備立即維持及保留成效。 3.對國小低功能自閉症兒童日常生活問題解決能力具有類化成效。
陳麗如 （2012）	應用結構化教學提升特教班自閉症學生在例行性活動中的主動行為。	1.增強制度有助於提升學生的主動行為。 2.物理環境結構化能讓自閉症學生理解各區域進行的活動類型與內容。 3.時間表有助於學生了解每日活動的課程順序、增進課堂參與度，以及減少自我刺激行為。 4.工作系統配合視覺結構化，能有效提升學生的主動行為。

　　從國內外有關結構化教學的研究結果顯示，舉凡結構化教學對自閉症者的認知教學、行為管理、問題解決及就業轉銜等有斐然成效，實值得國內特教工作者參閱其中的研究要訣，將結構化教學實際應用於各年段自閉症學生的教學中。

第三節　結構化教學的應用

壹、結構化教學的注意事項

　　結構化教學運用大量的視覺訊息提示，其設計符合絕大多數自閉症學生的視覺優勢管道，以及易焦慮、分心、規律有秩序、需要預告等身心特

質，從而有效提升自閉症學生的專注力和學習成效。結構化教學已行之有年，其課程架構相當完備，由國內外的相關研究得知，結構化教學對自閉症學生確實有所助益，惟從其課程架構及相關研究得知，教師在進行結構化教學時仍須掌握注意以下的教學要點。

一、依據學生的 IEP，訂定適合結構化教學的課程及教材教法

教師擬定設計結構化教學方案，首先須依據學生 IEP 中的各項評量紀錄、能力現況分析、優弱勢分析，以及特殊需求分析，據以訂定適合的學習目標，藉由教學情境及教材教法的結構性，設計規劃學生每天的學習，養成學生學習的主動性，以達成 IEP 中的學年學期目標。教師亦須依據學生的障礙程度，量身訂做結構化教學設計，尤其是對於認知障礙程度愈重或年紀愈小的自閉症兒童，其所需的結構化情境設計及教材教法之工作分析步驟須更加具體。

二、結構化教學流程

自閉症學生易在無所事事、跟不上學習步調或置身鬆散的教學情境中，出現玩手或搖晃身體等自我刺激行為。結構化教學流程有助於學生專注於學習任務，而避免學生出現自我刺激行為。為避免學生無所事事或分心，教師的首要之務在於教導學生將空間結構與作息表或課表連結在一起，一旦學生了解結構化環境各區塊的功能、學習內容的步驟，以及作息表各時段的環境配置，他們多能主動按表操課學習，出現自我刺激行為的頻率亦能大幅降低。

三、評量個別的能力與需求

教師設計結構化教材教法時，須考量自閉症學生的個別差異和學習需求：

1. 少數無口語或低口語的自閉症學生，其聽覺學習管道明顯優於視覺管道。對此，教師除了提供視覺化為主的學習材料外，聽覺、觸覺

等其他感官學習的教材教法亦需納入設計考量。

2. 注意學生是否有觸覺防禦情形。

3. 以正向鼓勵方式教導學生：責罵、否定語言易引起自閉症學生的負向情緒反應，當教師責罵其他學生時，自閉症學生也容易出現對號入座的緊張焦慮情形。舉例而言，部分自閉症學生一聽到：「不要講話」、「不可以……」等否定口氣時，隨即容易出現焦慮緊張甚至打人、抓人情形。因此，教師應盡量以正向鼓勵口氣取代責罵處罰方式，以避免引發自閉症學生的負向情緒和觀感。

四、教材教法的系統化與組織化

前所述及，結構化教學法所強調的結構性，涵蓋教學情境中的硬軟體設置，教師在編擬教材及進行教學時，教材除了須具備實用功能性外，亦須檢視是否具備結構組織化的要求。舉例而言，在進行特殊需求社會技巧課程教學時，教師所呈現的各單元內容（如下所示）及教法一致，即符合結構化教材教法之設計原則。說明如下。

（一）情境故事

每一單元開頭要有一相關的情境故事，內容以學生實際發生於日常生活的事件為討論主軸，透過師生的討論及腦力激盪，引發學生的學習動機。

（二）演練步驟海報

教師以一個事件為例，針對演練步驟逐一分析說明，並示範每一步驟的提示／句型，引導學生說出每一演練步驟的句型。

（三）演練步驟單

每一個單元有五張演練步驟單，每一演練步驟單包含一問題情境，讓學生分析該問題情境，套用上述演練步驟的步驟及句型，逐一完成演練步驟單。

（四）作業單

每一個單元均配合該單元所學內容設計作業單，使學生熟悉應用該單元所教導的策略。

（五）學生自我評量表

每一個單元均配合該單元所學內容設計學生自我評量表，讓學生學習該單元後，定期自我評量該單元的學習效果。

上述的社會技巧課程教材若各單元以視覺組織化方式呈現，將有助於自閉症學生善用其視覺優勢能力掌握課程內容，並能有效配合老師上課步驟化的說明、講解、演練、回饋及複習，即能有效協助學生應用每個單元教導的策略。

五、課程本位評量方式有助於教師掌握學生的學習進度

課程本位評量是由 Deno 為首的美國明尼蘇達大學學習障礙中心研究群所發展出來的系統化測量程序，其主要目的是發展經常性施測的程序，讓教師能將學校課程當作評量工具，提供客觀數據做為教育決策的基礎。課程本位評量的優點包含：(1)施測過程短暫，能夠重複評量學生的表現；(2)省時、省錢，內容取材自學生的教材，結合教學與評量，不需要額外的測驗材料，也有助於教師節省設計測驗評量題目的時間；(3)藉由經常性評量，了解學生的表現；(4)以圖表記錄學生的進步情形，能清楚了解兒童本身的能力狀況及其與同儕能力的落差；(5)能增進溝通，評量結果為明確數據，利用圖表說明學生的表現情形，易於讓教師、家長及學生了解（王梅軒、黃瑞珍，2005；Deno, 2003）。課程本位評量的方法包含觀察、測驗及主觀印象，其整合課程、教學和評量的方式，有助於教師將課程本位評量方式納入結構化教學評量之設計，以及時調整、觀察並評估學生的學習進步情形。

六、善用增強策略

增強之目的在於增加自閉症學生的良好行為，增強物亦能有效提升學生的學習動機，惟教師運用增強策略時，應注意掌握下列原則：

1. 針對學生好的行為給予獎賞或鼓勵，以增加此行為發生的頻率或強度。
2. 增強物為學生平時不易獲得，唯有學生表現好的時候才能得到，否則易導致增強物飽足無效的情形。
3. 選擇較易取得的增強物，如完成學習任務時，可以去遊戲區或是到鄰近公園玩，而非到主題式遊樂園。
4. 注意增強物的使用時機，如對較年幼或低功能自閉症學生，使用連續立即增強的成效優於延宕性增強；對國高中階段的自閉症學生，則可以使用代幣或延宕增強的方式。對於正向行為初步養成時期，使用連續立即增強則較具成效。
5. 選擇適合的增強物，教師所提供的增強物，不僅需引起學生的學習動機，亦須符合學生的身心特質（如表 8-2 所示），如對高年級以上學生，給予社會性增強的頻率應高於食物性增強的原則。

表 8-2　增強物的使用對象及重點

對象	執行重點
低年級或低功能自閉症學生	1. 食物增強階段：完成作業或聽指令即給予喜愛的糖果。 2. 代幣階段：完成作業或指令給予一枚代幣（笑臉或蓋章），集滿五枚可以選取喜愛的獎品或食物。 3. 社會性增強：教師給予口頭的讚美或給予獎狀。
中高年級或就讀特教班的自閉症學生	1. 代幣階段：完成作業或達成指定任務給予代幣，集滿十個可兌換喜歡的增強物。 2. 社會性增強：擔任幹部或公開表揚。
就讀普通班的自閉症學生	1. 學習護照或增強護照集點。 2. 加分或記嘉獎。 3. 專屬的增強方式，例如：與喜歡的老師合照。

七、掌握逐步撤除原則

結構化教學之目的主要是在協助自閉症學生藉由視覺提醒及結構化方式，達成 IEP 中的各項學習目標。惟就學生的生涯歷程而言，長期仰賴結構化教學設計對其日後的生涯發展較為不利，因此高度結構化的教學設計和增強物均應有計畫地逐步撤除，例如：行為養成初期給予學生立即性增強，俟行為習慣養成，則改為間歇社會性增強方式；作息表視覺化提醒要在學生建立獨立工作習慣後予以逐步撤除；時間作息初步以鈴聲、音樂聲提醒，再逐步教導學生自己看時鐘的方式，以達到逐步撤除之目的。

貳、結構化教學的應用

一、普通班的結構化教學應用

對就讀普通班的自閉症學生而言，普通班的空間設置較無法進行高度結構化的設計編排，轉換教室上不同課程的情形亦較為普遍。與特教班相較而言，教師在普通班進行結構化教學設計的難度較高，惟教師仍可掌握下列原則進行結構化教學設計，以利於自閉症學生融入普通班的學習。

（一）空間結構部分

1. 座位接近講臺或面對教師：自閉症學生易有分心的問題，其座位應避免靠近走廊或窗戶旁邊，座位可安排於教室前排中間正對黑板的位置，有助於提升學生的專注力。
2. 座位的左鄰右舍安排小老師或具服務熱忱同學：自閉症學生易忽略聽覺訊息或作業繳交時限，其座位附近安排各科小老師或熱心助人的同學，有利於自閉症學生就近詢問課堂作業相關要求。
3. 明確標示學生的置物櫃：學生的置物櫃應明確標示自閉症學生的姓名，且儘量靠近座位，以方便其取得置物櫃中的學用品。

4. 明確標示各科作業繳交位置：自閉症學生常有遲交作業或不知如何繳交作業的情形，因此教室內可設置抽屜型的公文櫃，書面標示每一個抽屜公文櫃的用途，以協助學生繳交各科作業。

（二）時間結構部分

1. 運用整週的課表和作息表：班級課表中通常會註明每堂課的上下課時間及任課教師，自閉症學生可將班級課表黏貼在聯絡簿封底或另外準備 L 型夾放置班級課表，即可依照課表時間參與學習活動。

2. 量身訂作個別時間表：自閉症學生易有找不到專科教室上課或遇到問題不知所措的情形。對此，教師可針對學生的個別需求訂定時間表，並於時間表上以畫線、不同顏色註記外堂課的上課位置，或註記問題解決步驟策略，以協助學生克服上述問題。

3. 開學前教導自閉症學生有關時間表的用法與需進行的活動：每學期的班級課表或上課教室均有所調整，教師應在開學前先行教導自閉症學生如何使用時間表、專科教室位置、外堂課上課地點，或學校活動方位辨識等重點。

4. 班級中有變更的活動、調課應預告：自閉症學生偶爾會有找不到上課教室而不知所措的情形，其原因在於上課教室突然有所變動或調課所致。對此，班級中所有相關的變動應事先在黑板、班級部落格及自閉症學生的作息表中註明，以減少自閉症學生因課表或教室變動，而找不到上課教室的窘境。

（三）個別化工作系統

1. 步驟化工作分析：自閉症學生對複雜或抽象任務的學習較無法吸收理解，教師如能把教學活動分解成數個小步驟，或將抽象概念輔以具體圖形範例講解，即能有助於自閉症學生的理解。

2. 輔以聯絡簿或記事本協助：教師宜教導自閉症學生運用固定的時段或方式，如下午第二節下課時間抄寫聯絡簿，註記隔天所需繳交功

課或平常考範圍，同時指派小老師協助確認其是否完整抄寫聯絡簿。班上若無使用聯絡簿，可以記事本取代聯絡簿功能。

（四）視覺提示

1. 書面任務提示：為避免學生忘記攜帶學用品或繳交功課，教師可用文字或圖畫的提示，黏貼在學生的桌面上，或為學生準備特定的資料夾，上面標示應攜帶的東西或功課。此外，亦可在班級的牆面上設置一個白板，上面註記近日內需繳交的作業表單作為提醒。

2. 實例講解抽象概念：教師在講述抽象複雜概念時，應配合圖畫或實例的提示，以具體方式呈現，或以實物操弄讓學生理解抽象含意。

3. 善用提示的技巧：教師可以口頭、手勢或動作、示範操作、協助起始部分等方式，協助自閉症學生在普通班的學習。

4. 輔以自我管理表單協助：對易有分心、專注力不足的自閉症學生而言，自我紀錄等表單能有效協助其專注於學習事務。以表 8-3 的自我管理／自我紀錄表為例，教師可事先教導學生規劃排定工作項目及如何使用計時器，學生藉由書面表單及計時器的提醒，自行檢核是否達成工作目標。針對課堂上學生的問題行為，可透過書面表單等上課行為契約提醒學生的正向行為，搭配增強策略應用，例如：在上課約定中註記能遵守上課約定、遵守行為契約、認真演練步驟及準時完成作業等，均可得到教師的簽名章，集滿10至20個章，即可與教師兌換其喜愛的增強物。

表 8-3　自我管理／自我紀錄表

自我管理 檢核表：完成指派工作與任務的技巧					
日期：＿＿年＿＿月＿＿日　姓名：＿＿＿＿＿＿					

安排 工作順序	設定工作項目	記錄時間（用計時器）		達成目標情形	
		設定需要時間	實際完成時間	自我 檢核☑	師長 回饋
1		設定（　　）分	實際（　　）分	☐	
2		設定（　　）分	實際（　　）分	☐	
3		設定（　　）分	實際（　　）分	☐	
4		設定（　　）分	實際（　　）分	☐	

❤老師與家長回饋❤		☺自我評量☺			
加分：	扣分：	設定需要時間	實際完成時間	相差時間	
☐好棒　☐有進步　☐要加油 ★訂定獎勵：		總計： （　　）分鐘	總計： （　　）分鐘	相差： （　　）分鐘	
		・我的工作與任務完成情形☑： 　☐提早完成　☐延後完成　☐部分完成 　☐全部沒完成 ・對自己完成這份工作與任務的滿意度☆： 　☆ ☆ ☆ ☆ ☆			

二、特教班的結構化教學應用

（一）教室結構化部分

　　一般而言，特教班的學生人數多在 15 名以內，因此教師在進行空間環境設計時，要能充分利用隔間或置物櫃，將教室規劃為功能明顯易辨的團體學習區、遊戲區、轉銜區、獨立工作區，以及情緒轉換區等區域。

（二）作息時間結構化部分

　　特教班學生的作息表應視學生的認知理解程度加以設計，認知程度較佳學生的作息表以文字呈現即可，低功能自閉症學生則需以簡單文字輔以圖像說明。另外，教師可運用不同的顏色，由上而下呈現不同的學習活動內容，並根據教學目標，呈現三至五個不等的活動，讓學生預知該節課的作息活動內容，讓其有所準備並達到預告的效果。

（三）個別化工作系統

　　教師宜將學生學習的活動內容予以工作分析，以圖解、數字及文字等視覺線索提示，提示卡的排列由左到右，使學生易於遵循學習步驟，並在獨立工作區完成個別學習。

（四）視覺提示

　　教室內以明顯的隔間劃分區域，輔以圖像或文字標示；學生的作息表布置於轉銜區或個別的置物櫃內；教材教具要擺放固定位置，並以圖像或文字標示；學生作息以圖像、文字或利用不同顏色，由上而下呈現不同的學習活動內容等方式，均可提供學生清楚且具體的視覺線索，進而能協助學生進行有效率的學習。

三、結構化教學與 IEP 結合的應用實例

　　以下以就讀高職普通班的自閉症學生為例，說明如何透過團隊評估後，擬定合適學生需求的 IEP，並結合結構化教學執行教學，以提升學生的學習成效。

（一）案例說明

　　李○○（以下簡稱李生）為 2014 年國中應屆畢業生，學前階段即被鑑定為自閉症，國小、國中階段均接受資源班直接教學服務，透過臺北市十二年就學安置、自閉症組鑑定安置管道，進入公立高職商科就讀，目前為一年級學生。

　　李生具備自閉症者的學習特質，相較於聽覺管道，視覺為其優勢學習管道，其機械式記憶力雖佳，但對抽象理解的學習內容卻有明顯困難。李生目前在學校適應尚佳，大致能遵守學校及班級規範，惟開學初期李生對課程間轉換教室較有困難，經導師安排班上各科小老師協助提醒及個管老師施以結構化教學策略協助李生後，轉換教室的問題已迎刃而解。之後，經由學校 IEP 團隊綜合李生的學習結果，任課教師、導師及個管老師等評估後，研判李生除了社會技巧能力的學習較有困難外，其餘的學校適應及多數學科大致能適應普通班的學習及進度。

　　個管老師統整李生的各項能力與需求評估結果後，預先草擬李生的 IEP，之後邀請李生、李生家長、班級導師、任課教師與相關行政人員共同召開 IEP 會議，除掌握李生的學習特性及需求外，並於學年學期目標撰寫上，強調目標起迄時間、評量方式、通過標準，以符合新修訂之《特殊教育法》規定。經由 IEP 團隊討論後，確認李生的 IEP 內容。李生的 IEP 結合結構化教學內容如下。

（二）結構化教學設計

　　李生目前就讀公立高職商科一年級，日後擬繼續升學大專校院，考量

李生目前雖具備良好的學習態度，惟李生仍有遲交作業、找不到上課教室及上課易分心的情形，恐影響其學習表現。個管老師運用結構化教學設計，以協助李生克服上述問題。

1. 座位接近講臺或面對教師：李生有分心的問題，因此將其座位安排於教室前排中間正對黑板的位置，有助於提升其課堂專注力。

2. 座位附近安排小老師：李生易忽略聽覺訊息或作業繳交期限，之前常因詢問同學作業繳交問題而引起同學反感。個管老師與導師討論後，導師於李生座位附近安排各科小老師，有利於李生就近詢問課堂作業相關要求。

3. 明確標示置物櫃：李生的置物櫃標示其姓名，坐落在教室左前方，靠近李生座位，以方便其取得置物櫃中的學用品。

4. 擺放標示各科作業的抽屜櫃：李生常有遲交作業或不知如何繳交作業的情形，因此導師於教室前方設置一抽屜型的公文櫃，標示各個抽屜為繳交各科作業等用途，以協助李生繳交各科作業。

5. 建置功能型資料夾：李生常遺漏繳交重要通知，因此請家長幫李生準備資料夾或 L 型夾，請李生將重要的通知表單統一放置該資料夾中。

6. 專屬課表：李生偶有找不到上課教室或遇到問題不知所措的情形，個管老師提供李生專屬課表，課表上以不同顏色字體註記外堂課的上課位置，並註記問題解決步驟。

7. 輔以記事本協助：個管老師教導李生於每日下午第二節下課時段，將隔天所需繳交的功課或平常考範圍，記錄於隨身攜帶的記事本中，同時請其鄰座小老師協助確認是否完整抄寫。

8. 提供自我管理表單：李生有分心、專注力不足的情形，個管老師於特殊需求課程教學時段，教導李生運用自我管理及自我紀錄表單，規劃其每日課後的時間安排及如何使用計時器，定期與李生討論檢核自我管理表單的成效，並依約定讓李生選擇兌換增強物。

（三）特殊需求課程方面

　　根據李生的優弱勢與需求評估結果，其主要需求為特殊需求課程之社會技巧教學。個管老師編擬社會技巧教材（如本章附錄所示），掌握教材教法結構化原則，其各單元教學內容依序為：(1)情境故事；(2)演練步驟海報；(3)演練步驟單；(4)作業單；(5)學生自我評量表。

　　李生的社會技巧課程各單元教材以視覺組織化方式呈現，有助於李生善用其視覺優勢能力掌握課程內容，輔以個管老師步驟化的說明、講解、演練、回饋及複習，應能有效提升李生的社會技巧能力。

（四）相關支持服務方面

　　考量李生較不能忍受噪音以及聽覺為其弱勢管道，故提供特殊考場，包括延長時間及使用電腦作答。另外，在進行語文相關科目之學習或活動時，請任課教師儘量提供大量視覺線索為主的評量方式，或減少聽考比例，彈性評量著重李生學習歷程的學習態度。此外，亦透過班級志工或同儕小老師，提供視覺線索或結構化情境，以利李生進行語文相關作業或活動之學習。

參考文獻

中文部分

尹淑玲（2011）。視覺提示策略對國小低功能自閉症兒童的日常生活問題解決之成效（未出版之碩士論文）。國立臺南大學。

王大延（2000）。結構性教學對自閉症者之職業訓練成效之研究。行政院國家科學委員會專題研究計畫成果報告，未出版。（編號：NNSC89-2413-H-133-009）

王大延、莊冠月（1998）。結構性教學對增進自閉症學童認知能力成效研究。行政院國家科學委員會專題研究計畫成果報告，未出版。

王梅軒、黃瑞珍（2005）。國小課程本位閱讀測量方法之信度與效度研究。特殊教育研究學刊，**29**，73-94。

吳芳玲、曾柏瑜（2007）。視覺提示策略增進自閉症學童的溝通能力。臺東特教，43-51。

李後杰（2009）。視覺提示策略對國小自閉症兒童固著行為之成效（未出版之碩士論文）。國立臺南大學。

林水蓮（2009）。結構式教學增進自閉症兒童主動行為及準數概念學習之個案研究（未出版之碩士論文）。國立屏東教育大學。

林貴惠（2005）。結構性教學對自閉症幼兒數概念學習成效之研究（未出版之碩士論文）。國立臺北師範學院。

倪志琳（1999）。結構教學法對學齡前自閉症兒童學習成效之研究（未出版之博士論文）。國立臺灣師範大學。

許素貞（2008）。自閉症兒童結構化教學。載於黃金源（主編），自閉症兒童的治療與教育（頁 247-290）。心理。

陳麗如（2012）。應用結構化教學提升特教班自閉症學生在例行性活動中主動行為之成效（未出版之碩士論文）。國立臺北教育大學。

楊宗仁、李惠藺（2008）。自閉症學生輔導手冊。國立臺北教育大學。

楊宗仁、李惠蘭（譯）（2010）。**自閉症學生的融合教育課程：運用結構化教學協助融合**（原作者：G. Mesibov & M. Howley）。心理。（原著出版年：2003）

楊碧桃（2000a）。如何培養智障學生主動的工作習慣：從結構教學情境做起。**屏東師院特殊教育叢書，34**，183-194。

楊碧桃（2000b）。結構式教學環境在啟智班的實施研究。**屏東師院學報，13**，111-136。

楊蕢芬（2005）。**自閉症學生之教育**。心理。

鳳華、王文珊、陳芊如、陳淑君、邵寶誼、林衣貞、李靜蓉、蘇惠貞（2001）。結構教學法對中部地區學齡前自閉症兒童學習效果。載於**國立臺北師範學院自閉症學術論文集**（頁 1-35）。國立臺北師範學院。

謝佳穎（2008）。**結構化教學介入國小自閉症學生分心行為與獨立工作行為之行動研究**（未出版之碩士論文）。國立臺北教育大學。

簡瓊慧（2005）。**結構化教學法對國中重度自閉症學生偏異行為影響之研究**（未出版之碩士論文）。佛光人文社會學院。

英文部分

Bryan, L. C., & Gast, D. L. (2000). Teaching on-task and on-schedule behaviors to high-functioning children with autism via picture activity schedules. *Journal of Autism & Developmental Disorders, 30*(6), 553-567.

Deno, S. L. (2003). Developments in curriculum-based measurement. *Remidial and Special Education, 37*, 184-192.

Hume, K., & Odom, S. (2007). Effects of an individual work system on the independent functioning of students with autism. *Journal of Autism & Developmental Disorders, 37*(6), 1166-1180.

Krantz, P. J., MacDuff, M. T., & McClannahan, L. E. (1993). Programming participation in family activities for children with autism: Parents' use of photographic activity schedules. *Journal of Applied Behavior Analysis, 26*, 137-138.

Mercer, C. D., & Mercer, A. R. (1985). *Teaching students with learning problems*. Merrill.

Mesibov, G. B., & Howley, M. (2003). *Accessing the curriculum for pupils with autistic spectrum disorders: Using the TEACCH programme to help inclusion*. David Fulton.

Mesibov, G. B., Shea, V., & Schopler, E. (2005). *The TEACCH approach to autism spectrum disorder*. Kluwer Academic/Plenum Publishers.

Schopler, E., & Mesibov, G. B. (1995). *Learning and cognition in autism*. Plenumk Press.

TEACCH. (1996). *Structure teaching*. http://www.teach.com/what-is-teacch/structure.htm

Tutt, R., Powell, S., & Thornton, M. (2006). Educational approaches in autism: What we know about what we do. *Educational Psychology in Practice, 22*(1), 69-81.

附錄　社會技巧教材

社會技巧單元名稱：問題解決我最行

姓名：＿＿＿＿＿＿

情境故事／例子

　　星期二，大雄要到大賣場實習，他因為前一天晚上貪玩又看電視太久，拖到晚上 9 點才開始寫功課，結果寫到半夜才寫完，今天一早爬不起來睡過頭，大雄很緊張，一想到導師恐怖的臉，便匆匆忙忙出門到公車站等公車，看到首都客運的公車就直接上車，後來他仔細一看竟然上錯公車了……

　　同學們，請幫忙想想看，如果你是大雄，你會怎麼解決呢？

如果我是大雄，我會＿＿＿＿＿＿＿＿＿＿＿＿＿＿＿＿＿＿＿＿＿＿＿

＿＿＿＿＿＿＿＿＿＿＿＿＿＿＿＿＿＿＿＿＿＿＿＿＿＿＿＿＿＿＿＿＿

＿＿＿＿＿＿＿＿＿＿＿＿＿＿＿＿＿＿＿＿＿＿＿＿＿＿＿＿＿＿＿＿＿

＿＿＿＿＿＿＿＿＿＿＿＿＿＿＿＿＿＿＿＿＿＿＿＿＿＿＿＿＿＿＿＿＿

＿＿＿＿＿＿＿＿＿＿＿＿＿＿＿＿＿＿＿＿＿＿＿＿＿＿＿＿＿＿＿＿＿

＿＿＿＿＿＿＿＿＿＿＿＿＿＿＿＿＿＿＿＿＿＿＿＿＿＿＿＿＿＿＿＿＿

步驟演練

步驟	提示／句型
1.冷靜	龜息大法：＿＿＿＿＿＿＿＿＿＿＿＿ 發生什麼事：「我 什麼時候 在哪裡 遇到什麼困難 。」 例句：我職場實習早上搭錯公車了。
2.想想	方法1：「我可以 解決辦法 ，後果是 後果 。」 方法1：＿＿＿＿＿＿＿＿＿＿＿＿＿＿＿ 方法2：「我可以 解決辦法 ，後果是 後果 。」 方法2：＿＿＿＿＿＿＿＿＿＿＿＿＿＿＿
3.試試	試試方法1：□問題解決了。 　　　　　　□問題沒解決。 試試方法2：□問題解決了。 　　　　　　□問題沒解決。

演練次數：＿＿＿＿次

參與演練者簽名：＿＿＿＿＿＿＿＿＿＿＿＿＿＿＿＿＿＿

情境演練

情境 1：週二上學時，我等不到公車⋯⋯

情境 2：星期三當天，我上了公車才發現悠遊卡和錢包都不見了⋯⋯

情境 3：我要坐捷運到學校，進捷運站才發現悠遊卡忘記加值沒錢了⋯⋯

情境 4：我在公車上遇到色狼⋯⋯

情境 5：我坐公車時，曾經遇到的問題：＿＿＿＿＿＿＿＿＿＿＿＿＿＿＿＿＿

「問題解決我最行」作業單

請訪問你的同學或家人，他們在搭公車或搭捷運時，曾遇過哪些問題、當時解決的辦法，及判斷該方法是否合適，並將訪問結果記錄在下列表格中。

訪問對象	乘車遇到的問題	當時解決的辦法	方法是否合適 （合適打✓，不合適打✗）
例：胖虎	忘記帶車錢	直接衝下車	✗

社會技巧單元名稱：察言觀色

姓名：＿＿＿＿＿

情境故事／例子

情境 1：靜香放學回家時，向同學揮揮手……

情境 2：胖虎邀請大雄去打棒球，大雄連忙搖搖頭……

情境 3：哥哥問弟弟：「媽媽在哪裡？」弟弟做出聳聳肩的動作……

有時候我們會以肢體動作表達意思，請回答上述情境中肢體語言的意思：

揮揮手表示：＿＿＿＿＿＿＿＿＿＿＿＿＿＿＿＿＿＿＿＿＿＿＿

搖搖頭表示：＿＿＿＿＿＿＿＿＿＿＿＿＿＿＿＿＿＿＿＿＿＿＿

聳聳肩表示：＿＿＿＿＿＿＿＿＿＿＿＿＿＿＿＿＿＿＿＿＿＿＿

步驟演練

步驟	提示／句型
1.看	・注意看對方的臉部表情。 ・注意看對方的姿勢／動作。
2.想	・想一想對方的表情代表哪一種心情（喜怒哀樂）。 ・想一想對方的動作代表的意思（如搖頭表示不要；拍拍手表示開心）。
3.答	・根據對方的表情回應： 「　　　　　　　　　　　　　　　　　　　　　　　　」 ・根據對方的姿勢或肢體動作回應： 「　　　　　　　　　　　　　　　　　　　　　　　　」

演練次數：＿＿＿＿＿次

參與演練者簽名：＿＿＿＿＿＿＿＿＿＿＿＿＿＿＿＿＿＿＿＿＿＿

情境演練

情境 1：廖老師說我今天表現很好，我很開心。（做出開心表情）

情境 2：老師問我要不要去校外教學，我想要去校外教學。（做出要去校外教學的動作）

情境 3：大雄去看恐怖電影，他覺得很害怕。（做出閉眼睛遮住耳朵的動作）

情境 4：放學時，我會對同學做出再見的肢體語言。（動作）

情境 5：我不想跟同學去打球，我會對同學做出不要的肢體語言。（動作）

情境 6：生氣的時候，我會……。（做出生氣的動作）

情境 7：難過的時候，我會……。（做出難過的動作）

情境 8：不小心碰到別人的時候，我會……。（做出對不起、不好意思的動作）

「察言觀色」作業單

請記錄課堂中，你解讀他人肢體語言的情形。

誰的肢體語言	注意看	想想	肢體語言意思	回應
	□ 有 □ 沒有	□ 有 □ 沒有		□ 我有口頭／動作回應 □ 我沒有口頭／動作回應
	□ 有 □ 沒有	□ 有 □ 沒有		□ 我有口頭／動作回應 □ 我沒有口頭／動作回應
	□ 有 □ 沒有	□ 有 □ 沒有		□ 我有口頭／動作回應 □ 我沒有口頭／動作回應
	□ 有 □ 沒有	□ 有 □ 沒有		□ 我有口頭／動作回應 □ 我沒有口頭／動作回應
	□ 有 □ 沒有	□ 有 □ 沒有		□ 我有口頭／動作回應 □ 我沒有口頭／動作回應
	□ 有 □ 沒有	□ 有 □ 沒有		□ 我有口頭／動作回應 □ 我沒有口頭／動作回應
	□ 有 □ 沒有	□ 有 □ 沒有		□ 我有口頭／動作回應 □ 我沒有口頭／動作回應
	□ 有 □ 沒有	□ 有 □ 沒有		□ 我有口頭／動作回應 □ 我沒有口頭／動作回應
	□ 有 □ 沒有	□ 有 □ 沒有		□ 我有口頭／動作回應 □ 我沒有口頭／動作回應
	□ 有 □ 沒有	□ 有 □ 沒有		□ 我有口頭／動作回應 □ 我沒有口頭／動作回應

第九章
圖片兌換溝通系統

蕭紫晴、吳柱龍

第一節　圖片兌換溝通系統的意涵

圖片兌換溝通系統（picture exchange communication system，簡稱 PECS），是由 Bondy 與 Frost 在 1994 年所提出，是屬於擴大及替代性溝通系統（augmentative and alternative communication system，簡稱 AAC）的一種，為訓練泛自閉症孩童利用視覺符號來作為溝通表達（visual symbol for communicative output）的一個方法（Lord & McGee, 2003; Mirenda, 2001）。該法強調的是孩童對增強物的喜好與需求，進而引發溝通的主動性及意願，且透過兌換的動作達到溝通目的，並將習得的圖片溝通技能類化至其他自然生活情境中。

在圖片兌換溝通系統的訓練過程中，只需用圖卡作為工具，孩童及溝通對象不需要再特別學習另一種符號（如手語），只要有基本簡單的動作技能，即能在自然情境中達成兌換動作。在兌換的過程中，因孩童的需求而引發主動的溝通動機並與溝通對象產生互動，進而達成溝通目的。因此，圖片兌換溝通系統可以增進社會行為並減少孩童的問題行為。

第二節　進行圖片兌換溝通系統前的準備

壹、增強物

在實施圖片兌換溝通系統訓練之前，我們需要了解孩童喜愛和厭惡的物品或活動，以作為活動進行的增強物，通常可透過觀察或晤談（父母及主要照顧者）來蒐集資料。在訓練的過程中，為更加提升孩童主動溝通的動機，建議可採用的策略（Frost & Bondy, 2002）如下：(1)故意製造需要協助的情境；(2)將增強物放在孩童看得到但拿不到的地方，增加增強物的效益；(3)提供增強物的選擇，可同時呈現兩種孩童喜愛的物品，藉由主動選擇而提升內在的溝通動機；(4)在一般活動時只給孩童少部分的增強物，在教學活動時可給予較多的增強物；(5)藉由給予厭惡或排斥的物品，讓孩童學習拒絕的方法；(6)在活動進行中故意停止活動的進行，讓孩童主動提出想要繼續的要求，或是故意使用唱反調、不按牌理出牌等方式，觀察孩童的反應，並引導其主動溝通意願。

貳、準備教具

一個標準的溝通本包含了三個部分：(1)語句練習條；(2)內頁；(3)配合訓練的圖卡。將孩童已習得的圖卡黏貼至溝通本的內頁並隨身攜帶，需要時可適時隨手取得使用，以達到溝通互動之目的。如圖 9-1 和圖 9-2 所示。

圖 9-1　圖片兌換溝通系統的溝通本封面

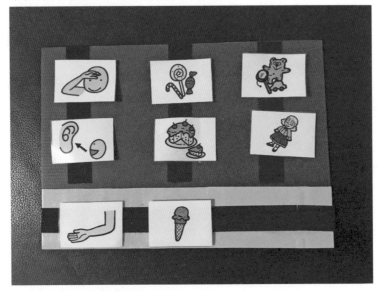

註：引自財團法人科技輔具基金會。

圖 9-2　圖片兌換溝通系統的溝通本內頁

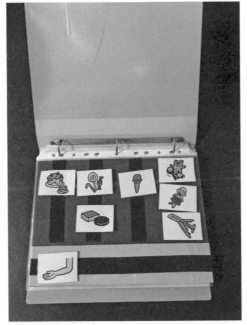

註：引自財團法人科技輔具基金會。

第三節　圖片兌換溝通系統的實施步驟

壹、階段一：訓練如何溝通（how to communicate）

一、訓練目標

　　孩童能用圖卡來兌換物品。當孩童看到喜愛的物品或活動時，會將圖卡拿給溝通對象。

二、訓練內容

　　在此階段中，圖卡皆呈現在孩童面前，且溝通者就在孩童的身邊，主要是藉由孩童對物品的喜愛或感興趣的活動引發自發性的溝通意願。在訓練的過程中不使用任何口語及肢體的提示，而是將孩童喜愛的物品呈現在眼前，當孩童表現出溝通意圖，主動伸手拿取物品時，協助者立刻將圖卡交給溝通者，讓溝通者使用圖卡換取增強物。孩童喜愛的增強物至少能有二至三項，每項增強物經由此階段練習後，若孩童能獨立完成以圖卡交換物品，即視為完成此階段。

貳、階段二：增加溝通的干擾因素（distance and persistence）

一、訓練目標

　　在不同的干擾環境下，孩童會到溝通本前拿取圖卡並走到溝通者身旁，引起溝通者的注意，並將圖卡放在溝通者的手上。

二、訓練內容

　　正常的孩童在溝通時如果遇到挫折，會適時的調整並改變溝通策略及方法，以達到溝通的目的。但在泛自閉症孩童身上卻常常缺乏這樣的持續溝通能力，當在遭遇挫折或干擾時就會退卻、不知所措，甚至放棄溝通。因此，在此階段中，主要的活動就是增加溝通的干擾因素，以提升溝通的難度，例如：增加溝通者和孩童的距離，或是多人輪替擔任溝通者等，期盼孩童在溝通無法順利完成時，仍能夠持續努力嘗試。另外，也可以讓孩童明白圖卡可用在許多不同的情境中，以提升孩童的情境類化能力，例如：在第一階段用的圖卡，不僅能在訓練室內使用，也可以在遊戲室使用。訓練過程和階段一相同，溝通者及協助者皆不給予眼神、表情、口語或動作提示，在孩童主動伸手表達出溝通意願時才給予幫忙。

三、訓練過程

1. 從溝通本上拿下圖卡：將所有的圖卡放在溝通本中且依序分類，再取下要訓練的目標圖卡，並放在溝通本的正面。訓練開始時，可先讓孩童玩圖卡 10 至 15 秒後，由溝通者把圖卡放在溝通本的正面，讓孩童到溝通本前拿取圖卡來交換物品。有需要時，協助者才引導孩童並提供肢體的幫忙。

2. 增加溝通干擾因素（增加孩童和溝通者的距離）：孩童取下圖卡交換物品後，可由在身旁的距離增加到需走數十步，再增加到其他教室或房間尋找溝通者。

3. 增加溝通干擾因素（增加孩童和溝通本的距離）：當圖卡兌換完成的距離可達 150 至 240 公分時，接下來就可增加孩童和溝通本的距離。除了距離的訓練外，還要將溝通本放在不同的擺放位置，例如：溝通本朝下時能翻到正面，或是將溝通本放在書桌上或書櫃中時（溝通本需有固定放置處，讓孩童易拿取）能拿到溝通本，並取下圖卡來兌換物品。

4. 改變情境：情境的結構化可提升孩童的學習，但太過結構化的環境

則反而會影響孩童的類化能力。當孩童可在教室完成圖卡兌換時就可在任何地點進行圖卡兌換，以提升其在自然生活情境中溝通的目的。

參、階段三：圖卡區辨（picture discrimination）

一、訓練目標

當孩童看到想要的物品時，會去溝通本拿取適當的圖卡，然後走到溝通者身旁，並將圖卡給他。

二、訓練內容

在此階段中的主要訓練重點為孩童能夠選出正確的圖卡，而非強調孩童的主動性，並且讓孩童明白選出不同的圖卡時會有不同的結果。只要孩童具備有 5 至 10 張的圖卡能力後就可進入此階段，並可以從區辨 2 張圖卡開始訓練，直到能達區辨 5 張圖卡為止。

三、訓練過程

1. 能在不相關的物品圖卡中，區辨出喜愛的物品圖卡：在訓練前，要依孩童的喜好先訂定出三組圖卡，分別為喜愛的物品圖卡（如糖果、柳橙汁、憤怒鳥）、討厭的物品圖卡（如布丁、果凍、麻糬），以及不相關的物品圖卡（如叉子、彩色筆）。溝通者先在溝通本上放置喜愛的物品圖卡（如糖果）及不相關的物品圖卡（如叉子）並呈現實物，再將溝通本放在孩童面前讓其做選擇。當選對圖卡時立即給予口語肯定（「對！非常正確！」）並給予實物增強；選錯時則溝通者不需有任何的反應，且將不相關的物品交給孩童，並觀察孩童的反應。

2. 同時呈現 2 張喜愛的物品圖卡並且能正確區辨：此項訓練重點為能

區辨出2張喜愛的物品圖卡。溝通者可在溝通本上黏貼2張孩童喜愛的物品圖卡並呈現實物，讓孩童先拿圖卡然後再拿實物。當拿對實物時，孩童就可以擁有該物品；如果拿錯物品，溝通者應立刻制止孩童，並應用下列四個步驟介入協助：(1)重新呈現圖卡讓孩童看得更清楚；(2)提示：可由溝通者協助指出或握孩童的手選出正確圖卡，當孩童取下圖卡交給溝通者時，即立刻給予口頭肯定，但不給實物；(3)變換：接下來，溝通者進行別的活動，此項活動為孩童已經學會的能力，例如：模仿溝通者做拍拍手的動作、要孩童拿指定物品給溝通者等；(4)重複：溝通者重新呈現圖卡及實物並要孩童選擇，當孩童選對時則給予口頭肯定，並將實物交給孩童。

3. 呈現多張圖卡並能正確區辨：當孩童能完成由 2 張圖卡中選擇實物時，接下來就可訓練3張圖卡甚至4張圖卡，訓練的過程和上述步驟相同。當孩童選好圖卡後就讓孩童去拿實物，並確認孩童真正明白圖卡所連結的實物意義。直到能正確區辨 5 張圖卡時，就可讓孩童從溝通本裡找出其他想要的圖卡。

肆、階段四之一：句型結構訓練

一、訓練目標

當孩童看到想要的實物時，會先去溝通本取下「我要」的圖卡，並放在句子板上，接下來放實物圖卡，再走向溝通者把句子板拿給他。當此階段完成時，孩童能應用 20 張或以上的圖卡，且能和不同的對象進行溝通。

二、訓練內容

此階段要讓孩童做句子的練習，能應用圖卡組成句子。

三、訓練過程

以「我要○○」的句型為例，讓孩童進行句子的練習，步驟如下：

1. 練習將增強物圖卡放在句子板上：當由左至右排列句子板上的增強物圖卡時，溝通者需先將「我要」的圖卡放在句子板的左邊，並在溝通本的正面放數張增強物的圖卡（如糖果、柳橙汁）。接著，溝通者等待孩童主動拿增強物的圖卡，並協助引導其將圖卡放在句子板「我要」圖卡的右邊，然後再將句子板交給溝通者。當溝通者拿到句子板後，即用指出圖卡的方式和孩童一同說出：「我要糖果。」說完後，立即給予孩童增強物（糖果）。當此模式練習成熟後，溝通者就可以逐步去除提示，直到孩童能獨立完成將圖卡放在句子板上並交給溝通者。

2. 練習將「我要」的圖卡放在句子板上：先將數張增強物圖卡（如糖果、柳橙汁、憤怒鳥）分散在「我要」圖卡的右邊。當孩童主動要去拿圖卡時，先引導他去拿「我要」的圖卡再拿增強物的圖卡，並依句型由左到右排列，並一起看著句子板將圖卡逐卡地唸出。讓孩童反覆練習直到能獨立完成。

3. 主動讀出句子：當前面二個步驟可獨立完成時，可將重點擺在訓練孩童能說出完整的句子。溝通者可加入時間延宕策略，當孩童拿到句子板後，可延長時間3至5秒鐘後才讀句子，在讀完句子後可獲得增強物。所以大多數的孩童都希望儘快完成，方能得到增強物。

因此，溝通者可使用時間延宕讓無口語的孩童有機會練習發聲，而孩童能發出聲音說出選出的圖卡句子時，溝通者也可減少協助，讓孩童有更多發聲說出的機會。再者，可配合區別增強策略，鼓勵孩童能夠有更多的口語表達；若孩童說出圖卡句子，則給較多的增強物；若不說話，則給孩童較少的增強物，來鼓勵孩童練習用口語表達。

在第四階段完成後，可將練習分為兩個部分：一部分是不斷持續增加詞彙和屬性（階段四之二）；另一部分則是開始進入第五階段。這兩部分的練習是可以同時進行的。

伍、階段四之二：屬性擴增練習

一、訓練目標

在此階段中，即使沒有呈現物品，孩童也會到溝通本拿圖卡並組合成句子，句子的結構為「我要」圖卡、屬性圖卡和增強物圖卡，然後再將句子板拿給溝通者兌換實物。孩童能應用結合不同屬性的圖卡做造句，句子板中包括 3 張或 3 張以上的圖卡。

二、訓練內容

此階段可配合著階段五和階段六一起練習，藉由不同的人來擔任溝通者並進行訓練。每種屬性可用不同的例子練習，屬性的練習包括：物品的顏色（彩色筆、積木、車子、玩偶）、大小（糖果、餅乾、球類、水果）、形狀（圓形、正方形、三角形）、動詞字彙（拍、打、丟、跑）、位置（前後、上下、遠近、裡外）、身體部位（頭、手、腳）等。

三、訓練過程

1. 3 張圖卡組句練習：從「增強物調查表」中確認，若孩童喜歡綠色的車子而不喜歡紅色的車子，就可應用車子來進行顏色的辨認練習。溝通者先在溝通本上放 3 張圖卡，由左至右放「我要」圖卡、增強物圖卡（車子）、屬性圖卡（綠色）。當孩童在句子板上造好句型「我要車子」後，將「我要」和「車子」的圖卡放在句子板的前與後，然後拿出綠色和紅色的車子，問孩童：「你要那一臺？」當他拿綠色的車子時，先不要將實物給他，而是引導孩童到溝通本上拿綠色的圖卡並將它放在「我要」和「車子」圖卡的中間。再次練習時，當孩童放好「我要」圖卡後，就引導孩童先拿「綠色」的圖卡，再自己去拿「車子」的圖卡。在完成組句時，溝通者將句子

說一遍，再將綠色的車子給孩童。重複練習直到孩童可獨立完成組句：「我要綠色的車子。」

2. 練習辨認顏色：此步驟主要為辨認顏色練習。溝通者在溝通本上放「我要」（第一排）、「綠色」和「紅色」的圖卡（第二排），以及「車子」的圖卡（第三或第四排），讓孩童自組句子。當孩童組好「我要綠色的車子」時，溝通者給予肯定，在孩童說完句子後，將綠色的車子交給孩童；若孩童選錯顏色，拿了紅色的圖卡，則溝通者不介入，等孩童依序說句子，說完後將紅色的車子給孩童並觀察孩童的反應。此時，當孩童有負面行為及情緒時，溝通者再將「紅色」圖卡放回溝通本上，並依四步驟介入練習。

3. 在 2 張或 2 張以上的圖卡中選出最喜愛物品屬性的圖卡：溝通者在溝通本上增加 1 張其他顏色的圖卡，2 張顏色為孩童喜歡的，另一張為孩童不喜歡的，練習方法如步驟二。

4. 增加區辨屬性圖卡的複雜度：溝通者在溝通本上增加各種顏色的圖卡，或增加增強物的種類，讓孩童練習區辨不同屬性的物品。

5. 增加屬性練習：為了要更加確認孩童學會某種顏色，溝通者需增加顏色的例子練習，例如：孩童喜歡綠色的糖果而討厭紅色的軟糖，這時溝通者可以在溝通本上放「我要」、2 張或 3 張顏色圖卡（如綠色的、紅色的、藍色的），以及「糖果」圖卡，然後要孩童練習造句「我要綠色的糖果」，練習方法同步驟二。若孩童選「紅色」的圖卡（孩童以為「紅色」代表可以得到物品），溝通者給孩童紅色軟糖，再觀察孩童的反應。若孩童出現負面反應，溝通者再將「紅色」的圖卡放回溝通本上，然後用四步驟錯誤糾正程序，引導孩童選擇正確的圖卡。當孩童能獨立完成造句「我要綠色的糖果」後，溝通者在溝通本上再放兩種增強物：「糖果」和「果汁」，讓孩童練習區辨顏色和增強物品。

其他適合初學者練習的例子包括區辨物品的大小，例如：溝通者可以呈現幾種餅乾，讓孩童練習從大塊和小塊餅乾中，選擇「大」塊餅乾；玩玩具時，讓孩童從大車子和小車子中選小車子。要孩童學會屬性，需要正

反各種例子都練習，孩童才能了解屬性的含意。

陸、階段五：回答問題（answering questions）

一、訓練目標

孩童能主動要求物品，並回答「你要什麼？」的問題。

二、訓練內容

在階段一至四中，溝通者皆呈現實物和圖卡，鼓勵孩童主動溝通，並沒有給予口語提示。從這個階段開始，溝通者呈現實物和圖卡時，並詢問孩童：「你要什麼？」引導孩童使用圖卡組句子來回答。

三、訓練過程

1. 零秒延宕：溝通本上放「我要」和數張增強物的圖卡（糖果、洋芋片、球、畫筆），溝通者呈現某項增強物，例如：洋芋片，然後指「我要」的圖卡說：「你要什麼？」孩童需拿「我要」和「洋芋片」圖卡放到句子板上然後交給溝通者，等溝通者讀完句子後，再將洋芋片交給孩童。如果溝通者問完問題後，孩童沒有反應，則溝通者可用肢體提示的策略，請孩童去拿「我要」的圖卡。

2. 增加延宕時間：延續上述練習，當溝通者問問題時，並指出「我要」的圖卡（肢體提示），提示孩童去拿「我要」的圖卡。當孩童熟悉步驟一的練習後，溝通者需逐步去除提示。溝通者可將步驟改為先問孩童：「你要什麼？」然後延宕 1 至 2 秒，再用手指指「我要」圖卡。若孩童在溝通者未指圖卡前，就先伸手拿「我要」圖卡，溝通者為鼓勵孩童，則可給較多的增強物。

3. 能回答問題並增加主動性：當孩童能回答溝通者「你要什麼？」的問題後，為減少孩童的依賴性及增加主動溝通的動機，溝通者可設

計更多的教學情境，讓孩童在回答問題和主動要求間做練習。

柒、階段六：談論（commenting）

一、訓練目標

孩童回答「你要什麼？」、「你有什麼？」、「你看見什麼？」、「這是什麼？」、「你聽到什麼？」等問題，並且能夠主動要求和談論。

二、訓練內容

自閉症孩童在話題維持的語用輪替對話能力較缺乏，因此在這個階段接續第五階段問問題的訓練，先訓練孩童能用圖片回答「你看見什麼？」，然後再教導其他問句，包括：「你有什麼？」、「你聽到什麼？」、「這是什麼？」

三、訓練過程

1. 能回答第一個談論的問題：溝通者先在溝通本正面放「我看見」和幾張增強物的圖卡（如樂高、積木、憤怒鳥、餅乾、洋娃娃）。接著，溝通者拿出一個大箱子，然後從箱子中拿出一件物品（如樂高），指著「我看見」圖卡問：「你看見什麼？」由於此訓練方法和第五階段相同，孩童經溝通者的手指圖卡提示後，多會到溝通本上拿「我看見」的圖卡（但不一定知道意思）。當孩童組好「我看見樂高」的句型時，會想用句子板來交換物品，但溝通者此刻只給孩童口頭讚美說：「對！是樂高！」然後將樂高放回箱子中。以往孩童都是藉由組句來得到增強物，因此第一次練習「我看見」大都期望獲得物品，為了避免孩童太喜歡增強物而有負向的行為及情緒，所以在一開始練習時，不要選擇孩童最喜愛的增強物品。

   溝通者要讓孩童做組句的練習，直到孩童能獨立完成「我看見○

○」的句型，之後要慢慢逐漸去除手指圖卡的提示，並延宕疑問句和手指圖卡提示間的時間，直到孩童能不需要提示即能完成組句。溝通者也可以運用區別增強的策略，若孩童不需提示，即會伸手拿「我看見」圖卡時，則溝通者給孩童較多的社會性增強，例如：讚美孩童；若需提示才會拿圖卡，則只是對孩童說：「對！是○○！」

為了提升自閉症孩童的溝通動機及學習，因此可設計多元化的遊戲及活動來引導其主動溝通的動機，例如：溝通者將數件增強物放在箱子中，再從箱子裡拿出樂高，若孩童答對了，下一次練習則讓孩童從箱子裡拿出一件物品，做組句練習。也可藉由和孩童一起玩桌遊圖片遊戲，當孩童能答對圖片中的內容時，則讓孩童先抽取圖片進行下一項練習。

2. 疑問句的區辨練習：接下來要讓孩童做疑問句「你要什麼？」和「你看見什麼？」的區辨練習。溝通者可先在溝通本正面的左邊同一排上放「我要」和「我看見」兩張圖卡，右邊隨意放置數張增強物的圖卡（如樂高、憤怒鳥、餅乾、糖果、桌遊卡等）。練習的步驟從「你看見什麼？」開始，接下來再練習「你要什麼？」當孩童可以正確回答後，就改採輪流隨機問答讓孩童練習。當孩童可正確答對「你看見什麼？」時，溝通者給予口頭讚美，但不給實物，再答對「你要什麼？」時，才給孩童實物。若孩童選錯了圖卡，溝通者可等待孩童完成組句後，接下來用四步驟錯誤糾正程序，引導孩童選擇正確的圖卡。

3. 維持主動溝通的動機：為維持孩童主動溝通的動機，溝通者可營造相似的自然情境，有時只有增強物的呈現，有時則請孩童回應疑問句，誘導並提升孩童主動要求物品的溝通動機。

4. 能有自發性的對話和討論：溝通訓練的最終目的是希望孩童能在自然的情境中對於感興趣及環境中所發生的事件能主動談論。因此，溝通者可多多營造情境讓孩童有更多機會參與主動發言，甚至參與討論。在發言、討論的過程中，溝通者應要逐漸去除疑問句，讓孩

童主動地說出來。溝通者的提示可從「喔！你看見什麼？」慢慢減少到「喔！什麼？」甚至只有「喔！」讓孩童回答問題。

其他的「這是」、「我聽到」和「我有」等圖卡的練習方式，同上述步驟。

第四節　其他建議

為讓孩童的溝通技巧能更成熟（Forst & Bondy, 2002），建議下列的溝通技巧能應用於各階段中來引導孩童：

- 能遵守功能性的指令。（第二階段、第三階段）
- 溝通者問：「你要嗎？」孩童能回答「要」。（第三階段）
- 溝通者問：「你要嗎？」孩童能回答「不要」。（第三階段）
- 能主動要求休息或下課。（第三階段、第四階段）
- 會要求協助（第三階段練習「幫忙」圖卡、第四階段以後可練習組句的完整性），並可呈現「等待」圖卡，孩童能等待。（第三階段至第六階段）
- 將習得的溝通技巧，類化、轉銜到各項活動中。（第四階段、第五階段）
- 作息活動能遵循時間表。（第四階段、第五階段）

第五節　科技結合圖片兌換溝通系統的發展

近來隨著科技的發展，圖片兌換溝通系統由最初的紙本模式，提升到結合電子式溝通板及近幾年發展普及的平板電腦，其核心概念都是相同的，改變的只是呈現出的方式。以下列出幾種常見的溝通系統型態與特性。

壹、紙本式溝通系統

　　紙本式是溝通系統最初發展的型態，其最大的優勢是容易取得、造價便宜且令人信賴，並可以使用圖畫或照片輔以文字呈現，依照使用者的需要，集結成不同主題與目的之小冊子，例如：吃飯、學校等不同主題，或是表達需要（上廁所、換衣服等）。雖然它有許多優勢，但仍有一些使用上的限制，最常見的是沒有聲音的立即回饋，在學生學習圖片與聲音的連結上，仍須教師從旁協助教導，且教師必須一直在學生旁邊重複發出與圖片相同的語音。

貳、電子式溝通板

　　隨著科技的演進，而出現電子式的溝通板。電子式溝通板通常具備能記憶語音的裝置及發聲的喇叭，與紙本溝通板比較，其最大的優勢是它具有聲音的回饋。通常一個溝通板能存入多組的語音，以對應不同的主題與目的之版面設計，但這也意味著使用者必須要花更多的時間去「如何學習使用溝通板」，而非溝通本身。另外，電子式溝通板通常需要電力驅動，如何充電、更換電池及簡單的故障排除，會是特教教師或教師助理員所必須具備的知識。電子式溝通板依照使用者不同的特性，發展出許多不同的種類與功能，例如：有些種類的溝通板具有防震耐摔的功能；有些具有防水的功能；有些輕巧好攜帶；有些能配合特殊按鍵運作等。

參、平板電腦

　　平板電腦是三種溝通系統中最複雜且最不可靠的。基本上來說，平板電腦為考量到多數使用者的需求，具有通用設計（universal design）的概念，能針對使用者進行一些細部的功能調整。運作的穩定性是平板電腦運作溝通系統時最讓人詬病的地方，無預警的當機或跳回桌面，往往會讓操

作者無所適從。但是，平板電腦仍舊有它無可取代的地位，其最大的優勢是使用的彈性化。使用者能在平板電腦上搭配一種以上的溝通軟體，而有機會去選擇合適的軟體。另外，去標籤化是它的另一項優勢，對使用者而言，拿出溝通板的行為本身就是一個標記，會阻礙其使用的意願，相對地拿出平板電腦就容易許多。

表 9-1 是上述三者在不同項目間的評比整理。

表 9-1 紙本、電子式溝通版、平板電腦的比較

項目	紙本	電子式溝通版	平板電腦（搭配軟體）
標籤化	顯著	顯著	較不顯著
費用	便宜	昂貴	普通
耐用	很耐用	耐用	不耐用
維修	容易	不容易	普通
電池續航力	--	久	較差
容易操作程度	易操作	易操作	較不易操作

總結來說，哪種系統最適合學生使用，必須考量到學生的特性與使用的環境。另外，學生也可以不僅只有一套溝通系統，多種系統的介入是可行的，因為學生可能在不同的環境需要不同的系統。

參考文獻

Frost, L., & Bondy, A. (2002). *PECS: The picture exchange communication system training manual.* Pyramid Educational Products Inc.

Lord, C., & McGee, J. P. (2003). *Educating children with autism.* National Academy Press.

Mirenda, P. (2001). Autism, augmentative communication, and assistive technology: What do we really know? *Focus on Autism and Other Developmental Disabilities, 16,* 141-145.

第十章

自閉症學生的社會技巧教學

林俊賢、王欣宜

在美國精神醫學會（American Psychiatric Association，簡稱 APA）所主編的《精神疾病診斷與統計手冊》（第五版修訂版）（*Diagnostic and Statistical Manual of Mental Disorder,* 5th ed., Text Revision，簡稱 DSM-5-TR）（APA, 2022）中，自閉症類群障礙症（Autism Spectrum Disorder）的診斷基準包含「社交溝通及社交互動困難」此項。本章將從自閉症學生的社會技巧缺陷問題談起，並介紹自閉症的社會技巧教學策略，最後再羅列自閉症社會技巧的各類教學法供讀者參考。

第一節　自閉症學生的社會技巧問題

在探討自閉症的社會技巧教學之前，首先要先了解社會技巧的定義，並且詳加探討自閉症學生的社會技巧問題。

壹、社會技巧的定義

Gresham（1986）認為，社會技巧是社會能力（social competence）的一部分。Lerner（1997）則認為，社會適應良好的人要有一定程度的社會認知發展，且能夠發展正向社會互動行為。Gresham（1998）更進一步定義社會技巧：個體表現出能有效地和他人互動，且社會可以接納，或者是能避免

不被社會接受的行為。蔡桂芳（2001）認為，社會技巧之目的是要讓對方能夠接受。李萍慈（2004）則是指，個人在社交場合中，能以適當的方式與他人溝通及互動，代表其有良好的社會技巧。王欣宜（2007）將社會技巧定義為「個體針對不同的場合，表現出主動、與他人互動，而且是為他人所接受的行為，社會技巧是可以學習的，如個體社會技巧有缺陷或表現過多，都需要介入處理」；而 Wang 與 Lin（2015）也提出社會技巧是包括適當的語言和非語言行為，且能夠被他人所接受，且能有效的增進與他人的互動。

筆者參考前述的文獻（王欣宜，2007；李萍慈，2004；蔡桂芳，2001；Gresham, 1986, 1998; Lerner, 1997; Wang & Lin, 2015）之後，歸納整理出社會技巧的定義如下。

一、適齡的社會認知

個體在與他人互動時，其社會認知若高於其生理年齡，有時會覺得社會上的人都無法了解自己的想法，常有曲高和寡的感受。但若社會認知低於其生理年齡，在與他人互動時反應過於遲鈍，常會遭受他人的排擠或霸凌，例如：資賦優異者常會因為認知能力高於普羅大眾，找不到可以討論艱深話題的同伴，容易在與他人互動時有明顯問題；相反地，認知能力較低者，因為跟不上他人的話題或活動，也就因此而無法正常與他人發展適當的社會互動。

二、適合在地文化的社會認知

個體的社會認知必須要符合自己所在地區的文化，否則常會鬧出笑話或甚至造成誤會，例如：在日本洗溫泉，需要裸身入池，但在我國的某些地方卻可著泳衣入池；假設我們到了日本還是著泳衣進入溫泉池，就是明顯的失禮行為。

三、主動且正確地與他人互動

個體需要有效地與他人互動，而且能與他人發展出正向關係，因此是否能夠主動與他人互動非常重要；即使是較為被動的狀態，也應有正確的互動模式，例如：在遇到他人時可彼此問候交談，當他人有好表現時能誇獎讚美，或者是在他人關心自己時能回應感激等行為。

四、利社會行為

利社會行為也被稱為利他行為（prosocial behavior），指個體行為有利於他人且不求回報（Bar-Tel, 1976），例如：新聞報導臺東縣某菜販自願捐錢救助他人而不求任何回報，讓窮人都能有錢吃飯就醫，就是很好的利社會行為。社會技巧當中包含同理心、幫助他人等，都是屬於利社會行為的一部分。

五、社會接納的行為

社會適應良好的人，才能有正向的社會技巧行為，因此個體所表現的各種社會技巧行為，必須是社會上一般人能接納的行為，個體才能有良好的社會適應。

貳、自閉症學生的社會技巧缺陷

在 DSM-5-TR（APA, 2022）中，自閉症類群障礙症（Autism Spectrum Disorder）的診斷基準將原本的社會互動缺陷及溝通缺陷合併為一項：「社交溝通及社交互動困難」。而我國的《身心障礙及資賦優異學生鑑定辦法》（教育部，2013），也列出自閉症的鑑定基準包含「顯著社會互動及溝通困難」。

DSM-5（APA, 2013），在「社交溝通及社交互動困難」上的診斷基準，主要列出三項如下：

1. 社會與情緒互動的缺陷：如社會互動異常、無法維持雙向對談，難以分享興趣及情緒，無法起始或回應社會性互動。

2. 社交用的非語言溝通行為缺陷：難以合併口語及非口語的溝通，例如：眼神無法注視或異常的肢體語言，缺乏臉部表情及非口語溝通。

3. 發展與維繫關係能力缺陷：無法在適當的情境表現出適當行為，在想像性遊戲上有困難，或是在發展友誼或與他人互動上有缺陷。

綜合王欣宜（2020）的研究結果指出，造成自閉症學生缺乏社會技巧的原因包括：(1)缺乏適當的社會技巧知識：自閉症學生不知社會技巧的目的、可以實施的策略、無法解讀社會線索或了解社會不成文的規定，因而無法解讀他人的語言和非語言的隱喻、幽默或諷刺語言，也不知道如何使用社會線索做出適當回應；(2)表現有困難：自閉症學生無法在該表現社會技巧時表現出來，或表現出的行為讓人無法接受，又或是因自閉症學生缺乏角色取替的能力（像是同理心），因此無法理解別人的情緒或了解他人意圖，或不管他人反應；(3)缺乏練習或回饋：以致自閉症學生社會技巧表現的流暢性欠佳；(4)缺乏增強：無法讓自閉症學生維持良好的社會技巧，因對他們而言，來自同儕的社會性增強更為重要；(5)缺乏線索與機會：因為在自然情境中沒有適當的模仿對象或缺乏適當提示，會使自閉症學生未能在情境中表現出所學習到的社會技巧，因此必須給予有關的提示，以促進其類化能力；(6)問題行為的出現：衝動、情緒過度反應，以致於阻礙社會技巧的表現；(7)自我控制的問題：導致社會技巧表現的情況不穩定。

因上述原因，自閉症學生所表現出的社會技巧困難（李俊賢、王欣宜，2011）包括以下幾項。

一、缺乏主動或與他人互動能力

亞斯伯格症學生渴望與其他人互動，但在與他人對話與推論心智上有困難，寧願孤離自己也不要社會交際，只對固定的互動接觸有興趣，也在同理心或結交朋友上有很大的問題，例如：亞斯伯格症學生常會以例行的

公式或很特定的對話主題來與他人互動。筆者的一位亞斯伯格症學生，每次相聚都總是以他自己有興趣的汽車主題，聊著筆者汽車的廠牌及性能，這樣一來在與朋友相處上就會遇到互動的問題。

二、情緒覺察或了解他人意圖困難

亞斯伯格症學生在解讀表情或肢體動作等非口語訊息有困難，或是思想較為刻板，只對特定焦點有強烈興趣，無法適切解讀他人的心理與情緒，也在讀取社會互動線索上出現困難，例如：在學校生活中，有時同學會以開玩笑的方式與他人互動，但亞斯伯格症學生常常一本正經，認為應該要依照各種規則或邏輯，而非隨興改變，久而久之同學就會覺得奇怪而疏遠亞斯伯格症學生。

三、語言溝通功能（語用）缺陷

亞斯伯格症學生具有學究式（pedantic）的語言及怪異腔調，無法依情境述說適當的語言，也在注意聽、回應、輪流對話、回饋、等待等語用方面遇到問題，例如：筆者在早期療育服務時的一位亞斯伯格症學生在吃完飯後，一直盯著碗卻沒有做下個動作，老師提醒他應該要洗碗，但學生卻回應自己只是在「端詳」，使用了並非他的年紀應有的詞彙；也常在老師上課時，滔滔不絕地述說自己有興趣的內容，完全不在意是否符合當時的情境，在與他人溝通上有很大的問題。

四、感覺統合失調、畏懼改變及焦慮抑鬱

亞斯伯格症學生可能會對某些特定的聲響或視覺刺激產生敏感性反應，或因為環境中的某些變動，而感到不安或苦惱，進而使用攻擊性或激動的策略，例如：亞斯伯格症學生常會對噪音感到煩躁，會摀住耳朵，抑或是因而大吵大鬧，甚至會因此攻擊別的同學，這都是因為他們對於環境中的因素太過敏感。

綜上所述，自閉症學生除了在與他人互動上有困難外，也在情緒、興趣、同理心上遇到許多問題。關於口語或非口語的溝通、表情及肢體動作的解碼，甚或是想像遊戲上，也總是有著缺陷存在。而畏懼改變或感覺統合失調的問題，則是一枚未爆彈，隨時都可能因此而讓自閉症學生有攻擊性行為產生。

第二節　自閉症學生的社會技巧教學

本節將針對自閉症學生的社會技巧教學進行探討，由社會技巧教學的相關內涵出發，整理自閉症學生社會技巧教學的相關有效策略，最後再逐一介紹目前國內外各類運用於自閉症學生的社會技巧教學法，提供相關人員參考運用。

壹、社會技巧教學內涵

前一節提到 Lerner（1997）認為，社會適應良好的人要能夠發展正向社會互動行為；Gresham（1998）則是認為，個體要能有效地和他人互動，或者避免不被社會接受的行為；而蔡桂芳（2001）認為，社會技巧是要讓對方能夠接受。但要發展正向社會互動讓對方接受，或是避免社會不能接受的行為，又該如何進行呢？

蔡桂芳（2001）整理了社會技巧定義歸納後指出：社會技巧是學習而來的行為，讓個體與他人互動時表現出對方能接受的反應，避免引起對方不愉快。Michelson 也綜合歸納出：社會技巧是學習而來的，受到個人的因素與行為情境的交互影響，而缺陷的社會技巧則需要介入處理（引自 Merrell & Gimpel, 1998）。

依據以上文獻的討論得知，社會技巧的學習是為了擁有良好的社會技巧，有效地和他人互動，避免引起對方不愉快，但自閉症學生或其他特殊需求學生較難以自己習得社會技巧，因此許多研究者分別針對不同年齡或

不同類型的對象，發展出社會技巧教學課程，但因各方研究的分類及設計不同，筆者將國內外發展之相關課程整理如下。

一、ACCEPTS 課程

該課程乃是針對國小中、低年級學生所設計，包含進入國小就讀所需的教室技巧，以及基本的互動、相處技巧，也包含如何結交朋友的交友技巧，或面對他人嘲諷傷害的應對技巧等五大面向，共 28 個技巧（Walker et al., 1983）：

1. 教室技巧：聽老師的話、遵守教室規則，以及盡力完成指定事情等。
2. 基本互動技巧：視覺接觸、開啟對話、輪流對話、傾聽、問問題，以及繼續交談等。
3. 相處技巧：分享、助人、使用禮貌話語，以及與人正確接觸等。
4. 交友技巧：微笑、說恭維的話，以及結交朋友等。
5. 應對技巧：當被他人嘲笑、傷害或事情不順利時如何應對。

二、ACCESS 課程

該課程乃是針對青少年設計，包含 ACCEPTS 課程中主要的同儕相關技巧，更包含青少年即將面對的成人相處技巧，以及自我控制的自我相關技巧等三個面向，共 31 個技巧（Walker et al., 1988）：

1. 同儕相關技巧：傾聽、參與他人活動、提供協助、表現幽默、維持友誼，以及處理攻擊等。
2. 成人相關技巧：獲得注意、回應父母老師的要求、建立好的習慣或遵守教室規則等。
3. 自我相關技巧：自我控制、接受行為後果，以及應付難過及沮喪等。

三、國小學生社會技巧（Skill-Streaming the Elementary School Child）課程

　　該課程乃是針對國小階段學生所設計的社會技巧教學方案，包含教室中的生存技巧，以及面對同學需要的交朋友、處理情緒技巧，還有面對霸凌時的攻擊替代與處理壓力技巧，共五大類 60 個技巧（McGinnis & Goldstein, 1997）：

1. 教室生存技巧：傾聽、求助、聽指令、完成指派工作，以及訂定目標等。
2. 交朋友技巧：自我介紹、參與、玩遊戲、提供協助，以及分享等。
3. 處理情緒技巧：了解情緒、表達情緒，以及處理情緒等。
4. 攻擊替代技巧：自我控制、處理嘲弄、避免麻煩，以及問題解決等。
5. 處理壓力技巧：處理厭煩、處理挫敗、處理抱怨，以及運動精神等。

四、青少年社會技巧（Skill-Streaming the Adolescent）課程

　　該課程乃是針對青少年階段學生所設計的社會技巧教學方案，包含一般的社會技巧，以及類似國小階段的處理情緒、攻擊替代與處理壓力技巧，還包含訂定計畫的特殊社會技巧，共六大類 50 個技巧（Goldstein & McGinnis, 1997）：

1. 初階社會技巧：傾聽、展開對話、自我介紹，以及讚美對方等。
2. 進階社會技巧：求助、參與、遵循指示、道歉，以及說服他人等。
3. 處理情緒技巧：了解情緒、表達情緒，以及處理情緒等。
4. 攻擊替代技巧：自我控制、處理嘲弄、分享，以及爭取自我權利等。
5. 處理壓力技巧：回應抱怨、處理尷尬、面對排斥，以及面對團體壓力等。

6. 訂定計畫技巧：目標設定、評估能力、問題排序，以及專注任務等。

五、ADHD 與 Autism 學生社會技巧訓練課程

該課程乃是針對國小階段 ADHD 及自閉症學生所設計的社會技巧課程，包含學生在教室的生存技巧，以及重要的情緒處理技巧，也納入個人的主動或與人互動技巧，共四大領域 35 個教學技巧（蔡明富主編，2005）：

1. 教室生存技巧：保持安靜、座位整潔，以及聽從老師指令等。
2. 情緒處理技巧：認識自己情緒、處理情緒，以及處理他人情緒等。
3. 個人主動技巧：處理分工、加入遊戲、保持適當距離，以及面對嘲諷等。
4. 與人互動技巧：處理衝突、求助、吸引他人，以及判斷是非等。

六、國小輕度智能障礙學生社交技巧教學活動課程設計

該課程設計乃是針對國小階段智能障礙學生所設計的社會技巧教學方案，包含教室學習、與人溝通、個人主動，以及與人互動四大領域，共 35 個教學活動（王欣宜等人，2006）：

1. 教室學習技巧：專心聽老師說話、服從指令，以及盡力完成工作等。
2. 與人溝通技巧：傾聽、察言觀色、與人交談、複述，以及輪流發言等。
3. 個人主動技巧：使用禮貌字眼、關心他人、稱讚他人、批評他人，以及控制自己的情緒等。
4. 與人互動技巧：合作、了解他人感受、接受他人批評，以及與異性交談等。

七、大專校院身心障礙學生擴增實境社會技巧輔導活動設計

本手冊由王欣宜（2023）主編、臺中教育大學特殊教育學系融合教育研究室出版，以認知行為學派理論為基礎進行撰寫，並結合擴增實境（augmented reality, AR）的技術，將之融入社會技巧輔導課程設計中。本手冊共有 30 個單元，分為基本溝通技巧、與人互動技巧、家庭互動技巧、教室學習技巧、工作社會技巧、宿舍互動技巧等六個領域，適用於大專校院階段學生。AR 可以提供特殊需求學生視覺提示線索，有助於社會技巧的學習與課後自我練習，希望能達到讓其自主學習的功能。本手冊亦經實證性研究以驗證學生學習成效，相關研究成果請見王欣宜（2022，2023）的國科會結案報告。

八、特殊需求課程大綱：社會技巧領域

該領域乃是針對國小到高職階段各類特殊需求學生所訂定的社會技巧領域課程大綱，包含處己、處人及處環境三個主軸及九個次項目（教育部，2019）：

1. 處己：處理情緒、處理壓力，以及自我效能等。
2. 處人：基本溝通、人際互動、處理衝突，以及多元性別互動等。
3. 處環境：學校基本適應及社區基本適應等。

綜觀上述國內外發展之社會技巧教學課程，其實內容大同小異，許多研究論文也參考這些課程後，自編或改編教學活動進行研究，但目前臺灣愈來愈重視高等教育階段的特殊教育，因此根據李俊賢與王欣宜（2011）以及王欣宜（2020）的文獻研究，可歸納為基本溝通技巧、與人互動技巧、家庭互動技巧、教室學習技巧、工作社會技巧、宿舍互動技巧等六大領域，提供讀者參考，在教學時可彈性運用調整，說明如下：

1. 基本溝通技巧：自閉症學生大多只對固定的互動有興趣、不主動與人接觸、情感表現較貧乏，因此訓練內涵應包括與人視線接觸、能運用適當音量、能表現適當表情、打招呼等。
2. 與人互動技巧：自閉症學生有與他人眼神接觸的困難、起始或維持

對話的困難、無法了解他人意圖、無法輪流談話、無法適當回應他人的讚美或批評、不適當的面部表情與身體姿勢等問題，其訓練內涵應包括能與人交談、能使用禮貌字眼、能覺察對方情緒、能了解他人意圖、能關心朋友與處理同儕給的壓力、能維持適當的距離、能理解及處理他人的諷刺或嘲笑、能適當處理霸凌與性別互動、能適當使用通訊軟體等。

3. 家庭互動技巧：家庭是每個人生活的起源地，臺灣社會傳統思想重視的五倫，其中家庭就占了其中三項（父子、兄弟、夫婦），因此主張將家庭列為自閉症學生學習社會技巧的範疇；又根據自閉症學生自我中心、情感遲鈍、焦慮抑鬱、感覺統合失調等缺陷特質，訓練內涵應包括能建立長幼尊卑概念，並能根據長幼關係適當的打招呼、能給予家人讚美與回應讚美、能給予家人建設性的批評與回應批評、能遵守家人間的禮貌（如請、謝謝、對不起）、與家人衝突時會適當解決、若在外住宿會定期與家人聯繫等。

4. 教室學習技巧：自閉症學生有畏懼改變、刻板性行為等特質，訓練內涵應包括能服從教師指令、能了解課堂規則、能學習自我指導策略、能適應教室環境改變、能加入他人活動等。

5. 工作社會技巧：因應自閉症學生的特質，訓練內涵應包括能了解督導的需求、能詢問原因並服從督導指令、能認識環境中自己與他人的角色與變化、能與同事適當互動等。

6. 宿舍互動技巧：此領域建議可包括在宿舍能接納與自己興趣不同及生活習慣不同的室友、會適當的與室友打招呼、遇到困難能主動尋求他人或宿舍管理員的協助、和室友發生衝突時能適當的解決問題或道歉、能適當的尊重室友隱私、在宿舍的休息時間（如中午午休或晚上熄燈後）能不打擾室友休息等。

貳、自閉症社會技巧教學策略

社會技巧的教學分為許多方式，以下粗略介紹行為學派、認知學派，

以及結合前述兩學派優點的認知行為學派，提供讀者參考。

一、行為學派

　　行為學派的教學著重於逐步教導學生特定的社會技巧，常用的教學方式包括：口頭指導、示範、提示、行為演練、角色扮演、增強作用等（鈕文英、王欣宜，1999）。學生可經由對他人行為所得後果的觀察，學習到如何表現該項行為，若行為後果受到增強，則有助於該行為日後的再出現。

　　White（1983）以學生現階段的能力出發，將希望達成的行為目標，按照邏輯順序細分成數個動作或因素，使得學生能在完成各分解動作後，串連成當初設定的行為目標。此意即將所要教學的社會技巧，利用工作分析步驟細分，帶領學生學習各個步驟後，讓學生串連完成為目標社會技巧，這樣的方式在《Super Skills：給亞斯伯格症、高功能自閉症與相關障礙孩子的社交技巧團體課程》（*Super Skills*）（Coucouvanis, 2005）這本針對亞斯伯格症及高功能自閉症社會技巧教學的書中就有運用，例如：打招呼就可分為以下幾個步驟：

　　打招呼時，要：
　　1. 微笑。
　　2. 用友善的音調。
　　3. 看著對方。
　　4. 說：「嗨，（名字）！」。

二、認知學派

　　認知學派是由學生扮演主動的角色，而教學者要注意學生的認知、動機、情緒、先前知識，以及個體的文化背景，幫助學生建立自己的知識系統（鈕文英，2003），而為了使學生能將所學會的社交技巧類化到不同情境，認知學派主張以認知的方式進行教學（Collet-Klingenberg & Chadsey-

Rusch, 1991）。該學派主要在教導障礙者表現社交技巧的普遍性過程，使其能有系統地陳述社會目標、解讀或解釋社會環境內的線索、決定並表現達到目的之社會行為，進而評估社會行為的結果（引自鈕文英、王欣宜，1999）。

三、認知行為學派

認知行為學派主要在於結合行為學派與認知學派的優點。Goldstein（引自鄭惠霙，1997）提倡「預備課程」法，教學步驟有八項：(1)複習舊技巧；(2)說明新技巧；(3)決定演練情境；(4)教師示範；(5)情境演練；(6)回饋；(7)修正演練；(8)家庭作業或預告下次課程。

直接教學法（引自 Sargent, 1998）的教學步驟共有六項，包括：(1)建立需求；(2)確定技巧的步驟；(3)教師示範技巧；(4)角色扮演並回饋；(5)練習；(6)在不同情境類化和遷移。

行為學派的社會技巧教學，常常著重於技巧的演練，但對於類化到其他情境則需要兼採認知學派的方式，因此認知行為學派結合了兩個學派的優點，讓學生能將演練過的技巧，實際類化到現實生活當中，故現在許多社會技巧教學課程皆採認知行為學派的觀點設計。

依據上述歸納整理所得，筆者以認知行為學派的觀點，及直接教學法的步驟，將自閉症社會技巧教學步驟與相關策略整理如下。

一、引起動機

認知學派認為，教學須注意學生的認知、動機、情緒、先前知識，以及個體的文化背景（鈕文英，2003），因此在教學之前必須確認所要教學的社會技巧，事先連結學生的先前知識，以及了解自閉症學生的相關認知、動機及情緒等，才能夠針對自閉症學生的社會技巧問題進行教學，也才能夠引起學生的學習興趣。

而引起動機當然可以參考一般教學活動，利用故事、玩偶、影片或活動等方式，引起學生動機（洪儷瑜，2002）。但也需留意自閉症學生之認知能力與優勢學習管道，例如：使用視覺提示優於口頭述說故事的方式。

二、情境討論

認知學派主張以認知的方式進行教學，使學生能將所學會的社交技巧類化到不同情境（Collet-Klingenberg & Chadsey-Rusch, 1991）。一般來說，自閉症學生的類化能力較差，因此在教學之前，建議針對教學的社會技巧進行情境討論，利用學生生活當中的情境，讓學生明白可推論類化的情境。

例如：在教導「打招呼」技巧時，可設計於上課開始時，若學生忘記與老師打招呼，即揭示需要打招呼的情境，並與學生討論各種需要打招呼的情境，讓學生明白可推論的情境，以及需要運用的社會技巧。

三、教導新技巧

White（1983）將希望達成的行為目標，按照邏輯順序細分成數個動作或因素，使得學生能在完成各分解動作後，串連成當初設定的行為目標。教師宜將教給自閉症學生的社會技巧，依照邏輯順序，細分成數個教學步驟，配合視覺提示，利用工作分析的方式，幫助自閉症學生學習社會技巧。

但在使用工作分析教導新技巧的過程中，需要特別注意，並非所有技巧都可細分為數個步驟，例如：教導「保持適當音量」的技巧時，需要注意的是運用情境以及自我調整，並沒有步驟可教導學生調整音量。

而工作分析步驟的分解，雖可幫助學生學習新技巧，但需要告知學生必須彈性調整，例如：教導「加入他人活動」的技巧時，首先要求學生自我介紹，再述說加入活動的請求，但若面對熟悉的團體，則可請學生省略自我介紹部分，直接表達加入請求即可。

四、教師示範

　　社會行為學習論認為，學生可經由對他人行為的觀察，學習到如何表現該項行為，因此在社會技巧的教學中，教師的示範對於學生來說是十分重要的部分。利用視覺及肢體提示，讓自閉症學生能夠透過教師示範進行模仿，是自閉症學生社會技巧教學的一大重點。

　　但教師在示範的過程中，也需要注意情境的安排。前述提到希望自閉症學生能將學習到的社會技巧，類化至生活當中的情境，因此像是教導「禮貌用語」的技巧時，應該安排被他人協助的情境，然後由教師示範說出「謝謝」，讓學生模仿使用，如此一來，會比在需要使用的情境時，一直提醒學生應該說什麼，效果會來得好很多。

五、學生演練

　　在認知行為學派的社會技巧教學中，都有強調情境演練或角色扮演，其目的就是為了能夠讓學生類化，尤其是針對類化能力困難的自閉症學生。因此，在課程當中設計學生演練，就是提供學生運用習得的社會技巧進行類化練習。

　　至於情境的安排，可以以學生所處的環境為主，例如：家庭、學校、安親班，以及社區等情境，安排學生利用角色扮演或實境演練的方式，運用學習到的社會技巧。

六、回饋並修正

　　在教學的過程當中，會需要檢視學生學習的狀況，做出評量後，才反思如何回饋或修正，而社會技巧的教學亦然。因此，在學生的指導上，應該注意針對其表現的社會技巧適當地增強或修正，並且給予重複練習的機會，使其能在演練的過程，抑或是之後實際運用在真實情境時，能夠正確使用習得的社會技巧。

至於教學回饋的過程，建議使用錄影播放的方式，除了能提供視覺提示之外，更能有效還原演練時的情境，以提供師生討論的機會。

七、歸納及複習

社會技巧教學除了引起動機與技巧指導之外，當然免不了最後的綜合活動，期待學生能夠習得並類化。因此，除了帶領學生一同歸納學習的社會技巧外，更要把握機會讓學生複習。

而複習的方式有很多，例如：重新演練技巧、安排作業、安排其他情境演練等，當然與家長或其他相關人員合作，提供學生未來演練機會，更是可行的複習方式。

參、自閉症社會技巧各類教學法

本節除了介紹社會技巧的教學內涵，及針對自閉症學生的教學策略，以下整理較常運用的自閉症社會技巧各類教學法，提供讀者運用參考。

一、社會故事教學法

社會故事原是為了高功能自閉症學生所設計，可由自閉症學生自行朗讀，或由父母、教師錄音朗讀，使其成為內在語言，規範他們的行為。若教導對象為低功能自閉症學生，父母及老師則可運用圖片或多媒體，協助其了解社會故事的意義（黃金源，2001）。Gray 與 Garand（1993）指出，社會故事的主要用途為：有利於自閉症學生融入普通班，能教導他們學習正確的常規與社會技巧，並且增進他們角色取替的能力。

社會故事主要的六大句型如下，其中又以前三種為主要句型（黃金源，2001；施沛鈃，2008）：

1. 描述句（descriptive sentence）：主要目的為描述故事的背景，係以真實的、不涉及個人觀點或假設的方式來陳述事實。

2. 指示句（directive sentence）：主要是用來教導自閉症學生遇到某種

情況如何對應，並以肯定句形式呈現，提供多重選擇的反應方式，保持句意的彈性，例如：以「通常」、「有時」、「或許可以」等，來取代「必須」、「一定」等較不具彈性的字詞。

3. 觀點句（perspective sentence）：主要是用來教導自閉症學生了解他人行為對他的影響，或他的行為會讓他人有何感受，並說明個人對事情的內在認知、想法、感覺、信念、意見、動機、生理狀況或健康狀態等。

4. 肯定句（affirmative sentence）：主要是在表達社會普遍價值觀，通常接在前述三種句型之後，以加強語氣，例如：「這樣才安全」。

5. 控制句（control sentence）：係指自閉症學生提示自己所寫的句子，其與自己的喜好和興趣有關，可幫助學生面對某一情境時的新反應。

6. 合作句（cooperative sentence）：主要為其他人可以如何幫助自己，或可以找誰協助的語句，也可提醒相關參與者扮演的角色。

根據劉碧如（2004）的整理，社會故事的編寫步驟分為下列幾個部分：

1. 設定正確的原則：以描述社會互動中的線索、觀點與看法、促進社會理解為主軸。

2. 蒐集相關資訊：學生所需學會的能力或是社會情境中所遭遇的困難就是社會故事的主題。

3. 修改社會故事，以適合學生的需求：編寫時要注意學生的能力程度，利用學生能夠理解的文字與句子編寫社會故事。

4. 教導社會故事的標題：標題通常是社會故事最主要的地方。有時標題可以問句的方式呈現，而社會故事的內容就是答案。

而 Gray 與 Garand（1993）針對社會故事則提出下列三種教學方法：

1. 自閉症學生若能獨立閱讀，則家長或教師可陪同一起唸，熟悉後，便可由他自己每天唸一遍。

2. 自閉症學生不會閱讀時，可將社會故事錄製成 MP3，跟著口語閱讀。

3. 不論自閉症學生會不會閱讀，可將社會故事製作成影片，依內容順序，以一頁一個場景出現。

二、人際發展介入治療

人際發展介入治療（Relationship Development Intervention，簡稱 RDI），是由 Steven Gutstein 博士所創立，是第一個有系統的介入課程，專門設計來幫助有人際關係障礙的學生，而這些學生並無法在自然的環境裡習得人際關係的能力。在林嘉倫（2005）所譯之《兒童人際發展活動手冊》（*Relationship Development Intervention with Young Children*）一書中提到：人際發展介入是一個邀請式的模型，且不需要強迫他人或是收買他人；相反地，邀請學生、吸引學生，讓學生允許教師引導他，邁向刺激的新體驗，或是與世界互動。

基本上，RDI 是針對所有程度的自閉症學生所設計，也可用在具有人際關係方面問題的其他孩童，像是 ADHD、妥瑞症、學習障礙等。而 RDI 的主要目標（歐陽佩婷、何修瑜譯，2005），是要透過介入幫助孩童：

1. 了解並欣賞經驗分享的各種階段。
2. 成為互動中，共同調控互動協調的搭檔。
3. 了解並珍視他人的獨特性。
4. 努力維持長久的情感關係。
5. 具有適應與保持彈性的能力。
6. 認識自己的獨特自我。

而 RDI 的基礎也有下列三大基本原則（歐陽佩婷、何修瑜譯，2005）：

1. 社會參照：學生能不斷地解讀、詮釋其與社交搭檔間的關係；執行社會參照的能力與意願，是培養經驗分享互動的基礎。

2. 共同調控：指的是互動之其中一方自發性的反應，為了維繫雙方互動的共同意義而改變自己的行為。

3. 功能運用優先於方法：若沒有評估好學生的心智發展，是否足夠成熟到足以理解經驗分享互動的價值，訓練常常會徒勞無功。因此，必須要讓學生有能力了解到他們學習技能的意義，才能體會與他人互動所帶來的喜悅。

完整的人際發展介入課程共有六級，每一級有 4 個階段，共有 24 個階段，這六級中的每一級，都代表人際關係中，主要焦點呈現急劇性的轉換。以下提供各級的簡短摘要（引自林嘉倫譯，2005）：

1. 第一級「新手」：孩童們學習將他們的注意力放在成人身上，並且發展「社會參照」的技巧。

2. 第二級「學徒」：讓學生知道關於分攤調控和溝通修復的種種責任，享受變化和快速變遷，也要開始把學生配對一起活動，稱之為「雙人組」。

3. 第三級「挑戰者」：讓孩童體會即興及共同創造的樂趣。孩童們將會體驗所謂的「團體意識」，即為一種以群體為中心的意識。

4. 第四級「旅行者」：重心將轉移至對世界的洞察力以及主觀經驗。孩童將會學習理解這個世界並非絕對的。

5. 第五級「探險家」：重心轉移到內心世界，包含了意見、興趣、信念、情感反應等，是發展同理心的一個重要步驟。

6. 第六級「伙伴」：培養終身的人際關係，同伴們會以一種更為精密複雜的觀點，重新檢驗他們與家人和團體的人際關係，也會利用信任感和個人私密資料，尋求更成熟的友誼關係。

三、Super Skills

Super Skills 主要是針對亞斯伯格症與高功能自閉症學生進行社交技能的團體課程。作者 Judith Coucouvanis 是一位精神科護士，定期為自閉兒家

長及教師進行培訓，教導家長及教師相關的訓練社交技能策略、行為支持策略，並擔任這些人的行為諮詢顧問。中文版書籍於 2011 年 7 月由臺中市自閉症教育協進會黃穎峰及廖敏玲翻譯出版，並且編寫教案，招收高功能自閉症及亞斯伯格症學生進行實務教學。

在 Super Skills 團體課程進行前，首先要利用填寫社交困難剖面圖（POSD），了解自閉症學生在各種社會技巧上的困難，包括父母、老師或手足等人都可針對學生的社會技巧問題進行填寫。其中，計分從很困難（0分）一直到很簡單（6 分），藉由社交困難剖面圖，再選擇學生的目標行為。

此外，除了了解社交困難剖面圖及選定目標行為外，Super Skills 團體課程也提醒大家要了解學生近來的興趣、壓力反應、語言能力、讀寫能力、感官特質或健康考量，這才是創造課程成功的要素。

《Super Skills》一書中介紹了三大技能：社交啟動技能、社交回應技能，以及與他人相處技能，讓團體課的帶領者可以直接參照進行。其中包括（Coucouvanis & Myles, 2005）：

1. 行前須知（thoughts before starting）：讓團體課帶領者了解自閉症學生在該技能的困難，以及運用這個技能時的挑戰。
2. 介紹技能（introducing the skill）：用討論的形式，簡短且正向鼓勵自閉症學生表達意見。
3. 成功的步驟（steps to success）：給孩子看的步驟，用海報展示在黑板上，要他們輪流唸出，並且在角色扮演時運用出來。
4. 暖身活動（warm-up activity）：簡短的活動，讓自閉症學生能複習成功的步驟。
5. 角色扮演（role-plays）：設定在各種場景（學校、家庭、社區），把成功的步驟演出來。
6. 練習活動（practice activities）：換個氣氛練習所教的技巧，活動一定要有趣，可以創造自發性的互動。

四、《自閉症學生社會技巧輔導手冊》

　　該手冊係由國立臺中教育大學特殊教育中心出版，教案活動設計的對象主要為國中階段、高中職階段，以及大專校院階段的自閉症學生，強調學生「合作方式的互動」，以增進與他人正向互動的社會技巧，並以「親臨之心」理論，縮短講述時間，提供更多的機會使學生經由社會互動行為，獲取正向成功的經驗，建立新的社會適應行為。該手冊共分為國中部分三個單元、高中職部分五個單元、大專校院部分四個單元。下載的網址為：http://www.ntcu.edu.tw/spc/aspc/6_ebook/pdf/SE&AT016/001-161.pdf

　　在該手冊中，除了針對教學步驟設計使用說明，也說明每個步驟應注意的細節，提醒教師視學生特質與需求調整作法，其教學步驟如下（王欣宜、黃穎峰、廖敏玲、吳宗儒、王雅萍、潘憶嫻，2016）：

1. 教學準備：引導學生分組，藉由合作方式的互動學習社會技巧，建立與他人共事的能力與習慣。教師可彈性使用手冊中的建議方式，適時給予學生自主選擇的機會與權利。

2. 引起動機：教師可用各種教學方式，直截了當地告知學生學習的技能，避免要求學生被動接受教師準備的課程。

3. 介紹技能與問題討論：讓學生透過彼此的意見交換、分享及合作等方式，理解技能的重點，再進行層次性的問題討論。

4. 練習活動：協助學生將抽象的知識，經由身體的經驗而具體化，而成為新的行為。

5. 角色扮演：提供不同模擬情境，讓學生以思考的步驟解決問題，並自行設計腳本台詞，最後獲得運用新技能的成功經驗。

6. 類化活動：教師可利用教室裡或教室外的空間，為團體安排真實的互動情境，讓學生運用所學解決實際生活的人際問題。

第三節　結語

　　本章從自閉症學生的社會技巧問題出發，從文獻中發現自閉症學生的社會技巧知識不足，表現缺乏練習、回饋及增強。更重要的是，缺乏在自然情境中的線索機會讓其模仿，促進類化能力，甚至因為自閉症學生常有的衝動、情緒過度反應及自我控制不佳，而使得社會技巧缺陷問題成為自閉症學生與他人互動上極大的困難。

　　上述問題也使得自閉症學生在基本溝通、與人接觸互動、家庭成員互動、教室學習與同儕互動，甚或是成長後的工作及宿舍互動技巧都出現許多問題。本章雖僅介紹五個常用的自閉症社會技巧教學法，但許多相關書籍及研究實證論文，皆有發展關於自閉症學生社會技巧的課程，建議讀者可依照學生之能力及使用之情境，參照相關課程，為學生設計適當的社會技巧教材。也期待讀者能參考運用本章所述之教學方法，為自閉症學生進行社會技巧教學。

　　自閉症學生的社會技巧問題雖可透過課程與教學得到進步，但本章也提到缺乏在自然情境中的線索機會讓其模仿，習得相關社會技巧，希望未來能持續朝此方向努力，進行相關研究與教學，讓自閉症學生能擁有更佳的社會技巧。

參考文獻

中文部分

王欣宜（2007）。國小階段智能障礙學生社會技能教學成效之研究。**臺中教育大學學報**，**21**（2），55-79。

王欣宜（2020）。**行動擴增實境介入大專階段自閉症學生社會技巧輔導成效之研究**。國家科學及技術委員會專題研究計畫（計畫編號：109-2635-H142-001），未出版。

王欣宜（2022）。**行動擴增實境介入大專階段自閉症學生社會技巧輔導成效之研究**。國家科學及技術委員會專題研究成果報告（計畫編號：MOST 109-2635-H142-001），未出版。

王欣宜（2023）。**行動擴增實境介入大專階段自閉症學生社會技巧輔導成效之研究（II）**。國家科學及技術委員會專題研究成果報告（計畫編號：MOST 110-2511-H142-011），未出版。

王欣宜、黃穎峰、廖敏玲、吳宗儒、王雅萍、潘憶嫻（2016）。**自閉症學生社會技巧輔導手冊**。國立臺中教育大學特殊教育中心。

王欣宜、廖釧如、陳秋妤、陳文香、黃薇如（2006）。**國小輕度智能障礙學生社交技巧教學活動課程設計**。國立臺中教育大學特殊教育中心。

李俊賢、王欣宜（2011）。亞斯伯格症學生社會技能缺陷原因與訓練內涵之探究。**特殊教育季刊**，**121**，22-28。

李萍慈（2004）。**動物輔助暨社會互動團體方案對亞斯伯格症兒童社會互動行為成效之研究**（未出版之碩士論文）。國立新竹教育大學。

林嘉倫（譯）（2005）。**兒童人際發展活動手冊：以遊戲帶動亞斯伯格症、自閉症、PDD 及 NLD 孩童的社交與情緒成長**（原作者：S. E. Guestin & R. K. Shelly）。久周。

施沛鈃（2008）。社會故事教學法：透過自閉症學生的視覺優勢教導社會互動技能。**網路社會學通訊**，**68**，18。

洪儷瑜（2002）。社會技巧訓練的理念與實施。國立臺灣師範大學特殊教育學系。

教育部（2019）。**身心障礙特殊需求領域課程綱要：社會技巧領域**。作者。

教育部（2013）。**身心障礙及資賦優異學生鑑定辦法**。作者。

鈕文英（2003）。**啟智教育課程與教學設計**。心理。

鈕文英、王欣宜（1999）。輕度智能障礙就業青年工作社會技能訓練效果之研究。**師大學報，44**（1、2），19-41。

黃金源（2001）。**社會故事：自閉兒的教學法**。國立臺中師範學院特殊教育中心。

劉碧如（2004）。**社會故事教學法對增進國中輕度自閉症學生同儕互動行為之成效研究**（未出版之碩士論文）。國立新竹教育大學。

歐陽佩婷、何修瑜（譯）（2005）。**解開人際關係之謎：啟動社交與情緒成長的革命性療法**（原作者：S. E. Guestin）。久周。

蔡明富（主編）（2005）。**ADHD 與 Autism 學生社會技巧訓練課程**。國立高雄師範大學特殊教育中心。

蔡桂芳（2001）。**高職階段智能障礙學生社會技能訓練效果之研究**（未出版之博士論文）。國立彰化師範大學。

鄭惠霙（1997）。**國小六年級注意力缺陷及過動症學童社會技能及教學訓練效果之研究**（未出版之碩士論文）。國立臺灣師範大學。

英文部分

American Psychiatric Association. [APA] (2022). *Diagnostic and statistical manual of mental disorders* (5th ed., Text Revised) (DSM-5-TR). Author.

Bar-Tel, D. (1976). *Prosocial behavior*. Hemisphere.

Collet-Klingenberg, L., & Chadsey-Rusch, J. (1991). Using a cognitive-process approach to teach social skills. *Education and Training in Mental Retardation, 23*(3), 259-270.

Coucouvanis, J. (2005). *Super skills: A social skills group program for children with Asperger syndrome, high-functioning autism and related disorders.* Autism Asperger Publishing Company.

Coucouvanis, J., & Myles, B. S. (2005). *Super skills: A social skills group program for children with Asperger syndrome, high-functioning autism and related challenges.* Autism Asperger Publishing Company.

Goldstein, A. P., & McGinnis, E. (1997). *Skill streaming the adolescent: New strategies and perspectives for teaching prosocial skills* (Rev. ed.). Research Press.

Gray, C. A., & Garand, J. D. (1993). Social stories: Improving responses of students with autism with accurate social information. *Focus on Autistic Behavior, 8,* 1-10.

Gresham, F. M. (1986). Conceptual issues in the assessment of social competence in children. In P. S. Strain, M. J. Guralnick, & H. M. Walker (Eds.), *Children's social behavior: Development assessment, and modification* (pp. 143-179). Academic Press.

Gresham, F. M. (1998). Social skills training: Should we raze, remodel, or rebuild? *Behavioral Disorders, 24*(1), 19-25.

Lerner, J. W. (1997). *Learning disabilities: Theories, diagnosis, and teaching strategies* (7th ed.). Houghton Mifflin.

McGinnis, E., & Goldstein, A. P. (1997). *Skill-streaming the elementary school child: New strategies and perspectives for teaching prosocial skills* (Rev. ed.). Research Press Co.

Merrell, K. W., & Gimpel, G. A. (1998). *Social skills of children and adolescents.* Lawrence Erlbaum Associates.

Sargent, L. R. (1998). *Social skills for school and community: Systematic instruction for children and youth with cognitive delays.* The Division on Mental Retardation and Developmental Disabilities of the Council for Exceptional Children.

Walker, H. M., McConnell, S., Holmes, D., Todis, B., Walker, J., & Golden, N. (1983). *The Walker social skills curriculum: The ACCEPTS program.* Pro-ed.

Walker, H. M., Todis, B., Holmes, D., & Horton, G. (1988). *The Walker social skills curriculum: The ACCEPTS program.* Pro-ed.

Wang, H. Y., & Lin, C. K. (2015). Factor analysis of a Social Skills Scale for high school students. *Psychological Report, 117*(2), 566-579.

White, W. J. (1983). The validity of occupational skills in career education: Fact or fantasy? *Career Development for Exceptional Individuals, 6*, 51-60.

第十一章
中重度自閉症學生的
教學與輔導

劉萌容

　　自閉症者的共通特質在於社會互動與溝通的困難，以及行為與興趣的刻板和有限。美國精神醫學會（American Psychiatric Association，簡稱 APA）出版的《精神疾病診斷與統計手冊》（第四版）（*Diagnostic and Statistical Manual of Mental Disorders*, 4th ed.，簡稱 DSM-IV）（APA, 1994），在廣泛性發展障礙（pervasive developmental disorder）中將自閉症（autistic disorder）與亞斯伯格症（Asperger syndrome）並列，到了第五版（DSM-5）（APA, 2013），則將廣泛性發展障礙更名為自閉症類群障礙症（autism spectrum disorder），並取消次分類。這將近二十年之間鑑定基準的改變，對「自閉症」的概念有很大之轉變：其強調「連續性」的概念，亦即此族群有共同的社會適應困難，但隨著障礙程度的不同以及個別需求的差異，表現出極大的多元性。本章聚焦在中重度障礙的自閉症學生，分為溝通訓練、情緒管理輔導，以及生活自理訓練等三部分，來說明可能教育安置於集中式特教班或特殊教育學校的自閉症學生之需求與建議之教學輔導方式。

第一節　溝通訓練

　　溝通困難是自閉症的鑑定基準之一，也是自閉症者的核心障礙。對中重度自閉症學生而言，早期（2、3 歲時）的語言發展應會出現遲緩的現

象，出現口語的生理年齡可能較晚，也有可能無法發展出口語能力。但無論口語的能力如何，都應積極進行溝通方面的訓練，來增進社會適應能力。

習得及使用語言是自閉症者很大的困難，而語言發展顯著遲緩及特殊的語言模式是診斷自閉症的重要指標。Tager-Flusberg（1981）認為，自閉症者的語法遲緩乃與其全面性的發展遲緩有關。Ohta（1987）則指出，自閉症者根本的認知障礙在於符號－表徵功能的障礙，因其無法將具體世界的實際經驗轉化於語言結構中。自閉症者很容易把第一次看到的現象與情境全部複製，不加以分析，於是很可能導致往後在應用時，不易類化至其他情境（Prizant, 1983）。此外，Eales（1993）認為，缺乏對溝通情境的了解是自閉症者語用障礙的原因。自閉症兒童常見口語溝通的特質包括：主動溝通的困難、仿說、代名詞反轉、隱喻式語言、持續問相同的問題等現象。

自閉症兒童的語言溝通教學始於 1960 年代中葉，從早先在隔離的治療室內進行行為矯治的說話教學，發展到日常生活情境中實施自然情境的實驗教學，且重視高度物理環境結構教學等多種教學策略的開發（曹純瓊，2000）。語言教學大致分為兩大方向：一是口語訓練或功能性溝通訓練；二是以擴大及替代性溝通系統（AAC）的教學為主，例如：手語、圖片兌換溝通系統（PECS）或溝通板等。教學法的選擇主要是以學生的能力為依據，當然也可以考慮進行替代性溝通訓練的同時教導口語溝通。

多數自閉症者的學習優勢是視覺學習優於聽覺學習，許多自閉症者在記憶力、視覺搜尋、拼圖或繪畫等方面有傑出的表現。然而，傳統的溝通方式強調口語及文字溝通的學習，對口語學習有困難或尚未具有口語能力的自閉症者難以達到溝通目的（廖芳碧、朱經明，2003）。在利用其視覺學習優勢而發展的替代性溝通模式中，最普遍的是圖片兌換溝通系統，許多運用圖片兌換溝通系統來教導自閉症學生溝通行為的研究，也都達到不錯的成效（許耀分，2003；董愉斐，2005；羅汀琳，2004）。

近年來許多研究指出，多媒體教學能提升自閉症者的教學成效（許芳榮，2002；廖怡欣，2004）。Colby（1973）將電腦輔助教學（CAI）應用

於 13 位無口語的自閉症兒童身上，經過遊戲式的電腦教學，讓這群兒童能自發性地使用語言。之後也有許多相關的研究指出，電腦輔助教學對於自閉症兒童的學習大多有幫助，尤其是在輕度自閉症兒童身上（王春滿，2008；何柔嬅，2008；李芸，2006）。

電腦輔助教學所使用的結構化視覺線索提示，正好符合自閉症者的特質，而多媒體與社會故事（social stories）結合的研究更顯示：自閉症兒童可以透過電腦多媒體教學，增進認知、學業、社會的表現。郭邦彥（2002）運用電腦科技建立了兩套 web-based 輔助自閉症兒童教學工具：「高識字評量系統」與「語言教學系統」，並運用社會故事、虛擬情境、圖片與文字提示等三個策略，教導自閉症兒童溝通性口語，研究結果也顯示教學成效良好。電腦輔助教學的方式之所以適合自閉症兒童的特質，在於：(1)電腦能排除其他無關的訊息與刺激；(2)採用邏輯性與結構化的小步驟來逐步建構學習經驗；(3)運用大量影音圖像與動畫的科技整合，正符合大多數自閉症兒童視覺優勢的學習風格。再加上透過電腦可以不斷反覆練習、增強回饋及富趣味性，更能維持自閉症者的學習動機與專注力（鄭津妃，2003）。本章將提供一個應用 FLASH 軟體教導自閉症兒童的範例，提供讀者參考，如附錄一所示。

溝通可分為語言和非語言的方式。語言的溝通包括說出的內容、說話的音調；非語言的溝通則包括眼神、表情和肢體動作等。所以，溝通訓練的內容是指能藉由對方說出的內容，說話時的音調、眼神、表情和肢體動作等，來正確解讀對方的意圖和想法，並且能因應對方而表達自己的想法。這個過程包括了接收對方藉由口語和非口語方式表達的訊息，以及適當地表達自己的想法。在接收對方口語和非口語的訊息方面，自閉症者可能會因誤解對方所使用的詞彙或句子，或未注意到某些線索，例如：眼神或說話音調等，而錯誤解讀對方的真實想法。而在適當地表達自己的想法方面，若當下情境讓自閉症者產生較為激烈的情緒，無論是正向或負向的情緒，首要學習的是要先能控制情緒，接著需要練習能簡明扼要地講出重點，其說出的內容和表達的方式能站在對方的立場，顧及他人的感受也是需要持續學習的。自閉症者因障礙程度的不同而有能力上的限制，以下將

自閉症者的口語能力分為三種類型來說明其需求與建議的教學：具備基本的口語能力、具備有限的口語能力，以及尚無口語能力。

壹、具備基本的口語能力

具備能應付日常生活口語的自閉症學生，例如：能主動表達需求、能理解和表達基本的情緒等，建議可以針對較為抽象、偏情意方面的詞彙進行教學，特別是增進對非字面意義文字的理解。中文有許多的成語或俚語是屬於非字面意義的文字，例如：「水深火熱」、別當個「電燈泡」、「廣播電臺」或「花瓶」等。這些詞彙所代表的意思及正確的使用時機，建議結合學生的真實生活情境來教導，以幫助其理解和應用。

Happé（1994）認為，能力很好的自閉症者能通過心智理論（theory of mind）的信念測驗，但卻無法應用到日常生活之中，此可能是因為他們只注意到說出的話語，而未將情境線索納入考量來做綜合判斷，他們的注意力焦點在於說話者說出的文字，而非鑲嵌於文脈中說話者的意圖（Jolliffe & Baron-Cohen, 1999）。Martin 與 McDonald（2004）發現，亞斯伯格症者推測他人心理狀態的能力，在解讀非字面意義的語言上扮演重要的角色，當事件的結果與話語的字面意義不一致時，一般兒童非常仰賴上下文線索來察覺說話者的諷刺意圖（Ackerman, 1986），然而自閉症成人和兒童皆較少使用上下文線索來決定句子中同音異義字的正確發音，而傾向採用某字最普遍但不是最適合的發音（Frith & Snowling, 1983; Happé, 1997; Jolliffe & Baron-Cohen, 1999; Lopez & Leekam, 2003）。

諷刺通常是用來表達非字面的意義，特別是與字面意義相反的字或詞。要理解諷刺的語言，聽話者不僅要知道說話者的本意是和其所說出的字面意義是不同的，還要能知道說話者的意圖是不想別人按字面來解釋。一般兒童大約是在 7、8 歲時浮現理解諷刺的能力，而自閉症者常在理解諷刺上出現困難（Happé, 1993, 1995; Leekam & Prior, 1994; Martin & McDonald, 2004）。Ozonoff 與 Miller（1996）也發現，高功能自閉症成人比較無法透過文脈來對故事主角的行為做整體的推論，以及理解間接要求的意圖。自閉

症者在人際互動的情境中常出現溝通困難，雖然有些亞斯伯格症者能流利地與他人對話，但能流利地說並不等同於溝通能力。良好的溝通指的是雙方都能了解對方真正的想法，互動時的真實想法不一定能透過「說出來的文字」，例如：Birdwhistell（1970）在估計雙方會談時，有 65%以上的訊息是以非語文的方式來傳遞，而語言表達僅約占 35%。能力較佳的自閉症者可能存在的困難，在於了解溝通時意圖的理解和表達並不僅止於字面的意義（literal meaning）（Happé, 1993; Sperber & Wilson, 1986），他們傾向以字面意義來解讀說話者的心理狀態（Mitchell et al., 1997）。

　　中文的有些詞彙或句子會隨著出現的情境而有不同的意思，例如：「有小一點的嗎」，這句話若出現在付錢的情境，可能指的是零錢或面額較小的紙鈔，但同一句話若出現在影印店或服飾店，可能指的是紙張或衣服的尺寸。這類會隨著情境不同而轉換真實意涵的語言，對自閉症者而言，需要許多真實情境的練習來避免誤用。

　　隨著自閉症者生理年齡的增加，我們可能會對他們使用委婉的句子來包裝其實具有較激烈程度的語意，例如：「你可能不要翹課比較好」、「建議你要來考期末考」等，當自閉症學生聽到「可能」、「建議」等詞彙，有可能會誤解自己具有選擇權，而忽略其行為會帶來的實際後果。另外，對於他人「客氣地表達」或需要「表達客氣」的情境，也需要教導，例如：理解送人禮物時，當對方說「不用啦，怎麼這麼客氣」時，不能就因此把禮物收回來；當到別人家中作客用餐完被詢問「有吃飽嗎？」，雖然不是自己愛吃的餐點或實際上沒吃飽時，也可以禮貌性地回答「有吃飽喔，很好吃，謝謝」。另外，省略主詞的句子也常出現在生活中，自閉症學生可能因無出現明確的主詞而誤解句子語意，例如：飲料罐上常印有「飲用前請搖一搖」，是什麼搖呢？是飲用者，還是飲料罐？自閉症學生可能會搖自己身體而非搖飲料罐。

貳、具備有限的口語能力

　　具備有限的口語能力之自閉症學生，可能會頻繁出現仿說的情形，亦

即重複他人說的詞彙或重複完整的句子，例如：有人問「陳老師漂亮嗎」，他答「漂亮」，陳老師在高興之餘可能要先確認學生是否為仿說。代名詞反轉的困難也是常見的，如老師跟小明說「小明再見！」小明回應老師「小明再見！」或者別人問「你吃飽了嗎？」他回答「你吃飽了。」

　　口語能力較為有限的學生，常出現以單一詞彙取代句子來表達需求，這時可以示範說出簡單的句子，並要學生練習說一次；加強詞彙或句子與使用情境的結合，但這階段宜使用較為簡單、精簡的句子。目標為學生能對句子中的關鍵詞和情境能產生連結，例如：要請學生給你彩色筆，可以說「彩色筆給我！」說「我」的時候並可以搭配肢體動作，拍自己胸口讓學生明白對象。若學生能理解問句，也可以說「彩色筆給我好嗎？」避免說「可以麻煩你把彩色筆給我嗎？」雖然這是成人生活中常出現的語句，但較為複雜的句型可能讓學生困惑，不容易區辨關鍵在於「彩色筆給我」。初期對於語言的學習，常先是設定在某種特定情境下，教導相對應的詞彙或句子，因此有可能出現當某情境發生時，學生「背誦式」地說出句子，例如：一上課坐在椅子上，學生就說「我要吃餅乾，謝謝！」這是因為上課時學生若有好行為，老師會用餅乾獎勵他，學生連結了上課和餅乾，但正確的應是連結好行為和餅乾。因此，老師可以協助學生表現出好行為，獎勵他餅乾時要再刻意說一次：可以吃餅乾是因為表現了好行為（說明具體的行為，例如：眼睛有看）。同時，必須等到他拿了餅乾後才說謝謝。

　　教導句子的結構也是很重要。初期，學生可能將完整句子背起來，當情境出現時說出來。接下來，可以運用圖片兌換溝通系統（PECS）的句帶來教句子的結構，例如：從「我要吃餅乾」來教導「我要吃洋芋片」，在句帶上的「我要吃」用一張圖片來表示，「餅乾」則用另一張圖片來表示。當學生說「我要吃餅乾」時出示這張句帶，老師再拉學生的手指著圖片或圖片上的文字，並唸一次給學生聽；而當給予洋芋片作獎勵時，用同一張圖片來表示句帶「我要吃」，「洋芋片」則用另一張圖片來表示，老師也要一樣拉學生的手指著圖片或圖片上的文字，並唸一次給學生聽「我要吃洋芋片」。學生吃完洋芋片後，可以再出示一次句帶，並與「我要吃

「餅乾」的句帶比較差異讓學生理解。相同地，以句帶的方式可以從名詞的更替擴展到動詞，例如：從「吃餅乾」到「喝果汁」，這時「吃餅乾」就要拆成二張圖片：「吃」是一張，「餅乾」是一張，「喝果汁」也一樣以二張圖片來呈現。相同的方式還可以進行主詞（對象）的教導，可用學生自己的照片代表「我要吃餅乾」中的「我」，以學生熟悉的對象照片來代表另一人，如老師的照片，句帶則為「老師要吃餅乾」。

　　學生在學會簡單的肯定句後，可以一樣地用句帶的方式教導學生理解及使用「否定句」。此時，要事先調查學生討厭的事物或食物，將情境與句帶一起呈現，例如：「我不要吃青椒」，句帶可以做成「我」、「不」、「要」、「吃」、「青椒」等五張圖片（或圖片加上字），當提供青椒要求學生吃時，學生需呈現句帶來拒絕。等到學生對「不要」一詞有概念之後，再交替呈現「要」或「不要」的情境，讓學生以正確的句帶來回應。

　　有時自閉症學生說出的語句所代表之真實意思，可能和一般人所理解的不同，例如：孩子說「我不要玩」，但他真正要表達的其實是「我不會玩」時，若大人以為他不想玩而將玩具拿走，他可能會開始哭鬧，因為他其實想玩而且想要大人的協助；或者，當他說「我不要玩」時，其實要表達的是「我不要一個人玩」。因此，當大人依一般人的方式解讀自閉症學生說出的句子並採取相對應的行動，但卻引起自閉症學生不預期的反應時，可能要依當時的情境去猜測學生的真正需求，並在當下情境中教導正確的語句。

　　口語能力較為有限的自閉症者不太會提問，在會問問題之前，要先能理解疑問句的意思，以及一問一答的對話方式。因此，可以先從「徵求許可」的疑問句開始教導，例如：若已學會要吃餅乾時會說「我要吃餅乾」，現在須改說「我可以吃餅乾嗎？」教學時可以同時呈現兩個句帶，一是問句「我可以吃餅乾嗎？」另一為答句「可以。」建議問句和答句中的文字可以用不同的顏色做出區隔，譬如問句是藍色，答句是紅色，讓學生理解一問一答的對話方式。若學生出現自問自答的情形，如連續說「我可以吃餅乾嗎？可以。」這時需再回到句帶，要求學生說問句（可提示他「說藍色的」），再由老師回答答句，在反覆練習下，學生應能習得一個

人問、另一個人回答的概念。

聽兒歌也是學習語言的方式之一，特別是搭配著故事書或影片的旋律，書中或影片中的畫面能增進學生對歌曲中詞彙的理解。

語言的學習通常先由表達需求開始，漸漸地可擴展到敘事。教導使用因果性的語言不僅能訓練敘述表達，更有益於邏輯推理能力，例如：能理解並使用「因為……，所以……」、「如果……」等詞彙的句子。建議使用適合表現出這些詞彙的情境照片或圖片，例如：「因為他的腳受傷了，所以不能去踢足球」。教導「如果」句可同時呈現兩種情境增進學生的理解，例如：準備兩張照片，一張是下雨待在家，另一張是沒下雨去公園玩，教導學生「如果沒有下雨，我們去公園玩」。搭配著學生真實生活經驗來教學，效果會更好。

筆者曾以一位國小一年級的中度自閉症兒童為研究對象，蒐集其生活情境中高頻率使用到的字詞，並編寫成 300 字左右之短文（如溜直排輪活動中相關的語詞有：滑倒、滾動、疲倦、吹風、涼快等），並運用 FLASH 動畫軟體結合視覺及聽覺效果，將教學短文以多媒體的方式呈現，藉此來探討研究對象的學習成效。國小文本內容中的詞性多為名詞、形容詞及動詞，故所編寫的生活化文本內容也以此三種詞性為主要設計考慮；教學內容則在研究上分為「教學版」、「練習版」與「評量版」。研究對象閱讀文本時，以滑鼠游標為一視覺線索，引導研究對象進入由左至右的中文閱讀形式。每當滑鼠移至目標語詞上方時，軟體即會立即辨識，並發出對應語詞之語音，研究者再接著引導研究對象跟著模仿發出相同的語音。且當滑鼠移動至目標字詞時，軟體會再辨識，立即將目標語詞放大、字體變色（紅色），且語詞的上方會出現相對性語詞的視覺圖片方框。若目標字詞之詞性為名詞以及視覺屬性為形容詞，視覺方框會出現該語詞的照片；若目標字詞之詞性為動詞和聽覺屬性為形容詞，視覺方框內則會呈現該語詞意涵之剪接短片，此時研究者再針對出現的照片或影片的內容向研究對象進行解說。文本內容如本章附錄一。

研究結果顯示：以多媒體故事教學的方式確實有助於研究對象對語詞的理解，因此建議可將此教學方法作為自閉症學生教學策略的一種選擇。

此教學法重視學生的生活經驗，以學生熟悉的、感興趣的內容作為教材，可以顯著地提升學生的學習動機及學習成效。但是，此教學法對於抽象字詞的呈現有其限制性，如「害羞」便很難運用圖片或動畫的方式明顯地呈現其意涵，必須搭配其他的教學方式，如角色扮演、示範、模擬情境等輔以教學來協助其理解。

　　在學校放學前或在睡前的說故事時間，也可以加入一天活動的回憶以訓練學習。老師或家長可用手機或平板電腦隨手拍下孩子當天重要活動的畫面，帶領孩子回顧一天的活動，使用符合孩子理解能力的句子敘述給孩子聽，或問孩子問題。

　　對於口語能力有限的學生，增進其主動溝通的意願是非常重要的，建議先讓學生體驗「表達」所帶來的好處。教師可先做「增強物」的調查，只要是學生喜歡的事物，例如：玩具、食物、書籍、遊戲或物品等都可以列為是增強物；亦需要記錄各項增強物吸引學生的程度，所以可依學生喜愛的程度將增強物分級，建議可分成三級：一級增強物是吸引力最大的，學生愛不釋手；二級增強物是學生喜歡的；三級增強物是對學生的吸引力最低的。給予哪一個等級的增強物，通常是依據學生所付出的努力程度而定，例如：學生之前都需要老師的協助才能用湯匙舀飯、將飯送進嘴巴吃，若今天能自己獨立用湯匙舀飯吃，表現出與平常不同的進步，就需要用一級增強物來獎勵；若表現與平常差不多，可以視情況採用二級或三級增強物。

　　隨機教學也是促進學生主動性的好方法。老師可以將玩具、教具或是學生的增強物，放置在學生看得到但拿不到的地方，於是在學生有動機的情形下創造了學生需要溝通的情境。當學生找老師幫忙他拿東西時，老師即可依學生的能力要求他表現出適當的溝通行為（或在老師的協助下表現出來）。

參、尚無口語能力

　　對尚無口語能力的自閉症者，更需要教導替代性的溝通方式，使其需

求能夠被滿足。傳統上，口語能力被認為與智能有相當程度的相關，因此無口語能力者的智能可能被認為是較為低落的。然而，有一部分的自閉症者雖無口語能力，但其真實的智能可能不若一般所認為的那麼低下。雖然現行智力測驗工具的測試結果可能未能真實反應他們的智能，但透過教導適合他們能力的溝通方式，應能漸漸表現出潛能，例如：透過「打字溝通法」，一部分無口語能力的自閉症者能藉由寫文章或寫詩來表達他們的內心世界。然而，**並非所有無口語能力的自閉症者都能藉由打字來進行溝通**，以透過文字的方式來表達想法，這是值得留意之處。

針對現階段無口語能力的學生，單一嘗試教學法（Discrete Trials Training）很適合用來教導語言的理解和表達，也可以用圖片兌換溝通系統來教導學生表達需求。

大多數自閉症學生在聽覺方面沒有器質性的損傷，但在聽覺理解或聽音區辨方面可能有困難。發出聲音說話涉及複雜的過程，和呼吸、舌頭、嘴唇、臉頰肌肉和聲帶都有關。有些無口語能力的自閉症學生伴隨有不喜歡咀嚼食物的現象，而他們可以透過遊戲活動的方式來練習吸、吹、吐等能力。「吸」的活動如：(1)將學生喜愛的飲料改成需用「吸」的，訓練時要留意學生是否會嗆到；(2)聞花香或準備不同的香水讓學生聞；(3)讓學生練習單獨只用鼻子呼吸，以及單獨只用嘴巴呼吸。「吹」的活動有：(1)準備亮片和不同顏色的碎紙等，要求學生用力吹，讓亮片和不同顏色的碎紙飛起，滿足學生的視覺需求，成為自然的增強物；(2)吹泡泡，特別是吹出的泡泡在光線下有繽紛色彩更佳；(3)吹蠟燭，可以搭配慶生活動一起進行；(4)大容器中裝有麵粉或水，將乒乓球放在麵粉或水上，要學生吹動或吹起乒乓球；一開始若學生吹的力道很微弱，可先請其努力吸氣後，鼓勵學生要盡量用力吹，老師在旁協助一起吹，讓學生實際看到吹出的「效果」會讓學生更有動機再吹一次。另外，還有舌頭和嘴唇的訓練，活動包括有：(1)以舌頭舔上排牙齒、下排牙齒；(2)將舌頭伸出，分別舔嘴唇的上、下、左、右；(3)舔棒棒糖或霜淇淋等。咀嚼的訓練剛開始可以從軟質但有嚼性的食物開始，例如：棉花糖或可吞下的口香糖，等到咀嚼次數慢慢增加之後，可替換到較硬的食物，例如：肉乾或蒟蒻條等。

對無口語能力的學生，生活周遭的人需要持續地與他說話，幫助他「標籤」出生活中常見的物品，以及常見的行為或動作，例如：眼前出現腳踏車，就跟他說「腳踏車」；或當學生正在吃麵，就跟他說「吃麵」；弟弟正在畫圖，就跟他說「畫圖」。但須留意的是要先得到學生的注意力後，再跟學生說話，否則容易發生「聽而未聞」的現象。

第二節　情緒管理輔導

Baron-Cohen 等人（1985）首先研究自閉症兒童的心智理論能力，而此研究與之後的複製研究皆提出一致的結論：自閉症者有理解錯誤信念的困難。心智理論的困難可以解釋自閉症者在情緒的理解、表達，以及社會互動上的困難。研究發現，通過心智理論測驗的自閉症者，多具有比控制組的研究對象擁有較高的語文心智年齡或語文智商（Happé, 1993, 1994; Prior et al., 1990; Sodian & Frith, 1992; Yirmiya et al., 1996），而且智商愈高的自閉症者，就愈能通過難度較高的心智理論測驗；但上述智商、語文心智年齡和心智理論能力的相關是在一般人中並未發現（Happé, 1994; Yirmiya et al., 1992）。一般人並不需要具有較高的智商或語文能力來通過心智理論的測驗，而自閉症者卻需要較佳的語文能力才能通過心智理論測驗的原因，可能與大腦功能推理的歷程有關。

Yirmiya 等人（1992）認為，自閉症者是以語文作為中介的認知策略來處理社交情境。一般人對於社交情境如何因應常能不假思索的做出反應，但自閉症者可能需仰賴「情境線索」來引導反應，所以在教導社會互動的課程時，建議協助學生建立內心語言來引導正確反應，並標記出重要的情境線索，讓學生理解情境線索和行為之間的關聯，例如：某位自閉症學生想看同學手機內的照片但被拒絕了，這位自閉症學生可以自發性地深呼吸或離開現場來冷靜情緒，並告訴自己：「手機不是我的，同學可以不借我看。」再想到不同反應會帶來的後果：「如果我搶同學的手機過來看，我會被處罰；如果我接受被拒絕，老師和同學都會覺得我很棒，反正不看又

不會怎麼樣！」在這個例子中，自閉症學生會遇到的困難，包括：對他人（想保有隱私，不想照片被看）和自己（被拒絕）情緒的理解、情緒的調節和表達（被拒絕讓我不舒服，但我應該要尊重別人，因為手機是別人的，我可以說「沒關係」），以及最關鍵的能力——衝動克制。當面臨不想接受的負向刺激時，自閉症學生可以先冷靜想一想如何做才是最適當的。以下是針對合併有認知缺損的自閉症學生，在實施情緒教學時的建議。

壹、理解情緒

自閉症者對理解自己和他人的情緒可能都有困難，他們可以感受到自己情緒的變化，但不一定能理解自己產生情緒的原因。當他人的音量或表情有比較明顯的變化時，他們也許可以偵測到不同，但不一定知道改變的原因。在教學時可從六大基本情緒的臉部表情開始，包括：高興、生氣、難過、害怕、驚訝和厭惡等，接著教導可能引發這些情緒的事件，例如：拿到獎品或被稱讚時，會覺得「高興」；營養午餐想吃的最後一塊雞腿被夾走了，會覺得「生氣」；昨天沒喝完的豆漿放在抽屜裡聞起來酸酸的，會覺得「厭惡」等，強化學生對於這些事件與代表的情緒詞彙：「高興」、「生氣」、「難過」、「害怕」、「驚訝」和「厭惡」等之間的連結。如果學生可以理解的話，可再進一步說明有些事件可能同時引發兩種情緒，例如：又驚又喜、又生氣又難過等。用來教學的引發情緒事件若取材自學生的生活經驗，學生將比較容易理解和類化。

貳、表達情緒

對自閉症者來說，適當地表達自己的情緒是困難的。部分自閉症者不太有表情變化，少數甚至會發生心理感受到的情緒與臉部表情不一致的現象，例如：做錯事接受老師處罰時，臉上仍然帶著微笑，使得老師誤解其嬉皮笑臉不在乎被處罰，但事實上是他的心理感受並不像一般人一樣會直接反應在表情上，所以教導情緒表達時要先從自身如何在臉部表情上反應

六大基本情緒開始。教學時用學生熟悉的生活事件來說明，並幫每位學生準備一面鏡子，老師先示範建議如何用臉部表情表達六大情緒，並請學生看著鏡子來練習；同一情緒宜示範多種不同的臉部表達方式，例如：高興時可以嘴角往上微笑，或露出牙齒咧嘴大笑。除了臉部表情之外，自閉症者在情緒的表達上還需被教導使用適當的音量以及合宜地表達內容。自閉症學生在高興或生氣時可能會提高音量而不自覺，且處在負向情緒之中，他們也可能會使用一些極端強烈的詞彙來發洩情緒，即使他們不一定理解那些詞彙所代表的意義。衝動克制對許多自閉症學生來說是困難的，教導表達負向情緒時可以搭配教導衝動克制的策略。同時，即使是具備口語能力的自閉症者，當他們焦慮或有壓力時，以口語來表達情緒可能仍有困難，此時可以準備表達情緒的圖卡或字卡給學生，必要時他們可以透過圖卡或字卡來表達情緒。

參、運用視覺化提示與增強系統

視覺化是多數自閉症學生接收與理解訊息的優勢途徑。Grandin（1995）指出，自己與許多自閉症者偏重能「看到」的書寫資訊，並將之轉換為圖畫般的數個視覺式之思考方式（visual thinking），再進行認知及語言的學習，因此在教導自閉症學生常規或社會行為時，運用視覺化的提示或增強系統是常見有效的教學策略。教學者可將教學目標分析成幾個連續性的步驟，並因應學生的特質選用照片、圖片或文字來輔以說明概念，以步驟化方式逐一呈現提示的視覺刺激，幫助學生形成連結，並可預期接下來要執行的行為，將有助於穩定情緒。

期待學生表現出的各項目標行為旁，可設計符合學生興趣及動機的增強。教學者可視學生的需求與動機給予 1：1 的立即性增強（每做好一件事就得到一次增強），或設計累計代幣制（token）的增強。教學者可依學生喜愛的主題和角色來設計視覺化的提示與增強系統的畫面及內容。圖 11-1 為個別學生增強系統之範例。

除了針對目標行為的檢核，視覺提示也可用於提醒學生自我控制或覺

圖 11-1　個別學生增強系統的範例

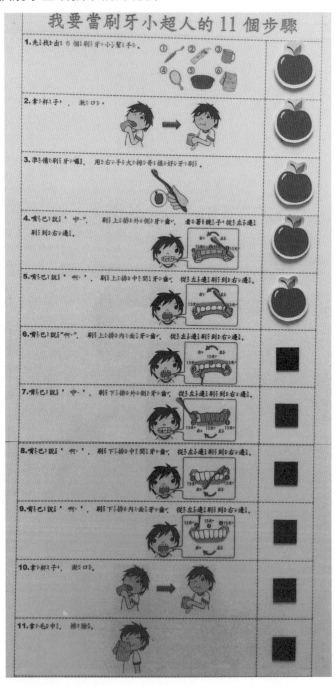

察環境，例如：自閉症學生可能因社會覺知能力較弱而無法覺察自己說話的音量與他人的情緒感受，此時可運用視覺化提示來幫助他們理解自己的音量與他人感受的關聯性，並試著進行自我調整。圖 11-2 為視覺化之音量提示範例。

圖 11-2　視覺化之音量提示範例
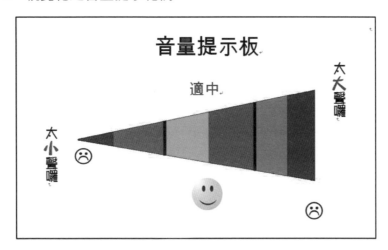

肆、設計行為檢核表

　　行為檢核表為行為管理範圍中的一環，當教學者與學生在正向行為或符合教學目標的行為上有「要做到的共識」及「行為契約的約定」後，教學者經常會將目標行為列在表格中，依據行為發生的時間（例如：在學校以節或下課為單位）來記錄學生的行為表現。紀錄的方式可依學生實際表現分為：未達成（Ｘ）、提示下達成（△）或獨立達成（○）。當教學者將紀錄彙整後，可跟學生共同討論做到了哪些行為，或哪些行為還需努力。行為檢核表除了能視覺化提示學生觀察自我行為的表現，以強化其正向行為的認知外，在處理學生行為問題時，還能將蒐集到的資料量化成行為出現的頻率與表現程度等資訊，有助於其行為的功能性分析及追蹤進步狀

況。部分自閉症學生可能伴隨出現癲癇的症狀，也可記錄在行為檢核表中，並將整理過後的資料提供給醫療單位參考。圖 11-3 為行為檢核表的範例。

圖 11-3　行為檢核表的範例

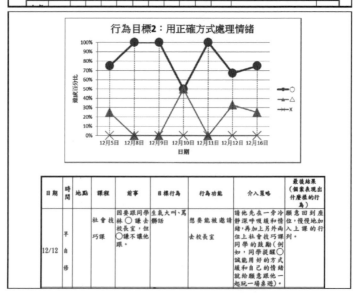

第三節　生活自理訓練

　　「穿戴整齊」、「保持乾淨」對部分自閉症學生而言是不容易達成的標準。他們可能在上完廁所後忘了拉拉鍊、到教室時整個褲頭是開的、扣子扣錯顆、鼻涕用手擤或舔掉、摳完鼻屎後當眾彈弄或吃掉等。然而，這些會做出讓同儕退避三舍行為的學生同時可能很「怕髒」，而不敢碰髒抹布或抗拒掀垃圾桶蓋。其實，這些行為的背後可能是許多自閉症特質所導致的，例如：特殊信念（怕髒）、肢體不協調和注意力弱（不整齊），以及自我監控和感官異常（摳鼻屎和舔鼻涕）等，類似上述的行為表現可能會影響自閉症學生的同儕接納度。而教導他們的方式必須「知行合一」：先說明行為重要的原因，示範正確的行為後要求學生演練，待確定學生記住行為的步驟後，設計行為檢核表來記錄正向行為和負向行為出現的次數，並搭配增強制度來實施。

　　睡覺、進食和上廁所是每個人每天都會做的事，而這三件事執行的完善程度與我們的健康息息相關，且大多數人是自發性、不假他人之手獨立地完成這些事，但許多自閉症學生在這三件事上通常需要投入大量時間的學習。初步教導這三件事時，建議先以「固定時間、固定地點」為共通的訓練原則，當學生的行為建立之後，再加入其他的時間和地點來進行訓練。說明如下。

壹、睡眠

　　部分自閉症學生的睡眠困難，可能是很晚了還不睡、睡眠時間很短或失眠。建議可以建立學生規律的生活作息，盡可能在固定時間上床睡覺、固定時間起床，白天有適度的運動，若有午睡也不要睡太久。睡覺前儘量讓孩子保持心情平靜，所以應避免從事會讓他產生情緒的活動，例如：玩電腦或玩最愛的玩具，一方面孩子可能會很亢奮，而當睡覺時間到了要求要關電腦或收玩具時，又可能會引起他的情緒。若出現很晚了還不睡或睡

眠時間很短的情形，建議可以檢視生活作息、增加白天的活動量或調整夜間活動順序，若已經調整但仍有失眠的情況，少數自閉症學生是因出現焦慮或憂鬱的情形而影響睡眠，建議可以尋求醫師的協助。

貳、進食

　　自閉症學生在進食方面可能出現的困難，包括：無法獨立使用餐具進食、食物未經咀嚼就吞下，或是嚴重地偏食或挑食。獨立使用餐具進食涉及的能力，包括：注意力、手指的精細動作、手臂移動的穩定度，以及手眼協調等能力。大人在協助孩子用餐時，建議先針對一個面向做訓練，例如：餵食時要求孩子的眼睛要看著食物，等到能自發性注意食物後，再要求孩子自己握湯匙舀食物。此時，大人可以扶著孩子的手肘增加手臂的穩定度，慢慢再褪除對手臂的支持。未咀嚼食物就吞下對胃腸功能可能有負面影響，建議可以提供條狀或稍硬的食物，大人也可以示範或以數數的遊戲方式來鼓勵要咀嚼多少下後再吞下。嚴重地偏食或挑食也是自閉症者常見的現象，可能與偏好的口感或食物氣味有關。若擔憂偏食或挑食可能會嚴重到影響身體健康，建議可以將不接納的食物剛開始時以極少量，以及處理得極細碎的方式混入孩子喜愛的食物當中，慢慢地讓他潛移默化地習慣口感或味道後，再逐漸加量。

參、如廁訓練

　　自閉症學生在如廁上出現的困難種類多元，例如：拒絕上完廁所後沖水、抗拒使用坐式或蹲式馬桶，或只有包著尿布才願意解尿或排便。他們可能因為出現感官異常的現象，包括對視覺、聽覺、嗅覺和觸覺等刺激的異常反應，或對事物具有特殊信念，而造成如廁訓練上的困難，例如：某位拒絕如廁後沖水的自閉症學生，是因覺得排泄物是自己的東西而不願意沖掉；另一位自閉症學生則是因為覺得排泄物很臭很髒，不願意自己動手沖水。這兩位學生雖然出現相同的行為，且都植基於特殊信念，但行為的

動機不同，教導的方式就會有所不同。而肇因於感官異常出現拒絕上完廁所沖水的行為，有的學生是因為討厭沖水聲（聽覺）或害怕看到水流漩渦的樣子（視覺），擔心會被捲進去。

抗拒上蹲式馬桶的學生，可能是因肢體的協調性較差，蹲下去和站起來時動作不太流暢，或維持穩定的蹲姿一段時間有困難，因而擔心會掉進馬桶，或焦慮馬桶內的水或排泄物會沾到自己身上。抗拒上坐式馬桶的學生，除了可能擔心被水流捲進去之外，也可能是不喜歡坐在馬桶上時的皮膚感覺（觸覺）。尿布褪除的困難也是常見的問題，除了心理上依賴尿布所帶來的安全感之外，也有些學生則是喜歡排泄物在尿布上所帶來的重量感或溫熱感。

一、訓練前的準備

何時開始如廁訓練呢？一般正常發展的孩子在 18 個月後才開始如廁行為的訓練，但若孩子的生理年齡已經超過 4 歲，建議將如廁訓練列為優先的學習目標。若孩子開始出現下列三項能力時，就可以開始如廁訓練了：(1)發展出或學會覺察和區辨自己身體「乾的」和「溼的」之感覺；(2)能覺察和區辨在「廁所」這個區域做的事情和在家中其他地方所做的事情不同；(3)能保持尿布 1 至 2 小時是乾的。

訂定如廁訓練的計畫宛如是個作戰計畫，需要照表操課，人員、時間、地點和裝備都要事先規劃準備。「人員」是指需要有人在固定時間帶孩子去廁所，剛開始訓練時可能需要花費較長的時間在廁所陪伴孩子，如果照顧這位正進行如廁訓練的孩子之外還須兼顧其他的事情，可能需要請額外的人手來協助。剛開始訓練時，每隔 10 至 15 分鐘要帶孩子去廁所，坐在馬桶上準備大便或小便，地點也要選擇固定的某間廁所。「裝備」是指進行如廁訓練時就完全不包尿布了，讓孩子穿上內褲，下半身也選擇易於穿脫的衣物，例如：腰部是鬆緊帶的衣物，避免穿下半身有鈕扣和拉鍊的衣物，因為若孩子精細動作較弱可能來不及脫掉，或是光要解開鈕扣就讓孩子很挫折。剛開始如廁訓練時可能會頻繁地發生意外小便或大便在褲子上的情況，因此須準備多套額外的衣物來更換。進行如廁訓練時，需讓孩

子攝取大量水分，可以讓孩子選擇一個他喜愛的杯子，訓練期間都用這個杯子盛裝飲料或水。另外，訓練期間還需詳細記錄排尿、排便和喝水的時間與進食的內容。排尿、排便時間，以及喝水和進食一週觀察紀錄表，請參考本章附錄二。

二、進行訓練

剛開始進行如廁訓練時，要帶孩子去廁所，要求他坐在馬桶上約 10 分鐘，讓他有機會在馬桶上小便和大便，如果他成功地在馬桶上小便和大便，當場需要大力地鼓勵他，且可以用誇張的表情、聲調和肢體動作，讓孩子知道你有多為他開心。

每次去廁所都需要完成一整套的流程，流程如下：

1. 和孩子一起進入廁所後，要關門，大人關門的同時要說「要關門」，以建立孩子隱私的概念。
2. 關門後，大人協助孩子脫褲子，同時並說「脫褲子」。大人提供給孩子脫衣物的協助要隨著孩子的進步漸漸地褪除，例如：從一開始完全由大人將孩子的褲子脫下，漸漸減少協助，而成為大人拉孩子的手放在褲頭上，孩子能自行將褲子往下拉。
3. 讓孩子持續坐在馬桶上約 10 分鐘，並說「坐馬桶」。如果他沒有成功小便或大便在馬桶上，請不要責怪他。
4. 如果他成功地大便了，大人要協助他擦屁股，同時並說「拿衛生紙擦屁股」。
5. 之後，大人協助拉著孩子的手放在褲頭上，再協助往上拉穿上褲子，同時並說「穿褲子」。
6. 大人拉孩子的手去按沖水鈕，並說「沖水」。
7. 無論有沒有成功大便或小便，接著都要去洗手和把手擦乾，同時並說「洗洗手」和「擦擦手」。

每次上廁所都要做這七個步驟，建立孩子的習慣。在每個步驟中大人說的話：「要關門」、「脫褲子」、「坐馬桶」、「拿衛生紙擦屁股」、「穿褲子」、「沖水」、「洗洗手」和「擦擦手」等，能幫助孩子用語音

的方式來記住這些步驟，也可以將這七個步驟用圖卡的方式貼在廁所中，每做一個步驟就提示孩子去看相對應的圖卡。

確實地執行「排尿、排便時間，以及喝水和進食一週觀察紀錄表」約兩週後，應該大致可以看出孩子排尿和排便的時間模式，例如：大約是一天中的哪些時間可能排便、大約間隔多久會排尿等，若已經可以看出模式，就可以符合孩子的模式來拉長帶孩子去廁所的間隔時間，例如：每 30 分鐘帶孩子去廁所排尿一次。若排尿和排便的時間還是很紊亂，可能要調整水分攝取的量以及進食的內容。水分的攝取若只提供白開水，可能會影響孩子大量喝的意願，建議開水和果汁可以交替提供，而進食的內容則多提供高纖食品，以增加排便量。整體水分攝取量的計算包括任何種類的飲料，例如：白開水、果汁、汽水、牛奶或冰沙等，雖然希望藉由增加水分的攝取來增加小便的次數，但仍需留意避免一天超過約 1.5 至 2 公升的水分攝取，反而可能有害身體健康。

若在學校和在家裡同步進行如廁訓練，建議家長和老師都用「排尿、排便時間，以及喝水和進食一週觀察紀錄表」來作記錄。若孩子有服用藥物，也要在紀錄表上記錄服藥時間、藥名和劑量，以參酌藥物是否對排尿和排便有影響。宜先進行白天孩子清醒時的如廁訓練，若尚未穩定，晚上睡覺時可以包上尿布，等到白天的如廁訓練都上軌道了，再進行夜間的訓練。

如何促進已坐在馬桶上的孩子解尿呢？可以試試看打開水龍頭，讓孩子注意看流動的水和聽水聲。水流聲和小便的聲音相似，這樣做主要是為了幫助孩子放鬆和專注，想省水的話也可以用水桶接水留著用。孩子坐在馬桶上時也可以播放使人放鬆的音樂、提供孩子喜愛的書籍或玩具，但避免引起興奮的感覺，主要是要讓他放鬆和集中注意力。若孩子將玩具丟進馬桶裡，要協助他將玩具撿起來，撿起玩具清潔之後直接把玩具沒收，並且說明因他丟玩具進馬桶的行為，所以有多長的時間不能玩此項玩具。

三、已經能順利地在馬桶上小便和大便之後

孩子若出現甫在馬桶上小便或大便之後，一下子又解尿或解便在褲子上的情形，可能是因為他還在學習「尿完了」、「便完了」的排空感覺。

所以即使孩子已經能成功地在馬桶上小便和大便，解尿或解便在褲子上的情形也可能會發生。另外，當孩子很專注地從事他感興趣的活動或睡覺時，也可能小便或大便在褲子上，當這種情況發生時，大人要保持冷靜，避免對孩子情緒失控或吼叫。孩子有時需要時間慢慢學習便意和尿意的感覺，並學會控制他的身體。才剛離開廁所就小便或大便在褲子上，有時的確很令人挫折，但情緒失控的大人可能會讓孩子驚慌害怕，因而對馬桶產生負向情緒的連結，就更不敢嘗試或討厭在馬桶大小便了。

孩子需要學會尿完或便完才能離開馬桶，為了讓孩子「感受」尿完或便完「排空」的感覺，一旦尿出或便出時可以要求孩子慢慢地數數，若不會數數，可以提供能轉移注意力的方法，例如：看喜愛的照片或圖片等。等到孩子尿完或便完時，跟孩子強調排空的舒服感，例如：拍拍肚子，說「好舒服啊！」同時出示一張代表開心的表情圖示。

當孩子已經能在馬桶上小便和大便，而不自主地小便和大便在褲子上的情形也漸漸減少了之後，接下來要讓他學會主動地表達想上廁所。即使孩子具有口語能力，仍建議準備代表上廁所的圖卡，放在孩子的口袋、教室或家中方便孩子拿取的固定地點，因孩子在興奮或焦慮時，用口語來表達需求可能仍有困難。訓練孩子主動表達上廁所時，可能會因為表達不及，而造成意外地小便或大便在褲子上的次數增加，建議要強力地鼓勵孩子他有「表達」要上廁所的行為，不要太強調「意外」的發生，但可以跟孩子說：「下次早點說就太棒了！」

當孩子在白天的大多數時間都能控制在馬桶上大小便，只會偶爾出現「意外」時，即可以開始夜間的訓練。夜間訓練時建議：(1)對晚上的水分攝入限量，尤其是睡前 2 至 3 小時內不喝任何液體；(2)每天晚上（包括假日）按時上床睡覺，並在睡前上廁所；(3)睡醒馬上去上廁所。如果都做到上述三項，孩子仍出現尿床的情形，建議半夜將孩子叫醒去上一次廁所，但叫醒孩子的時間可能需要多嘗試幾次，才能找出最佳的時間。比較不影響大人睡眠的作法是讓孩子早點睡，等大人準備睡覺時再將孩子叫醒上廁所。

四、進行如廁訓練中可能出現的狀況與因應方式

1. 一進廁所立刻沖馬桶：孩子可能因喜歡看沖水時的水流漩渦或愛聽沖水聲，大人可以把沖水當成自然增強。即使沒有順利在馬桶上尿出或便出，孩子也需坐在馬桶上約 10 分鐘，才可以沖一次水。

2. 在馬桶上坐不住或坐一下子就要起身：此時可以跟他玩一些簡單的手部遊戲來轉移注意力，例如：一角、二角、三角形，或剪刀、石頭、布等。若孩子是因不理解排尿和排便的意義而不願坐在馬桶上時，可以用人體的內臟器官圖來說明排尿和解便的過程，讓孩子理解這是維持身體健康每天都要做的事，也可以搭配社會故事來教學。

3. 洗手時愛玩水：這種情況可以把洗手當成孩子是否專心上廁所的獎勵。因為不是每次坐在馬桶上都可以成功尿出或便出，建議將獎勵的條件設為「有專心地坐在馬桶上 10 分鐘」，洗手時就可以玩一下水。玩水時間可以搭配使用計時器。如果孩子搆不到水龍頭，洗手臺可以加腳踏墊。水龍頭若有冷水和熱水出口，洗手時須提醒孩子注意冷水、熱水的出口，避免誤觸熱水而燙傷，冷和熱也可以貼上不同的顏色或圖案來做區隔。另外，洗手乳或香皂的氣味，以及擦手用毛巾的質地也可能會影響孩子洗手的意願。

4. 意外地小便或大便在褲子上：這時要馬上幫孩子換掉溼的或髒的內褲，讓他可以清楚地區辨和乾爽的感覺之不同，同時必須讓孩子參與清理的過程，拉著孩子的手一起清洗內褲或清潔身體部位，若有弄髒環境，也要拉著孩子的手一起清潔。在這過程中，大人可以簡單地以口語說明正在進行的動作，但不需要責備孩子意外小便或大便在褲子上的情況。當下次要去廁所時，也不需要提及上次大便或小便在褲子上的意外，也不需要說上次坐在馬桶上沒有成功排尿或排便的經驗，但可以提及之前在馬桶上尿出或便出的成功經驗，增加孩子的信心。

5. 抗拒進入廁所、抗拒坐在馬桶上：這可能是因為孩子無法忍受廁所的溼滑或氣味。找出孩子抗拒的原因並試著消除這些原因，讓孩子

對廁所產生正向的連結，例如：將孩子喜愛的照片、圖片或貼紙等貼在廁所。對坐馬桶的抗拒是否是因為馬桶座墊的冰冷感？覺得滑滑地會掉下去？討厭沖水聲？害怕沖水時的漩渦水流？或者擔心會掉進馬桶被水沖走？此時可以準備馬桶座墊來改善冰冷感，準備腳踏墊讓孩子坐在馬桶上時腳不會懸空，增加平衡感，就比較不擔心會掉進馬桶。若是討厭聽到沖水聲或害怕看到沖水時的水流，也許可以允許孩子按了沖水後就摀住耳朵、衝向廁所出口。

6. 對於男孩應該訓練他站著小便或坐著小便？在臺灣，有些公共廁所的男廁只有小便斗，若男孩習慣坐著小便，有時的確可能造成不方便之處。然而，剛開始如廁訓練時，我們可能還在觀察孩子小便和大便的時間，所以比較適合先以坐馬桶如廁開始。若決定要教導孩子站著小便，要等到能夠預測或是孩子能表達特定時間是要大便或小便時再進行較為適當。教導孩子站著小便時，若出現容易分心或小便時對不準的問題，建議可以在衛生紙上用油性的筆（不溶於水）畫上大大的紅心，再將衛生紙飄浮於馬桶的水面，把它當成是遊戲，跟孩子說如果他能對準紅心小便，待會兒就會有獎勵，而對準的標準可以漸進式地提高。孩子剛開始的控制可能還不是很好，但只要他有嘗試著去對準，就要獎勵他，並提供立即的口頭讚美以及物質性的增強（玩具或食物，如果有必要的話）。站著小便時若能有一位孩子熟悉的男性來提供示範也是個好方法。另外，訓練站著小便時建議不要將褲子完全脫掉，仍然要維持褲子在身上。部分孩子訓練時將褲子完全脫掉，會造成日後在學校用小便斗上廁所時，仍習慣將褲子褪到腳踝而整個屁股露出的尷尬情形。當然，剛開始訓練時露出屁股無妨，但隨著孩子能力提升，標準也要漸漸提高到與一般人差不多的水準。

當孩子的如廁行為出現退步情形時，可能要考慮是否因身體不舒服或疾病等影響既有行為，藥物更換、飲食、睡眠模式或日常作息改變的影響也要納入考量，或是否因學校／家庭生活中有發生任何事件引起孩子的壓力或焦慮。調整或消除這些原因後，孩子已建立起的能力預期即可恢復。

參考文獻

中文部分

王春滿（2008）。**多媒體電腦輔助教學對國小輕度自閉症學生錢幣使用之影響**（未出版之碩士論文）。國立臺中教育大學。

何柔嬅（2008）。**電腦多媒體社會故事教學對增進國小輕度自閉症兒童社會互動成效之研究**（未出版之碩士論文）。國立花蓮教育大學。

李芸（2006）。**多媒體電腦輔助教學對國中自閉症學生詞彙理解學習成效之研究**（未出版之碩士論文）。中原大學。

曹純瓊（2000）。**鷹架式語言教學對國小高功能自閉症兒童口語表達能力學習效果研究**（未出版之博士論文）。國立臺灣師範大學。

許芳榮（2002）。**自閉症兒童網路學習系統之研究：以數學教育為例**（未出版之碩士論文）。長庚大學。

許耀分（2003）。**圖片兌換系統教學對增進自閉症兒童自發性使用圖片溝通行為之研究**（未出版之碩士論文）。臺北市立教育大學。

郭邦彥（2002）。**電腦化高識字自閉兒評量與語言學習系統建置**（未出版之碩士論文）。中原大學。

董愉斐（2005）。**應用圖片兌換溝通系統教學法增進自閉症兒童主動溝通行為之研究**（未出版之碩士論文）。國立屏東大學。

廖怡欣（2004）。**運用科技輔具對增進國小中低功能自閉症學生購物行為之研究**（未出版之碩士論文）。國立臺灣師範大學。

廖芳碧、朱經明（2003）。圖形溝通訓練對低功能自閉症者溝通能力影響之研究。**特殊教育論文集，1**，169-190。

鄭津妃（2003）。**電腦化教學系統對增進高功能自閉症兒童解讀錯誤信念之研究**（未出版之碩士論文）。國立臺灣師範大學。

羅汀琳（2004）。**圖片兌換溝通系統對中度自閉症兒童溝通行為成效之研究**（未出版之碩士論文）。國立高雄師範大學。

英文部分

Ackerman, B. (1986). Children's sensitivity to comprehension failure in interpreting a nonliteral use of an utterance. *Child Development, 57*, 458-497.

American Psychiatric Association. [APA] (1994). *Diagnostic and statistical manual of mental disorders* (4th ed.) (DSM-IV). Author.

American Psychiatric Association. [APA] (2013). *Diagnostic and statistical manual of mental disorders* (5th ed.) (DSM-5). Author.

Baron-Cohen, S., Leslie, A. M., & Frith, U. (1985). Does the autistic child have a "theory of mind"? *Cognition, 21*, 37-46.

Birdwhistell, R. (1970). *Kinesics and context*. University of Pennsylvania Press.

Colby, K. M. (1973). The rationale for computer-based treatment of language difficulties in nonspeaking autistic children. *Journal of Autism and Childhood Schizophrenia, 3*, 254-260.

Eales, M. J. (1993). Pragmatics impairments in adult with childhood diagnoses of autism or developmental receptive language disorder. *Journal of Autism and Developmental Disorders, 23*(4), 593-617.

Frith, U., & Snowling, M. (1983). Reading for meaning and reading for sound in autistic and dyslexic children. *Journal of Developmental Psychology, 1*, 329-342.

Grandin, T. (1995). The learning style of people with autism: An autobiography. In K. A. Quill (Ed.), *Teaching children with autism: Strategies to enhance communication and socialization* (pp. 33-50). Delmar.

Happé, F. (1993). Communicative competence and theory of mind in autism: A test of relevance theory. *Cognition, 48*, 101-119.

Happé, F. (1994). An advanced test of theory of mind: Understanding of story characters' thoughts and feelings in able autistic, mentally handicapped, and normal children and adults. *Journal of Autism and Developmental Disorders, 24*, 129-154.

Happé, F. (1995). The role of age and verbal ability in the theory of mind task performance of subjects with autism. *Child Development, 66*, 843-855.

Happé, F. (1997). Central coherence and theory of mind in autism: Reading homographs in context. *British Journal of Developmental Psychology, 15*, 1-12.

Jolliffe, T., & Baron-Cohen, S. (1999). The strange stories test: A replication with high-functioning adults with autism or Asperger syndrome. *Journal of Autism and Developmental Disorders, 29*(5), 395-406.

Leekam, S. R., & Prior, M. (1994). Can autistic children distinguish lies from jokes? A second look at second-order belief attribution. *Journal of Child Psychology and Psychiatry, 35*, 901-915.

Lopez, B., & Leekam, S. R. (2003). Do children with autism fail to process information in context? *Journal of Child Psychology and Psychiatry, 44*(2), 285-300.

Martin, I., & McDonald, S. (2004). An exploration of causes of non-literal language problems in individuals with Asperger Syndrome. *Journal of Autism and Developmental Disorders, 34*, 311-328.

Mitchell, P., Saltmarsh, R., & Russell, H. (1997). Overly literal interpretations of speech in autism: Understanding that messages arise from minds. *Journal of Child Psychology and Psychiatry, 38*, 685-691.

Ohta, M. (1987). Cognitive disorders of infantile autism: A study employing the WISC, spatial relationship conceptualization, and gesture imitations. *Journal of Autism and Developmental Disorders, 17*(1), 45-62.

Ozonoff, S., & Miller, J. N. (1996). An exploration of right-hemisphere contributions to the pragmatic impairments of autism. *Brain and Language, 52*, 411-434.

Prior, M., Dahlstrom, B., & Squires, T. (1990). Autistic children's knowledge of thinking and feeling states in other people. *Journal of Child Psychology and Psychiatry, 31*, 587-602.

Prizant, B. M. (1983). Language acquisition and communicative behavior in autism toward an understanding of the whole of it. *Journal of Speech and Hearing Disorders, 48*(3), 296-307.

Sodian, B., & Frith, U. (1992). Deception and sabotage in autistic, retarded and normal children. *Journal of Child Psychology and Psychiatry, 33*, 591-605.

Sperber, D., & Wilson, D. (1986). *Relevance: Communication and cognition*. Harvard University Press.

Tager-Flusberg, H. (1981). On the nature of linguistic functioning in early infantile autism. *Journal of Autism and Developmental Disorder, 11*, 45-56.

Yirmiya, N., Sigman, M., Kasari, C., & Mundy, P. (1992). Empathy and cognition in high-functioning children with autism. *Child Development, 63*, 150-160.

Yirmiya, N., Solomonica-Levi, D., Shulman, C., & Pilowsky, T. (1996). Theory of mind abilities in individuals with autism, Down syndrome, and mental retardation of unknown etiology: The role of age and intelligence. *Journal of Child Psychology and Psychiatry, 37*, 1003-1014.

附錄一　應用 FLASH 軟體教導自閉症兒童的範例

小剛的生活故事書

第一課　　第二課　　第三課　　第四課

第一段　　第 1 句

每個禮拜我最喜歡做的事就是和爸爸、

妹妹一起去文化中心溜直排輪。

下一頁

第一段　第 1 句

每個禮拜我最喜歡做的事就是和爸爸、

妹妹一起去 文化中心 溜直排輪 。

下一頁

第一段　第 2 句

每只直排輪上有著小輪子 小輪子能夠

滾動帶著我到處去看看、吹吹風，溜得

好快喔！

下一頁

第一段　第 2 句

有著小輪子，小輪子能夠

滾動著我到處去看看、吹吹風，溜得

好快喔！

第二段　第 1 句

開始溜直排輪前，我們必須要先準備好

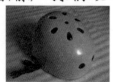

一些東西，像是安全帽 護膝、 護肘

、護腕，還有我心愛的 直排輪

第三段　第 1 句

妹妹帶著水壺和毛巾，在

溜直排輪的時候我們都需要用很多的力氣，

所以一溜一下子我們就會流汗，我看起來會很<u>累</u>。

第三段　第 2 句

這個時候，　爸爸就會叫我和

坐下來休息，<u>脫下安全帽</u>、<u>擦汗</u>喝水

我跟妹妹都很喜歡喝水。

附錄二　排尿、排便時間，以及喝水和進食一週觀察紀錄表

☆ 可在對應時間的欄位上，填上「小」、「大」，分別代表成功在廁所小便和大便，或填入「⑨」、「⑨」，分別代表小便和大便在褲子上。

☆ 每 30 分鐘有喝水請打✓，並記錄吃了什麼食物。

日期　時間	排泄	喝水	進食	排泄	喝水	進食	排泄	喝水	進食	排泄	喝水	進食	排泄	喝水	進食	排泄	喝水	進食	排泄	喝水	進食
7:00																					
7:30																					
8:00																					
8:30																					
9:00																					
9:30																					
10:00																					
10:30																					
11:00																					
11:30																					
12:00																					
12:30																					
13:00																					
13:30																					

日期／時間	排泄	喝水	進食	排泄	喝水	進食	排泄	喝水	進食	排泄	喝水	進食	排泄	喝水	進食	排泄	喝水	進食	排泄	喝水	進食
14:00																					
14:30																					
15:00																					
15:30																					
16:00																					
16:30																					
17:00																					
17:30																					
18:00																					
18:30																					
19:00																					
19:30																					
20:00																					
20:30																					
21:00																					
21:30																					
22:00																					

特殊表現：

第十二章

自閉症學生的優勢能力
發展與輔導

于曉平

第一節　自閉症學生的身心特質與優勢能力探討

壹、自閉症學生獨特的身心特質——零碎天賦

　　部分自閉症者因其獨特的身心特質，一方面出現口語與社會互動的缺陷，但另一方面卻出現絕佳的記憶力等零碎天賦，例如：對地名、廣告、樂譜、日期、數字等過目不忘，並且可以鉅細靡遺地記錄或憶述事物。此外，在個人興趣和技能（如繪畫、拼圖、彈琴等）方面，有的自閉症者也有特別卓越的表現。這些特殊的行為展現引起大眾的關注，其中 J. L. Down 博士於 1887 年首度提出「白癡學者」（idiot savants）一詞而引起注意，此也就是之後所稱的「學者症候群」（savant syndrome）。Treffert（2009）歸納了學者症候群的幾個現象：

1. 即使狀況罕見，但有十分之一的自閉症者出現這種學者症候群。
2. 在這些出現學者症候群的自閉症者中，男女生比約 6：1，略高於原本的性別比例。

3. 這些學者症候群所出現的學者技能（savant skill）常是有趣而狹窄的領域。

4. 這些技能所呈現的類型可分為瑣碎技能（splinter skills）、特殊才華（talent savant），以及天才學者（prodigious savant）等類型。

5. 這些特殊技能常伴隨著驚人的記憶力。

6. 沒有一種理論可以解釋這些學者症候群。

即使部分自閉症者有其獨特的天賦，但由於其心智理論缺陷，缺乏對他人內心感受與想法的了解，進而影響其發展與他人良好的互動關係與表現出具社會能力的行為。因此，即使具有一些獨特的天賦能力，在社會上仍是到處碰壁。此外，自閉症學生也常出現執行功能（executive function）障礙。所謂執行功能是指控制及執行一連串有計畫的活動，以達到預設目標的能力，包括：抽取資料、計畫及抑制反應、監測進度等過程。這意味著自閉症學生在接收外來的資訊後，於處理這些資料以做出恰當反應的過程中出現了問題，這使得自閉症學生在面對陌生情境時，茫茫然不知所措，或是在溝通時，說了一句後便不知如何應對。

雖然部分影片有美化自閉症者的特殊能力，然而以人類潛能發展的理念，能針對自閉症者的優勢能力或興趣加以發展，才是教育的主要目的。《星期三是藍色的》（*Born On A Blue Day*）一書的作者 Daniel Tammet 對數字有獨特的感受（錢莉華譯，2008）：

> 每個數字都是獨一無二的，而且都有自己的個性。
> 11 友善，5 大聲，4 害羞又安靜。
> 我最喜歡 4，可能是因為它讓我想到自己。
> 有些數字體型大──23、667、1、1179；
> 有些數字體型小──6、13、581。
> 有些數字很美，例如 333；
> 有些很醜，例如 289。
> 對我來說，每個數字都是獨特的。

Daniel 是典型的自閉症者，對於規律及秩序有固著性，這也影響其生活上的每個層面，壓力大時就會喘不過氣，這時他就會讓自己閉著眼睛數數字，「因為數字讓我恢復平靜」，數字是他的朋友，一直陪伴著他，而且每個數字都是獨一無二，都有自己的個性。小時候的 Daniel 又哭又病，麻煩難搞，大部分時間都待在房間，坐在地板的固定角落，若有所思，有時會用手指頭塞著耳朵好讓自己靠近安靜。他會把書放在地板上疊成一堆一堆的，直到自己被書包圍起來，只要有人想搬走書，就立刻大哭，並大發脾氣；書本的每一頁都有數字，他喜歡被數字包圍，感覺很舒服。

　　對念中學的 Daniel 來說，剛開始最難適應的就是得每個小時換科目、換教室、換老師。而數學是他最喜歡的科目，算算術比同學快得多，進度比所有人都超前。最喜歡的單元是數列，例如：費氏數列（1、1、2、3、5、8、13、21……），因為優越的數字感與記憶，曾向全國癲癇協會提案公開進行圓周率小數點以後 22,500 個以上位數的背誦表演，來幫助該協會募款，更以一週的時間學會冰島語言，展現其突出的語言學習能力。這樣卓越的潛能與天賦，若僅因其部分問題而使其才能被掩蓋或忽視，是多麼可惜的一件事！

貳、自閉症資優學生的身心特質與獨特表現

　　自閉症資優學生中有許多不同的類型，隨著其認知能力的差異，展現出不同面貌，其中以早期所提出的亞斯伯格症最為顯著，其出現資優的比例最高。亞斯伯格症屬於自閉症的亞型，出現機率約千分之三至千分之七，男女比例約在 10：1，以男性居多，其與自閉症有許多相似之處，例如：社交技巧缺陷、人際關係障礙等；另外，也都會出現固執於特定而不具功能性的怪異行為、缺乏彈性且無法容忍變化，以及無法將所學的知識與技巧類化到日常生活中。與自閉症不同之處在於：亞斯伯格症者較自閉症者有較佳的語言及認知能力。整體而言，他們雖然沒有語言發展遲緩或怪異問題，且大多數的智商在正常範圍，但因他們在社交及溝通能力上的障礙、過度偏執的想法、對特殊事物的偏好、不足的解決問題技巧，以及

缺乏組織或計畫日常事務等，使得他們在普通班中仍難適應良好。Hender-son（2001）認為，亞斯伯格症早期是屬於較正常發展的，也可能因其優弱勢能力相互掩蓋，被診斷出亞斯伯格症的時間點通常較自閉症來得晚，造成其在資優鑑定中不易被鑑別，或被錯誤歸類為學習障礙。2013 年隨著 DSM-5 公布，不易鑑別如亞斯伯格症、雷特氏症等自閉症亞型，皆被整併稱之為自閉症光譜障礙，呈現不同時期研究在稱謂上的差異。

而 Henderson（2001）指出，42 位亞斯伯格症者中有 5 位資優生；Nei-hart（2000）則指出，亞斯伯格症者與一般資優生間至少有七項相似特質，這些共通性雖還未被實驗證實，但在文獻與臨床經驗上經常被提出：

1. 語言流暢或早熟優異的記憶。
2. 迷戀文字或數字。
3. 喜歡記憶事實的資訊。
4. 對特殊主題的興趣。
5. 大量的汲取訊息。
6. 在特殊主題興趣上會因不斷追問或高談闊論不止，而使同學困擾。
7. 感官的高度敏感。

Neihart（2000）比較一般資優生與亞斯伯格症資優學生的身心特質發現（如表 12-1 所示），在語言類型、慣常反應、自我覺知、動作發展，以及情感表現等方面，亞斯伯格症資優學生都有其獨特的樣貌，相關比較的說明如下。

由表 12-1 的分析可知，一般資優生與亞斯伯格症資優學生有很多相似之處被注意到，第一個區別性特徵可以在說話模式中找到，亞斯伯格症資優學生像一般資優生可以表現流暢的語言，這個似乎緣於原始與分析思考的特徵。儘管兩群體的孩子有高度的口語能力，但亞斯伯格症孩子是學究式的，而一般的資優生不是。Frith（1991）建議，可藉由無接縫（無連結性）的說話方式來做區別。亞斯伯格症資優學生在他們書寫或口頭回應問題時，乃混合了他們的知識和個人的解釋，他們不停地運行、混合內容、個人反應說明，而他們會這樣做是因為他們不知道問題的目的。

第二個區別在於他們於正常狀態下如何回應。雖然兩者被形容在家或

表 12-1　區分一般資優生與亞斯伯格症資優學生的特質

區分特質	一般資優生	亞斯伯格症資優學生
說話模式	正常，但可能是年齡較大的兒童語言	多為學究式、無接縫（無連結性）的語言
慣常反應	被動地抵抗，但經常會繼續	對改變、異動、侵犯的容忍力很低
覺知差異	知道自己與他人不同	不了解他人怎麼看自己
注意力干擾	如果干擾存在，通常是外在的	干擾是內在的
幽默	可以從事社會互動的幽默	可以做文字遊戲，但通常不了解社交幽默
動作笨拙	大部分的資優生沒有此特徵	50～90%的亞斯伯格症兒童動作笨拙
不當的情感反應	沒有此特徵	幾乎可以觀察到
洞察領悟力	通常有良好的洞察力	通常沒有顯現出來
固著刻板	沒有此特徵	可能會出現

註：引自 Neihart（2000）。

在校常會反抗例行事務，但一般資優生不像亞斯伯格症資優學生，一般資優生通常應付變動沒有困難，但亞斯伯格症資優學生卻有困難。亞斯伯格症資優學生對於傳統教室因循守舊的安排或例行公事有很大的困難，他們可能會拒絕配合學校共同學習的任務，且可能表達對於例行公事的不滿並且消極的抵制它們，但他們不會恐慌或像亞斯伯格症者一樣有攻擊性。雖然兩者都可能會抱怨關於時間表和程序的問題，但後者更有可能會對它產生迷戀。

　　第三個區別在於亞斯伯格症兒童與一些資優生在古怪行為特徵上的差別。Dewey（1992）提出了自閉症古怪行為與「普通怪異行為」之間的區別，她的觀察對正在嘗試將正常資優學生的行為與亞斯伯格症者的行為之間畫一條區隔。他指出，正常怪異行為的人知道別人認為他或他的怪異行為是古怪的，而亞斯伯格症個體卻不知道，亞斯伯格症者常常沒有感覺到

他們所做的事與眾不同，這在社會習俗上的不以為意卻成為了一個標記。多位學者認為這是心智理論缺陷的問題，因為亞斯伯格症孩子在理解他人觀點上有很大的困難，而如何讓他們更能適應社會是很有挑戰性的事。但此用來區分 7 或 8 歲以上的資優生是不是有亞斯伯格症卻很有用，例如：亞斯伯格症孩子可能選擇展現對人或事件良好的記憶力，他們雖然假定其他人可以理解他們的言談，並且不會知道其他人可能發現他們記憶力呈現的方式，但相較之下，一般資優生理解其他人不會分享他們所選擇主題的知識，而且其他人會對他們敏銳的記憶力感到驚訝。

一般資優生和亞斯伯格症資優學生的第四種區分在於「注意力的干擾」。一般資優生通常是因為外在的刺激導致分心，但亞斯伯格症者多是來自內在，內在的分心通常會影響他們在學校的表現。

第五種區別是幽默感的展現。亞斯伯格症資優學生可能會創造文字遊戲，甚至擅長使用雙關語，但是他們缺乏社交互動的幽默。他們對於大多數人覺得有趣的事情不會笑，而他們覺得有趣的，別人卻沒有感覺，但一般資優生則沒有這個現象。

情緒表達是第六種潛在的分類特點。亞斯伯格症兒童傾向某一種制式的反應，他們的情緒反應往往不是人們可以預期的，有時會出現不適當的情緒焦慮或反應，而這不是一般資優生的普遍特點。

也許區別一位亞斯伯格症資優學生最明顯的特徵，是他或她明顯缺乏洞察力與理解關於感覺、需求和其他人的興趣。一個亞斯伯格症孩子常無止盡地用單調或賣弄學問的語調來討論關於他們喜歡的主題，而不知道聽者感不感到興趣、需要離開、無聊或想要說些什麼，也會打斷私人的談話，並且突然離開或不關心他人的願望或需求。他們似乎忘了最簡單的社會行為規則，且反覆努力地教或提醒他們，也不能改變這些行為，而這也不是資優生的普遍特點。因此，這也是亞斯伯格症資優學生參與中學資優課程的一大挑戰。

不過，近期研究發現（Foley-Nicpon et al., 2012），這群智商在 120 以上的高能力亞斯伯格症資優學生與一般高功能自閉症資優學生在認知與學業表現上仍有不同，即使認知能力上仍有限制，但兼有亞斯伯格症的資優學

生在語文理解的分數比自閉症資優學生高，而兼有自閉症的資優生在數學流暢度與書寫表達能力上則比亞斯伯格症資優學生高，值得教育人員注意。

　　整體而言，因自閉症資優學生在社交與人際方面的問題，所以其接受資優教育的比例偏低，多數都在普通班接受教育，也因優異的認知能力而有不錯的學業表現，然而在人際關係與社會適應上卻常常出現問題，讓普通班老師及其家長不知如何協助；若分析其資優類型可發現，除領導才能資優不易出現，其他類型資優都可能有自閉症資優學生。Karnes 等人（2004）對美國密西西比州共 149 個行政區有特殊教育方案的公立學校，調查其身心障礙學生接受資優方案的人數，該調查問卷將資優方案分為四類：一般能力資優、學術性向資優、創造力資優，以及藝術才能資優。結果顯示：在自閉症的學生中，只有 9 人接受資優方案（占所有自閉症學生3.3%），且分散在四個類型的資優方案中。依臺灣資優教育的分類，自閉症資優學生在不同領域的可能表現如下：

1. 一般智能資賦優異：部分自閉症學生在事實或文字資料的記憶方面優於常人，表現傑出。
2. 學術性向資賦優異：部分自閉症學生對數字、圖形等偏屬視覺優勢管道的學習表現突出，展現絕佳的數理能力，也有部分學生在學習語言方面有其天賦。
3. 藝術才能或創造能力資賦優異：部分自閉症學生在視覺藝術或圖像方面展現其才華與創意。
4. 其他特殊才能資賦優異：部分自閉症學生展現一些異於常人的天賦，例如：曆法背誦、透視空間，或棋藝、電腦程式設計有卓越的表現。

　　蔡文哲（2007）指出，近年來美國矽谷地區的自閉症者及亞斯伯格症者之出現率似乎成倍數增加，甚至發現國內以考試高分為錄取標準的醫學生們，似乎也有相當大的比例出現亞斯伯格症之行為症狀。由此可見，資優類型中的亞斯伯格症者，其多屬於數理相關專長，隨著國內對身心障礙資優學生鑑定與輔導的重視，透過特殊教育方案的提供，亞斯伯格症資優學生應有權利與機會獲得特殊教育的服務。

第二節　自閉症學生優勢能力的診斷與評估

壹、自閉症學生的優勢能力診斷

　　自閉症學生因其身心障礙的外顯行為或表現，常被家長安排或要求許多補救教學或缺陷能力的補強，而忽略其天賦的學習與培養，因此對自閉症資優學生的鑑定更需要注意，畢竟有正確的鑑別，才能提供自閉症資優學生有效的教育計畫。通常父母或一般教師可能察覺孩子有問題，卻不知道問題在哪，多數的自閉症資優學生常因傑出的認知表現能力與自閉症特質相互掩蓋，以及早期發展較正常，而未能在第一時間被診斷出來，或被錯誤歸類為學習障礙（Baldwin & Vialle, 1999; Neihart, 2000），因而未能接受適切的特殊教育或社交技巧的輔導。

　　由他們的在校學習表現觀之，Griswold 等人（2002）分析他們的學業成績報告顯示：學生們的平均成績分數在一般水準範圍內，成績表現比較突出的是口語表達和閱讀理解，比較不理想的部分是聽力理解（如理解口語呈現出來的訊息），同時發現數學分數很低，特別是解決方程式和回答數學計算能力的問題。雖然這些學生本身的口語很好，但研究發現他們在了解他人的口語上有明顯的障礙，亦沒有能力解決日常生活中常見的問題。因此，在測驗進行時，可以調整測驗實施的作法，儘量提供視覺線索輔助試題說明，而減少口語指示的施測方式。

　　再者，從智力測驗結果分析其認知能力。Barnhill 等人（2000）以「魏氏智力量表」評估 37 位亞斯伯格症學生的結果顯示：其智商範圍涵蓋智能不足和資優，但大部分的智商位於平均值內，語文智商和作業智商間的分數沒有顯著差異，這與高功能自閉症的情形有所不同。Ehlers 等人（1997）針對高功能自閉症者、亞斯伯格症者和注意力缺陷症過動症者在「魏氏兒童智力量表」（WISC）的表現進行研究，結果發現：40 位亞斯伯格症者的

語文智商平均數高於作業智商，在四個指數分數方面，也是語文理解最高，而知覺組織和專心注意最差，且語文分量表中的算數分測驗較低。這些結果對於一般能力資優的亞斯伯格症學生來說，其能力的內在差異更為明顯，因此也需要在鑑定時進行調整。

此外，對於有關自閉症學生優勢能力的診斷，需要專業團隊的合作，並且要有父母參與，事先了解其在鑑定方面可能會影響表現的因素，包括其發展史與洞察行為動機，有關其在鑑定可能出現的情形包括以下幾項。

一、一般項目

一般項目需要進行包含智力、學習成就、發展史、行為類型、適應行為等的診斷。而有關自閉症資優學生的智力表現情形，Henderson（2001）曾分析亞斯伯格症資優學生在「魏氏智力量表」上的表現，包括：

1. 語文智商和作業智商無顯著差異。
2. 圖形設計分數較高：較強的非語文推理能力與較佳的視覺動作之空間整合能力。
3. 算數、物型配置、符號替代分數較低：視覺動作協調有問題、易分心、視覺記憶較差。
4. 理解分數較低：社會判斷能力較低。

二、動作技巧

透過自閉症資優學生實際的動作技巧來觀察與臨床判斷指標評估，可以發現其在動作方面較為笨拙，因而在需要操作的項目上，可能會影響其應有的正常表現。

貳、自閉症學生優勢能力的評估與調整

在鑑定方面，鑑定人員須加以留意是否低估其能力，甚至應在鑑定程序或工具上加以調整。依照《特殊教育法》（教育部，2023b）第 46 條的規定：

「高級中等以下各教育階段主管機關及學校對於身心障
礙及處於離島、偏遠地區，或因經濟、文化或族群致需要協
助之資賦優異學生，應加強鑑定與輔導，並視需要調整評量
項目、工具及程序。

前項鑑定基準、程序、期程、評量項目與工具等調整方
式及其他相關事項之實施辦法，由中央主管機關定之。」

因此，對自閉症資優學生的鑑定可以調整或留意之處包括以下幾項：

1. 盡量提供視覺線索輔助、減少口語指示：因其視覺優勢管道，可多
   提供視覺線索輔助，協助自閉症學生了解如何進行此項測驗，也要
   減少口語指示，避免造成其混淆。

2. 放寬篩選或降低資優鑑定標準：儘管身心障礙資優生的鑑定應維持
   多元與彈性，但目前國內在鑑定標準上多未能調整。因此，在鑑定
   過程中更應蒐集多元資料，據以作為鑑定及教育安置的考量。

3. 提供更明確且能有效鑑別的鑑定工具：挑選能突顯其優勢能力的測
   驗或工具鑑定，鑑定過程中可依狀況調整測驗方式或時間，包括其
   注意力的集中與否，或是聽覺理解能力是否正常。在解釋測驗結果
   時，除考量全量表的表現外，應注意是否能呈現各分測驗的意義與
   進行內在能力分析。

4. 尋找學生的優勢能力：以其資優特質為考量，透過多元的轉介來源
   與正式或非正式評量的程序，再以身心障礙學生為常模參照，製造
   情境，以便其展現資優特質，並調整、修正評量方式與程序，並透
   過互動或動態評量方式與歷程進行鑑定與評量（張靖卿，1995）。

5. 進入資優教育方案試讀：應針對個案需求設計資優教育方案，可推
   廣主題探究、良師典範、巡迴輔導、假日充實方案等各式充實性方
   案；或者搭配現有之身心障礙及資優教育的安置方式，另可採外加
   名額方式，提供其進入方案試讀的機會。

此外，教師及鑑定評估人員應加強對自閉症資優學生的認識與相關知
能研習，增進其對自閉症資優學生特質之了解，以利後續進行觀察及個案

推薦的工作。另外，也需要加強鑑定工作小組成員對這群資優學生鑑定的了解，以利鑑定資料之蒐集及測驗過程之調整、實施或轉介。綜合研判人員須包括身心障礙與資優雙重領域的專家學者、鑑定評估人員、觀課教師、紀錄者或導師等。

第三節　自閉症學生優勢能力的發展與輔導

壹、從身心障礙資優學生的輔導談起

有關目前身心障礙資優學生的輔導，逐漸引起教育人員的重視，這些學生具備一般資優生的特質，亦包含身心障礙學生可能出現的特質，兩者形成極大的衝突，甚至相互掩蓋、矛盾與困惑。Yewchuk 與 Lupart（1993）整理了資優學生、身心障礙學生與身心障礙資優學生受此相互作用下可能出現的特質，如表 12-2 所示。

表 12-2　資優、身心障礙與身心障礙資優學生可能出現的特質

資優學生特質	障礙學生特質	對障礙資優的影響
某些方面的優異能力	身心障礙	能力上有很大的差異
完美主義者	成就低下	產生挫折
很高的抱負	較少被期待有所成就	形成內在衝突
資優同儕較少	障礙同儕較少	社交上的困難
動機與決心強	身體上受到限制	精力鬱積無所發洩
冀求獨立	身體缺陷	發展出創造性問題解決
敏感性高	自我貶抑	薄弱的自我觀念
對未來生涯有很大的企圖心	發展途徑因障礙受到限制	感覺被排斥

註：引自 Yewchuk 與 Lupart（1993）。

上述這些特質之間的互斥或共容，形成了身心障礙資優學生內在能力的不協調：既有完美主義，但因能力的限制無法達到，而形成對自我的低期待；喜與長輩相處，缺乏社交技巧；也因障礙的限制而無法獨立；旺盛的精力與企圖心無法宣洩等情形（盧台華，1995）。因此，除了課程與教學的調整與協助外，Higgins 與 Nielsen（2000）提出有關身心障礙資優學生的教育建議，說明如下。

一、學生的特質與教育需求

包含優勢能力的發展與弱勢的補強，尤其是如何以學生的優勢帶動弱勢能力之提升，透過多元智能的觀點，發展學生的優勢智能。

二、主題式教學或課程

針對學生的專長領域或其感興趣的領域安排課程，在過程中透過跨領域的延伸學習，擴展其生活經驗；另在教學上也需要減少不必要的文書工作，而著重其真實能力的展現。

三、活動與教學

1. 野外旅遊：如 Betts 自主學習模式的目標，希望學生可自己計畫、安排、評估等，並彼此領導，每位學生都將成為專家。

2. 活動的經常變換：因其常具有持續注意的困難，所以活動需常變換，亦提供學生選擇的機會，在長時間的學科學習中加入室外活動。另外，感覺統合困難的學生可提供一些觸覺活動。

3. 精細動作的控制：因其書寫過程的困難，再加上對手部精細操作動作的困擾，所以需要做更多如繪畫、書法的練習。

4. 小團體的設計：因常有多樣、特殊的需求，所以可視需要提供一對一的教學與互動，必要時可提供全時的協助。

5. 教育策略：需調整傳統的教學策略，身心障礙資優學生有能力表現的與一般資優學生相當，但其特定部分在治療式的需求上仍是不容

忽視的，須視學生個別的狀況來設計與調整。

四、非傳統的方法與教材

以學生的個別化教育計畫（IEP）為核心，提供其適切的教學活動，另可進行一些特殊安排，例如：透過討論會給予表達意見與興趣的機會；放置主題書櫃，以建立與課程的關係與基礎；活動與活動中提供一、兩分鐘的時間，讓其可以整理思緒；透過閱讀治療，鼓勵學生發展溝通與社交技巧；安排藝術活動，可同時兼具治療與平緩的效果等。

五、輔助設備器材

透過電腦、拼字檢查器、作者系統、多媒體百科全書、有聲圖書、錄音機、語言學習機等，幫助學生更成功的學習。此外，多媒體或數位教材的使用，讓學生對更複雜的課程亦能學習，進行課後與考前複習，甚至對問題為基礎的學習、批判思考、基本技巧之發展都有幫助。

六、教室空間的安排

可透過一些低光源、柔性的燈光讓學生更放鬆，使其在一個溫暖的氣氛下更願意參與每項活動。也可將教室區分為不同學習角落，其中放鬆的區域可放置包括矮桌、沙發、填充椅、特殊燈光與大抱枕等設備，並配合一些無文字、柔性的低頻音樂當背景，營造一個更安全舒適的學習環境。

七、社會情緒發展

1. 確認社會情緒的問題：身心障礙資優學生在情緒上往往比較脆弱，需要老師一對一的關注，即使許多行政人員和老師認為此部分並非是老師的工作，但卻是最重要的關注焦點。
2. 學校諮商：團體諮商對建立社會情緒的氣氛與班級的團體動力皆有幫助，一般常見的活動包括：角色扮演、價值澄清、自主、自我發現等，對身心障礙資優學生更目標導向、更內控。

3. 學生對能力與障礙的覺知：幫助學生當面對挫折、焦慮時能更清楚了解。

八、發展未來積極的觀點

幫助其了解自己的定位，強調其對未來的預測與計畫而非僅關注於目前的表現，而部分身心障礙資優學生對自己的未來與生涯可能有積極的觀點，但卻缺乏如何達到此目標的能力，因而需要教導以實現其夢想。

貳、從優勢發展觀點輔導自閉症學生

從優勢能力發展的角度，Bianco 等人（2009）提出以優勢為本位的方案發展策略，從亞斯伯格症資優學生的學習優勢、興趣、天賦、才能等方面，有系統地擬訂學生的教育計畫；此外，並結合區分性教學，兼顧學生優勢的發展與弱勢能力的補強。有關方案計畫內容除了學生的年級、學校等資料，尚包括：團隊成員、學生的學習優勢、學習興趣、弱勢能力、優勢能力對教導學業或社交技巧的幫助、真實評量、真實學習經驗、跨學科主題單元與架構、資源（印刷、影片製作、網路、社區資源等）、領域專家或良師（當地或全國、國際），以及以優勢或興趣為本位的建議等，提出有關溝通、中心聚合、執行功能、書寫能力，以及情緒規範等問題的優勢本位發展策略，說明如下。

一、溝通

1. 利用其視覺優勢，針對其社會互動問題（如輪流、分享、玩遊戲等），使用照片或影片教導。
2. 透過教師的督導與指引，協助學生製作自己的社會故事或可以和同學對話的漫畫書，藉由書寫或3至5分鐘的簡短演練，學習和同儕互動。
3. 教師為了協助學生將對話視覺化，並幫助學生認識對話中的互動情

形（例如：開啟和終止對話，或是輪流發話），可以讓學生從最喜愛的電影中挑選一些談話的場景，讓學生抄寫對話，並邀請一位同學重新演練這些場景。

4. 提供學生在其有興趣的主題中，參與結構式演說或辯論的機會。

二、中心聚合

1. 為避免學生混淆，可提供學生在作業安排上有一些書面或視覺上的指引。

2. 利用前導組織圖的舉例，協助學生了解部分與整體之間的關聯。

3. 建置一個視覺概念圖或有關內容材料的介紹，幫助學生將部分與整體之間的關係概念化。

4. 強調概念的掌握並減少不重要細節的干擾，進而反覆練習了解。

5. 提供研究與經驗真實世界的機會，進而擴展有限的興趣領域，並幫助學生將技能、概念和生涯探索加以連接。

三、執行功能

1. 教導學生如何使用數位輔助軟體，進行家庭作業和時間上的管理。

2. 提供有關認知行為改變的訓練，讓學生得以自我監控、評價、增強，無論是做喜歡或不喜歡的工作。

3. 提供歸因訓練，幫助學生在做決定時能有所覺知與加強自律能力。

4. 使用記憶學習策略，幫助學生做選擇和決策。

5. 允許學生寫 Email 給自己，提醒自己該做的事。

四、書寫能力

1. 利用一些如 Inspiration 和 Kidspiration 的教學軟體，幫助學生組織寫作思路和完成作品。

2. 配合學生的興趣教導其使用記敘、描寫、說明、說服和創造性寫作技巧。

3. 鼓勵學生與同儕、良師和有興趣的觀眾分享感興趣的作品（例如：
   社區服務組織）。

五、情緒規範

1. 繪製一個視覺組織圖，以作為提醒和自我監控的工具。
2. 使用前導組織圖，提供班級學習的大綱。
3. 安排組織能力良好的同學成為其合作學習的夥伴。
4. 教導學生在情緒失控時自我監控，並且能利用圖案反應。

此外，Trail（2011）提出才能本位發展方案（talent-center program），透過鑑定、介入到輔導連續性的服務，教師可透過安排區分性且富挑戰的課程，抑或是主題探究或獨立研究，激發學生的學習動機與興趣，並以其專長或興趣領域提升其學習動機與熱情，在教學中著重高層次思考的訓練。另外，也安排支持性學習團體互相支持，學生在過程中可以設定個人的目標，互相鼓勵與挑戰。

有關亞斯伯格症資優學生的問題亦有相關學者提出不錯的建議，如同一般亞斯伯格症學生在學習、社會化和行為這三方面的困難，因此可透過以下方式進行教學（鄒小蘭，2006）：

1. 以其優勢進行學習補償：亞斯伯格症資優學生的語言思考不佳，但卻是良好的視覺思考者，採用圖像、視覺化、圖表進行教學與管理行為是最好的策略（Neihart, 2000），並可利用其興趣引導成為學習的動力。

2. 採機械式、記憶性的學習型態：Klin 與 Volkmar（1995）認為，亞斯伯格症資優學生過度聚焦在局部，可採用部分－整體的語言教學最適當，較不適合一般資優生開放性、無結構的教學。

3. 發展自我覺察策略，避免不愉快的場景：協助亞斯伯格症資優學生了解自己的好惡，適時避開不必要的場合，例如：避開不喜歡的噪音或肢體接觸。

4. 利用視覺化的社會故事，引導其理解複雜的社交技巧：可透過具體的社會故事或有連環對話的圖畫，引導學生自我閱讀，以了解人際互動中應注意的細微變化與禮節。

5. 清楚、一致的溝通：儘量提供簡短、具體的指引或方向，不必企圖與之說理，因其好爭辯的個性，反而不利其清楚理解。

Henderson（2001）指出，有關亞斯伯格症資優學生的輔導應注意以下幾點：

1. 與之相處需要真誠、尊重，欺騙或嘲諷只會增加困惑與害怕。

2. 尊重個體的差異，並對同儕示範包容。

3. 使用中性的口語，不做激怒或挑釁的行為。

4. 保護他們避免被同儕霸凌，提供安全的校園環境。

5. 以團隊方式與家長互動、合作，經由好的溝通協調，以減少衝突。

6. 了解有關亞斯伯格症與資優特質間的資訊與其教學輔導策略。

　　良師引導不僅可以是相關的輔導策略，也是鑑別資優生的好方法，無論是對兼有身心障礙或無身心障礙的資優生都有幫助。對於協助身心障礙資優學生，良師引導提供其發展優勢與興趣的好機會，也是協助其建立自信、拓展潛能與發展生涯進路的管道（Bianco et al., 2009）。可惜的是，多數教師經常無法意識到亞斯伯格症資優學生的特殊需求，甚至誤認為他們的學習沒有問題。因此，一個好的老師對亞斯伯格症資優學生非常重要，老師若有敏銳的直覺與觀察力，並適時輔導他們，引導其往優勢能力發展，安排最符合其需要的方案計畫，將有助於其潛能的發展（Bireley, 1994）。

　　輔導身心障礙資優學生，要滿足其在資優與身心障礙方面的雙重需求，對學校在實務運作上更是一大挑戰。邱上真（2002）將學校支持系統的來源分為：

1. 教師本人主動積極尋求或開發可用資源。

2. 尋求同事、特殊教育教師、家長、心理諮商師、社會工作師、專業團隊治療師等相關他人的協助。

3. 學校本身與學校外部的中央及地方教育行政體系，提供正式與非正式的支持。

4. 學術單位、民間教育團體、家長組織或相關服務機構之社會資源。

5. 透過研發的輔助科技直接改善或間接降低障礙來輔助學習。

　　鄒小蘭與盧台華（2015）亦指出，健全的支援服務系統是身心障礙資優教育成功的首要關鍵，而來自家庭、學校及社區等的支援服務是減少阻礙的力量來源。身心障礙資優學生的支援服務系統必須同時顧及障礙的滿足與資優的需求，其考量內涵勢必更廣。在參考前揭學者所提出之支援服務系統，可分為個人支援、家庭支援，以及學校支援（如圖 12-1 所示）。個人支援乃是針對個人在鑑定安置、課程教學以及輔導上的個別需求而提供；在學校支援服務需求，學校應提升行政人員、身心障礙及普通班教師有關身心障礙資優教育的專業知能、提供適當科技輔具、給予教師在課程

圖 12-1　身心障礙資優學生的支援服務系統

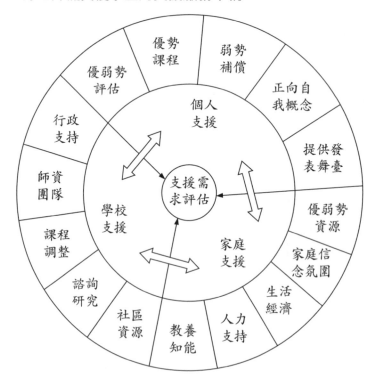

註：引自鄒小蘭與盧台華（2015）。

教學方面彈性調整的空間、對全校教師進行宣導、協助增進學生在普通班的適應與學習、提供個案發表機會，以及運用遠距輔導網路資源建置學習平臺，支援其進行獨立研究；而在家庭支援部分，則可增能家長主動充實相關教養知能成為自我倡導者、協助其掌握個案與家庭的優弱勢、協助家庭成員充分協調溝通與調整人力，以及擴展外部人力支援。

而依據現行規定，針對身心障礙學生須訂定個別化教育計畫（IEP），針對資優學生也須訂定個別輔導計畫（IGP），此乃《特殊教育法》（教育部，2023b）的規定：

> 第 31 條：「高級中等以下學校應以團隊合作方式對身心障礙學生訂定個別化教育計畫，訂定時應邀請身心障礙學生本人，以及學生之法定代理人或實際照顧者參與；必要時，法定代理人或實際照顧者得邀請相關人員陪同參與。經學校評估學生有需求時，應邀請特殊教育相關專業人員參與個別化教育計畫討論，提供合作諮詢，協助教師掌握學生特質，發展合宜教學策略，提升教學效能。……」
>
> 第 42 條：「高級中等以下學校應以團隊合作方式，考量資賦優異學生身心特質、性向、優勢能力、學習特質及特殊教育需求，訂定資賦優異學生個別輔導計畫，並應邀請資賦優異學生本人、學生之法定代理人或實際照顧者參與。」

顯見，針對自閉症資優學生的教育與輔導應受到雙重保障，提供其更完善的特殊教育服務。有關目前資優生的個別輔導計畫可參見教育部國民及學前教育署所訂定之範本（如本章附錄一），亦可參考最新公布之《特殊教育法施行細則》進行調整。

第四節　自閉症學生的生涯發展與轉銜教育

壹、身心障礙學生的生涯發展與轉銜

　　身心障礙者的生涯發展隨著生涯發展教育之推動逐漸受到重視。所謂生涯（career）是指，生活裡各種事件的演進方向與歷程，包括個人一生中所扮演的各種職業和生活之角色（Super, 1976）；其發展是一生當中連續不斷的過程，經此過程中塑造出個人獨特的生活型態與人生目標，並包含各方面生活目標的選擇與安排的過程，此即為生涯發展的歷程（林幸台，1987）。生涯發展的順遂與否對一個人影響深遠，其受心理、生理、社會、經濟等因素的影響而展現個人獨特的面貌。對年輕人而言，教育與就業成為其人生中對其影響深遠的大事。

　　根據生涯發展理論的觀點，幼年時期透過對生涯相關資訊的覺察和接觸是奠定興趣與能力的基礎，而青少年期對自我興趣的試探，更是日後能力培養與生涯選擇的關鍵。但對身心障礙學生而言，這些任務可能都會受到限制，其生涯覺察和探索的機會與經驗，可能都無法像一般人一樣充裕（林幸台，2001）。根據 Biller 在 1985 年文獻探討所彙集的報告發現，身心障礙學生面對生涯發展議題所傾向的特質如下：(1)外在控制的表現傾向；(2)自尊較為低落；(3)規劃與目標設定的技能疲乏；(4)較少參加課外活動；(5)較難於蒐集資訊來做決定；(6)畢業時生涯決定能力薄弱（林宏熾，2003）。因此，透過身心障礙學生的生涯特質傾向可知，大多數的身心障礙者因為傳統社會對於障礙者「能力有限」的認知與價值觀，在生涯發展上會依據社會既定的價值標準來選擇，而不敢勇於朝著自己的夢想與理想來前進（林宏熾，1998），進而影響其生涯的選擇與生涯發展的定向。身心障礙學生與一般學生都會經歷生涯發展各階段的任務，同樣也會面臨選擇未來生涯、就學及就業方向的議題，但因為內在障礙的限制與帶來的不

便加上外在環境的交互作用，使其在生涯發展的過程中會比一般人面臨更多的挑戰。

　　美國於 1950 年代以後，隨著社會運動與家長參與的影響，對身心障礙者的權力開始重視，相關身心障礙法案的訂定與法院判例的裁定，不斷爭取身心障礙者的權益，歷經數十年的倡導與實驗，美國身心障礙者的生涯輔導與轉銜服務已成為各級特殊教育的重要內涵，其轉變階段如下（林幸台，2007，頁 15-16）：

- 1900 至 1960 年：生涯發展概念萌芽，重點為職業準備。
- 1960 至 1970 年：生涯發展概念擴及職業之外。
- 1970 年代早期：引入轉銜概念。
- 1970 年代：訂定《就業與訓練法案》。
- 1980 年代早期：各州推動轉銜服務實驗計畫。
- 1983 年：制定《障礙教育法》修正案，規定設置學校到職場的轉銜服務。
- 1990 年：《身心障礙者教育法》將轉銜納入 IEP。
- 1990 年代：轉銜系統的建立。
- 2000 年代：統整教育、復健與就業準備系統及中學後機構。

　　有關國內身心障礙學生生涯教育與轉銜服務的提供，亦於 2000 年後開始獲得重視，依據《特殊教育法》（教育部，2023b）的規定：

　　第 33 條：「高級中等以下學校應考量身心障礙學生之優勢能力、性向及特殊教育需求及生涯規劃，提供適當之升學輔導。前項學校身心障礙學生升學輔導之名額、方式、資格及其他有關考生權利義務等事項之辦法，由中央主管機關定之。」

　　第 36 條：「為使各教育階段身心障礙學生及幼兒服務需求得以銜接，各級學校及幼兒園應提供整體性與持續性轉銜輔導及服務；其生涯轉銜計畫內容、訂定期程、訂定程序及

轉銜會議召開方式、轉銜通報方式、期程及其他相關事項之
辦法，由中央主管機關定之。」

依相關規範可知，自閉症學生無論是升學或就業，政府或各級學校皆
應提供相關的升學、轉銜輔導或生涯規劃服務，以達到適性發展的機會。

有關臺灣身心障礙生涯教育與轉銜服務的提供，比較不同轉銜服務的
主要重點與階段，說明如下（林宏熾，2006）。

一、生涯轉銜

其轉銜階段可分為七個：學齡前、國小、國中、高中職及五專、大專
校院、成年、老年等，依照《身心障礙者權益保障法》（衛生福利部，
2021）第 48 條的規定：

> 「為使身心障礙者不同之生涯福利需求得以銜接，直轄
> 市、縣（市）主管機關相關部門，應積極溝通、協調，制定
> 生涯轉銜計畫，以提供身心障礙者整體性及持續性服務。
> 前項生涯轉銜計畫服務流程、模式、資料格式及其他應
> 遵行事項之辦法，由中央主管機關會同中央目的事業主管機
> 關定之。」

而其轉銜服務的重點則包括：個案管理、就業服務、特殊教育，以及
醫療復健四大部分。

二、教育轉銜

其轉銜階段可分為四個：學前教育大班、國小六年級、國中三年級、
高中職三年級，依照《各教育階段身心障礙學生轉銜輔導及服務辦法》
（教育部，2023c）第 2 條的規定：

> 「為使身心障礙學生（以下簡稱學生）及幼兒服務需求
> 得以銜接，各級學校、幼兒園及其他實施特殊教育之場所應

評估學生個別能力與轉銜需求，依本辦法規定訂定適切之生涯轉銜計畫，並協調社政、勞工及衛生主管機關，提供學生及幼兒整體性與持續性轉銜輔導及服務。……」

而其轉銜服務的重點則包括：升學輔導、就業、生活、心理輔導、福利服務，以及其他專業服務等。

三、職業轉銜

其轉銜階段主要以離校階段為主，包含：社區化就業、就業轉銜與職業重建，其中《身心障礙者權益保障法》（衛生福利部，2021）有關就業權益的規範，有諸多敘述：

第 33 條：「各級勞工主管機關應參考身心障礙者之就業意願，由職業重建個案管理員評估其能力與需求，訂定適切之個別化職業重建服務計畫，並結合相關資源，提供職業重建服務，必要時得委託民間團體辦理。

前項所定職業重建服務，包括職業重建個案管理服務、職業輔導評量、職業訓練、就業服務、職務再設計、創業輔導及其他職業重建服務。

前項所定各項職業重建服務，得由身心障礙者本人或其監護人向各級勞工主管機關提出申請。」

第 34 條：「各級勞工主管機關對於具有就業意願及就業能力，而不足以獨立在競爭性就業市場工作之身心障礙者，應依其工作能力，提供個別化就業安置、訓練及其他工作協助等支持性就業服務。

各級勞工主管機關對於具有就業意願，而就業能力不足，無法進入競爭性就業市場，需長期就業支持之身心障礙者，應依其職業輔導評量結果，提供庇護性就業服務。」

而依照《身心障礙者就業轉銜服務實施要點》（行政院勞工委員會，2008）第 1 條的規定：

> 「為提供身心障礙者無接縫之就業轉銜服務，使身心障礙者就業階段前後之服務銜接、資源整合及專業服務間有效轉銜及獲得整體及持續性服務，訂定本要點。」

其中，可設置職業重建個案管理員，就業轉銜工作必要時可轉介進行個案輔導評量，且應提供就業或職業訓練資訊等。因此，有關職業轉銜服務的重點應包括：職業輔導、職業輔導評量、就業服務、追蹤與輔導再就業等。

有關身心障礙者生涯轉銜計畫之擬定，依照《身心障礙者生涯轉銜計畫實施辦法》（行政院，2013）第 2 條的規定：

> 「主管機關、各目的事業主管機關及相關機關（構）依本辦法規定辦理身心障礙者生涯轉銜服務時，應尊重身心障礙者意願及以其最佳利益為優先考量。」

其中，從轉銜服務開始到結束，從轉介、個案管理、轉銜評估、轉銜計畫、轉銜安置到轉銜追蹤，原單位或原生涯階段就須參與其中，一直到下一個單位順利銜接為止（如圖 12-2 所示），是一個需要循環檢視的歷程（林宏熾，2002）。

Goertzel 與 Goertzel 編撰的《卓越的搖籃》（*Cradle of Eminence*）一書，在列出的四百位卓越人士中，有四分之一是身心障礙者。這些身心障礙者在成長歷程中，多數欠缺適當的教育機會，包括缺乏適當的鑑別、教育人員訓練不足、個別化教育計畫設計不良，以及輔助設施不佳等。因此，建議應提供這些學生自我實現與發展潛能的環境，並安置在符合其需求的教育情境（引自 Baldwin & Vialle, 1999）。

圖 12-2　身心障礙者生涯轉銜

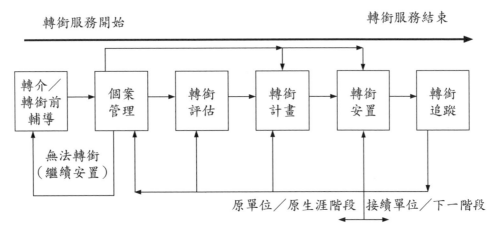

註：引自林宏熾（2002）。

貳、自閉症學生的生涯轉銜與實施

　　身心障礙者因自身障礙的限制，生理的失能、心理上的低自尊、薄弱的自我概念，加上較低的成就與社會歧視，這些生理和心理的遺憾及外在環境的侷限和質疑，往往造成其生涯發展過程中諸多的限制，也侷限其生涯發展的空間（林宏熾，1997；潘苾莓、林宏熾，2005）。歷年有關身心障礙學生求學歷程或生涯發展的研究發現（江儀安，2012；吳美萩，2006；李翠玲，1991；邱睿儀，2004；蔡采薇，1999），其生涯發展受到個人與環境等因素影響，尤其與障礙嚴重程度有關。在學習方面，部分身心障礙者提到教育體制僵化，所受特殊教育服務少；在人際溝通上遭遇挫折。在就業方面，因殘障的標記，要獲得第一份工作甚為困難，創業也遇到困難，即使獲得第一份工作，也可能遭受到工作性質及待遇的歧視；而社會上也缺乏政府與專業機構資源的支持。

　　而依據 2022 年《中華民國特殊教育統計年報》（教育部，2023a），大專教育階段以下身心障礙學生共有 141,436 人，大專教育階段有 14,747 人；相較於 2007 年的 7,788 人，增加了近一倍。其中，男生 9,749 人，女生 4,998

人，男女比約為 2：1。各類障礙人數都顯示男生多於女生，其中除了智能障礙和身體病弱男女比例較為接近外，其餘障礙均顯示男生遠多於女生。尤其自閉症男女人數比接近 7：1，比例最為懸殊，學習障礙約為 2：1，語言障礙約為 7：3。就障礙類別觀之，學習障礙類有 4,691 人（31.8%）最多，自閉症有 3,241 人（22.0%）次之，情緒行為障礙類有 1,702 人（11.5%）再次之，人數消長頗大。

因應國人接受高等教育的人數日漸增多，1990 年首先推動身心障礙學生十二年就學安置，一方面擴增國中畢業的身心障礙學生升高中職之機會，另一方面增進其生活、學習、社會及職業等方面的適應能力。十二年就學安置的基本理念包含以下幾個部分：

1. 彈性多元安置，期達到免試升學及入學普及化。
2. 提供就近入學之機會，落實就學與生活在地化。
3. 提供弱勢族群的補助，縮短學費差距。
4. 補強教育資源不足區之高中職學校資源，並促進教育優質化。
5. 使身心障礙學生接受完整適性之後期中等教育。
6. 落實延長受教年限，符應促進受教機會均等及適性發展。

因此，為了協助身心障礙學生進行升學輔導與轉銜，生涯轉銜計畫的擬定有其必要性。依據《身心障礙者生涯轉銜計畫實施辦法》（衛生福利部，2013）第 4 條的規定：

> 「主管機關及各目的事業主管機關、相關機關（構）、學校或其他場所（以下簡稱轉出單位），除另有規定外，應於身心障礙者生涯階段轉銜前一個月邀請轉銜後生涯階段之機關（構）、學校或其他場所（以下簡稱轉入單位）、身心障礙者本人、其家人及相關人員，召開轉銜會議確定轉銜服務計畫，並填具轉銜通報表通報所屬轉銜窗口。
>
> 前項轉銜服務計畫內容應包括下列項目：
>
> 一、身心障礙者基本資料。
>
> 二、轉銜原因。

三、各階段專業服務資料。

　　四、家庭輔導計畫。

　　五、個案身心狀況及需求評估。

　　六、個案能力分析。

　　七、未來服務建議方案。

　　八、轉銜服務準備事項。

　　九、受理轉銜單位。

　　十、其他特殊記載事項。」

　　對於自閉症學生而言，環境的轉換常對其造成極大的壓力與適應上的困難，無論是國小進入國中、國中進入高中職、從學校到職場，甚至是轉學或轉班。其中，最困難的就是從學校支持系統進入職場，由於其社會互動的困難以及對生活固定模式的需求，從學校固定作息的上課學習到進入職場，需要一大段時間的適應期。

　　為協助有就業意願的自閉症學生順利進入職場，相關的職業輔導評量應先進行。根據《身心障礙者職業輔導評量實施方式及補助準則》（勞動部，2014）的規定：

　　第6條：「職業輔導評量之內容，按身心障礙者之個別需求，依下列項目實施之：

　　一、身心障礙者狀況與功能表現。

　　二、學習特性與喜好。

　　三、職業興趣。

　　四、職業性向。

　　五、工作技能。

　　六、工作人格。

　　七、潛在就業環境分析。

　　八、就業輔具或職務再設計。

　　九、其他與就業有關需求之評量。」

第7條：「職業輔導評量之方式，按身心障礙者之個別狀況，依下列項目實施之：

一、標準化心理測驗。

二、工作樣本。

三、情境評量。

四、現場試做。

五、其他有關之評量方式。」

第8條：「職業輔導評量服務程序如下：

一、接案晤談後，擬定個別化職業輔導評量計畫，並應徵得當事人或其監護人之書面同意後執行之。

二、利用各類職業輔導評量方法評量個案潛能。

三、召開評量結果說明會。

四、提供具體就業建議等有關事項。

五、撰寫職業輔導評量報告。

六、職業輔導評量報告完成後，應移覆相關單位，並追蹤其成效。……」

其與生涯輔導與評量的關係如圖 12-3 所示。由圖可以看出從學校學習到離校的成人生活中，其與特殊教育服務與個別化就業服務之銜接，亦突顯身心障礙者職業輔導評量的重要性。對類化能力相對較低的自閉症學生而言，成人生活中的工作、家庭、休閒，甚至是公民參與，都需要適應與協助。而轉銜規劃初期，應由教師蒐集學生有關生涯／職業資料，包括與學生／家長的晤談、教師非正式評量等；之後針對學生的中學後教育、職業訓練、就業，或成人服務之轉銜規劃而實施，包括：興趣、工作人格、性向、生涯、工作行為、工作樣本等相關測驗或評量，有關自閉症學生的優勢能力與興趣就可積極了解與發展。身心障礙者就業轉銜資料表，如本章附錄二所示。

Hagner 與 Cooney（2005）調查了 14 位已就業的自閉症者發現，他們的就業內容十分廣泛，包括：收銀員、編輯、資源回收、清潔、倉儲與文書

圖 12-3　職業評量與計畫之關聯

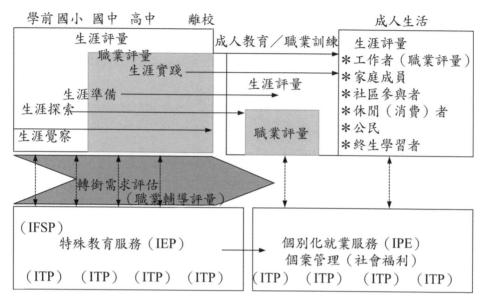

註：引自 Sitlington（1996, p. 163）。

工作等，其中幾個人所從事的工作與他們的興趣有關。結果顯示：自閉症學生亦可選擇能結合興趣且較不需與人互動的工作，甚至依其能力，選擇不同的工作類型與方式。

　　自閉症學生如國中畢業後，除了可參考《身心障礙學生升學輔導辦法》之規定，參加考試進入高中職就讀，教育主管機關針對身心障礙學生適性安置高級中等學校，亦訂有相關的實施要點，由分區安置委員會會同直轄市政府教育局、縣（市）政府，依學生志願順序、就近入學及學校特教資源、生涯轉銜計畫（包括生活適應狀況、障礙類別與程度、多元優勢能力表現）等綜合研判予以安置。其流程圖可參見圖 12-4。

　　雖然多數的自閉症學生都有就業能力，但在就業方面卻需要支持性就業服務，也就是需要透過相關的職業輔導與額外協助，才可能順利就業且持續下去。以表 12-3 一位自閉症者的就業轉銜預期結果為例，其轉銜需要針對個人、同事或雇主，以及社會活動參與等三個部分，才能順利就業與

圖 12-4　身心障礙學生適性安置與轉銜

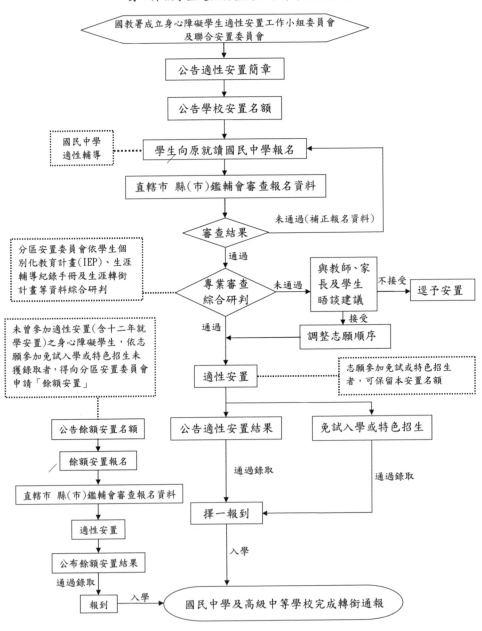

身心障礙學生適性安置高級中等學校流程圖

國教署成立身心障礙學生適性安置工作小組委員會
及聯合安置委員會

公告適性安置簡章

公告學校安置名額

國民中學
適性輔導 ┄┄ 學生向原就讀國民中學報名

直轄市 縣(市)鑑輔會審查報名資料

審查結果 ── 未通過(補正報名資料)

分區安置委員會依學生個別化教育計畫(IEP)、生涯輔導紀錄手冊及生涯轉銜計畫等資料綜合研判

通過

專業審查綜合研判 ── 未通過 → 與教師、家長及學生晤談建議 ── 不接受 → 逕予安置

接受

調整志願順序

未曾參加適性安置(含十二年就學安置)之身心障礙學生，依志願參加免試入學或特色招生未獲錄取者，得向分區安置委員會申請「餘額安置」

通過

適性安置 ┄┄ 志願參加免試或特色招生者，可保留本安置名額

公告餘額安置名額　　公告適性安置結果　　免試入學或特色招生

餘額安置報名　　　　通過錄取　　　　　　通過錄取

直轄市 縣(市)鑑輔會審查報名資料

適性安置　　　　　　擇一報到

公布餘額安置結果

通過錄取　　　　　　入學

報到 ── 入學 → 國民中學及高級中等學校完成轉銜通報

註：引自教育部（2016）。

表 12-3　自閉症者的職業轉銜預期結果

個人	同事或雇主	社會活動參與
個人需知道如何：	同事和雇主可以：	參與以下社會活動：
1. 求助、提供協助、問問題。	1. 和自閉症者互動。	1. 上班、休息、午餐、下班後的互動。
2. 在工作時與他人有互動。	2. 回應自閉症者。	2. 談論非工作話題。
3. 適當地對話。	3. 為自閉症者爭取權益。	3. 參加公司的文康活動。
4. 關注自身的權益。	4. 教導自閉症者新的技巧。	4. 工作外的情感支持。
5. 解讀並區辨社會線索。		
個人經驗到社會支持會：	接納自閉症者並表現出：	同事表現出：
1. 樂在工作。	1. 願意和自閉症者用餐。	1. 喜歡自閉症者。
2. 提升自尊。	2. 下班後找自閉症者。	2. 支持自閉症者。
3. 擴大交友網絡。	3. 和自閉症者一起休息。	3. 把自閉症者視為認識的人。
4. 擴大支持網絡。	4. 將自閉症者視為朋友。	4. 表現正向或一般的互動。
	5. 鼓勵自閉症者參與公司的文康活動。	5. 協助訓練自閉症者。

註：引自 Chadsey-Rusch 與 Heal（1995）。

進入職業生涯。

　　針對高功能自閉症與亞斯伯格症學生的生涯轉銜，簡伶寧與梁碧明（2009）曾分析其特質，提出相關建議供轉銜服務相關人員參考，其中包括：

　　1. 高功能自閉症與亞斯伯格症學生能力分布之掌握：由於高功能自閉症與亞斯伯格症學生之能力差異甚大，因此教師與教育主管機關除應確實掌握其人數、年齡、就讀班別之外，亦須針對其個別能力，進行生涯轉銜之整體性規劃，符應其能力及生涯目標，並據此提供所需之服務內容。

2. 生涯轉銜課程之設計與實施：因為自閉症學生的類化能力較低，許多未曾實際接觸過的事務，無法用想像、類化、同理等方式就學會該項技能，必須實際安排課程，從做中學。舉凡生涯中可能會使用到的部分，包含自我照顧、社區生活、休閒、職業、交友等技能與態度的養成，都需透過系統性的課程安排、結構化的設計，讓自閉症學生逐步習得生涯所需之技能，甚至安排情境模擬，讓學習更為具體。

3. 職業選擇之特殊性：針對自閉症學生來說，職種的選擇可能有別於一般智能障礙者或其他身心障礙者適合之工作範圍。然而，職業的選擇上可保持彈性與開放的態度，跳脫一般對於身心障礙者的既定印象，強調能進行與其興趣、能力適配的工作。

4. 生涯轉銜評量之多元、持續與整體性：轉銜評量應針對其需求、能力與態度，並結合現在及未來的工作、生活、休閒等場所，以及個人社區環境等進行生態評量，尤其是他們的優勢能力與特殊興趣亦應被考量在內，並以多元化的方式持續進行資料的蒐集與評估。

5. 自我決策能力的發展與重視：隨著自我決策與賦權的意識抬頭，自閉症者本身的自決和自主能力需加以發展。由於其認知能力正常，應鼓勵其表達自己的需求與期望，同時結合其特殊興趣與專長，找出自己喜愛並且願意投入之工作與發展方向。

6. 家庭參與：家長可以協助身心障礙學生進行生涯規劃，協助其發展社交技巧與人際關係，並且能在就業時提供資訊與協助，尤其是對需要大量、重複訓練的自閉症學生更是如此，因此家長的參與就顯得格外重要。

7. 提升社區的認同與接納：隨著社會日益開放，如何加強社會大眾對於身心障礙者的認識並與其相處，同時透過相關法令的制訂與權益保障，極為重要，進而能協助其被社會接納，並能穩定就業、融入社會、獨立生活。

參考文獻

中文部分

江儀安（2012）。**大學應屆畢業聽覺障礙學生生涯抉擇經驗之研究**（未出版之碩士論文）。國立彰化師範大學。

行政院勞工委員會（2008）。**身心障礙者就業轉銜服務實施要點**。作者。

吳美萩（2006）。**追求超越的旅程：聽障碩博士之求學歷程**（未出版之碩士論文）。國立臺灣師範大學。

李翠玲（1991）。傑出肢體障礙人士生涯歷程及其影響因素之探討。**特殊教育研究學刊，7**，197-209。

林宏熾（1997）。身心障礙者的終生轉銜與生涯規劃。**特殊教育季刊，64**，5-11。

林宏熾（1998）。身心障礙者生涯與轉銜教育。**特教園丁，14**（3），1-16。

林宏熾（2002）。轉銜計畫在身心障礙福利服務的運用與發展。**社區發展季刊，79**，60-79。

林宏熾（2003）。**身心障礙者生涯規劃與轉銜教育**。五南。

林宏熾（2006）。轉銜服務特教中途之回顧與前瞻：身心障礙學生成年轉銜服務之發展與省思。**特殊教育季刊，100**，16-27。

林幸台（1987）。**生計輔導的理論與實施**。五南。

林幸台（2001）。身心障礙者生涯發展與轉銜服務。**中等教育，52**（5），26-37。

林幸台（2007）。**身心障礙者生涯輔導與轉銜服務**。心理。

邱上真（2002）。**特殊教育導論：帶好班上每位學生**。心理。

邱睿儀（2004）。**影響傑出視覺障礙者職業生涯發展因素之研究**（未出版之碩士論文）。國立臺灣師範大學。

張靖卿（1995）。資優殘障者的鑑定與教育。**資優教育季刊，56**，22-25。

教育部（2016）。**身心障礙學生適性安置高級中等學校實施要點**。作者。

教育部（2023a）。**中華民國特殊教育統計年報（2022年）**。https://www.set. edu.tw/actclass/fileshare/

教育部（2023b）。**特殊教育法**。作者。

教育部（2023c）。**各教育階段身心障礙學生與幼兒轉銜輔導及服務辦法**。作者。

教育部國民及學前教育署（2015）。**教育部主管高級中學資賦優異學生個別輔導計畫表件**。http://excellent.set.edu.tw/Excellent_Web/_%E6%9C% 80%E6%96%B0%E6%B6%88%E6%81%AF%E5%85%A8%E6%96%87. aspx? k=QivG/OVDCcOKoujT/7wXIg==

勞動部（2014）。**身心障礙者職業輔導評量實施方式及補助準則**。作者。

勞動部勞動力發展署全球資訊網（無日期）。**身心障礙者就業轉銜資料表**。https://www.wda.gov.tw/home.jsp? pageno=201111160028

鄒小蘭（2006）。另類天才：亞斯伯格資優生初探。**資優教育，101**，22-30。

鄒小蘭、盧台華（2015）。身心障礙資優學生支援服務系統建構之行動研究。**特殊教育研究學刊，40**（2），1-29。

潘芯萌、林宏熾（2005）。身心障礙者生涯發展理論結合生涯轉銜之運用與省思。**特殊教育季刊，96**，1-8。

蔡文哲（2007）。**從艾斯伯格症候群到 geek genes**。http://fidodidomail2000. pixnet.net/blog/post/43850310-%E5%BE%9E%E8%89%BE%E6%96%A F %E4%BC%AF%E6%A0%BC%E7%97%87%E5%80%99%E7%BE%A4% E5%88%B0geek-genes

蔡采薇（1999）。**腦性麻痺學生求學生涯之探討**（未出版之碩士論文）。國立臺灣師範大學。

衛生福利部（2013）。**身心障礙者生涯轉銜計畫實施辦法**。作者。

衛生福利部（2015）。**身心障礙者權益保障法**。作者。

盧台華（1995）。殘障資優生身心特質之研究。**特殊教育研究學刊，13**，203-220。

錢莉華（譯）（2008）。**星期三是藍色的**（原作者：D. Tammet）。天下文化。（原著出版年：2006）

簡伶寧、梁碧明（2009）。高功能自閉症與亞斯伯格症學生生涯轉銜之探討。**特教論壇，6**，26-35。

英文部分

Baldwin, A. Y., & Vialle, W. (1999). *The many faces of giftedness: Lifting the masks*. Wadsworth.

Barnhill, G. P., Hagiwara, T., Myles, B. S., & Simpson, R. L. (2000). Asperger syndrome: A study of the cognitive profiles of 37 children and adolescents. *Focus on Autism and Other Developmental Disabilities, 15*, 146-153.

Bianco, M., Carothers, D. E., & Smiley, L. R. (2009). Gifted students with Asperger syndrome strategies for strength-based programming. *Intervention in School and Clinic, 44*(4), 206-215.

Bireley, M. (1994). The special characteristics and needs of gifted students with disabilities. In J. L. Genshaft, M. Bireley, & C. L. Hollinger (Eds.), *Serving gifted and talented students* (pp. 201-215). Pro-ed.

Chadsey-Rusch, J., & Heal, L. W. (1995). Building consensus from transition experts on social integration outcomes and interventions. *Exceptional Children, 62*(2), 165-187.

Dewey, M. (1992). Autistic eccentricity. In E. Schopler, & G. B. Mesibov (Eds.), *High functioning individuals with autism* (pp. 281-288). Plenum Press.

Ehlers, S., Nyden, A., Gillberg, C., Sandberg, A. D., Dahlgren, S. O., Hjelmquist, E., & Oden, A. (1997). Asperger syndrome, autism, and attention disorders: A comparative study of the cognitive profiles of 120 children. *Journal of Child Psychology and Psychiatry, 38*, 207-217.

Foley-Nicpon, M., Assouline, S. D., & Stinson, R. G. (2012). Cognitive and academic distinctions between gifted students with autism and Asperger syndrome. *Gifted Child Quarterly, 56*(2), 77.

Frith, U. (1991). Asperger and his syndrome. In U. Frith (Ed.), *Autism and Asperger syndrome* (pp. 1-36). Cambridge University Press.

Griswold, D. E., Barnhill, G. P., Myles, B. S., Hagiwara, T., & Simpson, R. L. (2002). Asperger syndrome and academic achievement. *Focus on Autism and Other Developmental Disabilities, 17*, 94-102.

Hagner, D., & Cooney, B. F. (2005). I do that for everybody: Supervising employees with autism. *Focus on Autism & Other Developmental Disabilities, 20*(2), 91-97.

Henderson, L. M. (2001). Asperger's syndrome in gifted individuals. *Gifted Child Today, 24*(3), 28-36.

Higgins, L. D., & Nielsen, M. E. (2000). Teaching the twice-exceptional child: An educator's personal journey. In K. Kay (Ed.), *Uniquely gifted: Identifying and meeting the needs of the twice exceptional student* (pp. 113-131). Avocus Publishing.

Karnes, F. A., Shaunessy, E., & Bisland, A. E. (2004). Gifted students with disabilities: Are we finding them? *Gifted Child Today, 27*(4), 16-21.

Klin, A., & Volkmar, F. R. (1995). *Guidelines for parents: Assessment, diagnosis, and intervention of Asperger syndrome.* Learning disabilities association of America.

Neihart, M. (2000). Gifted children with Asperger's syndrome. *Gifted Child Quarterly, 44*, 222-230.

Sitlington, P. L. (1996). Transition assessment: Where have we been and where should we be going? *Career Development for Exceptional Individuals, 19*, 163.

Super, D. E. (1976). *Career education and the meaning of work: Monographs on career education.* The Office of Career Education, U.S. Office of Education.

Trail, B. A. (2011). *Twice-exceptional gifted children: Understanding, teaching, and counseling gifted students.* Prufrock Press.

Treffert, D. A. (2009). The savant syndrome: An extraordinary condition. A synopsis: Past, present, future. *Philosophical Transactions of the Royal Society B: Biological Science, 364*, 1351-1357.

Yewchuk, C., & Lupart, J. (1993). Gifted handicapped: A desultory duality. In K. A. Heller, F. J. Monks, & A. S. Passow (Eds.), *International handbook of research and development of giftedness and talent* (pp. 709-726). Pergamon.

附錄一　高中資優生個別輔導計畫範本

學號：

國立〇〇高級中學
資賦優異學生個別輔導計畫
（詳版）

學生姓名：

資優類別：

學年度／學期	班級	班級導師	完成日期
學年度 第　　學期			年　　月　　日
學年度 第　　學期			年　　月　　日
學年度 第　　學期			年　　月　　日
學年度 第　　學期			年　　月　　日
學年度 第　　學期			年　　月　　日
學年度 第　　學期			年　　月　　日

壹、學生個人基本資料與家庭背景

一、學生基本資料

學生姓名			性別	□男□女	安置班別	
出生年月日	年　　月　　日			身分證字號		
監護人			與學生關係	□父親　　□母親 □其他＿＿＿＿		
家中電話			父親	(O) 手機		
			母親	(O) 手機		
E-mail	收件人：　　　　　　　　E-mail 帳號：					
家庭文化特質	□原住民　　□新住民　　□低收入戶　　□其他					

二、家庭背景與環境

（一）家庭成員資料

父母／主要照顧者					
稱謂	姓名	出生日期	畢業學校及科系	服務機關	職稱
父					
母					

手足成員					
稱謂	姓名	出生日期	學校科系 （畢／肄業）	是否有接受特殊教育服務（是／否，填 「是」請註明）	備註

（二）家庭狀況與需求

主要照顧者	□父親　□母親　□其他
主要學習協助者	□父親　□母親　□其他
與家人相處情形	□良好　□有相處問題：＿＿＿＿＿＿
家庭經濟狀況	□富裕　□小康　□清寒　□其他＿＿＿＿
家長管教態度	□民主式　□權威式　□放任式　□其他＿＿＿

（三）家庭資源

假如您的家庭能提供某項資源，請在該項目之前打✔

1. 專題演講
　□提供演講
　　專長領域：＿＿＿＿＿＿＿
　□聯絡專家演講
2. 校外參觀
　□提供參觀地點：＿＿＿＿＿
　□協助聯絡
　□協助帶隊
　□其他：＿＿＿＿＿＿＿＿

3. 專題研究指導
　□語文　□數學
　□人文　□自然科學
　□其他：＿＿＿＿＿＿
4. 刊物印刷
　□打字　□印刷　□校稿
　□聯絡廠商
　□其他：＿＿＿＿＿＿
5. 其他可協助項目
　＿＿＿＿＿＿＿＿＿＿＿

三、就學紀錄

教育階段	校名	是否經鑑定為資優學生	就讀班別
國民小學		□否 □是 　□一般智能 　□學術性向（數理或語文） 　□藝術才能 　□其他＿＿＿＿＿	□普通班 　□接受資優服務 　□未接受資優服務 □分散式資優班
國民中學		□否 □是 　□一般智能 　□學術性向（數理或語文） 　□藝術才能 　□其他＿＿＿＿＿	□普通班 　□接受資優服務 　□未接受資優服務 □分散式資優班

四、國中階段重要事蹟

曾任幹部	
參加社團	
參與國內外活動紀錄 （個人獲獎紀錄、展覽經歷、 發表文章、交流參訪等）	

五、學習興趣分析（可複選）

科學興趣	人文與藝術興趣	其他特殊才能
□數學　□生物　□物理 □化學　□地科　□天文 □地質　□電腦 □其他：＿＿＿＿＿	□語文　□史地　□音樂 □美術　□設計　□工藝 □家政　□舞蹈　□戲劇 □社會服務 □其他：＿＿＿＿＿	□球類　□田徑　□游泳 □國術　□棋藝　□牌藝 □廚藝　□民俗體育 □其他：＿＿＿＿＿

六、學習及輔導需求綜合評估【家長填寫】

1.對於孩子能力的培育，我曾做／已做的努力有……
2.針對孩子的表現，我覺得孩子較擅長的地方是……
3.針對孩子的表現，我覺得孩子比較弱的地方是……
4.我對孩子未來發展的期許是……
5.針對孩子的學習，我希望學校提供的服務為……

學生姓名		與學生 之關係	
填表人 簽　名			年　　月　　日

七、學習及輔導需求綜合評估【學生填寫】

1.我覺得自己表現很棒的地方是……
2.我覺得自己表現比較弱的地方是……
3.我最感興趣的學習領域、科目或單元是……
4.未來希望學校如何幫助我能學習得更好？

填表人 簽　名	
	年　　月　　日

貳、學生能力與特質評估資料

一、測驗與評量資料

施測日期	評量工具名稱	施測者	評量結果

二、競賽成果或獨立研究表現優異紀錄

日期	表現項目	主辦單位	獎項

三、能力綜合評析（如學習、適應行為等）

優勢能力	
弱勢能力	
教育需求 與輔導建議事項	

教育需求包括：

學校資源部分：能力分組教學、興趣分組教學、創意思考訓練、研究方法訓練、濃縮課程、縮短修業年限、合作學習、同儕指導、個別輔導、良師典範、多媒體教學、區分性教學、校內營隊、專題講座、其他等。

社區資源部分：校外參觀（如參觀美術館等）、實察活動（如生態觀察等）、良師典範、研習營（如區域性資優教育方案、青年領袖營等）、競賽活動、社區服務（如擔任志工等）、遠距教學、訪問專業人士、專題講座、校際交流（如友誼賽、締結姐妹校等）、社區展演、國際交流、學術機構（如與大學教授諮詢、合作等）、其他等。

參、資優課程設計與評量

一、資優課程設計

科目	教材	學年度第　　　學期 教學設計	教學目標

二、資優課程評量（　　　　　　　　科）

年　班　姓名： 評量教師：	學生自我評量					教師評量				
評量項目	5	4	3	2	1	5	4	3	2	1
整體評估										
	年　月　日					年　月　日				

評量紀錄：5優良，4良好，3好，2可，1待加強

肆、服務學習紀錄

一、_____學年度

擔任幹部	
參加社團	
參加營隊或活動	

二、_____學年度

擔任幹部	
參加社團	
參加營隊或活動	

三、_____學年度

擔任幹部	
參加社團	
參加營隊或活動	

參加營隊或活動包括：

1.強化資優學生生涯探索與學習成長之冬令營或夏令營。

2.開展資優學生多元創意及國際觀，依學生特質及需求規劃辦理之服務學習、領袖營、文藝營、科學營、育樂營、國際教育參訪或交流等多元營隊或活動。

3.加強資優學生的校際交流與成長，學校辦理之跨校或結合大學校院辦理各項營隊或競賽活動。

伍、個別輔導紀錄

日期	個案問題	分析與處理	輔導者簽名

陸、個別輔導會議紀錄

一、學年度：　　學年度第　　學期

二、會議日期：　　年　　月　　日

三、會議地點：

四、主持人：

五、出（列）席人員：

校長		資優教育教師	
教務主任		資優教育教師	
輔導主任		其他教師	
相關行政 單位主管		家長	
特教組長 （承辦組長）		學生	
導師		其他	

討論及決議事項：

紀錄　　　　　承辦組長　　　　　教務主任　　　　校長

　　　　　　　　　　　　　　　　輔導主任

註：引自教育部國民及學前教育署（2015）。

附錄二　身心障礙者就業轉銜資料表

身心障礙者就業轉銜資料表

個案基本資料

姓名		性別	□男 □女	身分證字號			障礙類別	
				出生日期	年　月　　日		障礙等級	
戶籍地址					聯絡電話	日：		夜：
通訊地址					行動電話			
電子信箱				傳真		是否領有身心障礙手冊 □有　□無		
法定代理人		與個案關係			聯絡電話	日：		夜：
聯絡地址								
聯絡人		與個案關係			聯絡電話	日：		夜：
聯絡地址								
主要聯絡人		與個案關係			聯絡電話	日：		夜：
聯絡地址								

健康狀況	身高	公分	視力	左：	色盲 □有	聽力	左：	智力	
	體重	公斤		右：	□無		右：	其他障礙	
	□健康　□體弱 □多病		病名：						
	目前服用藥物名稱：				藥物用法：		對何種藥物過敏：		

障礙狀況	致障時間	年　月	致障原因	
	障礙部位			
	障礙現況（是否伴隨其他障礙，障礙的穩定性、目前治療情況、服藥情形）			
	使用輔具狀況與需求			

教育程度	□不識字　□小學　□國中　□高中（職）　□大專　□研究所以上			
學歷	畢業學校	科系	就學期間	是否畢業
			年　月至　年　月	□畢業　□肄業
			年　月至　年　月	□畢業　□肄業
職業證照	職類：		等級：	
駕駛執照	機車駕照：□有　□無		汽車駕照：□有　□無	

曾接受過的服務紀錄	經濟補助	□低收入戶生活補助　　　　□身心障礙者生活補助 □養護補助　　　　　　　　□身心障礙者津貼 □健保自付保費補助　　　　□急難救助 □生活及復健輔助器具補助　□醫療補助 □獎助學金　　　　　　　　□學雜費減免補助 □租賃補助　　　　　　　　□其他：請註明	
	支持性服務	□居家照顧服務　□臨時照顧服務　□親職教育　　□交通服務 □個案管理服務　□諮詢服務　　　□諮商輔導服務 □休閒活動　　　□個別家庭服務計畫 □其他：請註明	
	復健與醫療服務	□物理治療　　　□職能治療　　□語言治療　　□個別心理治療 □團體心理治療　□聽力復健　　□精神科醫療　□視力復健 □營養諮詢　　　□居家護理　　□居家復健　　□輔助器具 □精神復健機構　□障礙重新鑑定 □最近鑑定時間_____年_____月_____日 □重大疾病醫療：請註明 □其他：請註明	
	就學服務	□定向行動　□教育輔具　□行為輔導　□課業輔導 □生活輔導　□職能評估 □入學管道：請註明　　　　□校外實習：請註明職種及時間 □其他：請註明	
	安置服務	□一般學校，班型：　　　□特殊教育學校　　□日間服務機構 □全日型住宿機構　　　　□夜間型住宿機構　□護理之家 □安養中心　　　　　　　□緊急收容、庇護　□其他：請註明	
	就業服務	□職業輔導評量　□職業訓練　□就業輔導　□支持性就業 □庇護性就業　　□工讀　　　□其他：請註明	
	其他	□專用停車位識別證／專用牌照 □其他：請註明	

項　　　目	現況能力分析（若該項目有相關資料、紀錄、表單可檢附於附錄，則請將附錄編號註明於該項分析欄位中即可）		
一、認知能力（記憶理解、推理、注意力等）			
二、溝通能力（語言理解、語言表達等）			
三、學業能力（語文閱讀、書寫、數學等）			
四、生活自理能力（飲食、入廁、盥洗購物、穿脫衣服、上下學能力等）			
五、社會化及情緒行為能力（人際關係、情緒管理、行為問題等）			
六、職業技能（曾經接受的職業訓練、實習及期間，曾經從事過的職種、工作表現水準等）	就　　業		
	實習經驗		
	職　　訓		
七、本次轉介的主要需求（請填表人說明）			
八、希望參加的職業訓練			
九、希望就業的職種、待遇與工作地點（請填表者建議）	第一志願：	工作地點	1.
	第二志願：		2.
	第三志願：		3.
	希望待遇最低每月薪資：　　　元		加班意願：□願意 □不願意
	希望工作班別：□不拘 □一班制 □二班制 □三班制		
填表者		單位		職稱	
聯絡電話		電子信箱		填表時間	

請填表者隨表附上服務個案期間所有相關個案醫療、教育、職業訓練或就業經歷等資料。

註：引自勞動部勞動力發展署全球資訊網（無日期）。

第十三章
自閉症光譜幼兒與早期療育

關佩偉、吳柱龍

第一節　認識早期療育

《兒童及少年福利與權益保障法施行細則》（衛生福利部，2020）第 8
條明確指出：

> 「本法所稱早期療育，指由社會福利、衛生、教育等專
> 業人員以團隊合作方式，依未滿六歲之發展遲緩兒童及其家
> 庭之個別需求，提供必要之治療、教育、諮詢、轉介、安置
> 與其他服務及照顧。……」

「早期療育」（Early Intervention）顧名思義，即是在「早期」進行
「治療」與「教育」。在美國精神醫學會（American Psychiatric Associ-
ation，簡稱 APA）所主編的《精神疾病診斷與統計手冊》（第五版）（*Di-
agnostic and Statistical Manual of Mental Disorder, 5th ed.*，簡稱 DSM-5）
（APA, 2013）對於自閉症類群障礙症之認定中，明確指出需在童年早期發
展階段被診斷，雖症狀可能不會完全顯現，直到環境或情境中的社交要求
超出幼兒的能力（臺灣精神醫學會譯，2014）。

自閉症的症狀因人而異，有著極大的差異處，無論孩子的能力好壞都
會伴隨著學習上的障礙。因此，在自閉症光譜幼兒身上，進行早期療育的

醫療與教育，需要更多的家庭支持；而所有的學習，無論是教師或治療師，都要以孩子為本位設計目標、訓練課程，但最重要的是：以家長學習為主，徹底在生活中實施，以達成讓孩子成長之目的。

第二節　認識早期療育相關工作人員

早期療育是一個整合型的服務，透過不同專業間的合作，提供服務對象完整的服務內涵。不同的專業無法互相取代，唯有透過互相的對話與合作，早期療育服務的品質才能得以提升。以下對於不同專業的特色及服務內容做一簡單介紹。

壹、醫師

醫師的主要工作包含新生兒的篩檢、診斷與追蹤，與早期療育相關的科別有小兒科、復健科、兒童心智科、家醫科等。相對於美國健全的家庭醫師制度來說，臺灣的家庭醫師制度並不健全，無法提供完整的第一線醫療諮詢與篩檢，家長所承擔的風險與責任更大，且必須更有能力去察覺孩子的問題，甚至要掛到正確合適的科別。一般來說，醫學中心能提供較好的篩檢服務，例如：兒童暨青少年心智科（身心科、精神科）門診，但是在醫學中心所耗費的時間、人力與資源也是最多的。醫師在門診時若懷疑孩子有發展遲緩或自閉症等問題，會轉介適當的專業團隊人員進行評估，待評估報告完成後，由醫師進行診斷與安排後續的相關治療。

貳、物理治療師

物理治療師在早期療育方面提供的服務，是以身體動作為主的評估與治療。評估方面包含平衡、協調、粗大動作發展里程碑等，內容包含肌力、肌張力、關節活動度等，並依據主觀觀察、量表評估、晤談等方式，

蒐集相關資料，並擬定合適的治療活動。治療活動的安排是以孩子的需求為核心，包含增進肌力、肌耐力、關節活動度、動作平衡、動作技巧等訓練活動。物理治療介入自閉症較為少見，除非服務對象有合併其他肢體方面的問題，例如：有些自閉症孩子存在肌肉張力過低或是平衡協調不良等問題，物理治療師才會介入，並提供相關的服務。

參、職能治療師

職能治療師在早期療育的服務，主要是提供精細動作及感覺統合的評估與治療。相對於物理治療師來說，職能治療師面對自閉症的機會要多得多，這是因為自閉症孩子大多有感覺異常的問題，例如：觸覺防衛、前庭過度敏感、聽覺敏感、口腔敏感等，透過感覺統合的訓練，讓自閉症孩子的感覺輸入趨向正常，進而讓自閉症孩子的情緒更為穩定。再加上精細動作之持筆、使用湯匙，生活自理中的衣物穿脫等，均需要提供相關的協助。

肆、語言治療師（聽力師）

語言治療師能評估孩子的溝通及語言行為，包含：聽覺理解、口語表達、構音能力、說話流暢度、口腔靈敏度，以及輔助溝通系統的使用。語言治療師對於自閉症孩子可以說是最直接相關的專業人員，因為大部分自閉症幼兒在早期會被發現，除了怪異的行為外，通常合併語言發展的遲緩。值得注意的是，自閉症孩子的語言發展遲緩是與其社會互動的核心缺陷有關，若是單純練習構音或句子則進步可能有限，最好配合與自閉症相關的教學策略或治療模式，例如：結構性教學（TEACCH）、應用行為分析（ABA）、人際關係發展介入法（RDI）或地板時間等。

伍、臨床心理師

臨床心理師主要是在參與評估兒童的認知、注意力、性格、行為及情

緒等發展，並提供心理治療、行為治療、遊戲治療、家庭諮商等服務。臨床心理師與自閉症孩子的關係十分密切，這是因為自閉症的確診依據大部分是來自臨床心理師的心理衡鑑報告。除了診斷評估外，對於自閉症的問題行為處理與行為發展，臨床心理師也擔任重要的角色。

陸、社會工作師

社會工作師主要是在提供社會福利、療育服務等資訊的傳遞、轉介與媒合，支持家庭功能的正常運作及個案管理等。遺憾的是，目前的社會工作師在臺灣醫療體系下多是從事行政工作，與個案家庭接觸的機會甚少，無法充分發揮功能，擔任資源整合與轉介的角色。事實上，當家長徬徨無助的迷失在醫療體系中，很需要醫院中社會工作師的專業，幫助他們妥善的安排資源並提供相關的心理支持；並因著深入家庭也較能觀察到家庭中的急迫需求。

柒、學前特教與幼教教師

教師可在教學或教室環境中，觀察幼兒的表現及其與同儕的互動狀況，評估孩子的認知功能、生活技巧及社會互動技巧等。除了家長外，教師應該是與孩子互動時間最多、也最常發現孩子是否有發展異常的專業。另外，透過專業團隊與教師共同擬定的個別化教育計畫（IEP），可以提供個別化的課程內容，確保孩子能在最適合的環境中學習，維持學習的品質。目前在臺灣，學前特教的部分仍有待積極地推動。在早期療育的醫療體系中，仍缺乏學前特教人員的參與，在醫院內提供的兒童認知訓練多落在語言治療師、職能治療師與臨床心理師的身上，仍舊是以「治療」為主要概念，缺乏統整的教育目標與合適的教學策略。在教育體系中，學前特教教師常與幼教教師合作，共同擬定教學目標與教學計畫。學前特教教師視學生的需要可入班進行融合教學或採抽離式教學，也可以與其他專業團隊人員配合，設計統整教學與治療目標的教學活動。

第三節　自閉症光譜幼兒與早期療育

　　既然已知早期療育之重要性，且孩子從小可建立起生活習慣、規範、指令之聽取、接受彈性改變，因此在自閉症光譜幼兒身上，早期積極介入絕對是關鍵。

　　筆者在早期療育之崗位上將近二十年，針對自閉症光譜幼兒之親師有幾句話想苦口婆心的說一下：自閉症光譜幼兒因「固著」之特質，極易建立起儀式行為，但儀式行為建立後又很難改變，所以當幼兒之行為在生活、環境、情境中若不合時宜，千萬不要姑息、容忍，在行為發生之初期即時修正，會較容易且易成功。

　　對家長來說，會積極帶孩子上早療課程，但多數之課程模式多為一對一，但孩子日後最需要、最重要的仍在團體，故「個別」與「團體」有其絕對的差異性與需求性，不要一味地只把孩子放在「個別療育」上，而疏忽了「團體」的相處。

第四節　早期療育對自閉症光譜幼兒的協助

壹、感覺知覺與動作學習能力

一、感覺知覺

　　一般人在處理感覺的輸入時，會經過適當的整合，最後再呈現給大腦，因此大腦收到的會是處理過後的訊息，例如：當我們坐在車子裡，前庭系統傳出的訊息是身體在移動，而眼睛看到的是窗外移動的景象，並傳遞訊息告訴大腦是車子在移動而不是身體，故大腦收到的是前庭與視覺的

整合訊息。另外，我們在專心做某件事時，會自動忽略其他的事物，例如：專心看書時，會忽略耳朵聽到的聲音。這些都是腦部在處理感覺訊息時所採取的措施，但自閉症孩子的腦部缺少這些整合或選擇訊息的能力，所以會造成自閉症孩子在感覺輸入時的異常。例如：觸覺過度敏感、對於味覺有異常的喜好與固著、聽到某些聲音會尖叫、極度害怕搖晃等。我們可以透過職能治療師的幫助，透過感覺統合活動的實施，讓自閉症光譜孩子的腦部得到適當的刺激，進而統合感覺。在感覺統合活動實施後，可以觀察到自閉症孩子對於某些感覺的接受度提升了，情緒也會穩定許多。

二、動作學習能力

通常對於自閉症光譜幼兒的第一印象並不會著重在粗大動作的發展遲緩上，這是因為他們在粗大動作發展的里程碑上，並沒有顯著的落差。但隨著年齡的增長，自閉症孩子在學習動作技巧的發展上，會開始出現落後的現象，尤其在學習新的動作技能時，常會遇到困難。通常我們在學習一個新的動作技巧時，腦部會在各個區塊間進行整合，例如：感覺輸入的區塊、協調肌肉動作的區塊，以及負責動作計畫的區塊等。自閉症孩子的腦部發展，對於各個區塊間的連結速度與整合之完成性都較差，所以在學習新技巧時會比較緩慢，動作也較不協調。當我們了解到自閉症孩子在動作學習的特徵後，如何幫助他們進行動作學習呢？可以朝以下幾個方向：

1. 採用分解動作教學，將幾個動作分開教學，最後再合併起來，例如：學習跳繩，可以讓自閉症孩子先練習跳躍動作，再來是手轉圈的動作，最後再將兩個動作結合起來。以慢動作把繩子甩過、跳過，然後再做一次動作，逐步養成。
2. 可以使用替代道具先簡化動作的難度，例如：上述的跳繩動作中，若孩子一直無法將手腳搭配起來跳，可以先讓他拿呼拉圈代替繩子來跳，因為呼拉圈是硬的，較容易預測，孩子比較容易成功。
3. 當孩子完成動作時，及時給予鼓勵。就算他沒有完成動作，也要鼓勵其願意進行嘗試，常常練習之後就會做得很好。

貳、語言與認知

　　大部分的自閉症光譜幼兒在早期被發現時，多先由語言發展上有遲緩的現象開始，因為語言的發展讓周遭的親朋好友覺察到差異：年齡到了，卻仍然沒有語言表現；會說，但常讓人不理解在說些什麼；反覆跟隨身邊出現的語音、拷貝生活中常出現的廣告用語；背誦一些奇怪的詞彙；讓不了解的人感覺「怪」──說話時不看人；自說自話等。當然也有說得不錯的孩子，甚至有超越發展年齡的詞彙表現。但整體來看，語言表現多異於一般幼兒。

　　就「語言」這個面向來看，最重要的功能是在「溝通」；溝通不只是單純的說，還有「理解」。在溝通過程中，「非語言線索」尤其重要。手勢、動作、表情（聲音表情、臉部表情、身體表情）、眼神，都會是影響溝通的其他因素；一句相同的話，會因為口氣的不同、眼神、表情的表現，而造成極大的差異性（傅秀媚等人，2014）。

　　而在語言學習上，尤其是語言治療課程中，筆者常聽到家長疑惑地詢問：「為何有治療師說要常常跟孩子說話，孩子才能學習語言。」但另一位治療師卻跟媽媽說：「媽媽說太多了！」基本上這完全是兩件事！是兩種完全不同情境下的教學方向與方式，但治療師們極易因為溝通時間的短暫，加上家長的斷章取義，而造成家長的誤解與迷思。

　　「常常說」是在「邊做邊說」上，因為要引導孩子認識、知道，所以當然要說，且在說的時候，必須記住自己是幫孩子在說話，而不要在語詞中帶上引導語（如「叫」阿姨、「跟」老師再見）等。

　　「少說」是因為當孩子完全沒注意、覺察時，「媽媽的說」就是影響孩子警醒、發現、覺察、辨識的大干擾，需經由非語言線索的引導，幫助自閉症光譜幼兒發現、覺察，並在情境中做到線索察覺。

　　在環境中，經由感官覺察、注意、辨識、轉換、記憶，再經由內在心理活動的吸收、運用、提取，對刺激訊息學習的內在歷程，包含記憶、思考、感覺，此各不相同的心智活動即是認知。廣義來說：認知活動是所有

形式的認識活動，包括：感覺、知覺、注意、記憶、推理、想像、預期、計畫、決定、問題解決與思考等。但當孩子對外界的覺察完全是放空狀況時，孩子會「聽」家長會「說」，但是最基本的覺察、發現、注意、辨識未能發展出來，就只會依賴記憶能力的強記，而無法接受彈性的轉換，常常讓人產生誤解「他會」，但在「他會」的前提下，稍做改變就完全空白。

另外，在「語用」部分，自閉症幼兒也常常會在「理解」上遇到困難，例如：孩子喜歡藍色，問孩子「什麼東西會是藍色的？」孩子回應：「天空、海水。」「沒有了」。真的只有海水與天空是藍色的？因為孩子只聽懂字面上的淺層意義。

參、生活自理

在一個孩子的發展歷程中，生活自理是成長中的一大功課。藉由成長的歷程，發展出自我身邊處理及獨立的生存、生活能力，是每個人成長中的必要能力，舉凡進食、盥洗清潔、如廁、衣物穿脫、睡眠、身邊處理、收拾整理等，都是生活自理的範疇。

而自閉症光譜幼兒的生活自理，在每個孩子身上大多呈現出不一樣的狀況，又極易因為孩子在年幼時，其自理工作多數由大人代勞，久而久之養成依賴大人的現象，像是排斥洗臉、刷牙；排斥陌生廁所；憋尿或不包尿布就不大便；挑食，排斥某種顏色、氣味或質感的食物；對某種材質的衣物、襪子等排斥；睡眠儀式等。

筆者曾在餐廳用餐時，看過一幕讓人觸目驚心的景象，當時真的想要把那位媽媽叫過來好好訓一訓：一個身軀高大、年齡也不小（看起來至少18歲以上）的男孩合宜地坐在餐桌前（沒有任何情緒、吵鬧），只見媽媽從皮包中拿出小碗、小湯匙，放在他的面前，等著餐廳送上食物，準備用餐。說實話，如果沒看到這位服務周到的媽媽準備的「特別」餐具，不會對孩子有異樣感覺，因為媽媽準備的「特別」餐具，馬上在孩子身上貼上了一張「特別」標籤！另一位孩子，因為不包尿布就不肯大便，每天硬憋著等到入睡前，一包上尿布就大便了，媽媽沒辦法就只能讓他包著；孩子

已經8歲上小學了，筆者不知道這位媽媽要忍耐到何時？但真的只是建議：可利用暑假不用去學校的日子，找小兒科醫師開軟便劑給孩子服用，堅持晚上不包尿布，就算是直接大下去也無妨。幸好沒多少日子，孩子就能接受把尿布撤除。至於不肯吃菜、不願意吃飯、靠喝牛奶當主食等，只要配合增強物，使用逐步養成技巧，不吃就狠心的讓孩子餓吧！慢慢要求與調整，利用喜歡的食物做搭配，花一點時間、耐心、精力，一定能看到孩子的進步。

　　習慣的建立都是由小至大，年齡愈大習慣建立愈久，要改掉一個習慣不是一件容易的事。因此，在孩子生命的早期就要建立良好的習慣，修正不良的習慣，並增加生活中的學習經驗與接受生活中的改變，因為生活仍然重於一切！要活著且好好活著，會活著、能合宜的活著比任何成績、功課都重要！

肆、社交與遊戲

　　人際關係是一門深奧的學問，社交又是人際中的重要一環，以一般人來說，這種能力與生俱來。在幼兒早期，學習如何與其他幼兒相處，學習如何等待、輪流、加入，學習如何接受被拒絕，孩子就能自己覺察並趨吉避凶、察言觀色、見風轉舵。

　　遊戲不是沒有目的之活動，遊戲與實際生活有密切的關聯。遊戲是為了將來面臨生活的一種準備活動，遊戲可以是人的一種娛樂活動，也可以是指這種活動過程。遊戲的道具可以是任何的玩具，且會是幼兒生命中的重心。

　　父母在幼兒早期的人際互動發展過程中，扮演了極重要的角色，如何以適當方式，引導孩子並誘發孩子與他人的互動技巧，並學習遊戲技巧，對自閉症光譜幼兒來說，是非常重要的早期療育之重點。

　　他們平日只是「看」，無法「看見」，只是「聽」，無法「聽見」；「不見」、「不聞」而讓生活中瑣瑣碎碎的種種產生困難，等到要派上用場時，才發現自己是一片空白。更因為看起來好像正常，但又有些怪異之

處；不知道、沒發現、無法注意身邊所有發生的事物，讓其他同儕不能理解與接受他們。外表的障礙容易被發現，但內在的障礙就不容易看出來。

語言的表達能力較弱及人際關係上的溝通障礙，是自閉症光譜幼兒在社交上充滿挫折的主因之一。再加上無法觀察、猜測他人的臉色表情、身體語言，無法體認生活周遭的氛圍而接受新的環境、情境、人物，無法分享、同理；尤其是為他人設想，其實是一種關愛的反應，但這個反應，不是年紀愈大就能愈成熟，它必須藉著無數成長經驗的歷練和滋養，才會慢慢地深刻體會，但自閉症光譜幼兒反倒愈長愈大時，愈易造成一般不了解他們特質的人排斥及無法接受的行為。

以下是一則童心童話，但也是一則深刻描繪出孩子世界的故事！而這正是自閉症光譜孩子最缺乏的一塊（陳偉文，2008）：

> 女兒幼稚園畢業，離校前，小朋友都互相寫畢業紀念冊。在一張好朋友給的活頁紀念冊背面，需要女兒為它填上友情的珍貴回憶，女兒要我為它寫下：
>
> 相識經過：在低班一起玩的時候
>
> 我們的開心事：一起玩
>
> 我們的難忘事：一起玩
>
> 對我的印象：主動跟我一起玩
>
> 悄悄話：有空一起玩

這篇小品明確地點出，在孩子們的世界裡，最重要的是「玩」，而且是「一起玩」；但對自閉症光譜幼兒來說，他們特質上的瓶頸——眼睛不注意看他人在溝通時的表情、眼神、手勢、動作，耳朵只聽他人說出的「表面語意」，無法聽懂語意中的聲音表情。在這種情況下，如何能有較佳的社交、遊戲，甚至人際關係的建立？

「一起玩」是何其簡單的一件事，是孩子生命中的重要事物，但對自閉症光譜幼兒來說，何其不易！因此，帶著孩子玩、陪著孩子玩、引導孩子玩，是幫助孩子的重要工作之一。

伍、情緒與行為

　　情緒反應是短暫、強烈、容易改變的，且經常出現、隨時隨地都存在著，亦有很大的個別差異，容易以行為症狀表現，同樣也是與外界溝通的工具、與他人建立關係的媒介。自閉症光譜幼兒在確認和分辨自己及他人情緒（如快樂、難過、生氣、害怕、焦慮等）上，明顯落後相同智能、年齡幼兒的表現，無法與一般人建立及維持適當的人際關係、家庭關係，在感情表現上較為疏離、同儕相處之技巧缺乏，在社區、學校、團體中易被排斥，適應困難。

　　在幼兒早期，社會化能力及情緒表現發展之初，自閉症光譜幼兒的所有表現與一般幼兒並無不同之處。孩子們會耍賴、搗蛋、反抗、哭鬧、堅持等，都是做給家長看的，只是一般幼兒們因為能警醒、覺察、發現、辨識等，會因著經驗一次次調整自己的行為，而自閉症光譜幼兒在彈性運用上的能力弱，有過一、兩次成功經驗，就只會一直堅持地使用下去，家長又無法在生活中處處、時時跟孩子耗，久而久之孩子就只會使用最原始的哭鬧、尖叫、賴地、撞頭，甚至打人、抓人、咬人等行為，制約住家長；而家長又無法做到「聽而不聞，視而不見」、「忽視－轉移」、「逐步養成」等行為改變之策略，長久下來為了不讓孩子哭鬧、尖叫等，就只能順著孩子，而這反倒造成孩子更加變本加厲，愈大就愈不易修正了。

　　在行為修正時宜注意到忽略孩子的不好行為，不要一直說「不可以」、「不行」，或是處罰、指責、謾罵，鼓勵用好的替代行為，幫助孩子養成良好的習慣，對孩子的行為一定會產生好的助力。

　　基本上，自閉症光譜幼兒缺乏自我覺察的能力，當某些事是自己無法勝任時，會找人求救，但品質（求救次數、求救方式、求救強度、求救態度）不足。因此，也容易在有需求時，如果大人的疏忽或沒注意回應，就會造成其使用求救的頻率下降，所以，也要在生活中多給予機會、情境，讓孩子提出需求，不要事事都主動滿足孩子。

陸、父母親長

「報喜不報憂」是所有人的希望，尤其是身為父母親長的人，沒有人願意「說」：孩子慢了！孩子有狀況了！沒有人願意去「面對」這個殘酷事實。「望子成龍、望女成鳳」是為人父母的最大期許，因此如何面對孩子的「特殊性」，是一大課題。父母往往在發現孩子「怪」，但是又沒其他發展上的遲緩時，就極易歸因在：天氣、過敏、不熟悉、不舒服、不喜歡、害羞、沒睡飽等，這些確實都會是影響孩子表現的因素，但都是「偶爾」出現，而非「經常」出現！

就像筆者曾跟一位家長會談時，談到孩子平時「有沒有跟家長貼心撒嬌？」家長說：「有！」再問「次數」，家長就無言以對了。

0 至 6 歲幼兒的學習方式，有別於國小正規學程，多數仍以「玩」為主。幼兒的體耐力、注意力、挫折容忍、壓力承受等，均仍在發展與儲備中，因此學習活動要先著重孩子的興趣、喜好，從願意的方向引導，使用增強物讓孩子先建立成功經驗，再逐漸增加難度、深度、廣度，「先求有，再求好」，「蠶食」一次一點的要求，逐步養成良好的行為。提供良好的環境，消除學習壓力，減少過度期待，允許犯錯權力，避免過度寵溺姑息，以建立自我探索發現機會。不要因為孩子的哭鬧、不配合，就早早放棄、投降，要比孩子多堅持一秒鐘，因為任何學習及療育無法一蹴可幾，是需要時間、精神及陪同，才能看到成長的成果。

親師必須是共同合作之夥伴，彼此之間多溝通協調，放棄自己的本位主義，重視自閉症光譜幼兒的多面向。沒有完全相同的孩子，只能讓家長、治療師、教師們合作，去發現孩子的優勢能力，彌補缺陷、改變行為、正向引導，協助孩子面對困難挑戰。

參考文獻

中文部分

陳偉文（2008 年 4 月）。**讀者文摘**，119。

傅秀媚、陳英豪、孫世恆、林雅容、莊竣博、羅鴻基、楊國德、劉秀芬、
　　蔡靜怡、楊玲芳、關佩偉、莊瓊惠、邱昆益、張玲芬（2014）。**早期
　　療育**（第三版）。華格那。

臺灣精神醫學會（譯）（2014）。**DSM-5 精神疾病診斷準則手冊**（原作
　　者：American Psychiatric Association [APA]）。合記。（原著出版年：
　　2013）

衛生福利部（2020）。**兒童及少年福利與權益保障法施行細則**。作者。

英文部分

American Psychiatric Association. [APA] (2013). *Diagnostic and statistical manual
　　of mental disorders* (5th ed.) (DSM-5). Author.

第十四章

自閉症教育努力的方向

張正芬

　　美國精神醫學會（American Psychiatric Association，簡稱 APA）所主編的《精神疾病診斷與統計手冊》（第五版）（*Diagnostic and Statistical Manual of Mental Disorder, 5th ed.*，簡稱 DSM-5）（APA, 2013），將原來以次分類形式呈現的廣泛性發展障礙，統稱為「Autism Spectrum Disorder，簡稱 ASD」。我國《特殊教育法》在身心障礙分類上雖仍沿用「自閉症」一詞，但已將概念與國外同步擴充至廣義的自閉症（ASD）（張正芬，2013），即自閉症包含以往的典型自閉症、兒童期崩解症、亞斯伯格症，以及其他未註明之廣泛性發展障礙（PDD-NOS）等次類別。

　　《身心障礙者權益保障法》（衛生福利部，2021）與《特殊教育法》（教育部，2023b）兩大重要法案都在近年內陸續完成修法工作，對自閉症者的教育、醫療、就業、經濟安全及各項支持服務等，都有更進一步的規範。在法令制度相當完善的目前，依法爭取適性、高品質的服務，對異質性很大的自閉症群體而言，仍有許多努力空間。

　　自閉症學生和其他身心障礙學生一樣，經過各級政府「特殊教育學生鑑定及就學輔導會」（簡稱鑑輔會）鑑定系統取得自閉症學生的鑑定證明後，即可在學校中接受各種特殊教育及相關支持服務。高級中等以下各教育階段的每一位學生都有個別化教育計畫，大專校院學生也有個別化支持計畫，學校依其個別化教育（或支持）計畫提供自閉症學生所需之特殊教育與相關支持服務。相關支持服務包括：可改善其學習能力之教育輔助器材、適性教材、學習及生活協助人力、相關專業人員、家庭支持服務、校

園無障礙環境、其他學習及生活必要之支持服務等（教育部，2013）。

自閉症者為一異質性很大的群體，由低智商、無口語、對人不感興趣、對生活常規和儀式的異常堅持、經常處於自我刺激世界，以及對生活自理有明顯困難的低功能重度族群，到高智商、口語流暢卻不得體、喜歡與人互動但怪異、自我中心思考、對非預期的改變有適應上的困難，以及興趣狹隘的輕度族群，其差異性之大、樣貌之多元，實難以概括描述。由於自閉症兒童在核心障礙上呈現程度不一的症狀，在人際互動、社會規則的理解和遵守、語言的理解與表達、環境刺激的掌握與因應等方面便有相當歧異的表現，但由於整體與環境互動不良之故，便易衍生情緒、行為問題，造成不同程度的學習、生活與職業適應上的困難，因此提供符合其所需要的特殊教育與相關服務，便成為當務之急。

我國推行特殊教育至今，主要成果可包括：(1)訂有特殊教育各項法令、規章、制度，可供各級政府及學校依循辦理；(2)融合教育推動有成，師生接納度大幅提高；(3)師資素質佳，全國正式編制教師 13,262 人，其中 11,885 人為特教合格教師，比率為 89.60%（教育部，2023a），換言之，合格的特教教師率近九成；(4)課程、評量具彈性，教學法多元；(5)有轉銜機制。上述這些對自閉症學生而言，均能保障一定的適性教育之提供。但不可諱言的，自閉症學生障礙的多元性、複雜性與挑戰性，在看似完備的條件下，亦存在有待加強的部分：(1)許多法令、規章、制度並未確實落實；(2)師生接納度雖提高，但對自閉症學生之理解與尊重不足，全校性支持仍有提升之空間，而自閉症學生本身的自我接納也有待提升；(3)教師素質雖佳，但普通班老師與特教老師合作不足，合作機制宜加強；(4)未能充分因應自閉症學生之需求調整課程、教學與輔導策略，尤其是社會技巧、情緒管理、學習策略、優勢能力課程應跨教育階段提供，也宜選用證據本位的教學法；(5)大專校院之轉銜宜提早實施，落實就業之轉銜。

以下針對未來自閉症教育可努力的方向加以說明。

第一節　精進早期療育和學前教育的品質

　　雖然部分輕度自閉症兒童可能會到年紀較大（國小以後），因環境或情境中的社交要求超出他們能力可因應範圍時才會被發現，但多數自閉症兒童的症狀在 3 歲前即已出現，因此早期療育和學前教育極為重要。多數有關自閉症早期療育的研究顯示，高時數（每週至少 25 小時）、密集、家長參與、以行為與發展為主的介入模式具有一定的療育效果。目前國內已陸續引進各種早期療育服務模式，例如：行為學派取向的結構化教學方案（TEACCH）、應用行為分析（ABA）、核心反應訓練（Pivotal Responses Training，簡稱 PRT）、隨機教學（incidental teaching）、以重視關係取向、情感分享、互動的地板時間法（floor time）（劉瓊瑛譯，2010）、人際關係發展介入治療（Relationship Development Intervention，簡稱 RDI）（Gutstein, 2005），以及介於二取向間的丹佛早療模式（Early Start Denver Model）（姜忠信等人譯，2014）等；另外，感覺統合治療、飲食治療、藝術（音樂、美術等）治療、遊戲治療、擁抱療法、促進溝通法（FC）等各種療法蓬勃問世，雖相當多元但也增加家長在選擇時的困擾。

　　自閉症兒童的學前教育以能和一般兒童互動、融合的環境中實施為宜。學前教育單位在提供服務時，應同時兼顧家長與兒童之需要，提供家庭支持所需之諮詢、資訊與親職講座等。課程與教學亦應審慎評估兒童及家庭特質，充分運用證據本位介入法（林姿伶等人，2016）的重要元素，提供持續而有系統的介入。政府也應寬列經費或提高健保給付之額度或項目，提供自閉症幼兒低師生比、優質且密集的早期療育和學前教育，以確保兒童能獲得高品質且統整的介入。

第二節　加強自閉症兒童的鑑定工作

　　1997 年修訂的《特殊教育法》，首度將典型自閉症列為身心障礙兒童中的一類後，自閉症受到的重視日益增加，學校老師在各種推廣教育下對自閉症的熟悉度與專業知識也有所提升，自閉症學生出現人數也急劇上升。但不可諱言的，因城鄉差距、教師研習機會、家長接受度、醫療資源分布不均等因素，各縣市在鑑定自閉症人數上，尤其是輕度自閉症有很大的落差。2022 學年度臺灣的國中小自閉症學生人數（不含特殊教育學校）合計共 14,196 人（教育部，2023a），僅占國中小學生 1,784,791 人的 0.80%（教育部統計處，2022）；換言之，約 125 名兒童中才有一位自閉症兒童。依據美國疾病管制局的資料顯示，每 36 名兒童中就有一位自閉症兒童（Center for Disease Control and Prevention [CDC], 2023），若以此推算，國內自閉症之出現率可謂相當低。由教育部特殊教育通報網（教育部，2023a）的資料顯示，在國民中小學教育階段，各縣市自閉症學生占該縣市身心障礙學生的比率（鑑出率）差異相當大，範圍分布介於 5 至 40%，鑑出率最高的前六個縣市依序為：臺北市 40%、臺南市 26%、新北市及基隆市各 25%、臺中市及高雄市各 18%，平均鑑出率為 18%，低於平均數的有 15 個縣市，相較於 2016 年之統計（範圍分布介於 1 至 28%，平均出現率為 12%，低於平均數的有 17 個縣市），鑑出率雖有上升，但縣市差距仍相當大。由於教師普遍對典型自閉症較為熟悉，對輕度自閉症（即以往所稱之高功能自閉症、亞斯伯格症，以及其他未註明之廣泛性發展障礙）了解較不足，加上輕度自閉症者常伴隨有注意力缺陷過動、焦慮、書寫或動作協調不佳等問題，故常拿到注意力缺陷過動症、焦慮症、動作協調障礙等醫學診斷證明，或情緒行為障礙、學習障礙，或因智力低下而拿到縣市政府鑑輔會所核發的智能障礙或多重障礙之鑑定證明，致影響自閉症學生的出現率。基於此，未來各級政府在執行鑑定工作時應強調正確的分類。

　　隨著鑑定標準對自閉症採行光譜的擴大概念，近年來，輕度自閉症

（以往稱亞斯伯格症或被懷疑有亞斯伯格症）的學生在校內有增加的趨勢，引起相關議題的被討論，包括遲來的診斷對學生之學校適應所造成的不利影響、學校輔導與相關支持的提供、升學考試的因應等問題。而智力功能佳、有類似症狀但不夠顯著的學生，可能在自己、父母、老師都無法理解的狀況下，持續因社會人際、溝通或情緒行為問題深受困擾而得不到適當協助者，可能大有人在。輕度自閉症學生，尤其是女性自閉症者，由於能力較佳、學科表現不錯，加上發展出某些因應策略而產生遮蔽或偽裝現象，在國小、國中、高中、大學甚至成人階段才被懷疑進而接受醫學診斷或教育鑑定者不少。依據《特殊教育法》（教育部，2023b）第20條之規定：「幼兒園及各級學校應主動或依申請發掘具特殊教育需求之幼兒及學生，……」，因此未來宜加強對普通班教師、特教教師及家長宣導，提升對輕度自閉症學生之敏感度，以利及早發現、篩選並提報鑑定；各級政府也應加強各教育階段心評教師對輕度自閉症學生的鑑定知能。

第三節　加強建立以正向行為支持為本的友善校園

自閉症學生可依其特殊教育需求就讀於不同類型的教育環境中，包括在家教育、體制外教育等。在強調多元安置的同時，如何確保自閉症兒童在普通班、分散式資源班、集中式特殊教育班、特殊教育學校或其他教育機構，都能獲得符合其特殊教育需求且具系統性、連貫性的服務，應是未來尚需努力的重點。而自閉症學生的情緒行為問題，是各教育階段自閉症學生適應困難的主要原因（顏瑞隆、張正芬，2012），其挑戰性行為也是學校教師與家長（Hartley et al., 2010; Hayes & Watson, 2013）感到最難以因應的部分，因此發展有效的行為介入策略一直是自閉症領域中的重要一環（陳郁菁、鈕文英，2004；O'Neill et al., 2014）。加上，自閉症兒童本身因社會性能力不佳、欠缺溝通技能，以及固著、有限的行為興趣，在學校易

被誤解、孤立、排斥，甚至成為被霸凌的對象或霸凌者（王慧婷譯，2010；Schroeder et al., 2014; van Roekel et al., 2010; Zablotsky et al., 2013），尤其是其身處在融合教育環境中。因此，宜由「有意義的」、「具溝通性的」、「有功能性的」角度切入，重新省視自閉症學生的行為問題，採取以功能取向為基礎的正向行為支持介入方式，例如：從前事策略、行為教導策略與後果處理策略等面向，進行多元而個別的行為問題因應，以建立正向、支持、友善的校園，並落實對有情緒與行為問題的自閉症學生，於其個別化教育計畫中，明列行為功能介入方案及行政支援，並追蹤其成效，積極為他們搭建社會互動的平臺，實屬要務。

近十年來，自閉症學生進入大專校院就讀的人數漸增，目前已有 4,123 名自閉症學生就讀於大專校院，占全部就讀大專校院身心障礙學生（17,519 名）的 24%，僅次於學習障礙學生，高居第二位（教育部，2023a）。隨著自閉症學生就讀高等教育學校的人數增多，在身心特質與學習特性和一般生差異較大的情況下，需求和支持間的落差需要盡快填補，大專校院的教職員生也應增加對自閉症學生的了解，並有適當互動與因應措施（Hart et al., 2010; McKeon et al., 2013）。張正芬等人（2016）指出，高達八成以上的自閉症大專校院學生需要同儕與師長的支持，顯示校園中社會人際支持網絡的建構對自閉症學生之重要性；邱妤芳（2016）的研究也顯示，有接受資源教室服務與支持的自閉症學生在學校的適應，顯著優於未接受服務者，此顯示資源教室服務提供了有效的支持。

第四節　加強跨專業團隊的合作

自閉症學生之特殊需求因人而異，除需要上述之特殊教育服務外，一般而言，語言治療、職能治療、心理輔導、職能復健、社會工作體系等專業的團隊介入亦有其必要性。自閉症兒童為精神疾患的高危險群，有注意力缺陷、過動、焦慮、憂鬱、睡眠、情緒問題者比率不少，近年，感官知覺、無法忍受不確定性與焦慮的關聯（Keren et al., 2021）日益受到重視。因

此精神科醫師的醫學處遇亦屬必要。過度擔心自己或家人的健康、長期處於害怕被感染、遭遇意外事件等焦慮情境（賴孟泉、高淑芬，2010；顏麗娟譯，2008；Chalfant et al., 2007），或有負向思考、敵意想法者亦不少（羅玉慧，2009），因此學校輔導老師、心理師的介入相對重要。多數的自閉症兒童有感官過度敏感（如對聲音、味道、氣味或他人的碰觸特別敏感等）、鈍感（視而不見），或精細動作不協調等現象（李怡嫻，2023），導致對外在刺激的反應異常，因此適度接受感覺統合訓練、職能治療等，當有助於其有效因應環境。但是，這些專業團隊的介入方式，與普通班教師、特教教師的分工合作模式宜再檢視，並應確實追蹤其成效。至於對有情緒與行為問題之自閉症兒童，應在其個別化教育計畫中明列所需之行為功能介入方案及行政支援；換言之，需有受過良好訓練而又具經驗的特教教師或輔導人員介入進行功能性分析，並與環境中的重要人士，如導師、家長、行政人員、同儕、精神醫療人員等形成團隊，共同合作提供各項有效的介入策略。因此，就自閉症兒童而言，依個別需求情況提供相關專業團隊的服務，乃不可或缺之事。

第五節　加強師資職前及在職培育

由於自閉症的概念擴大、類別增加，相對異質性更明顯。教師對自閉症概念的擴大應有所認識與掌握，亦應充實對自閉症學生教學與輔導之知能。教育被公認為是對自閉症最有效的介入，因此老師不論是在教學輔導或班級經營上，均應全力以赴並熟悉各種實證有效的教學策略，例如：結構化教學方案（TEACCH）、應用行為分析（ABA）、社交技巧訓練、遊戲和休閒的指導、同儕介入（含行為楷模）、社會性故事教學、隨機教學、功能性溝通訓練、圖片兌換溝通系統（PECS）、核心反應訓練（PRT）、腳本教學、影片示範教學（王慧婷，2013）、自我管理教學（李玉錦，2012b；Cihak & Schrader, 2008; Ganz & Sigafoos, 2005）等。自閉症學生不論其認知功能有無缺損、語言能力是否良好，都有不同程度的學習、

情緒、行為、興趣、溝通、社會性、生活自理、動作等的問題需要特殊教育的服務，因此自閉症學生的教學與輔導應成為學校教育的重要議題。在師資培育（不論職前或在職）課程中，除應增開自閉症兒童教育的相關課程外，並應加強臨床指導的教學，以增進其實務能力。此外，特殊需求課程中的社會技巧、溝通訓練、生活管理、學習策略、動作機能訓練、輔助科技應用等科目，對自閉症學生而言，也常是他們在學校亟需學習的重點，師資職前及在職教育都應列入培育課程內。教育行政單位或學校亦應主動提供教師與行政人員在職進修的機會，隨時增進自閉症有關的新知。

第六節　加強課程與教材、教法的研發

在課程方面，宜視自閉症學生各項能力之需求，提供不同的課程調整組合方式，包括：「普通教育課程」、「調整性普通教育課程」、「生活技能課程」、「調整溝通與表現方式課程」等一種或多種的組合。在實際運作上，可透過學習內容、歷程、環境、評量等方式，並以濃縮、重整、簡化、減量、分解或替代等方式彈性調整課程。但在提供調整課程與考試評量前，應經過充分之評估與討論，避免過早採取簡便但卻可能影響未來長期發展的方式，而限制了學生的學習。此外，由於部分自閉症學生兼具資優特質或已被鑑定為具有身心障礙及資賦優異的雙重特殊生身分，故加深和加廣課程亦有提供之必要性。

在教材方面，目前雖有針對自閉症兒童核心障礙的社會性行為與溝通而研發的課程、教材，但為數不多且系統性不足，因此有必要系統地加以研發與編製。多數自閉症學生的學習策略不足，明顯影響學習效率與學習成就表現，因此發展提升自閉症學生學習策略的教材亦具重要性。近年來，各級學校雖積極推動性別平等教育，但針對自閉症學生宜有更適合其學習與類化到自然情境的性別平等之教材與教法，以增進性別平等的知識與內化到具體作為。

在教法方面，應推動採用證據本位的介入法（Wong et al., 2014），並針

對自閉症學生之特殊需求選擇最適當的教學方法與策略。

自閉症學生的內在差異明顯，若能在加強弱勢能力（如社會性、溝通能力等）的同時，也能兼顧他們的優勢能力（如空間、記憶、美術、音樂、數學、體育、自然科學等），並進一步引導優勢能力開發，則他們的堅持、執著、熱衷的特質，將有機會讓他們在該領域展現獨特的一面（宋芳綺、謝瓈竹，2002；Koegel et al., 2013），更有機會成為該領域的佼佼者（應小端譯，1999）。因此，善用自閉症學生的優勢能力及進一步開發優勢能力的教學法為未來教育的重要目標。

第七節　加強職業教育與就業輔導的實施

自閉症者的職業教育、訓練與就業，向為各國所重視。由於以往有關自閉症的預後研究，大多顯示成年自閉症者的就業情形並不樂觀。國內專家學者所做的研究，也都顯示自閉症成人的就業率很低，從宋維村（1984）的 0%、張正芬（1996）的 9.9%，到蔡文哲（2014）的 36.1%，就業率雖有上升，但仍未達調查人口的一半。Taylor 與 Seltzer（2011）以智能正常的自閉症高中畢業生為對象進行調查發現，只有 13.6%的學生進入大學，12.1%參加支持性就業，而 56.1%的學生進入庇護工場或是成人日間活動中心。

輕度成人自閉症者雖較容易進入職場，但能否穩定就業卻是另一項不可忽視的議題。由於輕度自閉症者在外觀、能力、學歷與一般人相若，容易被忽略職場上可能面臨的困難，也容易被誤解其不需要接受職業復健方案或支持性就業的服務，導致常陷入易獲得工作卻難以維持工作的困境（Bishop & Seltzer, 2012; Howlin, 2014）。

由國內外文獻可知，自閉症者的就業情況普遍不佳，其影響因素除社會接納外，自閉症者本身的就業意願、職業技能、工作態度、家長支持等都是關鍵因素。具工作能力、能從事支持性就業或競爭性就業的自閉症者，常因自閉症本身的主要障礙而難以維持工作，導致生活品質下降。因

此，在學校教育中，尤其是高中以上教育階段的轉銜，應提早做職業生涯的規劃與轉銜；職業教育除應兼顧職業能力、態度與相關能力的建立外，更應增加對職場彈性因應的能力，並應連結勞政系統輔以較長時間的支持性就業介入，以順利協助自閉症者開展職業生活（李玉錦，2012a；李玉錦、張正芬，2013）。

第八節　加強輔具的提供與應用

　　輔具的使用對自閉症學生而言，是重要但相對容易被忽略的一環。需大量支持的重度自閉症者，由於溝通能力低下，無口語或僅有有限的口語及非口語的溝通能力，因此藉助低科技輔具（如簡易溝通板、溝通圖卡）或高科技產品（如電腦語音溝通板、溝通筆、多層次輸入溝通系統等）的使用，以代替口語表達與他人進行溝通是可行的方法。這些新一代的科技輔具因體型輕巧、攜帶方便，在經過適當訓練後，使用者能隨時隨地透過其表達需求或抒發情感，不僅能提升溝通意願與品質，更能達到舒緩情緒之效果。自閉症學生可視其特定的教育需求，提供可改善其學習能力之教育輔助器材，包括：視覺輔具、聽覺輔具、閱讀與書寫輔具、溝通輔具、電腦輔具，以及其他生活輔具等，學校宜加強專業團隊的評估，並透過輔具中心連結必要的輔具資源，以提高自閉症學生的學習品質。

　　除了上述輔具應用外，教導使用手語也能達成基本溝通，但須視學生能力、感官特性、手部能力，以及周邊人士的習慣等而決定。口語較流暢的高功能自閉症、亞斯伯格症者，也可能因不喜或害怕社會性接觸而無法當面流暢地與人溝通，或因精細動作差、書寫困難，導致文字表達速度緩慢甚而影響學習時，若能提供電腦的使用，都能適度改善其問題。

　　平板電腦或 iPad、電腦動畫、多媒體影音教材等的使用，對自閉症兒童而言，常能提高他們的學習動機與參與度，不僅可增進學科學習的效果，也能提升社會技能與溝通表達的能力。但在選擇視聽教材或製作電腦簡報軟體（PPT）、電腦動畫教材時，於畫面呈現（如前景、背景、複雜

度、清晰度等）、速度等各方面，均應充分考量學生之興趣、認知能力、專注力等，以免花費時間卻無法達到預期效果。近年來，影片示範教學（王慧婷，2013；張正芬等人，2012）透過清楚有系統的工作分析，提供兒童步驟性的視覺指引，並利用影片可倒帶重看、定格討論的優點，有效教導兒童學會問候、遊戲、自我幫助、拼字等技能。COVID 疫情期間，政府快速完備線上教學的設備設施，學校 e 化教室已普及的現在，教師應多提供電腦及其他視聽教材，以協助自閉症兒童的學習。有些學生不善言語表達或畏懼當面和他人說話，卻可透過 Line、Skype、Facebook、WeChat 等與人交流，因此網路的互動網站也可作為教導或心理輔導的一種方式，但要留意網路沉迷、網上不當交友或過度購物等問題。

第九節　加強社會宣導

多年來，對功能較低、需要大量或非常大量支持的中、重度自閉症方面的社會宣導較多，社會大眾已有一定程度的理解與支持；相對地，功能較高、部分時間需要支持的輕度自閉症族群，由於外表特徵不明顯、智力正常、口語發展與同齡兒童相當，因此在學前階段不易被辨識出來，得隨著年齡增長、人際衝突漸增、團體適應或學業問題日益困難，才可能被提出鑑定申請，此時可能已是國小中高年級、國中、高中職、大學，甚或已步入職場的社會人士。輕度族群常因確診較晚，不但無法獲得必要之支持、協助，也因周遭人士對此症狀的不了解而有各種衝突與不當對待，導致多方（親子、手足、師生、同儕、同事）關係緊張、破裂，也讓他們長期處在被誤解、受排擠、被邊緣化，以及污名化、低自尊的處境中。而愈晚鑑定，愈不利於其本身對障礙的理解與接納，因而拒絕標籤，也拒絕接受必要之輔導與服務，導致社會適應困難，並伴隨焦慮、憂鬱情緒、社交退縮等問題。因此，加強宣導讓社會大眾能關注此一議題，縱使成年人具有自閉症特質未被鑑定出來，也能協助他們自我了解、自我接納，這樣才更能讓家人、社區人士、職場同仁接納他們的特質並給予支持。

第十節　強化家庭支持服務、增強家庭韌力

　　「家有自閉症兒童」是一件影響既深且久遠的事。由懷疑自己的孩子有問題到確診為自閉症所需的時間，雖因自閉症兒童的症狀嚴重程度而有差別，但對每一對父母而言，都是難以承受的壓力。確診之後通常都會有一段艱辛而漫長的調適歷程，父母在孩子不同年齡所面臨的療育、教養、教育、職業等各種問題，在在都考驗著父母及家人的因應和調適能力。父母常為自閉症幼兒的早期療育穿梭於早療院所、學前教育機構等，不但耗費時間、體力，更是一筆不小的經濟開銷；在教養方面，難以建立的生活常規，不易發展的溝通、認知、社會技能，疲於應付的固執、堅持、鬧脾氣等情緒行為問題，常讓家長深感挫折。在學齡階段，情緒行為問題、學業適應和人際關係都是自閉症學生於學校適應明顯困難的部分（張喜凰、林惠芬，2011；顏瑞隆、張正芬，2012），而加重家長心理負擔；進入青少年期以後，家長關注擔心的面向更加擴展，如升學問題、性平議題、情緒調適、就業轉銜、未來生涯規劃等，都是造成家長壓力較大的議題。

　　雖然研究與臨床實務告訴我們，自閉症兒童對家庭產生的影響很大，但不必然都是負向的結果。有些父母怨天尤人無法接納孩子是自閉症，有些父母則擦乾眼淚把握機會及時接受療育；有些父母因為自閉症兒童而夫妻失和，有些父母卻更加努力經營一個有凝聚力、相互支持的家庭；有的父母對學校事務不予聞問或過度干涉，有的父母則是學校的最佳夥伴與得力助手；有的父母躲在背後，有的父母則站在前面爭取各種權益，以維護自己及其他自閉症孩子的發展空間。家長在調適過程中是否能因應壓力做好調適，不僅關係到本身的家庭功能、生涯發展，也影響到自閉症學生長期的發展（Fiske et al., 2014）。

　　「家庭壓力、因應策略與調適歷程」向為自閉症家庭研究中最常見的議題。近年來，從正向觀點探討「家庭韌力」（family resilience）成為一種新的研究取向，其著重在了解歷經艱難或危機的家庭，如何仍然能維持其

良好功能，甚至開展新生命的歷程（Walsh, 2006）。Black 與 Lobo（2008）以文獻回顧方式發現，家庭具有積極的人生觀、有宗教信仰、家庭成員願意溝通、財務管理良好、家人相處時間較多、有共同娛樂和儀式，並有社會支持網絡，會使家庭具有較佳的家庭韌力。顏瑞隆（2016）指出，父母保持正向和希望感的家庭信念，視每次的危機為轉機，重新賦予逆境意義；用欣賞的角度看待孩子的行為與發展，提供多元活動探索機會但不求世俗成就；家庭成員（含手足）保持開放與彈性溝通；善於連結內外在資源（家庭內部關係的凝聚和與外部環境的連結）；有宗教信仰增進靈性成長；超越自身，積極投身社會公益等，都是增強家庭韌力讓家庭能從困境與危機中脫身而出的保護因子。學校在推動親職教育時應加強家庭韌力的培養，透過親師溝通與合作、提供特殊教育相關研習、家長諮詢及資訊等，就親職功能、壓力調適、手足關係等議題，協助家庭正向面對問題與發展因應策略，藉此提升家庭功能的運作並形塑家庭韌力（顏瑞隆、張正芬，2014）。

第十一節　倡議

　　身心障礙者的「自我決策」（self-determination）與「自我倡導」（self-advocacy）長期以來受到廣大的關切與重視，尤其是以人權（human rights）、反歧視（anti-discrimination）及平等（equality）為核心價值的《身心障礙者權利公約》（*Convention on the Rights of Persons with Disabilities*）於 2006 年通過後，尊重固有尊嚴、包括自由做出自己選擇之個人自主及個人自立，已成為重要原則與努力方向（衛生福利部社會及家庭署，2016）。在國中小，應逐步增加自閉症學生在日常生活中的選擇權、決定權與自我管理能力，例如：自行安排、管理自己的時間、事物，減少他人的主導性與依賴性；對高中教育以上階段的自閉症學生，應邀請參與自己的 IEP 或 ISP，充分表達自己的需求與所需之支持與相關服務；父母、家人、老師也要學習尊重他們的選擇與決定，更應積極鼓勵他們支持《身心障礙者權利

公約》的自我倡議，以為自己與同伴發聲，爭取更友善的對待與選擇自己想過的生活空間。

　　隨著全球自閉症人口顯著上升，自閉症者的人權意識也日益增強。他們為爭取和其他公民有同樣的權益，並能擁有自己期望的生活方式和品質，由自閉症者、家人與關懷自閉症者的社會人士所組成的自閉症自我倡議團體（Autistic Self Advocacy Network [ASAN], 2015）發展了一個新的視角來看待本身的特質與文化，並推動神經多元性運動（Neurodiversity Movement），又稱自閉症權利運動（autism rights movement，簡稱 ARM）。此運動鼓勵自閉症者、照顧者和社會大眾採取神經多元性的觀點，接受自閉症是一種神經性的「差異」，有其獨特「功能」，但不是一個「障礙」。他們接受、喜歡自己的自閉症特質，也認為這就是他們的一種生活方式或文化特色，不需要被特別改善或治療，他們需要的只是社會大眾能理解、接納與尊重他們文化的獨特性。自閉症權利運動帶出多元文化議題，也看到自閉症者自我倡議時代的來臨，此也是臺灣自閉症教育未來會面臨的議題，值得關注。

參考文獻

中文部分

王慧婷（2013）。影片示範教學於教導患有自閉症學生的介紹與應用。**特教季刊**，**126**，9-16。

王慧婷（譯）（2010）。**亞斯伯格症與霸凌問題：解決策略與方法**（原作者：N. Dubin）。心理。（原著出版年：2007）

宋維村（1984）。**青少年及成人自閉症之追蹤研究**。行政院國家科學委員會計畫成果報告（NSC 73-0301-H002-06）。（未出版）

宋芳綺、謝璦竹（2002）。**上帝的寶石：天才自閉兒**。天下文化。

李玉錦（2012a）。一名資優亞斯伯格症學生支持性就業歷程之探討。**資優教育期刊**，**125**，27-34。

李玉錦（2012b）。高職特教班教戰手冊：自我管理策略的應用。**牽引**，**280**，6-7。

李玉錦、張正芬（2013）。逆風前行就業路：一名自閉症學生就業轉銜的行動歷程。**特殊教育研究學刊**，**38**，29-53。

李怡嫻（2023）。**自閉症學生堅持同一性、感覺處理能力、無法忍受不確定性與焦慮之探究**（未出版之博士論文）。國立臺灣師範大學。

林姿伶、姜忠信、吳欣治（2016）。自閉症類群兒童綜合性早期療育的療效研究：文獻回顧。**中華心理衛生學刊**，**29**（1），1-46。

邱好芳（2016）。**大專校院自閉症學生學校生活適應之研究**（未出版之碩士論文）。國立臺灣師範大學。

姜忠信、劉瓊瓔、朱斯穎（譯）（2014）。**丹佛早療模式：促進自閉症幼兒的語言、學習及參與能力**（原作者：S. J. Rogers & G. Dawson）。洪葉。

張正芬（1996）。自閉症青年與成人現況調查研究。**特殊教育研究學刊**，**14**，133-155。

張正芬（2013）。自閉症學生鑑定原則鑑定基準說明。載於張正芬（主編），**身心障礙及資賦優異學生鑑定辦法**（頁 109-132）。國立臺灣師範大學特殊教育學系。

張正芬、林迺超、王鳳慈、羅祥妤（2012）。**數位社會性課程教學攻略：在高功能自閉症與亞斯伯格症之應用**。心理。

張正芬、陳秀芬、黃筱君（2016）。大專校院特殊教育鑑定及特殊需求現況分析與建議。載於中華民國特殊教育學會（編印），**2016 中華民國特殊教育學會年刊：高等教育階段的特殊教育發展與趨勢**（頁 1-16）。中華民國特殊教育學會。

張喜凰、林惠芬（2011）。國小普通班自閉症學生學校適應與學校支持之研究：以中部地區為例。**特殊教育與復健學報，25**，25-46。

教育部（2013）。**身心障礙學生支持服務辦法**。作者。

教育部（2023a）。**特殊教育統計查詢**。教育部全國特殊教育通報網 https://www.set.edu.tw/Stastic_Spc/STA2/default.asp

教育部（2023b）。**特殊教育法**。作者。

教育部統計處（2022）。**教育統計進階查詢**。https://eds.moe.gov.tw/edust/webmain.aspx?sys=210&funid=edufld&clear=1

陳郁菁、鈕文英（2004）。行為支持計畫對國中自閉症學生行為問題處理成效之研究。**特殊教育研究學刊，27**，183-205。

劉瓊瑛（譯）（2010）。**自閉兒教養寶典：運用地板時間療法，幫助自閉兒建立與人相處、溝通及思考的能力**（原作者：S. I. Greenspan & S. Wieder）。智園。

蔡文哲（2014）。**早年完整評估自閉症個案成年後之追蹤研究**（未出版之博士論文）。國立臺灣大學。

衛生福利部（2021）。**身心障礙者權益保障法**。作者。

衛生福利部社會及家庭署（2016）。**身心障礙者權利公約（中文版）**。http://www.sfaa.gov.tw/SFAA/Pages/List.aspx?nodeid=637

賴孟泉、高淑芬（2010）。自閉症類群。**臺灣醫學，14**（4），401-411。doi: 10.6320/FJM.2010.14(4).06

應小端（譯）（1999）。**星星的孩子：一個畜牧科博士的自閉症告白**（原作者：T. Grandin）。天下遠見。（原著出版年：1986）

顏瑞隆（2016）。**輕度成人自閉症者成長歷程中的家庭韌力研究**（未出版之博士論文）。國立臺灣師範大學。

顏瑞隆、張正芬（2012）。從生態系統理論談自閉症學生的學校適應。**特殊教育季刊，124**，11-19。

顏瑞隆、張正芬（2014）。**臺灣自閉症者家庭碩博士論文研究之回顧與分析**。「2014 中華民國特殊教育學會 46 週年年會暨學術研討會」發表之論文。國立臺灣師範大學。

顏麗娟（譯）（2008）。**與亞斯伯格症快樂共處：克服 AS 成年挑戰的心靈地圖+實用策略**（原作者：M. J. Carley）。久周。

羅玉慧（2009）。**亞斯柏格青少年之負向思考**（未出版之碩士論文）。國立臺灣師範大學。

英文部分

American Psychiatric Association. [APA] (2013). *Diagnostic and statistical manual of mental disorders* (5th ed.) (DSM-5). Author.

Autistic Self Advocacy Network. [ASAN] (2015). *About*. http://autisticadvocacy. org/home/about-asan/

Bishop, S. L., & Seltzer, M. M. (2012). Self-reported autism symptoms in adults with autism spectrum disorders. *Journal of Autism and Developmental Disorders, 42*(11), 2354-2363.

Black, K., & Lobo, M. (2008). A conceptual review of family resilience factors. *Journal of Family Nursing, 14*(1), 33-55.

Center for Disease Control and Prevention. [CDC] (2023). *Autism spectrum disorder (ASD)*. http://www.cdc.gov/ncbddd/autism/data.html

Chalfant, A. M., Rapee, R., & Carroll, L. (2007). Treating anxiety disorders in children with high functioning autism spectrum disorders: A controlled trial. *Jour-*

nal of Autism and Developmental Disorders, 37, 1842-1857.

Cihak, D. F., & Schrader, L. (2008). Does the model matter? Comparing video adult modeling for task acquisition and maintenance by adolescents with autism spectrum disorders. *Journal of Special Education Technology, 23*(3), 9-20.

Fiske, K. E., Pepa, L., & Harris, S. L. (2014). Supporting parents, siblings, and grandparents of individuals with autism spectrum disorders. In F. R. Volkmar, R. Paul, A. Klin, & D. Cohen (Eds.), *Handbook of autism and pervasive developmental disorders* (4th ed.) (pp. 932-968). John Wiley & Sons.

Ganz, J. B., & Sigafoos, J. (2005). Self-monitoring: Are young adults with MR and autism able to utilize cognitive strategies independently? *Education and Training in Developmental Disabilities, 40*, 24-33.

Gutstein, S. (2005). Relationship development intervention: Developing a treatment program to address the unique social and emotional deficits in autism spectrum disorder. *Autism Spectrum Quarterly, Winter*, 8-12.

Hart, D., Grigal, M., & Weir, C. (2010). Expanding the paradigm: Postsecondary education options for individuals with autism spectrum disorder and intellectual disabilities. *Focus on Autism and Other Developmental Disabilities, 25*(3), 134-150.

Hartley, S. L., Barker, E. T., Seltzer, M. M., Floyd, F. J., Orsmond, G. I., Greenberg, J. S. et al. (2010). The relative risk and timing of divorce in families of children with an autism spectrum disorder. *Journal of Family Psychology, 25*, 371-378.

Hayes, S. A., & Watson, S. L. (2013). The impact of parenting stress: A meta-analysis of studies comparing the experience of parenting stress in parents of children with and without autism spectrum disorder. *Journal of Autism and Developmental Disorders, 43*(3), 629-642.

Howlin, P. (2014). Outcomes in adults with autism spectrum disorders. In P. Howlin, S. Savage, P. Moss, A. Tempier, & M. Rutter, Cognitive and language skills in adults with autism: A 40-year follow-up. *Journal of Child Psychology and Psychiatry, 55*(1), 49-58. http://dx.doi.org/10.1111/jcpp.12115

Keren, M., Timothy, R., & Teresa, T. (2021). The relationship between sensory re-activity, intolerance of uncertainty and anxiety subtypes in preschool-age autistic children. *Autism, 25*(8), 2305-2316. https://doi.org/10.1177/13623613211016110

Koegel, R., Kim, S., Koegel, L., & Schwartzman, B. (2013). Improving socialization for high school students with ASD by using their preferred interests. *Journal of Autism and Developmental Disorders, 43*(9), 2121-34.

McKeon, B., Alpern, C. S., & Zager, D. (2013). Promoting academic engagement for college students with autism spectrum disorder. *Journal of Postsecondary Education and Disability, 26*(4), 353-366.

O'Neill, R. J., William, R., & Radley, K. C. (2014). Interventions for challenging behaviors. In F. R. Volkmar, S. J. Rogers, R. Paul, & K. A. Pelphrey (Eds.), *Handbook of autism and pervasive developmental disorders* (4th ed.) (pp. 826-837). New York, NY: John Wiley & Sons.

Schroeder, H., Cappadocia, C., Pepler, J., & Weiss, A. (2014). Shedding light on a pervasive problem: A review of research on bullying experiences among children with autism spectrum disorders. *Journal of Autism and Developmental Disorders, 44*, 1520-1534.

Taylor, J. L., & Seltzer, M. M. (2011). Employment and post-secondary educational activities for young adults with autism spectrum disorders during the transition to adulthood. *Journal of Autism and Developmental Disorders, 41*(5), 566-574. doi:10.1007/s10803- 010-1070-3

van Roekel, E., Scholte, R. H., & Didden, R. (2010). Bullying among adolescents with autism spectrum disorders: Prevalence and perception. *Journal of Autism and Developmental Disorders, 40*(1), 63-73.

Walsh, F. (2006). *Strengthening family resilience* (2nd ed.). The Guilford Press.

Wong, C., Odom, S. L., Hume, K., Cox, A. W., Fettig, A., Kucharczyk, S., Brock, M. E., Plavnick, J. B., Fleury, V. P., & Schultz, T. R. (2014). *Evidence-Based practices for children, youth, and young adults with autism spectrum disorder.*

Autism evidence-based practice review group frank porter graham child development institute University of North Carolina at Chapel Hill. http://autismpdc. fpg.unc.edu/sites/autismpdc.fpg.unc.edu/files/2014-EBP-Report.pdf

Zablotsky, B., Bradshaw, C. P., Anderson, C. M., & Law, P. (2013). *Risk factors for bullying among children with autism spectrum disorders. Autism.* http://aut. sagepub.com/content/early/2013/07/29/1362361313477920

國家圖書館出版品預行編目（CIP）資料

自閉症學生的教育輔導：理論與實務／洪森豐等著.
--初版.-- 新北市：心理, 2017.08
面； 公分.--（障礙教育系列；63147）
ISBN 978-986-191-730-6（平裝）

1. 特殊兒童教育 2.自閉症 3.教學輔導

529.6　　　　　　　　　　　　106011856

障礙教育系列 63147

自閉症學生的教育輔導：理論與實務

主　　　編：王欣宜
作　　　者：洪森豐、吳柱龍、于曉平、王欣宜、林巾凱、黃金源、高宜芝、
　　　　　　黃韻如、李玉錦、蕭紫晴、林俊賢、劉萌容、關佩偉、張正芬
總 編 輯：林敬堯
發 行 人：洪有義
出 版 者：心理出版社股份有限公司
地　　　址：231026 新北市新店區光明街 288 號 7 樓
電　　　話：(02) 29150566
傳　　　真：(02) 29152928
郵撥帳號：19293172　心理出版社股份有限公司
網　　　址：https://www.psy.com.tw
電子信箱：psychoco@ms15.hinet.net
排 版 者：辰皓國際出版製作有限公司
印 刷 者：辰皓國際出版製作有限公司
初版一刷：2017 年 8 月
初版四刷：2024 年 3 月
I S B N：978-986-191-730-6
定　　　價：新台幣 500 元